Nomos Universitätsschriften

Recht

Band 927

Stefan Zenker

Kartellrecht und Rechtsmissbrauch

Die Bedeutung des § 242 BGB als Instrument der Marktverhaltenskontrolle unterhalb kartellrechtlicher Aufgreifschwellen

Nomos

Die Deutsche Nationalbibliothek verzeichnet diese Publikation in der Deutschen Nationalbibliografie; detaillierte bibliografische Daten sind im Internet über http://dnb.d-nb.de abrufbar.

Zugl.: München, Univ., Diss., 2017

ISBN 978-3-8487-4697-2 (Print)
ISBN 978-3-8452-8927-4 (ePDF)

1. Auflage 2019

Meinen Eltern
Kerstin und Karl-Heinz

Inhaltsverzeichnis

Teil 1: Einführung

Die vorliegende Untersuchung befasst sich mit einem Ausschnitt der Beziehung spezifischen Kartellrechts zu benachbarten Rechtsgebieten. Die Grundfrage ist, inwieweit es methodisch statthaft und rechtspolitisch legitim ist, § 242 BGB als allgemeinzivilrechtliche Einbruchstelle für kartellrechtsähnliche Wertungen heranzuziehen. Sie betrifft die Möglichkeiten, einseitiges unternehmerisches Handeln unterhalb kartellrechtlicher Aufgreifschwellen zu kontrollieren.

Ähnlich der Diskussion um die Bedeutung der allgemeinzivilrechtlichen Generalklauseln in § 138 BGB und § 315 BGB ist fraglich, ob die ergänzende Heranziehung von § 242 BGB als *„Kartellzivilrecht unterhalb der kartellrechtlichen Aufgreifschwellen“*[1] von vornherein zu diskreditieren ist, oder ob die Kontrolle privater Rechtsmacht vor dem Hintergrund der Anwendungsvoraussetzungen und Wirkungsweisen des Rechtsinstituts der missbräuchlichen Rechtsausübung nicht exklusiv dem Kartellrecht zuzuweisen ist. Dem Grunde nach befasst sich die Untersuchung mit einem Teilbereich des von *Reinhart* fast 20 Jahre nach Inkrafttreten des GWB unternommenen Versuchs, aufzuzeigen, inwieweit kartellrechtliche Vorschriften über ihren eigentlichen Anwendungsbereich hinaus eine Änderung oder Anpassung zivilrechtlicher Begriffe bewirkt haben.[2] Dabei handelt es sich bei dem Gebot von Treu und Glauben um einen zentralen Grundsatz der deutschen Rechtsordnung, dessen Anwendungsbereich auch nicht auf die Privatrechtsordnung begrenzt ist. Die Bedeutung des § 242 BGB als insoweit *„königlicher Paragraf“*[3] umschrieb *Regelsberger* zutreffend wie folgt:

> „Es gibt Rechtsbegriffe, die in Jedermanns Munde sind, mit denen der praktische wie der theoretische Jurist täglich arbeitet, und die gleichwohl der Fassung in eine greifbare Formel spotten oder wenigstens zu spotten scheinen. Sie sind der rinnenden Wasserwelle vergleichbar, die eingefangen aufhört zu sein, was sie war. Zu diesen Fluiden der

---

1 *Kapp/Löwenkamp*, WuW 2010, 887, 889.

2 Vgl. *Reinhart*, GRUR 1976, 517; grundlegend *Spengler*, WuW 1960, 23 ff.; *Mestmäcker*, AcP 168 (1968), 235 ff.

3 *Hedemann*, Die Flucht in die Generalklauseln, 1933, S. 6.

> Rechtswelt gehört der Begriff von Treu und Glauben, der bona fides der Römer."[4]

Nun haben die Römer zwar die *bona fides*, leider aber keine allgemeingültigen Regeln für die Anwendung des Rechtsmissbrauchseinwands im Einzelfall hinterlassen.[5] Die vorliegende Untersuchung will aufzeigen, dass allgemeine Regeln zur Begrenzung der Rückgriffsmöglichkeit auf die Generalklausel vor allem verfassungsrechtlichen Erwägungen sowie der Wahrung eines allgemeinrechtlichen Umgehungsverbotes geschuldet sind. Die Berücksichtigungsfähigkeit kartellrechtsähnlicher Wertungen in der Anwendung von § 242 BGB wird insbesondere mit Blick darauf erörtert, in welchen Grenzen kartellrechtliche Wertungen konterkariert werden könnten.

Ganz im Sinne *Regelsbergers* bedarf es aber einer gewissen Unbestimmtheit der normativen Grundlage von Treu und Glauben, dies jedenfalls ohne dass zugleich die inhärente Korrektur- und Rechtsfortbildungsfunktion des Instituts aufhört zu sein, was sie ist. Die Einflüsse des Römischen Rechts werden noch belegen, dass die Rechtsunsicherheit, die eine um die Erfassung jedes Einzelfalls bemühte abstrakte Gesetzesformulierung mit sich bringt, im Grundsatz in Kauf zu nehmen ist, weil *„offenbar keine Rechtsordnung ohne solche allgemeinen Rechtsregeln auskommt"*.[6]

Im Anschluss an die Einführung in den Untersuchungsgegenstand (*Teil 1, A. und B.*), Hinweise zu den verwendeten Begrifflichkeiten (*Teil 1, C.*) sowie der zugrundeliegenden Methodik (*Teil 1, D.*) bereitet eine einleitende Darstellung zu Entwicklungsgeschichte, den Funktionen, Anwendungsvoraussetzungen und Konkurrenzen von Treu und Glauben (resp. des Einwands unzulässiger Rechtsausübung) den Grund für die Untersuchung der Integrationsfähigkeit solcher kartellrechtsähnlicher Wertungen in § 242 BGB (*Teil 2, A.*). Sowiet die Präzisierung des § 242 BGB im Zuge der fortwährenden Rechtsentwicklung zu einer Daueraufgabe geworden ist,[7] geht die Untersuchung in einem weiteren Schritt der Frage nach, inwieweit Kartellrecht und Privatrecht nach dem geltenden Ordnungsrahmen interagieren (*Teil 2, B.*). Die Untersuchung richtet ihren Blick dabei insbesondere auf die Interdependenz der Regelungsmaterien. Die gegenseitige Verbundenheit erhellt sich dabei in zweifacher Hinsicht. Zum

4 *Regelsberger*, KritV 44 (1903), 429.

5 Vgl. *Huber*, Über den Rechtsmissbrauch, 1910, S. 10.

6 *Looschelders/Olzen*, in: Staudinger, BGB (§§ 241-243), Neubearb. 2015, § 242, Rn. 101.

7 Vgl. *Schmidt*, in: FS Wieacker, 1990, 231 ff.

einen offenbart eine Übersicht der kartellrechtlichen Durchsetzungsinstrumente die Mittel privater Kartellrechtsdurchsetzung, also die privatrechtliche Dimension des Kartellrechts. Zum anderen zeigt sich die Abhängigkeit der grundgesetzlich verbürgten Handlungsfreiheit von Korrekturmechanismen, die wettbewerbsschädlichem Verhalten entgegengesetzt werden können: die ungestörte Vertragsparität als institutionelle Voraussetzung von Vertragsfreiheit. Im Anwendungsbereich der spezifischen Kartellrechtssätze werden die Möglichkeiten eines Rückgriffs auf die allgemeinzivilrechtlichen Kontrollmaßstäbe der §§ 138, 307 ff. und 315 BGB, insbesondere die Absicht, Wertungswidersprüche und Schutzlücken zu vermeiden, dargelegt. Inwieweit die gefundenen Argumente eine tragfähige Grundlage auch für den Rekurs auf § 242 BGB bieten, soll Vorstufe für die Betrachtung seiner Bedeutung als Marktstrukturinstrument unterhalb der kartellrechtlichen Aufgreifschwellen sein.

Diesen Überlegungen geht aber die Erkenntnis einer Selbstverständlichkeit voraus, ob derer die Notwendigkeit des § 242 BGB zuweilen schon selbst in Zweifel gezogen wird: die Berücksichtigung seiner *ratio legis*. Da das Recht nämlich ohnehin immer richtig angewandt werden sollte, wird vertreten, das Rechtsmissbrauchsverbot beschränke sich auf die Formulierung dieser Selbstverständlichkeit. Widerrechtlich sei ein Missbrauch der Rechte auch in Rechtsordnungen, die ein besonderes Rechtsmissbrauchsverbot nicht *expressis verbis* aufgestellt haben.[8] Freilich geht der Einordnung einer Widerrechtlichkeit in diesem Sinne eine wertende Betrachtung jedes Einzelfalls voraus, der die Anerkennung von Treu und Glauben als allgemeinen Rechtsgrundsatz den erforderlichen Freiraum gewährt.

> „Wirtschaftsrecht als Bühne industriezeitlicher Rechtspolitik [öffnet dabei zunehmend] den Blick auf Werthintergründe, um die sich die hinter Individualethik und Rechtstechnik aufgestellten Einzeldisziplinen des Rechts im 19. Jahrhundert gedrückt hatten."[9]

Unter Berücksichtigung eines allgemeinrechtlichen Umgehungsverbotes wird daher die Schutzzweckkompatibilität von § 242 BGB und spezifischen Kartellrechts untersucht (*Teil 2, C.*), bevor abschließend auch die rechtspolitische Dimension der Forschungsfrage beleuchtet wird (*Teil 2, D.*).

---

8 Vgl. *Huber*, Über den Rechtsmissbrauch, 1910, S. 128.

9 Schmidt, AcP 206 (2006), 169, 177; vgl. auch *Schmidt-Syaßen*, Zur Wechselwirkung von Wirtschaftsrecht und bürgerlichem Recht, 1973, S. 8 ff.

Methodisch befasst sich die Untersuchung mit einem Aspekt der Normenkonkurrenz, für dessen Lösung die betreffenden Regelungsbereiche selbst keine normative Grundlage bereithalten. Die Klärung der Streitfrage unterliegt dem Meinungsbildungsprozess in Rechtsprechung und Schrifttum. Die vorliegende Arbeit soll einen Beitrag dazu leisten.

A. *Bestimmung des Untersuchungsgegenstandes*

I. § 242 BGB als Instrument der Marktverhaltenskontrolle unterhalb kartellrechtlicher Aufgreifschwellen

Die Notwendigkeit einer Abgrenzung des allgemeinen Rechtsmissbrauchseinwandes als Ausformung von Treu und Glauben gegenüber kartellrechtlichen Regelungen und Wertungen offenbart sich im Wessentlichen nach in zwei Konstellationen. Typischerweise erlangt die Frage der Normkonkurrenz im Anwendungsbereich der Art. 101, 102 AEUV und §§ 1, 19 f. GWB Relevanz, also, dann, wenn die Aufgreifkriterien der spezifisch kartellrechtlichen Regelungen erfüllt sind. Ebenso typischerweise werfen diese Fallgestaltungen die Frage auf, inwieweit es dogmatisch statthaft und rechtspolitisch legitim ist, auf allgemeinzivilrechtliche Generalklauseln zurückzugreifen, ohne diese besonderen Wertungen des Kartellrechts zu überspielen oder gar zu konterkarieren.[10] Dogmatik ist dabei als „*Widerspruchsfreiheit innerhalb der Rechtsordnung*" zu verstehen.[11] Ob kartellrechtliche Normen und allen voran die Regelungen des sog. Zivilkartellrechts eine Verdrängungswirkung gegenüber der allgemeinzivilrechtlichen Norm des § 242 BGB entfalten, ist daher von mittelbarer Bedeutung für den Untersuchungsgegenstand, der sich mit der Bedeutung des Rechtsmissbrauchseinwandes unterhalb der einschlägigen Aufgreifschwellen befasst, also dann, wenn die kartellrechtlichen Aufgreifschwellen nicht erfüllt sind.

---

10 Vgl. zu strukturell ähnlichen Abgrenzungsfragen bei § 138 BGB bzw. § 315 BGB *Säcker*, ZWeR 2008, 348, 358 ff.; *Paul*, Gesetzesverstoß und Vertrag im Wettbewerbs- und Regulierungsrecht, 2009, S. 208 f., 222.

11 Vgl. *Börner*, DB 1983, 923.

II. Treu und Glauben als allgemeiner Rechtsgrundsatz

Dem Wortlaut nach verpflichtet § 242 BGB den Schuldner, die Leistung so zu bewirken, wie Treu und Glauben mit Rücksicht auf die Verkehrssitte es erfordern. Zugleich ist anerkannt, dass dieser allgemeine Grundsatz eine allen Rechten, Rechtslagen, Rechtsinstituten und Rechtsnormen immanente Inhaltsbegrenzung verkörpert (sog. Immanenz- oder Innentheorie).[12] Dies steht im Gegensatz zur früher vertretenen sog. Außentheorie. Danach sollten einem weiterhin unveränderten Recht auch im Fall seiner missbräuchlichen Ausübung lediglich von außen Schranken gesetzt werden.[13] Der Anwendungsbereich von Treu und Glauben beschränkt sich daher heute nicht etwa auf eine Treuwidrigkeitskontrolle gegenseitiger Vertragsbeziehungen i.S.v. § 311 Abs. 1 BGB. § 242 BGB kommt seinem Wortlaut nach vor allem, aber nicht nur in vertraglichen und nichtvertraglichen Schuldverhältnissen unmittelbar zum Tragen. Insbesondere kann jedwede einseitige Ausübung der in § 823 Abs. 1 BGB nicht abschließend aufgeführten absoluten Rechte rechtsmissbräuchlich sein, ihre Grenze also in der Unvereinbarkeit mit den Grundsatz von Treu und Glauben finden.[14]

Darüber hinaus beansprucht Treu und Glauben auch im Prozessrecht, im Strafrecht sowie im sonstigen öffentlichen Recht umfassend Geltung.[15] In der Rechtsprechung ist eine in den letzten Jahrzehnten insgesamt wachsende Bedeutung des § 242 BGB festzustellen.[16] In rechtspraktischer Hinsicht mag dies auch darauf zurückzuführen sein, dass ein Verstoß gegen Treu und Glauben nach herrschender Meinung im Prozess als Einwendung, also von Amts wegen zu berücksichtigen ist, also nicht von einer der Streitparteien einredeweise geltend gemacht werden muss.[17]

---

12 H.M.; vgl. BGHZ 30, 140, 145 = NJW 1959, 2207, 2208; *Siebert*, Verwirkung und Unzulässigkeit der Rechtsausübung, 1970, S. 38, 87 ff.; *Mansel*, in: Jauernig, BGB, 16. Aufl. 2015, § 242, Rn. 33; *Grüneberg*, in: Palandt, BGB, 74. Aufl. 2015, § 242, Rn. 38; *Huber*, in: Staudinger, BGB, Eckpfeiler des Zivilrechts, Neubearb. 2011, D. Inhalt der Schuldverhältnisse, Rn. 36.

13 Vgl. *Haferkamp*, Die heutige Rechtsmissbrauchslehre, 1995, Fn. 522 m.w.N.

14 Vgl. BGH NJW-RR 2003, 1235, 1236 f.; NJW 2008, 3122; NZM 2010, 365, 366; zum Rechtsmissbrauch im Markenrecht *Ingerl/Rohnke*, Markengesetz, 3. Aufl. 2010, Rn. 321 ff.

15 Vgl. *Schubert*, in: MünchKomm BGB, Bd. 2, 7. Aufl. 2016, § 242, Rn. 2, 98 ff.

16 *Looschelders/Olzen*, in: Staudinger, BGB (§§ 241-243), Neubearb. 2015, § 242, Rn. 79, wollen ausgemacht haben, dass inzwischen 10 % der BGH-Rechtsprechung einen Bezug zu § 242 BGB aufweisen.

17 Vgl. BGHZ 3, 94, 103 f. = NJW 1951, 917; BGH NJW 1966, 343, 345 – *Kupferberg*; *Schubert*, in: MünchKomm BGB, Bd. 2, 7. Aufl. 2016, § 242, Rn. 88; *Looschelders/*

Bereits an dieser Stelle soll erwähnt sein, dass es einer früher verbreiteten Ansicht entsprach, die Möglichkeit des Rückgriffs auf die Generalklausel des § 242 BGB im Anwendungsbereich zwingender Rechtsnormen zu versagen.[18] Nach der heute herrschenden Meinung ist jedoch davon auszugehen, dass aufgrund des umfassenden Geltungsbereichs von Treu und Glauben keine Rechtsnorm im deutschen Privatrecht generell „*§ 242-fest*" ist.[19] Unter Berücksichtigung der konkreten Einschätzungsprärogative des Gesetzgebers sind die gegenüberstehenden Interessen aber stets im Rahmen einer umfassenden Abwägung soweit wie möglich in Ausgleich zu bringen.[20]

III. Treu und Glauben im europäischen Privatrecht

Diese Untersuchung befasst sich primär mit der Bedeutung des § 242 BGB unterhalb kartellrechtlicher Aufgreifschwellen vor dem Hintergrund des relevanten nationalen Rechts. Es ist aber unerlässlich, den Blick auch auf die unionsrechtliche Dimension von Treu und Glauben zu richten.[21] Dies gebieten die weitreichenden inhaltlichen Einflüsse des EU-Rechts auf die mitgliedstaatlichen Privatrechtsordnungen ebenso wie die dem EuGH ob-

---

Olzen, in: Staudinger, BGB (§§ 241-243), Neubearb. 2015, § 242, Rn. 320 m.w.N.; *Mansel*, in: Jauernig, BGB, 16. Aufl. 2015, § 242, Rn. 36. Die zuvor noch vertretene Auffassung, die sich für eine einredeweise Geltendmachung von § 242 BGB aussprach (vgl. *Siber*, Schuldrecht, 1931, S. 67), übersah die aufgezeigte, allen Rechten immanente Begrenzungsfunktion von Treu und Glauben. Ist die Treuwidrigkeit zu bejahen, entfallen die materiellen Voraussetzungen des betreffenden Anspruchs, worüber sich das befasste Gericht nicht infolge einer fehlenden Geltendmachung hinwegsetzen kann; dazu BGHZ 177, 212 = NJW 2008, 3434.

18 Vgl. RGZ 52, 1, 5; BGHZ 45, 179 = WM 1966, 518, 520; OLG Koblenz DRZ 1949, 40.

19 Vgl. *Roth*, in: MünchKomm BGB, Bd. 2, 5. Aufl. 2007, § 242, Rn. 110; *Looschelders/Olzen*, in: Staudinger, BGB (§§ 241-243), Neubearb. 2015, § 242, Rn. 339; a.A. aber *Teichmann*, in: Soergel, BGB, Bd. 2, 13. Aufl. 1999, § 242, Rn. 117.

20 Weiterführend unten Teil 2, A.IV.2.

21 Vgl. zur Verankerung von Treu und Glauben als Grundsatz eines einheitlichen europäischen Vertragsrechts im 1. – 1 : 103 (*Good faith and fair dealing*) im „Gemeinsamen Referenzrahmen" (*Draft Common Frame of Reference*) *Schulte-Nölke*, NJW 2009, 2161, 2165, sowie *Herresthal*, EuZW 2011, 7, 10, der im Rahmen eines optionalen europäischen Vertragsrechts ein Pendant zu § 242 BGB für erforderlich hält; dazu auch *Fleischer*, JZ 2003, 865.

liegende Anwendungskontrolle der Normen und Prinzipien unionsrechtlichen Ursprungs (Art. 267 AEUV).[22]

1. Treu und Glauben als europäischer Rechtsgrundsatz

Der Grundsatz von Treu und Glauben ist als europäisches Rechtsprinzip anerkannt, wenn auch die Mehrheit der mitgliedstaatlichen Rechtsordnungen eine dem § 242 BGB vergleichbare Regel *expressis verbis* nicht bereithält. Der EuGH hat den Grundsatz von Treu und Glauben als Bestandteil der Unionsrechtsordnung nichtsdestotrotz in dem Sinne anerkannt, als eine missbräuchliche Rechtsausübung auch dem Unionsrecht Grenzen setzt. Das Unionsrecht kennt den Begriff des Rechtsmissbrauchs. Die *„missbräuchliche und betrügerische Berufung auf Gemeinschaftsvorschriften“* wird nicht gestattet.[23] Auch die europäische Rechtsetzung nimmt Bezug auf Treu und Glauben oder gleichwertige Begriffe, so beispielsweise in Art. 3 Abs. 1 RiL 93/13/EWG.[24]

---

22 Die Frage nach der Bedeutung von Treu und Glauben im europäischen Kontext erachten *Looschelders/Olzen*, in: Staudinger, BGB (§§ 241-243), Neubearb. 2015, § 242, Rn. 103, als *„von nicht zu überschätzender Bedeutung“*. Obwohl weder primär- noch sekundärrechtlich ein systematisch geschlossenes europäisches Privatrecht existiert, dürfte sich angesichts der tiefgreifenden und fortschreitenden europäischen Privatrechtsangleichung und der in weiten Teilen überschießenden Umsetzung sekundärunionsrechtlicher Vorgaben allerdings darüber streiten lassen, ob nach wie vor von einem *„Frühstadium der Europäisierung des Privatrechts“* gesprochen werden kann; so noch *Hommelhoff*, AcP 192 (1992), 71. Beispielhaft sei auf die Verbraucherkreditrichtlinien von 1987 und 2008 sowie die zahlreichen weiteren Richtlinien zum europäischen Verbraucherprivatrecht hingewiesen; vgl. insgesamt die Darstellungen bei *Säcker*, in: MünchKomm BGB, Bd. 1, 7. Aufl. 2015, Einl., Rn. 214 ff., und *Freitag*, in: Staudinger, BGB, Darlehensrecht, Neubearb. 2015, § 488, Rn. 18 ff.

23 *Trstenjak*, Schlussanträge v. 03.02.2011, Rs. C-482/09, Tz. 119 m.w.N.; vgl. auch EuGH, GRUR 2012, 519 – *Budweiser*; *Schubert*, in: MünchKomm BGB, Bd. 2, 7. Aufl. 2016, § 242, Rn. 24, der außerhalb der EU eine dem § 242 BGB am ehesten vergleichbare Gesetzeslage in der Schweiz (Art. 2 SchwZGB) erblickt.

24 Weitere Beispiele bei *Roth*, in: MünchKomm BGB, Bd. 2, 5. Aufl. 2007, § 242, Rn. 141.

2. Rückgriff auf § 242 BGB in unionsrechtlich geprägten Zusammenhängen

Der Rückgriff auf § 242 BGB ist (auch) in unionsrechtlich geprägten Zusammenhängen nicht unproblematisch. Einerseits gilt der Anwendungsvorrang des primären wie sekundären Unionsrechts gegenüber dem einfachgesetzlichen nationalen Recht selbst dann, wenn die nationale Norm eine der unionsrechtlichen Norm inhaltsgleiche Grundregel enthält, zugleich jedoch die unionsrechtliche Norm für gewisse Fälle abschwächt, anreichert oder modifiziert.[25] Andererseits hat der EuGH die unionsrechtliche Zulässigkeit einer Anwendung nationaler Rechtmissbrauchsgrundsätze durch die mitgliedstaatlichend Gerichte auch dann anerkannt, wenn dadurch die missbräuchliche Ausübung des sich aus einer Unionsbestimmung ergebenden Rechts überprüft wird.[26] Um zu vermeiden, dass diese Rechtsprechung voneinander abweichende Rechtspraxen in den jeweiligen Mitgliedstaaten herbeiführt, obwohl der Grundsatz von Treu und Glauben auch dem europäischen Recht bekannt ist, schränkte der EuGH diesen Ansatz noch dahingehend ein, dass die einheitliche Anwendung und volle Wirksamkeit der einzuschränkenden europäischen Norm freilich nicht gefährdet werden dürfe.[27] Zutreffend behielt sich der EuGH durch diese Einschränkung *„das letzte Wort im Bereich der Harmonisierung nationaler Treu-und-Glauben-Korrektive“* vor.[28]

IV. Rangverhältnis deutschen und europäischen Kartellrechts

Die Untersuchung beschränkt sich auf die Bedeutung des Rechtsmissbrauchseinwandes unterhalb kartellrechtlicher Aufgreifschwellen. Mit Blick auf die kartellrechtliche Missbrauchsaufsicht (§§ 18 ff. GWB bzw.

---

25 Vgl. zum Anwendungsvorrang des Unionsrechts BVerfGE 37, 271 = NJW 1974, 2176 – *Solange I*; 73, 339 = NJW 1987, 577 – *Solange II*; 89, 155 = NJW 1993, 3047 – *Maastricht*; 102, 147 = NJW 2000, 3124 – *Bananenmarkt*; *Kingreen*, in: Calliess/Ruffert, EUV/AEUV, 4. Aufl. 2011, Art. 36 AEUV, Rn. 18; *Schmidt-Aßmann*, in: Schoch/Schmidt-Aßmann/Pietzner, VwGO, Lfg. 22 09/2011, Rn. 110 ff.; *Nettesheim*, in: Grabitz/Hilf/Nettesheim, Das Recht der EU, Lfg. 41 07/2010, Art. 1 AEUV, Rn. 71 ff.

26 Vgl. EuGH Slg. 2000, I-1705 = ZIP 2000, 663; ZIP 2003, 2375 – *Walcher*.

27 Vgl. EuGH Slg. 1996, I-1347 = ZIP 1996, 1543 – *Pafitis u.a.*; Slg. 1998, I-2843 = ZIP 1998, 1672.

28 *Roth*, in: MünchKomm BGB, Bd. 2, 5. Aufl. 2007, § 242, Rn. 143.

Art. 102 AEUV) betrifft dies die Kontrolle privater (Rechts-) Macht im Nichtanwendungsbereich – gewissermaßen im *Vorfeld* – der spezifischen Marktmachttatbestände. Sie betrifft also wettbewerbsschädliches Verhalten nicht marktbeherrschender Unternehmen. Das Rangverhältnis des inzwischen in weiten Teilen angeglichenen deutschen und europäischen Kartellrechts ist für diese Frage dennoch von Bedeutung, nämlich insoweit, als die Wirkung einer im Anwendungsbereich der GWB-Normen nicht verdrängten Regelung auch Rückschlüsse auf ihren Gehalt bei Nichtvorliegen der jeweiligen Eingriffskriterien erlaubt. Aus diesem Grund soll nachfolgend in aller Kürze der Anwendungsvorrang des europäischen Kartellrechts dargestellt werden. Dabei soll zugleich aufgezeigt werden, dass die zu untersuchende Fragestellung in Fallgestaltungen, die zur Beeinträchtigung des Handels zwischen den Mitgliedstaaten geeignet sind, allein im Bereich der Missbrauchskontrolle eine gesteigerte Relevanz aufweist.[29]

1. Grundsatz paralleler Anwendbarkeit

Sachverhalte mit zwischenstaatlichem Bezug, d.h. solche, die im Anwendungsbereich der in Art. 101 und 102 AEUV, Art. 3 VO Nr. 1/2003 sowie in § 22 GWB inkorporierten Zwischenstaatlichkeitsklausel liegen, unterliegen dem Grundsatz paralleler Anwendbarkeit europäischen und nationalen Kartellrechts.[30] Soweit das materiellrechtliche Tatbestandsmerkmal[31] der Zwischenstaatlichkeit erfüllt ist, eine Wettbewerbsbeschränkung also geeignet ist, den Handel zwischen den Mitgliedstaaten zu beeinträchtigen, sind die mitgliedstaatlichen Behörden und Gerichte auch zur Anwendung von Art. 101 und 102 AEUV gehalten.[32] Parallel wenden die nationalen Be-

29 Vgl. zum Anwendungsvorrang des EU-Kartellrechts EuGH Slg. 1964, 1251 = NJW 1964, 2371 – *Costa/ENEL*; *Ruffert*, in: Calliess/Ruffert, EUV/AEUV, 4. Aufl. 2011, Art. 1 AEUV, Rn. 16 ff.

30 Vgl. *Immenga/Mestmäcker*, in: Immenga/Mestmäcker, GWB, 4. Aufl. 2007, Einl., Rn. 15 ff.

31 Lange Zeit umstritten war indes die Einordnung der Zwischenstaatlichkeitsklausel als Kollisionsnorm; vgl. EuGH Slg. 1972, 619 – *ICI/Kommission*; *Steindorff*, ZHR 142 (1978), 525 ff.; *Roth/Ackermann*, in: FKomm Kartellrecht, Lfg. 67 01/2009, Grundfragen Art. 81 Abs. 1 EG, Rn. 301.

32 Vgl. zur Zwischenstaatlichkeit *Petsche/Lager/Metzlaff*, in: Liebscher/Flohr/Petsche, Handbuch der EU-Gruppenfreistellungsverordnungen, 2. Aufl. 2012, § 5, Rn. 4; *Rehbinder*, in: Immenga/Mestmäcker, EG-WettbR, Teil 1, 4. Aufl. 2007, Art. 81 Abs. 1 EGV, Rn. 262 ff.; *Brinker*, in: Schwarze, EU-Kommentar, 2. Aufl. 2009, Art. 81, Rn. 68 ff. Der EuGH hat die Zwischenstaatlichkeitsklausel weit ausgelegt;

hörden und Gerichte das nationale Kartellrecht an. Im Bereich des Kartellverbots wird von einem erweiterten, im Rahmen der Missbrauchsaufsicht von einem einfachen Anwendungsvorrang des EU-Kartellrechts gesprochen.

2. Kartellverbot: Erweiterter Anwendungsvorrang europäischen Kartellrechts

Im Bereich des Kartellverbots, d.h. im Anwendungsbereich von Art. 101 AEUV bzw. § 1 GWB, gilt der sog. erweiterte Anwendungsvorrang des europäischen Kartellrechts.[33] Bei Sachverhalten mit zwischenstaatlichem Bezug stellt Art. 101 AEUV den strengsten und zugleich den mildesten Prüfungsmaßstab auch für die Rechtsanwendung der mitgliedstaatlichen Behörden auf, die neben der Anwendung des rein nationalen Kartellrechts zur Beachtung des europäischen Kartellrechts gehalten sind. Vereinbarungen und abgestimmte Verhaltensweisen, die keine Wettbewerbsbeschränkung i.S.v. Art. 101 Abs. 1 AEUV begründen oder die Voraussetzungen des Art. 101 Abs. 3 AEUV erfüllen, dürfen mithin nicht zum Verbot nach einzelstaatlichem Wettbewerbsrecht führen (Art. 3 Abs. 2 S. 1 VO 1/2003; § 22 Abs. 2 S. 1 GWB). Der umgekehrte Fall ist *expressis verbis* nicht geregelt. Nach § 22 Abs. 2 S. 3 GWB richtet sich der Vorrang von Artikel 101 des Vertrages über die Arbeitsweise der Europäischen Union nach dem insoweit maßgeblichen Recht der Europäischen Union. Dass nach deutschem Kartellrecht EU-Kartellrechtswidriges nicht erlaubt sein kann, ergibt sich folglich aus dem unionsrechtlichen Gebot, die Wirksamkeit (primären) EU-Rechts nicht zu beeinträchtigen (Art. 4 Abs. 3 EUV).[34]

Art. 3 Abs. 3 HS 2 VO 1/2003 nimmt gleichwohl Bestimmungen des einzelstaatlichen Rechts vom Vorrang des europäischen Kartellrechts aus, wenn diese überwiegend ein von den Art. 81 und 82 des Vertrages (Art. 101 und 102 AEUV) abweichendes Ziel verfolgen. Dies gilt für innerstaatliche

---

vgl. EuGH Slg. 1985, 391, 425 = WuW/E EWG/MUV 681 – *BNIC/Clair*; Slg. 1998, I-1983, 2003 f. = EuZW 1998, 404, 405 – *Javico/Yves Saint Laurent*. Die Kommission hat für ihre Praxis Leitlinien zum Begriff der Beeinträchtigung des zwischenstaatlichen Handels in den Art. 81 und 82 EG-Vertrag vorgelegt, die an dieser Rechtsprechung ausgerichtet sind.

33 Weiterführend *Mestmäcker/Schweitzer*, Europäisches Wettbewerbsrecht, 3. Aufl. 2014, § 4, Rn. 6 ff.; *Rehbinder*, in: Immenga/Mestmäcker, EG-WettbR, Teil 2, 4. Aufl. 2007, VO 1/2003, Art. 3, Rn. 65 ff.

34 EuGH Slg. 1969, 1, 13 ff. = NJW 1969, 1000 – *Walt Wilhelm u.a./Bundeskartellamt*.

Vorschriften, die andere legitime Interessen schützen, sofern diese Rechtsvorschriften im Einklang mit dem allgemeinen Grundsätzen und übrigen Bestimmungen des Gemeinschaftsrechts stehen. Sofern derartige Rechtsvorschriften überwiegend auf ein Ziel gerichtet sind, das von dem Schutz des Wettbewerbs auf dem Markt abweicht, dürfen die Wettbewerbsbehörden und Gerichte in den Mitgliedstaaten solche Rechtsvorschriften in ihrem Hoheitsgebiet anwenden (Erwägungsgrund 9 S. 2 und 3). *Expressis verbis* gilt dieser Grundsatz für innerstaatliche Rechtsvorschriften, mit denen unlautere Handelspraktiken untersagt oder geahndet werden sollen (Erwägungsgrund 9 S. 4). Somit steht Art. 101 AEUV insbesondere der Anwendung des deutschen UWG nicht entgegen.[35]

3. Missbrauchsverbot: Einfacher Anwendungsvorrang europäischen Kartellrechts

Im Bereich der Missbrauchsaufsicht gilt der sog. einfache Anwendungsvorrang des europäischen Kartellrechts.[36] Nationales Kartellrecht wird nur partiell verdrängt. Art. 3 Abs. 2 S. 2 VO 1/2003 räumt den Mitgliedstaaten die Möglichkeit ein, strengere innerstaatliche Vorschriften zur Unterbindung oder Ahndung einseitiger Handlungen von Unternehmen zu erlassen oder anzuwenden. Im Bereich der Missbrauchsaufsicht lässt § 22 Abs. 3 S. 3 GWB „weitergehende Vorschriften dieses Gesetzes" vom Anwendungsvorrang des Art. 102 AEUV unberührt. Es steht dem nationalen Gesetzgeber somit frei, über Art. 102 AEUV hinausgehende, strengere Regelungen der Missbrauchsaufsicht zu erlassen. Vor diesem Hintergrund hat der nationale Gesetzgeber insbesondere die Möglichkeit, bereits im *Vorfeld* monopolistischer bzw. oligopolistischer Marktbeherrschung wettbewerbsbeschränkenden Verhaltensweisen von Unternehmen mit relativer Marktmacht durch legislatorische Akte entgegenzuwirken. Normen wie § 20 Abs. 1 und 4 GWB können auf diesem Wege aufrechterhalten werden, ohne zugleich gegen primäres Unionsrecht zu verstoßen. Für Art. 3 Abs. 3 HS 2 VO 1/2003 gelten die Ausführungen zum erweiterten Anwendungsvorrang des EU-Kartellverbots entsprechend, obwohl der Passus angesichts

---

35 Vgl. *Köhler*, in: Köhler/Bornkamm, UWG, 33. Aufl. 2015, § 4, Rn. 12.2.

36 Weiterführend *Mestmäcker/Schweitzer*, Europäisches Wettbewerbsrecht, 3. Aufl. 2014, § 4, Rn. 6 ff.; *Bumiller*, in: Wiedemann, Kartellrecht, 2. Aufl. 2008, § 62, Rn. 34.

Art. 3 Abs. 2 S. 2 VO 1/2003 von nur eingeschränkter Bedeutung für das kartellrechtliche Missbrauchsverbot ist.

V. Schlussfolgerungen

Die Untersuchung beschränkt sich auf die Frage, inwieweit auf § 242 BGB in der Ausfpormung des Rechtsmissbrauchseinwandes zurückgegriffen werden kann, um einseitiges unternehmerisches Handeln unterhalb der Aufgreifschwellen der §§ 18, 20 GWB rechtlich zu kontrollieren. Mit Blick auf eine weitreichende Harmonisierung des deutschen und des europäischen Kartellrechts ist diese Eingrenzung durch folgende Überlegung gerechtfertigt: Soweit das Tatbestandsmerkmal der Zwischenstaatlichkeit erfüllt ist, bildet das europäische Kartellrecht in Ergänzung der mitgliedstaatlichen Rechtssätze den Kontrollmaßstab für wettbewerbsbeschränkende Verhaltensweisen. Das EU-Kartellverbot weist bereits keine Aufgreifschwellen im Sinne der hier behandelten Problemstellung auf.[37] Insoweit bedarf die Bedeutung des Rechtsmissbrauchseinwandes auch keiner gesonderten Erörterung. Fußt die Kartellrechtswidrigkeit nämlich auf einem nicht zu rechtfertigenden Verstoß gegen Art. 101 Abs. 1 AEUV und – infolge des erweiterten Anwendungsvorrangs – zugleich auf einem Verstoß gegen § 1 GWB, stellt sich die Frage nach einer Umgehung spezifischen Kartellrechts durch Rekurrieren auf § 242 BGB von vornherein nicht. Soweit demgegenüber – die Eignung zur Beeinträchtigung des zwischenstaatlichen Handels wiederum vorausgesetzt – kein Verstoß gegen Art. 101 Abs. 1 AEUV nachweisbar ist (bzw. ein solcher ausnahmsweise nach Art. 101 Abs. 3 AEUV gerechtfertigt ist) und demzufolge zwingend auch ein rechtswidriger Verstoß gegen § 1 GWB ausscheidet, wäre der Rückgriff auf § 242 BGB als nationalrechtlicher Kontrollmaßstab europarechtswidrig. Dies gilt zumindest insoweit, als sich die Treuwidrigkeit des in Rede stehenden Verhaltens ohne weiteres allein aus typischerweise kartellrechtlichen Erwägungen ergäbe.[38] Da auch sekundäres Unionsrecht Vorrang gegenüber einfachgesetzlichen nationalen Rechtssätzen genießt,[39] sperrt Art. 3 Abs. 2 S. 1 VO 1/2003 die

---

37 Unten Teil 1, C.III.

38 Weiterführend unten Teil 2, B.IV.2.c).

39 Vgl. EuGH Slg. 2005, I-51, 52 – *Denkavit*; Slg. 2006, I-2303, 2329 – *Matratzen Concord*; Slg. 2008, I-9947, 9991 – *Gysbrechts und Santurel Inter*; *Schmidt-Aßmann*, in: Schoch/Schmidt-Aßmann/Pietzner, VwGO, Lfg. 22 2011, Einl., Rn. 110; *Kingreen*, in: Calliess/Ruffert, EUV/AEUV, 4. Aufl. 2011, Art. 36 AEUV, Rn. 18.

Anwendung von § 242 BGB, wenn bei Eröffnung des Anwendungsbereichs der VO 1/2003, also bei zwischenstaatlicher Relevanz eine Wettbewerbsbeschränkung nicht gegen das Kartellverbot verstößt.

Für die vorliegende Untersuchung stellt sich auch das Rangverhältnis der deutschen und europäischen Regelungen zur Missbrauchsaufsicht als unproblematisch dar. Entsprechend der Ausführungen zum Kartellverbot ist die Abgrenzung von vornherein unerheblich bei Verhaltensweisen, die einen Verstoß sowohl gegen Art. 102 AEUV und aufgrund des einfachen Anwendungsvorrangs gleichfalls gegen § 19 GWB begründen. Bedeutung erlangt die Frage nach dem Verhältnis der nationalen Missbrauchsvorschriften zu § 242 BGB indes, soweit ein Verstoß gegen Art. 102 AEUV zwar nicht bejaht werden kann, das Verhalten aber an sich den Verbotsnormen der §§ 19 ff. GWB zuwiderliefe, deren konkrete Aufgreifschwellen aber nicht erfüllt sind. Angesichts der Regelungen in Art. 3 Abs. 2 S. 2 VO 1/2003 und § 22 Abs. 3 S. 3 GWB behandelt diese Arbeit mithin eine ausschließlich das nationale Kartellrecht betreffende Abgrenzungsfrage. Diese Frage ist zudem losgelöst von dem Verhältnis der nationalen zur unionsrechtlichen Missbrauchsaufsicht zu beantworten. Das lässt sich noch zusätzlich auf Art. 3 Abs. 3 HS. 2 VO 1/2003 i.V.m. Erwägungsgrund 9 S. 4 stützen. Was Norm und Erwägungsgrund mit Blick auf die Anwendbarkeit von Rechtsvorschriften des einzelstaatlichen Lauterkeitsrechts postulieren, hat unter Bezugnahme auf die Zweckrichtung des UWG[40] *a fortiori* auch für die allgemeine Generalklausel des § 242 BGB zu gelten. Denn diese verfolgt ein spezielles Ziel, „*das die tatsächlichen oder vermuteten Wirkungen solcher Handlungen* [d.h. unlautere Handelspraktiken; vgl. Erwägungsgrund 9 S. 4] *auf den Wettbewerb auf dem Markt unberücksichtigt lässt*" (Erwägungsgrund 9 S. 5). Dies soll nämlich insbesondere auf Rechtsvorschriften zutreffen,

> „mit denen Unternehmen untersagt wird, bei ihren Handelspartnern ungerechtfertigte, unverhältnismäßige oder keine Gegenleistung umfassende Bedingungen zu erzwingen, zu erhalten, oder den Versuch hierzu zu unternehmen" (Erwägungsgrund 9 S. 6).

---

40 Weiterführend *Pichler*, Das Verhältnis von Kartell- und Lauterkeitsrecht, 2009, S. 27 ff.; *Köhler*, in: Köhler/Bornkamm, UWG, 33. Aufl. 2015, § 1, Rn. 9 ff.; *Podszun*, in: Harte-Bavendamm/Henning-Bodewig, UWG, 3. Aufl. 2013, § 1, Rn. 33 ff.

B. Anlass der Untersuchung

Anlass zur vorliegenden Untersuchung gibt eine am 15. Juli 2009 ergangene rechtskräftige Entscheidung des Kartellsenats des OLG Düsseldorf, Az. VI-2 U (Kart) 6/07, zur Fremdbefüllung von Flüssiggastanks. Der Senat befand, dass der Anspruchsteller in dem zugrundeliegenden Fall einen negatorischen Unterlassungsanspruchs wegen angeblicher Verletzung originärer Eigentumsrechte allein zur Verfolgung rechtlich missbilligter Interessen einsetzte. Die Ausübung des Unterlassungsanspruchs diene nicht dem geschützten Integritäts- und Amortisationsinteresses des Eigentümers, sondern werde zur Aufrechterhaltung des Status quo auf dem betroffenen Tankgasmarkt eingesetzt. Das nach diesem Verständnis rechtsmissbräuchliche Vorgehen begründete nach Auffassung des Senats eine Duldungspflicht der Klägerin (§ 1004 Abs. 2 BGB) wegen Unvereinbarkeit des Klagebegehrens mit Treu und Glauben.[41]

Zur Einordnung der Entscheidung in den Kontext des Untersuchungsgegenstandes soll nachfolgend zunächst ein Überblick über diese sog. *Flüssiggas*-Entscheidung des OLG Düsseldorf gegeben werden und sollen sodann einige weitere für diesen Zweck relevante Gerichtsentscheidungen Erwähnung finden.

I. Entwicklungstendenzen in der Rechtsprechung

1. Flüssiggas-Entscheidung des OLG Düsseldorf vom 15. Juli 2009

a) Sachverhalt

Die Parteien handelten jeweils bundesweit mit unterschiedlichen Marktanteilen mit Flüssiggastanks und Flüssiggas.[42] Die Klägerin hatte im Bundesgebiet ca. 100.000 eigene Flüssiggastanks aufgestellt. Einige dieser Behälter

---

41 OLG Düsseldorf GRUR-RR 2010, 117.

42 Zur Befüllung im Eigentum Dritter stehender Flüssiggasbehälter erging in den zurückliegenden Jahren eine Reihe höchstgerichtlicher Entscheidungen, deren (zumindest vorläufigen) Schlusspunkt zur Zeit der Erstellung dieser Arbeit die wissenschaftliche Diskussion im Urteil des BGH vom 26. Februar 2007 sah; vgl. *Berger*, LMK 2007, 222298. Neben den rechtlichen Fragestellungen unterstreicht die Höhe der vom Bundeskartellamt verhängten Geldbußen gegen Flüssiggasunternehmen die wirtschaftliche Bedeutung dieser Entscheidungen. Wegen Kartellabsprachen wurden am 15. April 2009 Bußgelder in Höhe von insgesamt 41,4

enthielten keinen Hinweis auf das Eigentum der Klägerin. Nachdem bis Mitte der Neunziger Jahre die nahezu ausnahmslos im Deutschen Verband Flüssiggas e. V. („DVFG") zusammengeschlossenen Flüssiggasanbieter mit ihren Kunden regelmäßig langfristige exklusive Lieferverträge abschlossen und die entsprechenden Gastanks zu Miete überlassen hatten, schloss die Klägerin, die Lieferverträge zuvor mit einer Laufzeit von zwei Jahren abgeschlossen hatte, diese fortan ohne feste Laufzeit ab.[43] Die Rechtsvorgängerin der Klägerin vereinbarte mit ihren Kunden einen Flüssiggasbelieferungsvertrag über eine Laufzeit von fünf Jahren sowie einen ausschließlichen Bezug über die Klägerin, die den zur Belieferung und Lagerung erforderlichen Flüssiggastank für eine einmalig zu zahlende Nutzungsentschädigung zur Verfügung stellte. Die Nutzungsentschädigung entsprach in etwa dem üblichen Kaufpreis eines Tanks. Das Eigentum an dem Tank verblieb bei der Klägerin.

Flüssiggashändler binden ihre Abnehmer regelmäßig durch langfristige und ausschließliche Bezugsverpflichtungen, die den Bezug von Flüssiggas bei Wettbewerbern verbieten. Unabhängig von der Frage nach der kartellrechtlichen Bewertung dieser Bezugsverpflichtungen bietet sich dem Lieferanten neben dieser schuldrechtlichen Vertragsgestaltung eine weitere Möglichkeit zur Vermeidung der Belieferung durch Wettbewerber: Die vom Händler zur Verfügung gestellten Flüssiggasbehälter verbleiben in dessen Eigentum und werden dem Abnehmer gegen ein Nutzungsentgelt lediglich zur Befüllung mit dem eigenen Flüssiggas überlassen. Somit kann der Händler auch eigentumsrechtlich gegen seine Wettbewerber vorgehen (§ 1004 Abs. 1 BGB).

Millionen Euro gegen führende Flüssiggasanbieter des DVFG verhängt. Zuvor waren im Dezember 2007 und im Februar 2008 bereits Bußgelder in Höhe von insgesamt rund 209 Millionen Euro ebenfalls wegen Kartellabsprachen verhängt worden; vgl. insgesamt *BKartA*, Fallbericht: OWiG-Verfahren Flüssiggas. Auf den Einspruch der beschuldigten Unternehmen hin hat das OLG Düsseldorf am 16. April 2013 (Az. VI-4 Kart 2-6/10 OWi) die Bußgelder nach umfangreicher Beweisnahme zudem noch einmal beträchtlich angehoben.

43 Verbraucherschützer kritisierten die Vertragspraxis zuvor heftig. Mit Blick auf das Verbot der Tankbefüllung durch einen günstigeren Konkurrenten äußerte sich ein Vertreter der Verbraucherzentrale Mecklenburg-Vorpommern etwa: „*Ein Autofahrer bindet sich auch nicht exklusiv an Aral oder Shell*"; vgl. *FOCUS*, Ausgabe 38/2003.

Auszugsweise sah der zugrundeliegende Vertrag folgende Regelungen vor:

> „9. Lieferung von Flüssiggas
> [...] Der Tank darf nur von [der Klägerin] oder deren Beauftragten befüllt werden.
> 10. Tank
> 10.1 Mit der Miete oder der Nutzungsentschädigung ist die normale gebrauchsbedingte Abnutzung des Tanks [...] abgegolten. Durch Zahlung der Nutzungsentschädigung erwirbt der Kunde das Recht, den Tank [...] auf eine Dauer bis zu 10 Jahren ohne weitere Mietzahlung zu benutzen [...]."

Im Jahr 2005 erfuhr die Klägerin, dass der Kunde im Jahr 2004 Flüssiggas von der Beklagten bezogen hatte und mahnte die Beklagte ab verbunden mit der Aufforderung, eine strafbewehrte Unterlassungs- und Verpflichtungserklärung abzugeben. Eine solche gab die Beklagte auch ab: Sie werde es zukünftig unterlassen, im Eigentum der Klägerin befindliche und als solche – mittels Firmenbezeichnung oder Firmenlogo – erkennbare Tanks mit Flüssiggas zu befüllen oder befüllen zu lassen. Die Klägerin nahm die Beklagte daraufhin in Anspruch, die Befüllung von im Eigentum der Klägerin verbliebenen Flüssiggastanks zu unterlassen.[44]

b) Entscheidungsgründe

Das Berufungsgericht bestätigte die Auffassung des zuvor befassten Landgerichts Düsseldorf insoweit, als

> „das unbefugte Befüllen eines in fremdem Eigentum stehenden Flüssiggasbehälters eine Eigentumsbeeinträchtigung i.S. von § 1004 BGB darstellt, weil dieses Vorgehen die Sachherrschaft des Eigentümers auch dann verletzt, wenn ein Tank seiner technischen Bestimmung entsprechend befüllt wird. [...] [Insbesondere beeinträchtigt die] ohne Einwilligung der Klägerin vorgenommene Befüllung eines in ihrem Eigentum stehenden Flüssiggastanks auch dann deren Eigentum i.S. von § 1004 BGB [...], wenn der Behälter nicht mit einer auf das Eigen-

44 Nach Auffassung der Beklagten war eine Eigentumsbeeinträchtigung bereits angesichts § 254 BGB auszuschließen. Es obliege der Klägerin, die in ihrem Eigentum verbleibenden Tanks zu kennzeichnen, um Eigentumsbeeinträchtigungen durch Wettbewerber zu vermeiden.

> tum der Klägerin hinweisenden Beschriftung oder sonstigen Kennzeichnung versehen war";[45]

und entspricht damit der zuvor verlautbarten Auffassung des BGH zur Eigentumsbeeinträchtigung durch Fremdbefüllung von Flüssiggastanks.[46]

aa) Kein Kartellrechtsverstoß

Abweichend von der Rechtsauffassung des erstinstanzlichen Gerichts sah das Berufungsgericht die Klägerin jedoch zur Duldung der mit der Fremdbefüllung verwirklichten Eigentumsbeeinträchtigung verpflichtet, soweit die Klage auch nicht nach außen erkennbar im Eigentum der Klägerin stehende Behälter betraf. Die Duldungspflicht ergebe sich zwar nicht aus dem Missbrauch einer marktbeherrschenden Stellung i.S.v. § 19 Abs. 1 GWB a.F., da die hierfür erforderliche Beherrschung des Absatzmarktes für Tankgas durch die Klägerin nicht festgestellt werden konnte. Ferner war weder eine überragende Marktstellung (§ 19 Abs. 2 Nr. 2 GWB a.F.) festzustellen noch lagen die Voraussetzungen der Vermutung des § 19 Abs. 3 S. 1 GWB a.F. vor. Ausdrücklich lehnte das Gericht auch eine Duldungspflicht ab, die sich aus einem Verstoß gegen Art. 81 Abs. 1 EG (Art. 101 AEUV) bzw. § 1 GWB hätte ergeben können. Nach Auffassung des OLG Düsseldorf begründete insbesondere auch eine von den etablierten Gasanbietern verfolgte Marktabschottungsstrategie keine solche Duldungspflicht der Klägerin. Die Behauptung der Beklagten, der Gasabsatzmarkt werde mittels eines Bündels gleichartiger Verträge in Gestalt der Gasliefer- und Nutzungsverträge für Gastanks der etablierten Anbieter im Sinne der sog. *Delimitis*-Doktrin schwer zugänglich gemacht und gegen Wettbewerb abgeschottet, wies das Gericht als in tatsächlicher Hinsicht unsubstanziiert zurück.[47]

---

45 OLG Düsseldorf GRUR-RR 2010, 117.

46 Vgl. BGH NJW 2003, 3702; NJW-RR 2006, 270; GRUR 2007, 623.

47 Vgl. zur *Delimitis*-Doktrin EuGH Slg. 1991, I-935 = NJW 1991, 2204 – *Delimitis*.

bb) Eigentumsrechtliche Duldungspflicht wegen unzulässiger Rechtsausübung im Wettbewerbsverhältnis

Das Gericht legte der Klägerin aber eine Duldungspflicht in Bezug auf die nicht erkennbar in ihrem Eigentum verbliebenen Gastanks auf, und zwar wegen Verstoßes gegen das Gebot von Treu und Glauben. Dieses kosntituiere *„eine allen Rechten und damit auch dem Anspruch aus § 1004 BGB immanente Inhaltsbegrenzung“*.[48] Das OLG Düsseldorf verwies auf die seitens des BGH aufgeworfene, aber unbeantwortete Frage,

> „ob dem Eigentümer eines Gastanks ‚eine Berufung auf den durch § 1004 BGB eröffneten Eigentumsschutz nach Treu und Glauben zu versagen wäre, wenn es ihm ausschließlich darum ginge, Besitzstände gegen eine sich verändernde Marktlage zu schützen.‘“[49]

Das OLG Düsseldorf bewertete die Geltendmachung des Unterlassungsanspruchs als rechtsmissbräuchlich, soweit dieser auch die nicht von der Klägerin gekennzeichneten Gastanks umfassen sollte. Er diene insoweit

> „nicht dem durch § 1004 BGB geschützten Integritäts- und Amortisationsinteresse des Eigentümers, sondern [werde] zur Aufrechterhaltung des Status quo auf dem Tankgasmarkt und damit zur Verfolgung rechtlich missbilligter Interessen eingesetzt.“[50]

Die Nichtkennzeichnung der Behälter gewähre die Möglichkeit, freie Anbieter durch Unterlassungsklagen vom Gasabsatzmarkt fernzuhalten. Die latente Möglichkeit der Rechtsverfolgung mittels Geltendmachung von Unterlassungsansprüchen entfalte daher eine abschreckende Wirkung: Zur Vermeidung von Abmahnungen und gerichtlichen Auseinandersetzungen stehe zu befürchten, dass freie Anbieter bei nicht gekennzeichneten Behältern vorsichthalber von der Befüllung absehen, was eine Erschwerung des Marktzutritts bewirke. Ausdrücklich stellte das OLG Düsseldorf zudem darauf ab, dass die Klägerin von einer Kennzeichnung der Behälter bewusst absehe, sie also bewusst auf einen effektiven Schutz ihres Eigentums vor Beeinträchtigungen verzichte.[51] Erst durch diesen Verzicht auf effektive Schutzmaßnahmen schaffe die Klägerin die Situation für Beeinträchtigun-

---

48 OLG Düsseldorf GRUR-RR 2010, 117, 118.

49 OLG Düsseldorf GRUR-RR 2010, 117, 118, unter Verweis auf BGH NJW 2003, 3702.

50 OLG Düsseldorf GRUR-RR 2010, 117, 118 f.

51 OLG Düsseldorf GRUR-RR 2010, 117, 119.

gen, derer sie sich durch die Geltendmachung von Unterlassungsansprüchen grundsätzlich auch erwehren könne. Die konkrete Rechtsausübung diene indes *„nicht der durch § 1004 BGB bezweckten Sicherung des gesetzmäßigen Zustandes."* Die Klägerin verbinde mit der Rechtsausübung vielmehr

> „ihr nicht mehr dem Schutzbereich des § 1004 BGB zuzurechnendes sowie zugleich rechtlich missbilligendes Interesse an der Wahrung ihres Besitzstandes gegen eine sich verändernde Lage auf dem Tankgasabsatzmarkt. [...] Wer weiß, dass die Nichtkennzeichnung der Gasbehälter den beschriebenen Abschreckungseffekt hat und die Behälter gleichwohl nicht kennzeichnet, [setze] das Unterbleiben einer Kennzeichnung bewusst im Wettbewerb ein."[52]

cc) Schlussfolgerungen

Das OLG Düsseldorf stuft die Ausnutzung eines originären Eigentumsrechts dann als rechtsmissbräuchlich ein, wenn ein entsprechender Unterlassungsanspruch nicht auf die Wahrung der durch § 1004 BGB geschützten Interessen abzielt; wenn die Durchsetzung des Unterlassungsanspruchs also nicht dem Schutz des Integritäts- und Amortisationsinteresses des Eigentümers, sondern der Aufrechterhaltung einer Marktstellung dient. Bemerkenswert ist, dass der Unterlassungsanspruch in einer solchen Fallgestaltung auch dann auch unterhalb kartellrechtlicher Aufgreifschwellen nicht durchsetzbar sein soll, also ohne dass aufgrund einer marktbeherrschenden Stellung auf die Regelungen der kartellrechtlichen Missbrauchsaufsicht (§ 19 Abs. 1 GWB a.F.) zurückgegriffen werden konnte.[53] Die Verfolgung rechtlich missbilligter Interessen rechtfertige die Versagung der Durchsetzbarkeit des absoluten Eigentumsrechts in dem zu entscheidenden Fall.

---

52 Das Gericht lehnte einen Unterlassungsanspruch übrigens auch in Bezug auf die erkennbar im Eigentum der Klägerin stehenden Behälter ab. Es fehle an der insoweit erforderlichen Wiederholungsgefahr. Auch die zur Bejahung eines vorbeugenden Unterlassungsanspruchs erforderliche erstmals ernsthaft drohende Beeinträchtigung habe nicht vorgelegen; vgl. OLG Düsseldorf GRUR-RR 2010, 117, 119.

53 So hatte es im Jahr 2001 bereits das LG Augsburg in einem ähnlichen Fall eingeschätzt: *„Vom Gericht wird nicht übersehen, dass es im Kern nicht um die Rechtsverhältnisse der beiden Streitparteien geht, sondern darum, unliebsamen Wettbewerb zurückzudrängen"*; vgl. den Verweis in *FOCUS*, Ausgabe 38/2003.

Die Entscheidung gibt Anlass zur Beantwortung der Frage nach der gebotenen Abgrenzung von § 242 BGB (hier in Gestalt des Rechtsmissbrauchseinwandes) zu den Vorschriften der kartellrechtlichen Missbrauchsaufsicht. Wie eingangs aufgezeigt, kommt die Problematik der Normkonkurrenz dann eine besondere Bedeutung zu, wenn weder die Aufgreifkriterien des nationalen noch des europäischen Kartellrechts erfüllt sind, wenn also jedenfalls auf den ersten Blick eine Umgehung spezifisch kartellrechtlicher Wertungen durch eine zivilrechtliche Generalklausel ernsthaft zu befürchten steht. Es ist daher der Frage nachzugehen, ob und wenn ja, inwieweit methodisch statthaft und rechtspolitisch legitim kartellrechtsähnliche Wertungen im Rahmen von § 242 BGB Berücksichtigung finden können, ob es letztlich auch in der Bewertung von Wettbewerbsverhältnissen bei dem in Rechtsprechung und Literatur weitgehend anerkannten Grundsatz verbleibt, die Geltendmachung eines Unterlassungsanspruchs sei dann rechtsmissbräuchlich, wenn dieser Zwecke verfolgt, für die der Anspruch von der Rechtsordnung nicht zur Verfügung gestellt wird.[54]

2. Weitere relevante Entscheidungen

Nachfolgend werden weitere Beispiele instanz- und höchstrichterlicher Spruchpraxis angeführt, die zur Erörterung der aufgeworfenen Abgrenzungsfrage fruchtbare Anknüpfungspunkte bieten. Dabei zeigt sich, dass der Ansatz, der Ausübung absoluter Rechte den Einwand unzulässiger Rechtsausübung dann entgegenzuhalten, wenn es dem Anspruchsteller in Wahrheit nicht darum geht, seine Rechtsposition durchzusetzen, sondern Wettbewerber auszuschalten, nicht neu ist. Hinzuweisen ist in diesem Zusammenhang ebenso auf Entscheidungen zum Wohnungseigentumsrecht, die negatorische Unterlassungsansprüche zum Gegenstand haben, wie auch auf Entscheidungen zur eigentumsrechtlichen Absicherung von Ausschließlichkeitsbindungen und zur missbräuchlichen Lizenzverweigerung an Immaterialgüterrechten.

---

54 Vgl. BGHZ 176, 1 = NJW-RR 2008, 996 – *Soda-Club II*; OLG Hamburg NJWE-WettbR 1996, 61 – *Extensions*; *Mansel*, in: Jauernig, BGB, 16. Aufl. 2015, § 242, Rn. 42; *Schubert*, in: MünchKomm BGB, Bd. 2, 7. Aufl. 2016, § 242, Rn. 244 ff.

a) Zur eigentumsrechtlichen Duldungspflicht wegen unzulässiger Rechtsausübung im Wettbewerbsverhältnis[55]

aa) Beschluss des BayObLG vom 18. April 1996

Mit Beschluss vom 18. April 1996 entschied das BayObLG, dass dem auf § 15 Abs. 3 WEG i.V.m. § 1004 Abs. 1 BGB gestützten Anspruch eines Wohnungseigentümers, der darauf gerichtet ist, dass ein anderer Wohnungseigentümer es unterlässt, in seinen ebenfalls als Wohnung ausgewiesenen Räumen einen Gewerbebetrieb zu unterhalten, der Einwand unzulässiger Rechtsausübung (§ 242 BGB) entgegengehalten werden könne. Dabei kam es entscheidend darauf an, dass

> „der Anspruchsteller in seiner Wohnung das gleiche Gewerbe betreibt und es ihm nur darum geht, unerwünschten Wettbewerb auszuschalten."

Nach Auffassung des Gerichts ist die Verfolgung eines Unterlassungsanspruchs dann rechtsmissbräuchlich, wenn er zu einem Zweck verfolgt wird, zu dem der Anspruch von der Rechtsordnung nicht zur Verfügung gestellt wurde.[56] Kartellrechtliche Erwägungen fanden keinen Eingang in die Entscheidung.

bb) Beschluss des BayObLG vom 7. August 1997

Auch nach einer weiteren Entscheidung des BayObLG aus dem Jahr 1997 kann ein eigentumsrechtlicher Unterlassungsanspruch, der nur geltend gemacht wird, um einen Konkurrenten auszuschalten, missbräuchlich sein.[57] Der Geltendmachung eines auf § 15 Abs. 3 WEG i.V.m. § 1004 Abs. 1 BGB

---

55 Die angeführten Entscheidungen des BayObLG sind im Lichte ihrer Zeit zu sehen. Sie ergingen vor Ausgestaltung der GWB-Vorschriften als unmittelbar geltende Verbotsnormen durch die 6. GWB-Novelle (1998) und vor Inkorporierung des kartellrechtlichen Individualschutzes in § 33 GWB durch die 7. GWB-Novelle (2005) und Ausweitung desselben durch die 8. (2013) und 9. GWB-Novelle (2017). Unmittelbar kam es hierauf aber weder in den Entscheidungen des BayObLG noch des vorab dargestellten Urteils des OLG Düsseldorf an.

56 BayObLGZ 1996, 97 = NJW-RR 1996, 1359.

57 BayObLGR 1998, 34 = NJW-RR 1998, 301. Anders soll dies bei Konkurrenzschutz aufgrund einer Gemeinschaftsordnung sein; vgl. BayObLG NJWE-MietR 1997, 231.

gestützten Unterlassungsanspruchs kann der Einwand unzulässiger Rechtsausübung (§ 242 BGB) entgegengehalten werden, wenn der Anspruch allein darauf abzielt, einen geschäftlichen Konkurrenten auszuschalten.[58] Obwohl zwischen den Parteien des Rechtsstreits ein konkretes Wettbewerbsverhältnis bestand, äußerte sich das Gericht wiederum nicht zur kartellrechtlichen Relevanz der geltend gemachten Rechtsposition.

cc) Schlussfolgerungen

Die Gemeinsamkeit der beiden angeführten Entscheidungen des BayObLG liegt in der Verneinung eines negatorischen Unterlassungsanspruchs (§ 1004 Abs. 1 BGB) aufgrund einer Duldungspflicht wegen angeblich missbräuchlicher Ausübung des geltend gemachten Rechts. Beide zu entscheidenden Sachverhalte fußen im Wohnungseigentumsrecht, wobei die Parteien in einem konkreten Wettbewerbsverhältnis stehen. Dennoch wurde in keinem der Beschlüsse auf die ggf. bestehende kartellrechtliche Relevanz des klageweisen Vorgehens eingegangen.

Die Besonderheit der *Flüssiggas*-Entscheidung des OLG Düsseldorf liegt nun darin, dass der Kartellsenat die konkret in Betracht kommenden kartellrechtlichen Aufgreifschwellen prüft, insbesondere das Vorliegen einer marktbeherrschenden Stellung i.S.v. § 19 Abs. 1 GWB a.F. (nunmehr § 18 Abs. 1 GWB). Das Gericht verneint dann aber ausdrücklich die Anwendbarkeit des europäischen und auch das nationalen Kartellrechts, ehe es im Rahmen der allgemeinzivilrechtlichen Generalklausel des § 242 BGB ein nach seiner Auffassung nicht zu billigendes Marktverhalten abwendet.

Von einem unterschiedlichen Ansatz des BayObLG auf der einen Seite und des OLG Düsseldorf auf der anderen Seite ist aber nicht auszugehen. Soweit in den Entscheidungsgründen des bayerischen Gerichts die kartellrechtliche Relevanz der zugrundeliegenden Sachverhalte nicht erörtert wurde, steht zu vermuten, dass es dort jeweils an einem entsprechenden Parteivortrag fehlte und sich das Gericht schlichtweg zu keiner Äußerung hinsichtlich der kartellrechtlichen Zulässigkeit des beanstandeten Verfahrens veranlasst sah – *iura novit curia*. Kartellrechtliche Erwägungen kamen in keiner der angeführten Entscheidungen zum Tragen, wenngleich es je-

58 Dies soll auch dann gelten, wenn der anspruchsstellende Wohnungseigentümer zwar selbst kein Wettbewerber des Anspruchsgegners ist, der Anspruch aber allein im Interesse eines Dritten, eines Wettbewerbers, geltend gemacht wird; vgl. BayObLGR 1998, 34 = NJW-RR 1998, 301.

denfalls denkbar gewesen wäre, eine Duldungspflicht des Anspruchstellers auch aus einer möglichen Kartellrechtswidrigkeit des jeweiligen Vorgehens abzuleiten. Die ansonsten anzunehmende Kartellrechtskonformität hätte eine reflektiertere Auseinandersetzung mit Rolle des § 242 BGB erfordert. In den Beschlussbegründungen des BayObLG kamen derlei Erwägungen aber nicht zur Sprache. Eine systematische und auch rechtspolitische Diskussion im Schrifttum, wie sie im Nachgang der *Flüssiggas*-Entscheidung des OLG Düsseldorf hervortrat, blieb trotz der nur schwer übersehbaren strukturellen Gemeinsamkeiten der Fallgesatltungen aus. Es war die *Flüssiggas*-Entscheidung des OLG Düsseldorf, die bei gleichzeitiger ausdrücklicher Ablehnung einer Kartellrechtswidrigkeit des Klagebegehrens einen doch naheliegenden Wertungskonflikt offenbarte, der nun den Gegenstand dieser Untersuchung bildet.

b) Höchstrichterliche Rechtsprechung zur eigentumsrechtlichen Sicherung von Ausschließlichkeitsbindungen

aa) Entscheidungen zur Flüssiggasbranche

Die Entscheidung des OLG Düsseldorf, die den Anlass zu dieser Untersuchung gab, ist als Teil einer Reihe weiterer, auch höchstrichterlicher Entscheidungen zur Flüssiggasbranche zu sehen. Danach stellt es ebenfalls eine Eigentumsbeeinträchtigung i.S.v. § 1004 Abs. 1 BGB dar, wenn ein Gaslieferant auf Veranlassung des Kunden und ohne Einwilligung des Wettbewerbers die in dessen Eigentum verbliebenen Gasbehälter befüllt. Der BGH lehnte eine Duldungspflicht des Eigentümers gemäß § 1004 Abs. 2 BGB ab. Eine solche Fremdbefüllung sei nach dem Vertrag des Lieferanten mit seinem Kunden keine bestimmungsgemäße Nutzung des Gasbehälters.[59] Insbesondere könne die teilweise oder vollständige Nichtkennzeichnung der Gastanks als Eigentum des Lieferanten einer dem Grunde nach bestehenden Eigentumsbeeinträchtigung i.S.v. § 1004 Abs. 1 BGB nicht entgegengehalten werden.[60]

---

59 BGH NJW 2003, 3702; NJW-RR 2004, 809, 810; GRUR 2007, 623; a.A. OLG Brandenburg, Urt. v. 17.02.2004 – 6 U 176/02. Vgl. demgegenüber zum Vorschlag einer an § 24 Abs. 1 MarkenG angelehnten „Erschöpfung" des Eigentumsrechts zur Begrenzung der Reichweite des Zuweisungsgehalts von Eigentumsrechten *Wolf*, LMK 2003, 232, 233, sowie *Grotheer*, GRUR 2006, 110, 116 f.; krit. *König*, NJW 2005, 191.

60 So auch OLG Düsseldorf GRUR-RR 2010, 117, 118.

Der Kartellsenat des OLG Düsseldorf setzt diese Rechtsprechung in seiner Entscheidung vom 15. Juli 2009 fort und beantwortet eine zuvor schon aufgeworfene Frage zur missbräuchlichen Rechtsausübung unterhalb der Schwelle kartellrechtswidriger Verhaltensweisen. Der BGH hatte diese Problematik nämlich schon erkannt, verneinte aber ihre Entscheidungserheblichkeit und ließ die Frage danach unbeantwortet,

> „ob dem Eigentümer eines Gastanks ‚eine Berufung auf den durch § 1004 BGB eröffneten Eigentumsschutz nach Treu und Glauben zu versagen wäre, wenn es ihm ausschließlich darum ginge, Besitzstände gegen eine sich verändernde Marktlage zu schützen.'"[61]

bb) Soda-Club II-Entscheidung des BGH vom 4. März 2008

Der Kartellsenat des BGH nahm darüber hinaus in seiner *Soda-Club II*-Entscheidung zu Fragen der Marktabgrenzung und der Marktbeherrschungsprüfung bei Sekundärmärkten Stellung, insbesondere auch zum Verhältnis von Eigentumsrechten und dem Missbrauch von Marktmacht.[62] Anders als das OLG Düsseldorf in seiner *Flüssiggas*-Entscheidung bejahte der BGH aber den Missbrauch einer marktbeherrschenden Stellung nach § 19 Abs. 1 und 4 Nr. 1 GWB a.F. sowie Art. 102 AEUV. Seine Ausführungen zu der Frage nach dem Missbrauch einer marktbeherrschenden Stellung durch Ausübung von Eigentumsrechten sowie zur Reichweite einer korrespondierenden Duldungspflicht sind vor dem Hintergrund der kongruenten Problemstellung unterhalb der kartellrechtlichen Aufgreifschwellen auch für den vorliegenden Untersuchungsgegenstand von Bedeutung.[63]

(1) Sachverhalt

Das Unternehmen Soda-Club vertrieb Trinkwasserbesprudelungsgeräte bestehend aus einem gefüllten CO_2-Zylinder und einer PET-Flasche. Mit diesen Geräten konnte der Endverbraucher Mineralwasser durch Versetzung von Leitungswasser mit Kohlensäure selbst herstellen. Im Rahmen eines bundesweiten Vertriebshändlernetzes konnte der Kunde leere Kohlensäu-

---

61 BGH NJW 2003, 3702.

62 BGHZ 176, 1 = NJW-RR 2008, 996 – *Soda-Club II.*

63 Vgl. zum Verhältnis von Eigentumsrechten und Marktmachtmissbrauch auch *Hartmann-Rüppel/Engelhoven*, ZWeR 2008, 290, 299 ff.

rezylinder gegen zentral von Soda-Club befüllte Zylinder umtauschen lassen. Anders als die mitverkauften 300g-Stahlzylinder wurden Aluminiumzylinder mit einem Füllgewicht von 325g bzw. 425g dabei nur mietweise an die Kunden überlassen. Dafür leisteten diese bei Aushändigung des Zylinders eine Mietvorauszahlung an Soda-Club. Soweit der Endverbraucher einen Zylinder vor Ablauf von neun Jahren endgültig an Soda-Club zurückgab, sollte die Vorauszahlung anteilig erstattet werden. Vertragshändler erhielten eine bestimmte Zahl gefüllter Zylinder gegen Zahlung einer Kaution, die bei Vertragsende und Rückgabe der gefüllten Zylinder an Soda-Club erstattet werden sollte. Außerdem tauschte Soda-Club befüllte gegen leere Zylinder. Nach Vertragsende lehnte Soda-Club die Rücknahme der Mietzylinder und Erstattung der von den Kunden ausbezahlten Mietvorauszahlungsbeträgen gegenüber den Vertragshändlern indes ab, unabhängig der Vorlage von Benutzerzertifikat und Kassenbeleg. Ihre Vertriebshändler verpflichtete Soda-Club zudem, die Mietzylinder ausschließlich zentral über Soda-Club wiederbefüllen zu lassen. Da Soda-Club und ihre Vertragshändler auch leere Zylinder anderer Hersteller gegen befüllte Mietzylinder austauschten, waren immer mehr Soda-Club-Zylinder in Umlauf. Gegenüber Endverbrauchern, Händlern und Abfüllunternehmen ging Soda-Club gegen Fremdbefüllungen der eigenen Zylinder aufgrund des verbleibenden originären Eigentumsrechts mittels negatorischer Unterlassungsansprüche vor.[64]

(2) Beschwerdeentscheidung des OLG Düsseldorf

Bereits nach Auffassung des OLG Düsseldorf im Beschwerdeverfahren gegen den Beschluss des Bundeskartellamts vom 9. Februar 2006 (B3 – 39/03) verstieß das beanstandete Mietzylindersystem in seiner konkreten Ausgestaltung gegen das kartellrechtliche Behinderungsverbot (Art. 102 AEUV bzw. § 19 Abs. 1 und 4 Nr. 1 GWB a.F.). Es ziele auf die Verdrängung von Wettbewerbern auf dem Befüllmarkt ab, indem konkurrierende Abfüllbetriebe systematisch von einer Befüllung der Soda-Club-Mietzylinder abgehalten werden und der Markt nach und nach mit den Soda-Club-Mietzylindern verstopft werde.[65] Das dargestellte Wettbewerbsverhalten, insbe-

64 Vgl. z.B. LG München, Urt. v. 17.05.2006 – HK O 21826/04; nachfolgend OLG München, Urt. v. 01.02.2007 – U (K) 3622/06 betreffend die Unterlassung des Verkaufs von Kohlensäurezylindern durch einen Einzelhändler.

65 OLG Düsseldorf, WuW/E DE-R 1935, Tz. 48.

sondere die Beschränkung der Vertriebshändler, zu einem konkurrierenden Anbieter zu wechseln, wiederspreche einem normalen und fairen Produkt- und Dienstleistungswettbewerb. Es sei daher missbräuchlich.[66]

Besonderes Augenmerk gilt den Ausführungen des Beschwerdegerichts zu der Frage, weshalb sich die Klägerin nicht mit Erfolg auf ihr nach wie vor an den Mietzylindern bestehendes Eigentumsrecht berufen konnte. Nach der Auffassung des OLG Düsseldorf wurden die Mietzylinder den Endverbrauchern nur deshalb lediglich mietweise überlassen, um konkurrierende Abfüllbetriebe an einer Befüllung der Zylinder zu hindern.[67] Soda-Club behalte das Eigentum lediglich zur Beschränkung und Verfälschung des Wettbewerbs. Das Unternehmen habe an einem regulären Mietverhältnis, bei dem die Nutzungsüberlassung für die Dauer der Miete gegen einen üblicherweise fortlaufend zu erbringenden Mietzins (§ 535 Abs. 2 BGB) erfolgt und der Mieter die Mietsache am Ende der Mietzeit dem Vermieter zurückzugeben hat (§ 546 BGB), in Wahrheit gar kein Interesse.[68] Aufgrund der konkreten Ausgestaltung des Mietzylindersystems sei der Rückgabeanspruch bereits systembedingt nicht durchsetzbar. Soda-Club kenne weder Namen noch Anschrift seiner Mieter, noch konnten diese Daten in Erfahrung gebracht werden. Wirtschaftlich bestehe kein Interesse am Rückerhalt der vermieteten Zylinder, da Soda-Club den Gegenwert des Zylinders bereits in Gestalt der „Mietvorauszahlung" erhalten habe. Die Rückgabemöglichkeit werde darüber hinaus noch insoweit eingeschränkt, als der Restwert des Zylinders nur gegen Vorlage von Kassenbeleg und Benutzerzertifikat erstattet werde. Das erscheine bei lebensnaher Betrachtung in Anbetracht der geringen Höhe der Mietvorauszahlung in den meisten Fällen als praxisfern. Soda-Club wisse um diese Umstände, halte aber dennoch an dem Mietzylindersystem fest mit dem Ziel, eine Fremdbefüllung der eigenen Zylinder zu verhindern. Das Beschwerdegericht stellte weiterhin fest, es verstehe sich von selbst,

> „dass eine – alleine zu wettbewerbsfeindlichen Zwecken gehaltene – Eigentumsposition dem kartellrechtlichen Behinderungsverbot des Art. 82 EG [Art. 102 AEUV] keine Grenzen setzt. Ansonsten wäre nämlich das Mittel des Kartellverstoßes die Rechtfertigung für das kartellrechtswidrige Verhalten."[69]

---

66 OLG Düsseldorf, WuW/E DE-R 1935, Tz. 49 f.
67 OLG Düsseldorf, WuW/E DE-R 1935, Tz. 53.
68 OLG Düsseldorf, WuW/E DE-R 1935, Tz. 53.
69 OLG Düsseldorf, WuW/E DE-R 1935, Tz. 53.

An diesem Ergebnis ändert nach Auffassung des Beschwerdegerichts auch die Rechtsprechung des BGH zu Fällen vermieteter Gastanks durch Flüssiggaslieferanten nichts. Zwar habe der BGH dort aus dem Eigentumsrecht des Vermieters ein Verbot der Tankbefüllung durch Drittunternehmen hergeleitet. Jenen Streitfällen *„lag indes ein echtes und nicht ein zu wettbewerbsfeindlichen Zwecken nur vorgeschobenes Mietverhältnis zugrunde."*[70]

(3) Rechtsbeschwerdeentscheidung des BGH

Auch der BGH verstand das Betreiben des dargestellten Mietzylindersystems – bei weitgehender Bestätigung der rechtlichen Bewertung durch das Bundeskartellamt und das OLG Düsseldorf – als Missbrauch einer marktbeherrschenden Stellung i.S.v. § 19 Abs. 1 und 4 Nr. 1 GWB a.F. sowie Art. 102 AEUV.[71] Die Ausgestaltung des Mietzylindersystems stelle einen Behinderungsmissbrauch dar. Denn es ziele auf die Verdrängung von Wettbewerbern auf dem Befüllmarkt, indem konkurrierende Abfüllbetriebe systematisch von einer Befüllung der Soda-Club-Mietzylinder ausgeschlossen würden. Der Markt werde nach und nach mit Soda-Club-Mietzylindern verstopft. Dem liegt das Verständnis zugrunde, dass Art. 102 AEUV einem marktbeherrschenden Unternehmen verbiete, einen Wettbewerber durch Rückgriff auf andere Mittel als den Leistungswettbewerb zu verdrängen und auf diese Weise die eigene Stellung zu stärken.[72]

Von besonderer Bedeutung ist, dass der BGH in diesem Zusammenhang feststellte, dieses kartellrechtliche Verbot des Vorgehens gegen Fremdbefüllungen konfligiere nicht mit der Eigentumsgarantie des Art. 14 Abs. 1 GG.[73] Unter Verweis auf seine vorangegangene *Flüssiggas*-Rechtsprechung stellt sich die Befüllung eines Behälters durch einen nicht autorisierten Dritten für den BGH nämlich als Eigentumsverletzung dar. Denn die un-

---

70 OLG Düsseldorf, WuW/E DE-R 1935, Tz. 54.

71 Dabei ging der BGH ebenso wie die Vorinstanzen von einem sachlich eigenständigen Teilmarkt für die Befüllung von Kohlensäurezylindern zur Verwendung in Besprudelungsgeräten aus; vgl. BGHZ 176, 1, 4 = NJW-RR 2008, 996, 997 – *Soda-Club II*.

72 So schon EuGH, Slg. 1983, 3461, 3511 = WuW/E EWG/MUV 642, 647 – *Michelin/Kommission*; EuG, Slg. 2003, II-4653, 4720 – *Van den Bergh Foods/Kommission*; vgl. zu § 19 GWB auch BGHZ 156, 379, 389 = NJW-RR 2004, 1178 – *Strom und Telefon I*.

73 Entsprechendes gilt hinsichtlich Art. 1 des Ersten Zusatzprotokolls zur EMRK bzw. Art. 17 GRCh.

befugte Fremdbefüllung beeinträchtige die Sachherrschaft des Eigentümers unabhängig davon, dass der Tank seiner technischen Bestimmung entsprechend befüllt werde.[74] Wenngleich der Schutzbereich der Eigentumsfreiheit eröffnet sei, dürfe sie durch kartellrechtliche Vorschriften insoweit eine Beschränkung erfahren, als diese nicht unangemessen sei und das Eigentum nicht in seinem Wesensgehalt antaste.[75] Das kartellrechtliche Verbot, gegen Fremdbefüllungen vorzugehen, lasse den Wesensgehalt der Eigentumsfreiheit daher unangetastet. Nicht jede sinnvolle Art der Vermarktung der Kohlensäurezylinder sei ausgeschlossen. Ein Mietsystem sei nicht zu beanstanden, solange die Wiederbefüllung der Zylinder durch Dritte zulässig sei.[76] Soda-Club müsse die Fremdbefüllung durch Drittunternehmen in der Folge hinnehmen und zudem dulden, dass die fremden Befüllunternehmen die neu befüllten Zylinder mit neuen, auf sie hinweisenden Etiketten versehen, um auf diesem Weg eine Markenverletzung auszuschließen.[77]

(4) Rechtliche Bewertung

Anders als der Kartellsenat des OLG Düsseldorf im vorangegangenen Beschwerdeverfahren äußerte sich der BGH nicht zur Ausgestaltung des be-

74 BGH NJW 2003, 3702; NJW-RR 2006, 270.

75 Vgl. Art. 19 Abs. 2 GG sowie BGHZ 128, 17, 37 = NJW 1995, 2718 – *Gasdurchleitung*; zu Art. 1 des Ersten Zusatzprotokolls zur EMRK EuGH, Slg. 1979, 3727, 3747 = NJW 1980, 505, 506 – *Hauer*; EuG, Slg. 2003, II-4653, 4725 – *Van den Bergh Foods/Kommission*; zur verfassungsrechtlich unbedenklichen kartellrechtlichen Verpflichtung eines marktbeherrschenden Herstellers, einen Abnehmer zu beliefern, außerdem *Bornkamm*, in: Langen/Bunte, Deutsches Kartellrecht, 12. Aufl. 2014, § 32 GWB, Rn. 28 ff., und § 33 GWB, Rn. 114-116 m.w.N.

76 BGHZ 176, 1, 15 f. = NJW-RR 2008, 996, 1000 – *Soda-Club II*.

77 Vgl. zur markenrechtlichen Problematik z.B. BGH GRUR 2005, 162 f. – *SodaStream*. Nach Auffassung des BGH könne bei Anbringung eines solchen eigenen Etiketts der Grundsatz keine Anwendung finden, nach dem eine Markenverletzung zu bejahen ist, wenn das Behältnis eines Originalherstellers mit Waren eines Dritten wiederbefüllt wird. Der Verkehr beziehe die Marke auf dem Behältnis nicht allein auf die Herkunft des Behältnisses, sondern gleichwohl auf dessen Inhalt. Aus Gründen der Verhältnismäßigkeit und zur Vermeidung eines gutgläubigen Erwerbs durch Dritte sei es Soda-Club gestattet, auf einem von dem Drittetikett nicht erfassten Bereich der Zylinder einen eigenen Herkunftshinweis anzubringen oder von Drittunternehmen zu verlangen, auf dem neuen Etikett auf die Eigentümerstellung von Soda-Club hinzuweisen; vgl. BGHZ 176, 1, 15 = NJW-RR 2008, 996, 1000 – *Soda-Club II*.

anstandeten Mietzylindersystems. In diesem Punkt weist der *Soda-Club II* zugrundeliegende Sachverhalt eine strukturelle Ähnlichkeit zu dem Sachverhalt der *Flüssiggas*-Entscheidung des OLG Düsseldorf auf. Die Klägerin kann sich nicht wirksam auf ihr an den Mietzylindern verbliebenes Eigentum berufen, da diese den Endverbrauchern nur deshalb mietweise überlassen wurden, um konkurrierende Abfüllbetriebe an einer Befüllung der Zylinder zu hindern. Sie behalte das Eigentum als bloßes Mittel zur Beschränkung und Verfälschung des Wettbewerbs und habe an einem regulären Mietverhältnis in Wahrheit kein Interesse. Zusammenfassend ging das Beschwerdegericht davon aus, das Mietzylindersystem sei nur vorgeschoben, um aufgrund des bei Soda-Club verbleibenden Eigentumsrechts gegen Wettbewerber, ihre Vertriebshändler und Endverbraucher vorzugehen.

Es ist der Natur des Kartellbeschwerdeverfahrens als Streitverfahren gegen einen kartellbehördlichen Verwaltungsakt (§§ 32 und 61 Abs. 1 GWB, § 35 S. 1 VwVfG) geschuldet, dass das OLG Düsseldorf nicht zu der Frage Stellung beziehen musste, wo genau das nur vorgeschobene Mietverhältnis im Rahmen eines kontradiktorischen Zivilverfahrens, d.h. zwischen Soda-Club als Unterlassungsklägerin und einem Mitbewerber als (potentiellem) Fremdbefüller, methodisch zu verorten ist. Auch die Rechtsbeschwerdeentscheidung schweigt zu dieser Frage. Gleichwohl befanden die Gerichte hinsichtlich der Eigentümerstellung des marktbeherrschenden Unternehmens an den Wirtschaftsgütern, dass absolute Rechte, genauer die zu ihrem Schutz eingesetzten negatorischen Abwehransprüche (§ 1004 Abs. 1 BGB), ihre Grenzen in der missbräuchlichen Ausnutzung einer marktbeherrschenden Stellung finden. Bemerkenswert ist daran, dass die eigentumsrechtliche Duldungspflicht (§ 1004 Abs. 2 BGB) trotz des eröffneten Anwendungsbereichs der spezifischen GWB-Vorschriften weder unmittelbar auf deren Verbotsgesetzcharakter noch die zentralen Normen des kartellrechtlichen Individualschutzes, §§ 33 ff. GWB, rekurriert. Im Rahmen der angeführten Rechtsprechung lässt sich eine solche methodische Herleitung der Duldungspflicht nicht erkennen. Perspektivisch wird vielmehr auf den verfassungsrechtlich gewährten sachlichen Schutzbereich eines absoluten Rechts abgestellt, dessen Einschränkung es zu rechtfertigen gilt. Die Kartellrechtswidrigkeit dient dabei zum Beleg des Überschreitens der Schutzbereichsgrenzen. Sie vermag aber nicht zu bestätigen, dass der Verstoß gegen spezifisches Kartellrecht eine eigentumsrechtliche Duldungspflicht begründet. Ebenso wenig sagt sie aus, dass derlei schutzbereichsfremde Gesichtspunkte umgekehrt, also bei Nichterreichen der kartellrechtlichen Aufgreifschwellen negatorischen Unterlassungsansprüchen dennoch zum Erfolg verhelfen können.

c) Höchstrichterliche Rechtsprechung zur missbräuchlichen Lizenzverweigerung an Immaterialgüterrechten

In kartell- und immaterialgüterrechtlichen Schnittstellen hat sich die Verweigerung von Lizenzen an Immaterialgüterrechten als Dauerbrenner in Rechtsprechung und Schrifttum etabliert.[78] An nationaler Rechtsprechung standen in den letzten Jahren insbesondere die Entscheidungen *Standard-Spundfass* und *Orange-Book* des BGH im Vordergrund. Die jeweils zugrundeliegenden Sachverhaltskonstellationen gingen von der nichtberechtigten Patentnutzung durch den Verletzer und Anspruchsgegner aus, der dem Anspruchsteller im Verletzungsprozess einen sog. kartellrechtlichen Zwangslizenzeinwand entgegenhalten kann. Dieser Zwangslizenzeinwand wurde aus der Standardbindung des Patents und der deshalb bestehenden marktbeherrschenden Stellung des Patentinhabers abgeleitet.[79] Neben der Frage nach den Voraussetzungen, unter denen sich der Patentbenutzer im Verletzungsprozess auf eine solche Pflicht des Patentinhabers zur Lizenzerteilung berufen kann, liegt die Bedeutung der Problematik für diese Untersuchung in der Frage nach der dogmatischen Einordnung des Zwangslizenzeinwandes, genauer bei der Frage nach der Anwendbarkeit von § 242 BGB und seinen Anwendungsvoraussetzungen. Die rechtsmethodischen und -politischen Problemstellungen dieser Konstellationen sollen daher nachfolgend keineswegs erschöpfend dargestellt und erörtert werden. Dies wäre der Untersuchung wenig dienlich und im vorliegenden Umfang auch gar nicht darstellbar.[80] Vielmehr soll ein kurzer Überblick über die wesent-

---

78 S. *Wilhelmi*, WRP 2009, 1431; vgl. auch *Maume*, Der kartellrechtliche Zwangslizenzeinwand im Patentverletzungsverfahren, 2000; *Nägele/Jacobs*, WRP 2009, 1062 ff.; *Jestaedt*, GRUR 2009, 801 ff.; *Tapia/Maume*, GRUR Int. 2010, 923 ff.; *Wirtz*, WRP 2011, 1392 ff.; sowie zuletzt etwa *Körber*, NZKart 2013, 87 ff.; *Picht*, GRUR Int. 2014, 1 ff.; *Palzer*, EuZW 2015, 702 ff.

79 Vgl. BGHZ 160, 67 = WRP 2004, 1372 – *Standard-Spundfass*; 180, 312 = WRP 2009, 858 – *Orange-Book-Standard*; ferner LG Düsseldorf InstGE 7, 70 – *Videosignal-Codierung* und LG Düsseldorf, Urt. v. 13.02.2007, Az. 4a O 124/05 – *GSM-Standard* (anders mit Blick auf § 21 TKG wiederum BGH GRUR Int. 2011, 165 ff. – *GSM-Wandler*); LG Mannheim InstGE 11, 9 = NJOZ 2009, 1458 – *FRAND-Erklärung*.

80 Weiterführend *Kübel*, Zwangslizenzen im Immaterialgüter- und Wettbewerbsrecht, 2004; *Wolff*, Zwangslizenzen im Immaterialgüterrecht, 2005; *Meinberg*, Zwangslizenzen im Patent- und Urheberrecht, 2006; *Ullrich/Heinemann*, in: Immenga/Mestmäcker, EU-WettbR, Teil 1, 5. Aufl. 2012, VII.B., Rn. 56 ff.; *Emmerich*, in: Dauses, EU-Wirtschaftsrecht, H.I. § 3, Lfg. 36 10/2014, Art. 102 AEUV, Rn. 153 ff.

lichen Punkte der einschlägigen Entscheidungen zur missbräuchlichen Lizenzverweigerung gegeben werden. Im Anschluss daran nähert sich die Untersuchung einer dogmatischen Einordnung des kartellrechtlichen Zwangslizenzeinwandes insbesondere mit Blick auf § 242 BGB.[81]

Ähnlich der *Soda-Club II*-Entscheidung lassen auch die nachfolgend dargestellten Entscheidungen strukturelle Ähnlichkeiten zu der *Flüssiggas*-Entscheidung des OLG Düsseldorf erkennen. Die BGH-Entscheidungen *Standard-Spundfass* und *Orange-Book* befassen sich mit Immaterialgüterschutzrechten, deren kartellrechtswidrige Durchsetzung unter bestimmten Voraussetzungen Duldungspflichten des Rechtsinhabers begründen kann. Es kann an dieser Stelle dahinstehen, inwieweit die betroffenen Schutzrechte als „Geistiges Eigentum" der verfassungsrechtlichen Eigentumsgarantie (Art. 14 GG) unterfallen – deren Schutzbereich beschränken das BVerfG und weite Teile des Schrifttums bekanntermaßen nicht auf das Sacheigentum, sondern erstrecken ihn auf alle erwerbbaren vermögenswerten Rechtspositionen, die der Privatnützigkeit des Rechtsträgers zu dienen bestimmt sind.[82] Denn die Entscheidungen begründen jeweils den Maßstab der Grenzen eines absoluten Rechts (vgl. § 9 PatG), die anhand der Kartellrechtswidrigkeit der Rechtsdurchsetzung gezogen werden.

aa) Standard-Spundfass-Entscheidung des BGH vom 13. Juli 2004

In seiner *Standard-Spundfass*-Entscheidung vom 13. Juli 2004 hat der BGH festgestellt, dass ein kartellrechtlicher Anspruch auf Einräumung einer Patentlizenz, der sich aus dem Missbrauch einer marktbeherrschenden Stellung ergibt, durch die dem Patentgericht eingeräumte Befugnis zur Erteilung einer Zwangslizenz (§ 24 PatG) dem Grunde nach nicht ausgeschlossen ist. Zudem verstoße ein marktbeherrschender Patentinhaber gegen das

81 Auch auf europäischer Ebene erließen die Gerichte eine Reihe von Entscheidungen, die den Missbrauch einer marktbeherrschenden Stellung durch Lizenzverweigerung durch den Inhaber absoluter Immaterialgüterrechte zum Gegenstand hatten; vgl. EuGH Slg. 1995, I-743 = GRUR Int. 1995, 490 – *Magill*; Slg. 2004, I-5039 = WRP 2004, 717 – *IMS/Health*.

82 Vgl. BVerfGE 49, 382 ff. = NJW 1979, 2029 ff. – *Kirchenmusik*; *Di Fabio*, in: Maunz/Dürig, GG, Lfg. 39 07/2001, Art. 2, Rn. 103; zum Begriff des „Geistigen Eigentums" auch *Fechner*, Geistiges Eigentum und Verfassung, 1999, S. 198 ff.; *Götting*, GRUR 2006, 353 ff. Mit Blick auf Art. 14 Abs. 1 GG werden Immaterialgüterrechte aber z.T. nicht ohne weiteres dem Sacheigentum gleichgestellt; vgl. *Drexl*, in: MünchKomm BGB, Bd. 11, 6. Aufl. 2015, IntImmGR, Rn. 1.

Diskriminierungsverbot, wenn er die Relevanz eines oder mehrerer Patente für einen Industriestandard, von dem der Zugang zu einem nachgelagerten Markt abhängt, insoweit ausnutze, als er bei der Vergabe von Lizenzen den Zutritt zu diesem Markt nach Kriterien beschränke, die den einschlägigen, auf die Wettbewerbsfreiheit gerichteten Normen des GWB widersprechen.[83] Offen ließ der BGH hingegen zwei grundlegende Fragen. Das betraf zum einen die dogmatische Grundlage des kartellrechtlichen Zwangslizenzeinwandes.[84] Darüber hinaus äußerte er sich nicht zu der Frage, ob der Einwand nicht allein bei kompensatorischen Schadensersatzansprüchen wie §§ 33a Abs. 1, 33 Abs. 1 GWB i.V.m. Art. 102 AEUV oder §§ 19, 20 GWB, sondern auch bei negatorischen Unterlassungsansprüchen zum Tragen kommt.[85]

bb) Orange-Book-Entscheidung des BGH vom 6. Mai 2009

Die *Orange-Book*-Entscheidung des BGH vom 6. Mai 2009 hatte eine Unterlassungsklage des Patentinhabers (§ 139 Abs. 1 PatG) zum Gegenstand. Dem Grunde nach erstreckte der BGH den kartellrechtlichen Zwangslizenzeinwand darin auch auf negatorische Unterlassungsansprüche und folgte im Übrigen den in der *Standard-Spundfass*-Entscheidung entwickelten Grundsätzen. Ließ der BGH die Anwendbarkeit des Zwangslizenzeinwandes auf negatorische Unterlassungsansprüche zuvor noch offen und bezog zu dessen dogmatischer Verortung keine Stellung, herrschte im Schrifttum und der instanzgerichtlichen Rechtsprechung eine lebhafte Diskussion um die Zulässigkeit und Begründung des kartellrechtlichen Zwangslizenzeinwandes im Patentverletzungsverfahren. Stimmen, die den Zwangslizenzeinwand im Patentverletzungsverfahren für zulässig erachteten, stützten sich auf § 242 BGB als materielle Rechtsbeschränkung.[86] Obwohl der Anspruchsgegner in dem Umfang rechtswidrig handele, als er das Patent ohne die erforderliche Lizenz, d.h. ohne Zustimmung des Rechtsinhabers benutze, folge daraus nicht ohne weiteres ein durchsetzbarer Unterlassungsanspruch des Patentinhabers. Soweit die Voraussetzungen einer

---

83 BGHZ 160, 67 = WRP 2004, 1372 – *Standard-Spundfass*.

84 Vgl. BGHZ 160, 67, 82 = WRP 2004, 1372, 1377 – *Standard-Spundfass*.

85 Anders bereits die darauffolgende instanzgerichtliche Erstreckung der *Standard-Spundfass*-Grundsätze auf patentrechtliche Unterlassungsansprüche (§ 139 Abs. 1 PatG) bei LG Düsseldorf InstGE 7, 70 – *Videosignal-Codierung* und LG Düsseldorf, Urt. v. 13.02.2007, Az. 4a O 124/05 – *GSM-Standard*.

86 Zur Immanenztheorie oben Teil 1, A.II. sowie unten Teil 2, A.I.

kartellrechtlichen Zwangslizenz vorliegen, würde der Unterlassungskläger eine Rechtsfolge herbeiführen wollen, die er umgehend in Form der Lizenzerteilung „zurückgewähren" müsse. Ein solches Verhalten verstoße gegen den in § 242 BGB inkorporierten Grundsatz von Treu und Glauben (*dolo agit, qui petit, quod statim redditurus est*).[87] Die Gegner des Zwangslizenzeinwandes in Patentverletzungsverfahren stützten sich im Wesentlichen darauf, dass der Einwand die Voraussetzungen des Selbsthilferechts nach § 229 BGB erfüllen müsse. Aus dem Erfordernis der nicht rechtzeitigen Erlangung obrigkeitlicher Hilfe sowie der ohne sofortiges Eingreifen bestehenden Gefahr einer Anspruchsvereitelung folge, dass der Lizenzsucher solange zur Unterlassung verpflichtet sei, wie er seinen Zwangslizenzierungsanspruch nicht im Wege der Klage oder Widerklage durchgesetzt habe. Im Übrigen sei nach Art. 31 des TRIPS-Übereinkommens zwingend ein hoheitlicher Akt zur Einräumung einer Zwangslizenz erforderlich.[88]

In *Orange-Book* setzte sich der BGH mit den genannten Auffassungen auseinander und sprach sich für die Zulässigkeit des kartellrechtlichen Zwangslizenzeinwandes im Patentverletzungsverfahren aus. Die Lizenzierungspraxis eines marktbeherrschenden Unternehmens unterliege insofern der kartellrechtlichen Missbrauchsaufsicht gemäß Art. 102 AEUV bzw. §§ 19, 20 GWB. Hieran ändere auch Art. 31 des TRIPS-Übereinkommens nichts.[89] Die Durchsetzung eines patentrechtlichen Unterlassungsanspruchs stelle im Fall der diskriminierenden Weigerung zum Lizenzvertragsabschluss durch ein marktbeherrschendes Unternehmen unter bestimmten Voraussetzungen einen Missbrauch dieser marktbeherrschenden Stellung dar.[90]

---

87 Vgl. zuletzt OLG Dresden GRUR-RR 2011, 413, 418 – *save.tv*; auch LG Düsseldorf InstGE 7, 70 – *Videosignal-Codierung*; *Wirtz/Holzhäuser*, WRP 2004, 683, 693 f.; *Heinemann*, ZWeR 2005, 198, 200 f.; *Meinberg*, Zwangslizenzen im Patent und Urheberrecht, 2006, S. 196.

88 *V. Merveldt*, WuW 2004, 19 ff.; *Jaecks/Dörmer*, in: FS Säcker, 2006, 97, 106 ff.; *Maaßen*, Normung, Standardisierung und Immaterialgüterrechte, 2006, S. 257 f.; zuvor bereits OLG Düsseldorf InstGE 2, 168, Rn. 27; OLG Dresden GRUR 2003, 601, 603 f. – *Kontrahierungszwang*.

89 BGHZ 180, 312, 316 ff. = WRP 2009, 858, 861 f. – *Orange-Book-Standard*.

90 *„Zum einen muss der Lizenzsucher ihm ein unbedingtes Angebot auf Abschluss eines Lizenzvertrages gemacht haben, das der Patentinhaber nicht ablehnen darf, ohne den Lizenzsucher unbillig zu behindern oder gegen das Diskriminierungsverbot zu verstoßen, und sich an dieses Angebot gebunden halten. Zum anderen muss der Lizenzsucher, wenn er den Gegenstand des Patents bereits benutzt, bevor der Patentinhaber sein Angebot angenommen hat, diejenigen Verpflichtungen einhalten, die der abzuschließende Lizenzvertrag an die Benutzung des lizenzierten Gegenstandes knüpft. Dies bedeutet ins-*

cc) Dogmatische Einordnung des kartellrechtlichen Zwangslizenzeinwandes

Auch im Immaterialgüterrecht beansprucht der Einwand unzulässiger Rechtsausübung in Gestalt des Grundsatzes *dolo agit, qui petit, quod statim redditurus est* umfassend Geltung. Er kommt daher insbesondere auch in Patentverletzungsverfahren zum Tragen.[91] Der Anspruchsschuldner kann einen Anspruch als rechtsmissbräuchlich abwehren, soweit der geforderte Leistungsgegenstand alsbald wieder zurückzugeben ist und der Anspruchsteller kein schutzwürdiges Interesse an der gleichwohl beabsichtigten Rechtsverfolgung mit dem Ziel seiner zwischenzeitlichen Erlangung hat.[92] Mit der Voraussetzung eines fehlenden schutzwürdigen Interesses auf Seiten des Anspruchstellers korrespondiert auch in diesem Zusammenhang das dem Gebot von Treu und Glauben inhärente Erfordernis einer umfassenden Interessenabwägung.[93] Auf das für § 242 BGB hiernach erhebliche Kriterium eines fehlenden schutzwürdigen Eigeninteresses kann auch insoweit zurückgegriffen werden, als dieser methodischen Verortung des Zwangslizenzeinwandes im Vorfeld der (sowie in Teilen des Schrifttums auch noch im Anschluss an die) *Orange-Book*-Entscheidung entgegnet wurde, es fehle an der gegenständlichen Identität der vom Rechtsinhaber beanspruchten und der vom Lizenzsucher zu erbringenden Leistung.[94] Diese Ansicht fußt auf dem Verständnis, dass dem zunächst unberechtigt handelnden Unterlassungsschuldner seinerseits nur ein kartellrechtlicher Anspruch auf Erteilung einer Zwangslizenz zusteht. Eine dem Begehren des Rechtsinhabers entgegenstehende Duldungspflicht ergebe sich hieraus erst mittelbar aufgrund des tatsächlichen Lizenzvertragsschlusses. Die Konstellation unterscheide sich daher von typischen *dolo-agit*-Anwendungsfällen. Denn in diesen wird es für unzulässig erachtet, ein Verhalten zu untersagen, zu dessen Genehmigung der Unterlassungsgläubiger seinerseits verpflichtet ist.[95] Dem Argument lässt sich entgegenhalten, dass die besagte

besondere, dass der Lizenzsucher die sich aus dem Vertrag ergebenden Lizenzgebühren zahlen oder die Zahlung sicherstellen muss"; vgl. BGHZ 180, 312, 317 = WRP 2009, 858, 861 – *Orange-Book-Standard*.

91 So schon BGH NJW 1956, 1559 – *Puppenservice*.

92 *Looschelders/Olzen*, in: Staudinger, BGB (§§ 241-243), Neubearb. 2015, § 242, Rn. 279.

93 Unten Teil 2, A.IV.2.

94 Vgl. *Nägele/Jacobs*, WRP 2009, 1062, 1071.

95 Vgl. OLG Dresden GRUR 2003, 601, 603 f. – *Kontrahierungszwang*; *v. Merveldt*, WuW 2004, 19, 24; *Jaecks/Dörmer*, in: FS Säcker, 2006, 97, 106 f.

Genehmigung des beanstandeten Verhaltens in der kartellrechtlichen Lizenzerteilungspflicht zu ersehen ist, die als solche zu ihrer Wirksamkeit und Ausübung keines weiteren Gestattungsaktes bedarf. Dennoch begründet auch diese Ansicht den Zwangslizenzeinwand letztlich in § 242 BGB, so dass eine weiterführende Beschäftigung mit der zum selben Ergebnis führenden Ansicht an dieser Stelle unterbleiben kann.[96]

Die im Übrigen zur dogmatischen Einordnung des kartellrechtlichen Zwangslizenzeinwandes vertretenen Ansätze sind ebenso wenig zielführend. So scheidet insbesondere ein Rückgriff auf den Tatbestand der zivilrechtlichen Selbsthilfe in § 229 BGB aus. Diesem Ansatz stehen bereits die gesetzlich garantierten Befugnisse des Rechtsinhabers entgegen, die im Fall der Auferlegung einer kartellrechtlichen Lizenzerteilungspflicht in den Fällen von Art. 102 AEUV bzw. §§ 19, 20 GWB nur ausnahmsweise und unter Wahrung der in *Orange-Book* entwickelten Grenzen hinter den Schutz des freien Wettbewerbs zurücktreten. Das Selbsthilferecht nach § 229 BGB gewährt einer Privatperson unter Einhaltung der engen tatbestandlichen Voraussetzungen nämlich ausnahmsweise die Befugnis zur eigenmächtigen vorläufigen Anspruchssicherung.[97] Ein derart eigenmächtiges Vorgehen würde nach zutreffender Ansicht aber eine gesetzliche Freilizenz begründen, da § 229 BGB ein Lizenzangebot des Lizenzsuchenden an den Patentinhaber – jedenfalls *expressis verbis* – nicht erfordert.[98] Die Nachteile, die sich für den Patentinhaber daraus ergeben, dass er seinerseits zur Geltendmachung der Vergütungsansprüche angehalten wäre, stehen diametral zu den gesetzlich garantierten Ausschließlichkeitsbefugnissen des Patentinhabers.[99] Im Übrigen wäre bei einer nicht erfolgter Berufung auf § 229 BGB in diesem Fall nicht auszuschließen, dass der Anspruch auf Lizenzgewährung nicht auch auf eine andere rechtliche Grundlage gestützt werden kann.[100]

---

96 *Nägele/Jacobs*, WRP 2009, 1062, 1070, sprechen von einer *„allgemeineren Fallgruppe des fehlenden schutzwürdigen Eigeninteresses innerhalb von § 242 BGB"*.

97 Vgl. *Ellenberger*, in: Palandt, BGB, 74. Aufl. 2015, § 229, Rn. 1.

98 Inhaber standard-essentieller Schutzrechte im Sinne der *Standard-Spundfass*-Entscheidung sind vielmehr gezwungen, jedem Interessenten Lizenzen zu sog. FRAND (*fair, reasonable and non-discriminatory*) Bedingungen zu gewähren; vgl. etwa *Ullrich*, in: Leistner, Europäische Perspektiven des geistigen Eigentums, 2010, 14 ff.; *Axster/Osterrieth*, in: Pfaff/Osterrieth, Lizenzverträge, 3. Aufl. 2010, Rn. 356; *Mes*, PatG GebrMG, 4. Aufl. 2015, § 9, Rn. 110 ff.

99 *Nägele/Jacobs*, WRP 2009, 1062, 1070.

100 *Kühnen*, in: FS Schilling, 2007, 311, 314.

II. Ansatz im Schrifttum

Im Schrifttum gab die *Flüssiggas*-Entscheidung des OLG Düsseldorf Anlass, die Einführung einer Art neuen Rechtsgebietes zu befürchten, eines „*Zivilkartellrecht(s) unterhalb der kartellrechtlichen Aufgreifschwellen*".[101] Die auf den ersten Blick nicht abwegige, aber doch zu formalistisch anmutende Schlussfolgerung, dem Rückgriff auf § 242 BGB sei in der Entscheidung des OLG Düsseldorf sowie in vergleichbaren Konstellationen mit wettbewerblichem Einschlag bereits deshalb eine klare Absage zu erteilen, weil damit einhergehend dem Zivilrecht eine Ersatzfunktion zukomme, die

> „zu einer unzulässigen Ausdehnung des Kartellrechts in Bereiche unterhalb kartellrechtlicher Aufgreifschwellen und mithin zu einer unzulässigen Verwischung von Zivil- und Kartellrecht führen würde",

könnte nämlich zu kurz greifen.[102] Denn es ist fraglich, ob die Fortführung des vom OLG Düsseldorf entwickelten Grundsatzes dazu führt, dass in Zukunft die Aufgreifschwellen marktmachtbasierter GWB-Vorschriften, d.h. das Marktbeherrschungskriterium und auch das Spürbarkeitserfordernis von Wettbewerbsbeschränkungen obsolet werden[103] oder ob nicht im Anschluss an eine tiefergehende Erörterung der Problemstellung der Rechtsmissbrauchseinwandes in dogmatisch einwandfrei vertretbarer Weise auch im Vorfeld kartellrechtswidriger Verhaltensweisen Geltung verschafft werden kann.

III. Schlussfolgerungen

Die angeführten Entscheidungen weisen in verschiedener Hinsicht strukturelle Ähnlichkeiten auf, die einer Erörterung des vorliegenden Untersuchungsgegenstandes dienlich sind. Ausgangspunkt ist die *Flüssiggas*-Entscheidung vom 15. Juli 2009, in der das OLG Düsseldorf der rechtmäßigen Ausnutzung originärer Eigentumsrechte dann eine Absage erteilte, wenn die Geltendmachung negatorischer Unterlassungsansprüche nicht auf die Wahrung der durch § 1004 BGB geschützten Interessen abzielt, sondern

---

101 *Kapp/Löwenkamp*, WuW 2010, 887, 889.

102 Vgl. aber *Kapp/Löwenkamp*, WuW 2010, 887, 889, die als Konsequenz der Entscheidung eine Störung der ausgewogenen Balance zwischen Kartell- und Zivilrecht erkennen wollen.

103 Vgl. *Kapp/Löwenkamp*, WuW 2010, 887, 889.

statt des Schutzes des Integritäts- und Amortisationsinteresses des Eigentümers der Aufrechterhaltung einer Marktstellung dient. Ein solches Vorgehen sei auch in einem bestehenden Wettbewerbsverhältnis mit dem Gebot von Treu und Glauben unvereinbar, letztlich rechtsmissbräuchlich und zwar unabhängig einer marktbeherrschenden Stellung, die den Anwendungsbereich der kartellrechtlichen Missbrauchsaufsicht eröffnen würde.

Die Beschlüsse des BayObLG vom 18. April 1996 und vom 7. August 1997 gingen in der Sache von ganz ähnlichen Konstellationen aus. Ohne aber auf die auch in diesen Entscheidungen ggf. zu erörternde kartellrechtliche Relevanz der Konstellationen einzugehen, wies das Gericht die geltend gemachten Unterlassungsansprüche in Wettbewerbsverhältnissen als rechtsmissbräuchlich ab und erlegte dem jeweiligen Kläger eine eigentumsrechtliche Duldungspflicht im Sinne des § 1004 Abs. 2 BGB auf, die auch in der *Flüssiggas*-Entscheidung zur Abweisung des Klageanspruchs führte. Das Spannungsverhältnis von einerseits grund- und unionsrechtlich geschützter Wettbewerbsfreiheit und andererseits der gleichsam grundrechtlich garantierten Eigentumsfreiheit trat anders als in der Entscheidung des OLG Düsseldorf in den Beschlüssen weniger, jedenfalls nicht ausdrücklich hervor. Die Frage nach der statthaften Berücksichtigungsfähigkeit kartellrechtsähnlicher Wertungen im Rahmen von § 242 BGB ist Gegenstand weiterer Erörterung im Fortlauf dieser Untersuchung. Gleichwohl begründen die Beschlüsse des BayObLG die Erkenntnis, dass der Ursprung der Debatte um das Rangverhältnis der allgemeinzivilrechtlichen Generalklauseln und spezifischen Kartellrechts keine neue Erscheinung ist, die erstmals von Seiten des OLG Düsseldorf hervorgebracht wurde. Allein die ausdrückliche Verneinung einer konkreten Kartellrechtsrelevanz unter gleichzeitiger Abweisung des Klageanspruchs wegen Treuwidrigkeit brachte den Gegenstand dieser Untersuchung in das Bewusstsein von – wie es scheint – einzelnen Juristen, die im Anschluss an die Entscheidung voreilig und ohne erheblichen argumentativen Tiefgang die Einführung eines *„Zivilkartellrechts unterhalb kartellrechtlicher Aufgreifschwellen"* gewissermaßen *„durch die Hintertür"* des § 242 BGB befürchteten. Der Blick auf die Beschlüsse des BayObLG lässt vermten, dass sich diese Befürchtung nicht ohne weiteres aufrechterhalten lässt. Jedenfalls aber passt der Anstoß der Debatte in rechtspolitischer Hinsicht in eine Zeit der fortschreitenden Dezentralisierung des Kartellrechtsvollzugs.[104]

Der BGH bejahte in seinem *Soda-Club II*-Beschluss ganz ähnlich eine Eigentumsbeeinträchtigung auf Seiten des Rechtsinhabers. Darüber hinaus

104 Unten Teil 2, D.I.1.

und im Unterschied zu den instanzgerichtlichen Entscheidungen hielt er das dort streitgegenständliche Mietzylindersystem aber für ein kartellrechtswidriges Marktverhalten, das den Tatbestand des Behinderungsmissbrauchs erfülle (§ 19 Abs. 1 und 2 GWB a.F.) und nach der Auffassung des BGH eine eigentumsrechtliche Duldungspflicht i.S.d. § 1004 Abs. 2 BGB begründe. Dabei sei die Unvereinbarkeit mit spezifischem Kartellrecht insoweit als verfassungsrechtlich nicht zu beanstandende Inhalts- und Schrankenbestimmung der Eigentumsfreiheit (Art. 14 Abs. 1 S. 2 GG) zu verstehen, als die Beschränkung im Einzelfall nicht unangemessen sei und den Wesensgehalt der Eigentumsfreiheit unangetastet lasse. Für den Anwendungsbereich negatorischer Unterlassungsansprüche, genauer § 1004 Abs. 2 BGB, ist bereits an dieser Stelle festzustellen, dass kartellrechtliche Wertungen auch insoweit Eingang in das allgemeine Privatrecht finden, als die Kartellrechtswidrigkeit des in Frage stehenden Verhaltens eine Einwendung des Unterlassungsschuldners begründet und zur Verneinung eines geltend gemachten Anspruchs führen kann. Für diesen Fall ist aber anzumerken, dass spezifisches Kartellrecht, insbesondere in Gestalt der besonderen zivil- und verwaltungsrechtlichen Sanktionsinstrumente, bei der Eröffnung seines Anwendungsbereichs gerade nicht umgangen bzw. im zivilgerichtlichen Verfahren konterkariert zu werden droht. Die *Soda-Club II*-Entscheidung offenbart nichtsdestortotz den grundsätzlichen Rückgriff auf das Institut der Rechtsmissbräuchlichkeit auch in diesen Fällen. Inwieweit diese Erkenntnis auch für den Fall der Nichtanwendbarkeit kartellrechtlicher Vorschriften zum Tragen kommt, ist Gegenstand dieser Untersuchung.

Auch die zur missbräuchlichen Lizenzverweigerung an Immaterialgüterrechten ergangenen Entscheidungen des BGH können ein brauchbares Indiz zur sachgerechten Beantwortung dieser Frage beitragen. Der BGH ließ in seiner *Standard-Spundfass*-Entscheidung die dogmatische Grundlage des kartellrechtlichen Zwangslizenzeinwandes noch offen und äußerte sich nicht zu der Frage, ob der Einwand insbesondere auch bei negatorischen Unterlassungsansprüchen zum Tragen kommt. In *Orange-Book* gelangte er aber jedenfalls zu der Erkenntnis, dass die Durchsetzung eines patentrechtlichen Unterlassungsanspruchs (§ 139 Abs. 1 PatG) im Fall einer diskriminierenden Weigerung zum Abschluss eines Lizenzvertrages durch ein marktbeherrschendes Unternehmen unter bestimmten Voraussetzungen einen Missbrauch dieser marktbeherrschenden Stellung darstellt. Die im Anschluss geführte Diskussion um die dogmatische Einordnung des kartellrechtlichen Zwangslizenzeinwandes brachte dann ebenso wie einige instanzgerichtliche Entscheidungen § 242 BGB als methodisches „Einfallstor" der Kartellrechtswidrigkeit hervor.[105] Denn letztlich findet auch der zivilrechtliche Unterlassungsanspruch des § 139 Abs. 1 PatG seine Grenze im Grundsatz *dolo agit, qui petit, quod statim redditurus est*, weshalb der ein Unterlassungsanspruch als rechtsmissbräuchlich abgewehrt werden kann. Der geforderte Leistungsgegenstand wäre aufgrund des kartellrechtswidrigen Missbrauchs einer marktbeherrschenden Stellung alsbald wieder zurückzugeben. Ein schutzwürdiges Interesse des Anspruchstellers mit dem Ziel einer zumindest zwischenzeitlichen Erlangung des Leistungsgegenstandes wird vor diesem Hintergrund zutreffend abgelehnt. In den entschiedenen Konstellationen war es die Kartellrechtswidrigkeit des beanstandeten Verhaltens, die den Einfluss kartellrechtlicher Wertungen auf zivilrechtliche Auseinandersetzungen insbesondere über das „Einfallstor" einer allgemeinen Generalklausel offenbarte. Das zur *Soda-Club II*-Entscheidung Gesagte gilt insoweit entsprechend.

Soweit diese Rechtsprechung auch erste Indizien für den Untersuchungsgegenstand bereithält, ist einschränkend schon hier festzuhalten, dass bei Ausdehnung kartellrechtlicher Wertungen über den eigentlichen Anwendungsbereich des Kartellrechts hinaus Zurückhaltung geboten ist. Dies gilt in zweierlei Hinsicht: Zum einen mit Blick auf eine exzessive Instrumentalisierung allgemeinzivilrechtlicher Generalklauseln zum Zweck einer weiteren Stärkung des kartellrechtlichen *private enforcements* – hierauf wird im Rahmen der Darstellung eines allgemeinen Umgehungsverbotes für gesetzgeberische Wertungen noch einzugehen sein.[106] Umgekehrt kann eine spezifische, aber einfachgesetzlich geregelte Rechtsmaterie nicht ohne weiteres Rechtsinstitute allgemeinen Geltungsanspruchs verdrängen.

> „Die Rechtsordnung gewährleistet nicht nur den Wettbewerb und damit die Voraussetzungen für die freie und ungestörte Entfaltung aller Wettbewerbskräfte, sondern auch andere Rechtseinrichtungen, die im Rahmen einer Wettbewerbswirtschaft ihren Eigenwert besitzen und deshalb nicht durch eine starre Verabsolutierung des Wettbewerbsprinzips in Mitleidenschaft gezogen werden dürfen."[107]

---

105 Vgl. *Wirtz*, WRP 2011, 1392, 1398 ff.; zur Bewertung sog. *Patent-Ambush*-Fälle *Weck*, NJOZ 2009, 1177, 1186 ff.; *Fischmann*, GRUR Int. 2010, 185 ff.; Entsch. d. Kommission v. 09.12.2009, Rs. 38.636, Rn. 28 – *Rambus*; zur Bedeutung von Treu und Glauben im Kartellverfahrensrecht BGH NJW-RR 2008, 425, 427 – *Anteilsveräußerung*.

106 Unten Teil 2, B.IV.2.c).

107 *Hefermehl*, GRUR 1966, 651, 657.

C. *Begriffsbestimmungen*

I. Privatrecht und Zivilrecht

Im Rahmen der Untersuchung ist von der allgemeinzivilrechtlichen Generalklausel des § 242 BGB, der privatrechtlichen Dimension des Kartellrechts oder etwa einer Entwicklung des öffentlichen Wirtschaftsrechts hin zum Privatrecht die Rede. Die vorangestellte Differenzierung der oftmals unterschiedslos synonym verwendeten Begriffe des Privatrechts einerseits und des Zivilrechts andererseits ist daher hilfreich.[108] Das Privatrecht lässt sich zunächst in allgemeines Privatrecht und sog. Sonderprivatrecht unterscheiden. Das allgemeine Privatrecht, gleichbedeutend mit dem Begriff des Zivilrechts (begrifflich ebenso des bürgerlichen Rechts), umfasst das für alle Bürger in gleicher Weise geltende, im BGB und seinen Nebengesetzen geregelte Privatrecht.[109] Maßgeblich kommt es auf die Regelung von Beziehungen rechtlich gleichgestellter natürlicher und juristischer Personen untereinander an. Hierin unterscheidet sich das Privatrecht vom Öffentlichen Recht.[110] Das Sonderprivatrecht umfasst demgegenüber als sonstiges Privatrecht alle Regelungen, die ebenfalls Beziehungen rechtlich gleichgestellter natürlicher oder juristischer Personen untereinander regeln, hierbei jedoch auf spezielle Berufsgruppen oder Tätigkeiten abzielen. Nur beispielsweise seien an dieser Stelle das Arbeitsrecht als Sonderrecht des abhängig Beschäftigten, das mit der Schuldrechtsreform 2002 in das BGB integrierte Verbraucherschutzrecht oder das insbesondere in HGB, GmbHG und AktG inkorporierte Sonderrecht für Kaufleute und Unternehmen genannt.[111] Das Verhältnis des Zivilrechts als allgemeines Privatrecht zum

---

108 Vgl. *Bethge*, in: Maunz/Schmidt-Bleibtreu/Klein/Bethge, BVerfGG, Lfg. 42 10/2013, § 90, Rn. 286; *Rennert*, EuZW 2011, 576, 581.

109 *Säcker*, in: MünchKomm BGB, Bd. 1, 7. Aufl. 2015, Einl., Rn. 1.

110 Nach der heute wohl h.M. unterscheidet sich das Öffentliche Recht vom Privatrecht danach, ob der Einzelne insoweit einem Hoheitsträger unterworfen ist, als der Träger öffentlicher Gewalt im Rahmen eines Über- und Unterordnungsverhältnisses einseitig in die Rechte des Betroffenen eingreifen kann (sog. Subjektions- oder Subordinationstheorie); vgl. *Schmitz*, in: Stelkens/Bonk/Sachs, VwVfG, 8. Aufl. 2014, § 1, Rn. 95 m.w.N.; anders aber das sog. Verwaltungsprivatrecht als nur partiell durch öffentliche Normen überlagertes Privatrecht; vgl. *Schmitz*, in: Stelkens/Bonk/Sachs, VwVfG, 8. Aufl. 2014, § 1, Rn. 116 ff. m.w.N.

111 Vgl. *Säcker*, in: MünchKomm BGB, Bd. 1, 7. Aufl. 2015, Einl., Rn. 1 m.w.N.; zur Abgrenzung der Sonderprivatrechte ferner *Preis*, ZHR 158 (1994), 567 sowie zum Handelsrecht als Sonderprivatrecht der Kaufleute *Schmidt*, in: MünchKomm HGB, Bd. 1, 3. Aufl. 2010, Vorbem. zu § 1, Rn. 3.

Sonderprivatrecht ist schon begrifflich dergestalt zu handhaben, dass das im BGB geregelte Zivilrecht alle privatrechtlichen Rechtsbeziehungen betrifft, soweit dieses nicht durch sonderprivatrechtliche Regelungen verdrängt wird.[112]

Soweit im Rahmen dieser Untersuchung von Regelungen des allgemeinen Zivilrechts die Rede ist, erfasst der Begriff die in keinem besonderen Teil des BGB normierten Rechtsinstitute, mithin gewissermaßen „vor die Klammer" gezogene Regelungen des Zivilrechts. Dies gilt allen voran für die Vorschriften des ersten Buches des BGB (§§ 1-240 BGB). Während wiederum das Recht der Schuldverhältnisse (§§ 241-853 BGB) insbesondere zahlreiche Regelungen spezifischer Vertragstypen – beispielsweise zu Kauf- (§§ 433 ff. BGB), Darlehens- (§§ 488 ff. BGB) oder Mietverträgen (§§ 535 ff. BGB) – bereithält, verfügt auch das zweite Buch des BGB über einen solchen „vor die Klammer gezogenen" allgemeinen Teil, die Geltung für sämtliche allgemeinen und besonders geregelten Schuldverhältnisse beansprucht. Soweit § 242 BGB nach diesem systematischen Verständnis – und weit darüber hinaus[113] – im Mittelpunkt dieser Untersuchung steht, ist die Vorschrift daher als allgemeinzivilrechtliche Regelung zu verstehen.

II. Wettbewerbs- und Kartellrecht, kartellrechtsähnliche Wertungen

Der Begriff des Wettbewerbsrechts kann umfassend in dem Sinne verstanden werden, dass er sämtliche, die rechtliche Ordnung des Wettbewerbs betreffende gesetzliche Regelungen erfasst.[114] Nach diesem weitestgehenden Begriffsverständnis erfasst das Wettbewerbsrecht schließlich ebenso das Kartell-, Regulierungs- und Lauterkeitsrecht wie wettbewerbsrelevante Regelungen in anderen Gesetzen, etwa dem StGB (§ 298) und insbesondere dem Grundgesetz (Art. 12). Differenzierter kann das Wettbewerbsrecht als Wettbewerbsrecht im weiteren Sinne und als Wettbewerbsrecht im engeren Sinne verstanden werden. Das Wettbewerbsrecht im weiteren Sinne umfasst nicht nur das im UWG geregelte Lauterkeitsrecht als Recht zur Bekämpfung des unlauteren Wettbewerbs, sondern auch das in GWB und AEUV geregelte Kartellrecht als Recht gegen Wettbewerbsbeschränkun-

---

112 Vgl. *Georgiades*, Die Anspruchskonkurrenz im Zivilrecht und Zivilprozessrecht, 1968, S. 69; *Säcker*, in: MünchKomm BGB, Bd. 1, 7. Aufl. 2015, Einl., Rn. 1, mit Verweis auf die Regeln der zivilrechtlichen Gesetzeskonkurrenz.

113 Oben Teil 1, A.II.; unten Teil 2, A.I.

114 *Fikentscher*, Wettbewerb und gewerblicher Rechtsschutz, 1958, S. 4 ff., 306 ff.

gen.[115] Lediglich das auf eine Marktverhaltenskontrolle abzielende Lauterkeitsrecht wird demgegenüber traditionell als Wettbewerbsrecht im engeren Sinne verstanden.[116] Wenn auch nicht eindeutig feststellbar ist, dass im allgemeinen juristischen Sprachgebrauch der Begriff des Wettbewerbsrechts den Bereich des Lauterkeitsrechts (noch immer) kennzeichnet[117] und auch trotz der in Art. 101 ff. AEUV verwendeten Terminologie wird in dieser Untersuchung das Recht gegen Wettbewerbsbeschränkungen als Kartell- bzw. Wettbewerbsrecht bezeichnet, die im UWG geregelte Materie hingegen stets als Lauterkeitsrecht. Wie gemeinhin üblich, fällt unter den Begriff des Kartellrechts im Übrigen der gesamte Regelungsbereich des GWB, einschließlich der Missbrauchstatbestände (§§ 18 ff. GWB) und den Regelungen der Fusionskontrolle (§§ 35 ff. GWB), wenn auch einzig der Bereich des Kartellverbots (§§ 1-3 GWB) begrifflich ein „Kartell" voraussetzt.

Von kartellrechts*ähnlichen* Wertungen wird dann zu sprechen sein, wenn der Rückgriff auf die in Rede stehende Norm als Instrument der Marktverhaltenskontrolle fungiert, der Anwendungsbereich des spezifischen Kartellrechts selbst jedoch nicht eröffnet ist. Der Begriff steht im Mittelpunkt dieser Untersuchung, deren Gegenstand die Berücksichtigungsfähigkeit solcher Wertungen im Rahmen der allgemeinzivilrechtlichen Klausel des § 242 BGB bildet, die typischerweise in Gestalt kartellrechtlicher Überlegungen, unterhalb der kartellrechtlichen Aufgreifschwellen aber allenfalls mittelbar zum Tragen kommen können. Einzig soweit der Anwendungsbereich von Treu und Glauben ergänzend, d.h. parallel zu den im Übrigen anwendbaren GWB-Vorschriften problematisiert wird, um daraufhin einen Rückschluss zu ermöglichen, ist die Berücksichtigungsfähigkeit *un*mittelbar kartellrechtlicher Wertungen Gegenstand dieser Untersuchung.

III. Missbrauch und Rechtsmissbrauch

Das kartellrechtliche Verbot des Missbrauchs einer marktbeherrschenden Stellung ist vom allgemeinen Grundsatz unzulässiger Rechtsausübung zu unterscheiden. Sowohl das deutsche als auch das europäische Recht ken-

---

115 *Köhler*, in: Köhler/Bornkamm, UWG, 33. Aufl. 2015, Einl., Rn. 6.11; *Rittner/Dreher/Kulka*, Wettbewerbs- und Kartellrecht, 8. Aufl. 2014, Einl., Rn. 1.

116 Vgl. *Köhler*, in: Köhler/Bornkamm, UWG, 33. Aufl. 2015, § 4, Rn. 12.2.

117 Vgl. *Erdmann*, in: Gloy/Loschelder/Erdmann, Handbuch des Wettbewerbsrechts, 4. Aufl. 2010, § 1, Rn. 1.

nen den Einwand der Rechtsmissbräuchlichkeit als allgemeinen Rechtsgrundsatz.[118] Begrifflich wird der allgemeine, gleichwohl unbestimmte Rechtsmissbrauchsbegriff zudem in zweierlei Hinsicht unterschieden: Der sog. Rechtsmissbrauch im engeren Sinne erfordert eine subjektiv vorwerfbare Verhaltensweise. Diese kann insbesondere dann bejaht werden, wenn ein Rechtsinhaber seinen Anspruch bewusst erst dann geltend macht, wenn der Verletzer bereits irreversible Dispositionen getroffen hat.[119] Demgegenüber erfasst der Rechtsmissbrauchseinwand auch Fälle der Unverhältnismäßigkeit, die im Zivilrecht ihre Grundlage insbesondere in §§ 251 Abs. 2 S. 1, 275 Abs. 2 und 912 BGB finden. In diesen Konstellationen liegt die Annahme einer missbräuchlichen Rechtsausübung nicht in einem subjektiven Vorwurf, sondern in einer objektiven Verhältnismäßigkeitserwägung begründet.[120] In der Rechtspraxis überlagern sich die Fallgruppen des Rechtsmissbrauchs im engeren Sinne und des Missbrauchsbegriffs als Verhältnismäßigkeitserwägung und beeinflussen sich gegenseitig.[121]

Der Missbrauchsgedanke spielt im deutschen und europäischen Kartellrecht und in für diese Untersuchung relevanter Weise in den Tatbeständen der §§ 18 ff. GWB und Art. 102 AEUV eine Rolle, also im Bereich der kartellrechtlichen Missbrauchsaufsicht. Das Rechtsfolgenregime von § 242 BGB unterscheidet sich im Bereich der rechtsgeschäftlichen Wirksamkeits- und Inhaltskontrolle bereits erheblich von der Nichtigkeitsfolge eines Verstoßes gegen die Verbotsgesetze[122] der kartellrechtlichen Missbrauchsaufsicht. Während § 134 BGB die harte Rechtsfolge der Nichtigkeit bei Verstoß gegen ein gesetzliches Verbot herbeiführt, soweit sich nicht aus dem Gesetz ein anderes ergibt, lässt § 242 BGB die Gültigkeit eines Rechtsgeschäftes oftmals unberührt und stellt vielmehr Binnenschranken der Rechtsausübung als solcher auf.[123] Infolge dieses Unterschiedes kann es im Einzelfall auch statthaft sein, dem Betroffenen über die Nichtigkeitsfolge

---

118 Oben Teil 1, A.III.1.

119 *Schubert*, in: MünchKomm BGB, Bd. 2, 7. Aufl. 2016, § 242, Rn. 243.

120 *Ohly*, GRUR Int. 2008, 787, 793.

121 Vgl. *Ohly*, GRUR Int. 2008, 787, 793, unter Verweis auf § 912 BGB: Die Norm beruht auf dem Verhältnismäßigkeitsgedanken, wenngleich auch das Verschulden des Überbauenden in die Beurteilung einbezogen wird.

122 Vgl. zu § 19 GWB *Bechtold/Bosch*, GWB, 8. Aufl. 2015, § 19, Rn. 99; zu § 20 Abs. 1 bis 6 GWB a.F. *Markert*, in: Immenga/Mestmäcker, GWB, 4. Aufl. 2007, § 20, Rn. 229, 268, 318, 369; zu Art. 102 AEUV *Jung*, in: Grabitz/Hilf/Nettesheim, Das Recht der EU, Lfg. 56 04/2015, Art. 102 AEUV, Rn. 387 ff.

123 *Grüneberg*, in: Palandt, BGB, 74. Aufl., 2015, § 242, Rn. 18.

hinaus einen weiterreichenden Schutz des § 242 BGB zu gewähren.[124] Hierauf wird im Fortgang der Überlegungen näher einzugehen sein.[125]

IV. Aufgreifschwellen

Aufgreifschwellen, zugleich die oftmals alternativ verwendeten Begriffe „Aufgreiftatbestand" und „Aufgreifkriterien",[126] sind von maßgeblicher Bedeutung für die Bestimmung des Untersuchungsgegenstandes. Sie beschreiben gesetzliche Merkmale, die den Anwendungsbereich der kartellrechtlichen Missbrauchsaufsicht (§§ 18 ff. GWB, Art. 102 AEUV) eröffnen, in deren Rahmen die zuständigen Kartellbehörden die Möglichkeit zur Verfolgung von Wettbewerbsbeschränkungen haben. Sind diese Tatbestandsmerkmale erfüllt, kann die Kommission bzw. die nationale Kartellbehörde in die Einzelfallprüfung einsteigen. Im Bereich der Fusionskontrolle eröffnen Aufgreifschwellen in diesem Sinne zudem den sachlichen Anwendungsbereich der §§ 35 ff. GWB bzw. der FKVO und begründen die Kontrollpflichtigkeit eines Zusammenschlusses.

Demgegenüber bestimmen die sog. Eingriffskriterien den materiellen Beurteilungsmaßstab der zu bewertenden unternehmerischen Maßnahme. Eine trennscharfe Abgrenzung bloßer Aufgreifschwellen von ihnen innewohnenden materiellen Wirkungen sowie der tatbestandlich im Übrigen vorgesehenen Bewertungskriterien ist nicht immer möglich. So ist etwa im Rahmen des Vermutungstatbestands des § 18 Abs. 4 GWB umstritten, inwiefern dieser bloße Aufgreifschwellen postuliert oder ihnen zugleich eine echte materielle Wirkung zukommt.[127] Ungeachtet dessen ist für diese Untersuchung die Bedeutung des Rechtsmissbrauchseinwandes unterhalb der kartellrechtlichen Aufgreifschwellen nach dem dargelegten Verständnis relevant, d.h. in Konstellationen, die in Ermangelung einer entsprechend starken Marktstellung des betroffenen Unternehmens gerade keiner kartellrechtlichen Kontrolle unterliegen.

---

124 BGHZ 12, 286, 295 = NJW 1954, 1644.

125 Unten Teil 2, B.IV.4.

126 Vgl. *Möschel*, in: Immenga/Mestmäcker, GWB, 4. Aufl. 2007, § 19, Rn. 92; *Immenga*, in: Immenga/Mestmäcker, EU-WettbR, Teil 1, 5. Aufl. 2012, VII, Abschnitt Fusionskontrolle, Rn. 8 ff.

127 Vgl. *Möschel*, in: Immenga/Mestmäcker, GWB, 5. Aufl. 2014, § 19, Rn. 92 f.; *Richter*, in: Wiedemann, Kartellrecht, 2. Aufl. 2008, § 20, Rn. 87.

D. Methodik

Vor dem Hintergrund dieser Bestimmung des Untersuchungsgegenstandes, seines Anlasses sowie den grundlegenden Begriffsbestimmungen soll der Blick auch auf das methodische Vorgehen zur Erörterung der Ausgangsfrage gerichtet werden.

Die Frage nach der Bedeutung des Rechtsmissbrauchseinwandes als Instrument der Marktverhaltenskontrolle unterhalb der einschlägigen kartellrechtlichen Aufgreifschwellen bedarf zunächst einer grundlegenden Darstellung von Treu und Glauben, soweit dessen rechtshistorische Entwicklung, seine Anwendungsvoraussetzungen und Funktionsweisen sowie insbesondere das Konkurrenzverhältnis zu anderen relevanten Rechtssätzen denn Aufschluss für die Beantwortung der Ausgangsfrage geben können. Dieser erste Schritt soll ein Verständnis dafür schaffen, in welchem Maße die § 242 BGB inhärente Rechtsbeschränkungs- und Rechtsfortbildungsfunktion den Eingang kartellrechtsähnlicher Wertungen nach obigem Verständnis in das allgemeine Zivilrecht dogmatisch rechtfertigen kann. Wenig zielführend hingegen wären grundlegende Feststellungen zu § 242 BGB, soweit ihnen jede positive wie negative Relevanz für den Untersuchungsgegenstand fehlt. Aus diesem Grund wird auf eine über die Nützlichkeit für diese Untersuchung hinausgehende, abschließende Darstellung des § 242 BGB verzichtet. Überdies wäre eine allgemeine Abhandlung dieser Art im Rahmen des vorliegend verfolgten Ansatzes kaum zu bewältigen. Erwägungen zu „Einbruchstellen“ kartellrechtlicher Wertungen in das anderweitige allgemeine Zivilrecht, die sich in dem Gebot von Treu und Glauben also nicht niederschlagen, sind daher ebenso verzichtbar.

Anschließend beschäftigt sich die Untersuchung mit der Integration kartellrechtlicher Wertungen in das Privatrecht, wiederum ohne zugleich eine auch nur annähernd vollständige Erörterung dieser Thematik liefern zu wollen. Die privatrechtliche Dimension des Kartellrechts soll insbesondere in Gestalt der auch verfassungsrechtlich gebotenen Interdependenz von Kartellrecht und Privatrecht die enge Verzahnung der beiden Rechtsmaterien gerade auch hinsichtlich der allgemeinzivilrechtlichen Generalklauseln aufzeigen. Sie soll zugleich die Grundlage zur Beantwortung der Frage bereiten, inwieweit spezifisch kartellrechtliche Normen eine Verdrängungswirkung gegenüber allgemeineren Vorschriften entfalten. Die Ausführungen rekurrieren auf vergleichbare „Einbruchstellen“ kartellrechtlicher Wertungen in das Zivilrecht am Beispiel der §§ 138 und 315 BGB sowie mit Blick auf die AGB-Inhaltskontrolle gemäß §§ 307 ff. BGB. Die Darstellung des Meinungsstandes verfolgt das Ziel, argumentative Rückschlüsse für die Bedeutung des § 242 BGB im Anwendungsbereich der einschlägigen GWB-Vorschriften zu ziehen. Soweit daraufhin eine Verdrängungswirkung der besonderen Regelungen abgelehnt werden kann, setzt sich die Untersuchung mit der Folgefrage nach der Bedeutung von Treu und Glauben unterhalb kartellrechtlicher Aufgreifschwellen auseinander. Insoweit liegt angesichts des umfassenden Anwendungsbereichs ein Erstrecht-Schluss auf die Anwendbarkeit von § 242 BGB auch in jenen Fällen nahe, die zwar ein marktrelevantes Wettbewerbsverhältnis betreffen, die kartellrechtlichen Aufgreifkriterien indes nicht erfüllen. Dieses Vorgehen gebietet die Vermeidung von Wertungswidersprüchen, die ein Rückschluss als solcher begründen kann. Dem Risiko begegnet die Untersuchung, indem sie die Streitfrage in den Gesamtzusammenhang der einschlägigen gesetzgeberischen Intention des in Rede stehenden Rechtsinstituts sowie eines allgemeinen Umgehungsverbotes einordnet.

In einem weiteren Schritt wird ein solches Umgehungsverbot nachzuweisen und herzuleiten sein. Untersucht wird, ob die Bejahung eines Rückgriffs auf die allgemeinzivilrechtliche Norm unter Berücksichtigung kartellrechtsähnlicher Wertungen den Entscheidungen des Gesetzgebers widerspricht, die dem nicht erfüllten Kriterium des spezifischen GWB-Tatbestandes zugrunde liegen. Grundlage dieser Betrachtung werden eng mit den Ausführungen zu den Funktionen von § 242 BGB verbundene Schutzzweckerwägungen sein; ferner die Überlegung, inwieweit die kartellrechtliche und wettbewerbsökonomische Rechtfertigung des konkreten Aufgreifkriteriums einer Berücksichtigung kartellrechtsähnlicher Wertungen in allgemeinzivilrechtlichen Generalklauseln entgegensteht.

Bevor die Untersuchung endlich einen Ausblick auf die rechtspolitische Legitimität ihres methodischen Lösungsansatzes wagt, werden verschiedene Gesichtspunkte einer im Schrifttum ausgiebig erörterten Thematik auf ihre sinngemäße Übertragbarkeit zur Klärung der Ausgangsfrage überprüft. Der Blick wird auf das verwandt erscheinende Problem der lauterkeitsrechtlichen Begegnung wettbewerbsbeschränkender Verhaltensweisen marktmächtiger Unternehmen im Vorfeld der einschlägigen GWB-Tatbestände gerichtet. Obwohl sich der systematische Ausgangspunkt der vorliegenden Untersuchung vom Verhältnis lauterkeits- und kartellrechtlicher Vorschriften bereits darin unterscheidet, dass Treu und Glauben eine allen Rechten, Rechtslagen, Rechtsinstituten und Rechtsnormen immanente Inhaltsbegrenzung konstituiert, wohingegen die gleichsam einfachgesetzlichen Lauterkeitsvorschriften spezifische Marktverhaltensanforderungen aufstellen, dient die Betrachtung doch dem Fortgang der Untersuchung: einerseits nämlich im Wege der sinngemäßen Übertragbarkeit der weitgehend ablehnenden Stimmen in Schrifttum und Rechtsprechung, andererseits in Gestalt der Erkenntnis, dass aufgrund systematischer Unterschiede eine Übertragung der zur sog. Vorfeldthese gefundenen Argumente auf die vorliegende Untersuchung nicht in Betracht kommt.

Teil 2: Treu und Glauben als Marktstrukturinstrument unterhalb kartellrechtlicher Aufgreifschwellen

Vor dem Hintergrund der in Teil 1 dargestellten Bestimmung des Untersuchungsgegenstandes, seiner Veranlassung sowie des methodischen Vorgehens sollen nachfolgend zunächst die in Rechtsprechung und Schrifttum herausgebildeten Prinzipien und Anwendungsvoraussetzungen von Treu und Glauben als allgemeinen Rechtsgrundsatz und sodann die privatrechtliche Dimension des Kartellrechts aufgezeigt werden.

A. Grundsatz von Treu und Glauben

Angesichts der bereits eingangs dargestellten Bedeutung von Treu und Glauben als europäischer Rechtsgrundsatz sowie des weitgehenden Anwendungsvorrangs des EU-Kartellrechts bei grenzüberschreitenden Sachverhalten beschränken sich die nachfolgenden Ausführungen auf die Entwicklungsgeschichte, die Funktionen und Anwendungsvoraussetzungen des allgemeinen Rechtsgrundsatzes, insbesondere in Gestalt des Rechtsmissbrauchseinwandes. In dem für den Zweck dieser Untersuchung gebotenen Umfang soll darüber hinaus die Normkonkurrenz von § 242 BGB gegenüber anderen relevanten Vorschriften dargestellt werden, um tragfähige Rückschlüsse zur Auflösung der vorliegenden Abgrenzungsfrage zu ermöglichen.

I. Treu und Glauben als allgemeiner Rechtsgrundsatz

Der Grundsatz von Treu und Glauben findet seine normative Grundlage in § 242 BGB. Verwendung findet der Begriff von Treu und Glauben darüber hinaus in weiteren Normen des BGB, insbesondere in §§ 157, 162 Abs. 1 und 2, 275 Abs. 2, 307 Abs. 1, 320 Abs. 2 sowie 815 BGB. Seinem Wortlaut nach postuliert § 242 BGB die Pflicht des Schuldners, die Leistung so zu bewirken, wie Treu und Glauben es mit Rücksicht auf die Verkehrssitte erfordern. Weder der Wortlaut noch die systematische Stellung der Vorschrift im allgemeinen Teil des zweiten Buches des BGB (Recht der Schuldverhältnisse) werden jedoch der umfassenden Bedeutung von Treu und Glauben als allgemeiner Rechtsgrundsatz gerecht.[128] Nach diesem Verständnis konstituiert der Grundsatz von Treu und Glauben eine allen Rechten, Rechtslagen, Rechtsinstituten und Rechtsnormen immanente Inhaltsbegrenzung.[129] Danach hat jedermann in Ausübung seiner Rechte und in Erfüllung seiner Pflichten nach dem Gebot von Treu und Glauben zu handeln.[130] Treu und Glauben wird mithin als umfassendes *„rechtsethisches Prinzip"* verstanden,[131] das einen im materiellen wie prozessualen Privatrecht, im Strafrecht und sonstigen öffentlichen Recht zwingenden Grundsatz aufstellt. Zum Teil ist gar von § 242 BGB als *„königlichem Paragrafen"* die Rede.[132] Im Anwendungsbereich von Treu und Glauben finden, nicht zuletzt vergleichbar zahlreicher allgemeinzivilrechtlicher Generalklauseln, die ebanfalls als „Einfallstore" dieser Art fungieren, auch die Grundrechte im Rahmen ihrer sog. Drittwirkung anerkanntermaßen Eingang in das Zivilrecht.[133] § 242 BGB ist in diesem Zusammenhang als zentrale Norm zur Berücksichtigung dieser Ausstrahlungswirkung der Grundrechte hervorzuheben.[134] Das in den Grundrechten verkörperte Wertesystem bestimmt maßgeblich mit, was der unbestimmten Begrifflichkeit von Treu und Glauben entspricht.[135]

---

128 Die anerkannt weite Interpretation des § 242 BGB ähnelt am ehesten der Formulierung in Art. 2 SchwZGB: *„Jedermann hat in Ausübung seiner Rechte und in Erfüllung seiner Pflichten nach Treu und Glauben zu handeln. Der offenbare Missbrauch eines Rechts findet keinen Rechtsschutz"*; vgl. *Mansel*, in: Jauernig, BGB, 16. Aufl. 2015, § 242, Rn. 1.

129 Oben Teil 1, A.II.

130 *Schulze*, in: Schulze, BGB, 8. Aufl. 2014, § 242, Rn. 1.

131 *Larenz/Canaris*, Methodenlehre der Rechtswissenschaft, 3. Aufl. 1995, S. 240 ff.

132 Vgl. *Weber*, JuS 1992, 631.

133 St. Rspr. und h.M.; grundlegend BVerfGE 7, 198, 206 = NJW 1958, 257 – *Lüth*; vgl. auch BVerfG NJW 2003, 125; BGHZ 151, 316 = NJW 2002, 2940; *Hager*, JZ 1994, 373; *Pawlowski*, JZ 2002, 627; *ders.*, in: FS Horn, 2006, 1227.

134 Die Grundrechte entfalten dabei keine unmittelbare Wirkung, da sie ihrem Inhalt, Zweck und geschichtlicher Bedeutung als Abwehrrechte der Privatperson gegenüber dem Staat konzipiert sind.

135 *Grüneberg*, in: Palandt, BGB, 74. Aufl. 2015, § 242, Rn. 8.

II. Entwicklungsgeschichte

1. Einflüsse des Römischen Rechts

Der Blick auf die lange Entwicklungsgeschichte des heutigen § 242 BGB ist hinsichtlich seiner Unbestimmtheit und der immanenten Rechtsfortbildungsfunktion auch für den vorliegenden Untersuchungsgegenstand besonders erkenntnisreich. Die Tatbestandsmerkmale „Treu und Glauben" und „Verkehrssitte" finden ihre historische Grundlage jeweils vorrangig im Römischen Recht, ebenso aber in bestimmten Rechtsgedanken des Deutschen Privatrechts. Zutreffend dürfte darüber hinaus die Annahme sein, der Grundgedanke der Vorschrift entspreche christlich-abendländischen Prinzipien. Ein direkter Einfluss christlichen Gedankenguts konnte bisher jedoch nicht nachgewiesen werden.[136] *Fides* (lat.; u.a. Treue, Redlichkeit, Ehrlichkeit, Aufrichtigkeit) und *aequitas* (lat.; u.a. Gleichheit, Gerechtigkeit, Billigkeit) gelten als Elemente des Römischen Rechts, die gleichermaßen Eingang in die gesamte westliche Rechtstradition fanden, insbesondere aber in § 242 BGB.

a) Rechtsbegründende und rechtsbegrenzende Bestimmung der fides

Die *fides* verkörperte die Erwartung normgerechten Verhaltens, d.h. die Einhaltung eines Versprechens und das spiegelbildliche Vertrauen des Gegenübers. Dieser Grundgedanke des römischen Rechtsverständnisses wurde trotz seiner sakralen Ursprünge alsbald als selbstständiges sittliches Moment verstanden, das auch ohne religiöse Rückbindung die Grundlage jeder Rechtsordnung sein sollte. Er wies bereits im Römischen Recht gleichermaßen eine rechtsbegründende und rechtsbegrenzende Funktion auf.[137]

Zur Ergänzung des Typenzwangs der *stricti iuris iudicia* (strengrechtliche Klage) schufen die Prätoren im dritten Jahrhundert v.Chr. auf Grundlage der *fides* den Rechtsbegriff der *bonae fidei iudicia* (Klage nach Treu und Glauben), wodurch aus der zuvor eher faktischen eine dem Rechtsschutz

---

136 Vgl. *Looschelders/Olzen*, in: Staudinger, BGB (§§ 241-243), Neubearb. 2015, § 242, Rn. 6 m.w.N.

137 *Kaser/Knütel*, Römisches Privatrecht, 20. Aufl. 2014, § 33, Rn. 11; *Looschelders/Olzen*, in: Staudinger, BGB (§§ 241-243), Neubearb. 2015, § 242, Rn. 8.

unterstehende Position entstand.[138] Dabei führte die *bonae fidei iudicia* als Klageformel zu einer Erweiterung der im römischen Formularprozess dem Typenzwang unterliegenden, formalisierten Typen klagbarer Ansprüche und mithin *„zur Verrechtlichung der* fides *zur* bona fides *als gleichberechtigter Klageart"*.[139] Der *bona fides* kam in diesem Zusammenhang eine rechtsbegründende Funktion zu. Klagen konnten fortan auf eine anerkannte ethische Grundlage statt auf eine *lex* gestützt werden.[140] Mit Blick auf die Begründung von Sekundäransprüchen wurde auf diesem Weg insbesondere eine Schadensersatzpflicht daraus abgeleitet, dass ein Tun oder Unterlassen des Schuldners *„gegen die Anschauungen des redlichen Verkehrs oder die Anforderungen eines hilfsbereiten Zusammenwirkens"* verstieß.[141]

Die *bona fides* erlangte auch insoweit eine rechtsbegrenzende Bedeutung, als sie zur inhaltlichen Bestimmung von Rechten herangezogen wurde. Die *bona fides* galt als Maßstab zur Inhaltskontrolle und Inhaltsergänzung von Rechtsverhältnissen. Sie diente in diesem Zusammenhang der Auslegung von Verträgen.[142] Auch Fälle des Rechtsmissbrauchs wurden unabhängig von der Erteilung einer förmlichen *exceptio doli* (Einwand unzulässiger Rechtsausübung) auf diese Weise, d.h. gestützt auf die rechtsbegrenzende Funktion der *bona fides*, gelöst.[143] Ebenso verhielt es sich mit dem Erlöschen einer Forderung und der Verwirkung eines Anspruchs.[144] Nicht zuletzt wurde die *bona fides* zur Begründung von über die Parteiabrede hinausgehenden Nebenpflichten herangezogen, soweit diese *„für ein bestimmtes Rechtsverhältnis unter Berücksichtigung des Ortsgebrauchs und der allgemeinen Verkehrssitte als geschuldet anzusehen waren."*[145]

Während die subjektiven Merkmale der *bona fides*, d.h. die subjektive Bewusstseinslage einer auf das Bestehen einer bestimmten Rechtslage vertrauenden Person, heute eher als Wurzel des Begriffs „guter Glaube" etwa in § 932 Abs. 2 BGB gesehen wird, entwickelte sich ihr objektiver Bedeutungsgehalt im justinianischen Recht und während der Zeit der Glossato-

---

138 *Duve/Haferkamp*, in: HKK, Bd. 2/1, 2007, § 242, Rn. 5.

139 *Duve/Haferkamp*, in: HKK, Bd. 2/1, 2007, § 242, Rn. 6; *Looschelders/Olzen*, in: Staudinger, BGB (§§ 241-243), Neubearb. 2015, § 242, Rn. 8.

140 *Looschelders/Olzen*, in: Staudinger, BGB (§§ 241-243), Neubearb. 2015, § 242, Rn. 8 m.w.N.

141 *Betti*, in: FG Müller-Erzbach, 1954, 7, 14.

142 *Kaser/Knütel*, Römisches Privatrecht, 20. Aufl. 2014, § 8, Rn. 6.

143 *Haferkamp*, Die heutige Rechtsmissbrauchslehre, 1995, S. 78 ff.

144 *Duve/Haferkamp*, in: HKK, Bd. 2/1, 2007, § 242, Rn. 6.

145 *Looschelders/Olzen*, in: Staudinger, BGB (§§ 241-243), Neubearb. 2015, § 242, Rn. 9.

ren und Postglossatoren zum materiellen Rechtssatz fort. Bis zur Pandektistik des 19. Jahrhunderts unterlag der sodann gefundene Entwicklungsstand keinen grundlegenden Veränderungen mehr und diente als solcher den Verfassern des BGB zur Grundlage.[146]

b) Korrekturfunktion der aequitas

Bei der Bewertung von Rechtsverhältnissen diente der objektive Maßstab der *aequitas* im Römischen Recht der Feststellung, ob Gleiches gleich behandelt werden sollte und postuliert heute die „zweite Säule" von § 242 BGB.[147] Obwohl sich hieraus Schwierigkeiten in der Abgrenzung zum objektiven Bedeutungsgehalt der *bona fides* ergaben, wurde die *aequitas*, die ihren Ursprung wie auch die *bona fides* in einem Glaubenssatz fand, als eigenständiges Rechtsinstitut verstanden.[148] Sie wurde unter aristotelischem und christlichem Einfluss während der Rezeption zu einer *„allgemeinen rechtsethischen und rechtspolitischen Rechtfertigung eines Ergebnisses und gleichzeitig zu einer Leitidee richterlicher Rechtschöpfung"*.[149] Ähnlich der Gegenüberstellung von *ius strictum* und *ius aequum* im nachklassischen Recht galt die *aequitas* als Billigkeitserwägung der Überwindung bindender Rechtssätze und diente in dieser Korrekturfunktion den Verfassern des BGB ebenfalls als Grundlage.[150]

2. Einflüsse des Deutschen Privatrechts

Gegenüber dem Römischen Recht sind die Einflüsse des älteren Deutschen Privatrechts auf den heutigen § 242 BGB weniger bedeutsam.[151] So

146 *Looschelders/Olzen*, in: Staudinger, BGB (§§ 241-243), Neubearb. 2015, § 242, Rn. 10 f.

147 *Duve/Haferkamp*, in: HKK, Bd. 2/1, 2007, § 242, Rn. 7 f.; *Looschelders/Olzen*, in: Staudinger, BGB (§§ 241-243), Neubearb. 2015, § 242, Rn. 12.

148 *Looschelders/Olzen*, in: Staudinger, BGB (§§ 241-243), Neubearb. 2015, § 242, Rn. 12.

149 *Looschelders/Olzen*, in: Staudinger, BGB (§§ 241-243), Neubearb. 2015, § 242, Rn. 13.

150 *Duve/Haferkamp*, in: HKK, Bd. 2/1, 2007, § 242, Rn. 8, 13. Freilich verschmolz die *aequitas* vor diesem Hintergrund auch mit naturrechtlichem Gedankengut.

151 Vgl. *Strätz*, Treu und Glauben, 1974, S. 283, der *„die heutige Bedeutung von ‚Treu und Glauben' wesentlich vom römischrechtlichen Gedanken der* bona fides *geprägt"*

kam die lückenfüllende Funktion der *aequitas* erst in fränkischen Königsgesetzen und Kapitularien zum Tragen, während die Richter zuvor aufgrund der jeweiligen Stammesrechte jedenfalls weitgehend an deren rechtliche Vorgaben gebunden waren. Die Abmilderung als zu hart empfundener Rechtsfolgen hingegen wurde eher auf die dem Kirchenrecht entstammende *misericordia* gestützt.[152] Spezifisch rechtliche Bedeutung erlangte der Begriff „Treu und Glauben" im späten Mittelalter und überlagerte fortan die *bona fides* des Römischen Rechts. Während „Treu und Glauben" in sprachlicher Hinsicht bereits eine *„typische Paarformel der deutschen Rechtssprache des frühen Mittelalters"* darstellte, blieb die Ergänzung und Korrektur von Rechtsgeschäften stärker dem Grundsatz der *aequitas* vorbehalten.[153] Treu und Glauben kam zunächst eine rechtsbegründende Funktion zu. Nur bei wenigen spezifischen Rechtsverhältnissen sind auch rechtsgestaltende Ausflüsse des Begriffs nachweisbar.[154]

Wenngleich die *aequitas* zur Abmilderung als zu hart empfundener Rechtsfolgen herangezogen wurde, nahm ihre Bedeutung als Gleichbehandlungsmaxime einerseits mit der Bezugnahme auf die Quellen des Römischen Rechts durch die Glossatoren und Postglossatoren sowie andererseits durch die Kanonistik zu. Die korrespondierende Abnahme der Bedeutung der dem Römischen Recht entstammenden *bona fides* geht auf die Entwicklung der modernen Vertragslehre zurück, die sich vom Typenzwang des Römischen Rechts ablöste.[155] Eine gerade Entwicklung der *bona fides* hin zu Treu und Glauben lässt sich mit Blick auf die im Vorlauf der Kodifikationsbewegung herrschenden unterschiedlichen Begriffsverständnisse indes nicht nachzeichnen.[156] In unterschiedlich starker Ausprägung finden sich in den Kodifikationen des ausgehenden 18. Jahrhunderts und während des 19. Jahrhunderts deutliche Ansätze für die begriffliche Ent-

---

erfasst, wenn auch *„eine zusätzliche deutschrechtliche Wurzel dieses Rechtsprinzips nicht ausgeschlossen ist."*.

152 *Duve/Haferkamp*, in: HKK, Bd. 2/1, 2007, § 242, Rn. 9; *Looschelders/Olzen*, in: Staudinger, BGB (§§ 241-243), Neubearb. 2015, § 242, Rn. 14.

153 *Weber*, JuS 1992, 631, 632; *Looschelders/Olzen*, in: Staudinger, BGB (§§ 241-243), Neubearb. 2015, § 242, Rn. 15. Die Verwendung zweier weitgehend synonymer Begriffe ist dabei kennzeichnend für die frühneuhochdeutsche Sprachentwicklung; vgl. *Strätz*, Treu und Glauben, 1974, S. 284.

154 *Strätz*, Treu und Glauben, 1974, S. 105 ff.; *Duve/Haferkamp*, in: HKK, Bd. 2/1, 2007, § 242, Rn. 11.

155 *Zimmermann*, The Law of Obligations, 1990, S. 508 ff.; *Looschelders/Olzen*, in: Staudinger, BGB (§§ 241-243), Neubearb. 2015, § 242, Rn. 16.

156 *Looschelders/Olzen*, in: Staudinger, BGB (§§ 241-243), Neubearb. 2015, § 242, Rn. 17.

wicklung von Treu und Glauben i.S.v. § 242 BGB und zwar insbesondere in Kodifikationen, deren einzelne Regelungen sich an den französischen *Code Civil* anlehnten. So enthielten das Rheinische Recht[157] und das Badische Landrecht[158] jeweils Regelungen, die in Übersetzung der entsprechenden Norm des *Code Civil* Eingang in das Deutsche Privatrecht fanden. Verträge erforderten sowohl nach Rheinischem Recht als auch nach Badischem Landrecht einen „redlichen Vollzug“ (Art. 1134 Abs. 3 Badisches Landrecht) bzw. dass diese „redlich vollzogen werden“ müssen (Art. 1134 Abs. 3 Rheinisches Recht).[159] Ferner verpflichteten Verträge „auch zu allem, was aus solchen nach Billigkeit, Herkommen oder Gesetzen folgt“ (Art. 1135 Badisches Landrecht) bzw. „auch zu allem, was Billigkeit, Herkommen oder Gesetze aus der Natur der Verbindlichkeit folgen lassen“ (Art. 1135 Rheinisches Recht).[160] Unmittelbar Bezug auf eine den Grundsatz von Treu und Glauben inkorporierende Vorschrift des Deutschen Privatrechts nahm demgegenüber *Franz von Kübel*, Redaktor des Schuldrechts, in seinem Teilentwurf aus dem Jahr 1882, der sich auf § 858 BGB für das Königreich Sachsen von 1863 bezog:

> „Die Erfüllung eines Vertrages hat Dasjenige zu fassen, was nach der besonderen Verabredung der Beteiligten, nach den gesetzlichen Vorschriften über den in Frage stehenden Vertrag und überhaupt nach Treu und Glauben und nach der Handlungsweise eines redlichen Mannes zu leisten ist.“[161]

3. Schlussfolgerungen

Die Exegese der historischen Vorläufer des heutigen § 242 BGB gibt zum einen Aufschluss über die bisherige Entwicklung von Treu und Glauben,

---

157 Das Rheinische Recht galt ab 1818 dem weitgehenden Fortbestand des *Code Civil*; vgl. *Becker*, JuS 1985, 338.

158 Das Badische Landrecht war das 1810 in Kraft getretene Zivilgesetzbuch des Großherzogtums Baden; vgl. *Schroeder*, NJW 2010, 731.

159 *Looschelders/Olzen*, in: Staudinger, BGB (§§ 241-243), Neubearb. 2015, § 242, Rn. 19.

160 *Looschelders/Olzen*, in: Staudinger, BGB (§§ 241-243), Neubearb. 2015, § 242, Rn. 19.

161 *Expressis verbis* findet sich das Wortpaar „Treu und Glauben“ zudem in § 835 des sächsischen BGB. Weiterführend zur Arbeit *von Kübels* auch *Schubert*, in: Jakobs, Materialien zur Entstehungsgeschichte des BGB, 1978, S. 40 ff., 209 ff.; *Al-Shamari*, Die Verkehrssitte im § 242 BGB, 2006, S. 54 ff.

die wiederum Rückschlüsse auf die gegenwärtige und zukünftige Bedeutung der Norm zulässt. Zum anderen offenbart sich die rechtshistorische und rechtsaktuelle Notwendigkeit dieses in seinen Grundaussagen unangreifbaren Rechtsgedankens. Die Einflüsse des Römischen Rechts und die in gewissen Grenzen immanente und daher in Kauf zu nehmende Rechtsunsicherheit, die eine um die Erfassung jedes Einzelfalls bemühte abstrakte Gesetzesformulierung mit sich bringt, lassen vor dem rechthistorischen Hintergrund in besonderem Maße erkennen, dass *„offenbar keine Rechtsordnung ohne solche allgemeinen Rechtsregeln auskommt.“*[162] Die zur Abmilderung zu hart empfundener Rechtsfolgen herangezogene *aequitas* korrespondiert dabei ebenso mit dem heute als Korrektur und Konkretisierungsinstrument herangezogenen Grundsatz von Treu und Glauben in Gestalt des Rechtsmissbrauchseinwandes wie die rechtsbegrenzende Funktion der *fides* im Römischen Recht. Wenngleich dieses Vorgehen – auf die spezifischen Funktionen des § 242 BGB wird nachfolgend noch einzugehen sein – zur Problemlösung im rechtshistorischen wie rechtsaktuellen Einzelfall auch wünschenswert und geboten erscheint, ist sie trennscharf in abstrakte und verallgemeinerungsfähige Prinzipien weiterhin nur schwer zu fassen.[163] Die im Rahmen der Rechtsanwendung entwickelte Fallgruppenorientierung entgegnet dieser Erkenntnis insbesondere mit Blick auf die Grenzen missbräuchlicher Rechtsausübung.

Darüber hinaus zeigt sich die Einbettung der Korrekturfunktion von Treu und Glauben in den rechtshistorischen Gesamtzusammenhang der jeweils geltenden Rechtsordnung. Die dargestellte Entwicklung hält dazu an, die fortbestehenden Funktionen von § 242 BGB in seinem heutigen Anwendungsbereich nunmehr an gegenwärtigen Rechtsentwicklungen auszurichten. Die Wahrung des Gebotes von Treu und Glauben ist als notwendiges Korrektiv abstrakter Gesetzesformulierung, die nicht zuletzt aufgrund des weiterhin wachsenden Einflusses EU-rechtlicher Vorgaben einem dynamischen Entwicklungsprozess unterliegt, und angesichts seiner rechtshistorischen Entwicklung harmonisch in den Rahmen der gegenwärtigen Rechtsanwendung einzufügen.

---

162 *Looschelders/Olzen*, in: Staudinger, BGB (§§ 241-243), Neubearb. 2015, § 242, Rn. 101.

163 Vgl. *Duve/Haferkamp*, in: HKK, Bd. 2/1, 2007, § 242, Rn. 20; *Looschelders/Olzen*, in: Staudinger, BGB (§§ 241-243), Neubearb. 2015, § 242, Rn. 17.

III. Funktionen

Die Tragweite des Grundsatzes von Treu und Glauben für den vorliegenden Untersuchungsgegenstand erfordert eine Betrachtung seiner Wirkungsweisen. Diese verdeutlichen sich anhand der ihm in Rechtsprechung und Schrifttum zugesprochenen Funktionen. Vorab der nachfolgenden Darstellung der verschiedenen Funktionen von § 242 BGB sowohl mit Blick auf seine Einwirkungsmöglichkeiten auf ein konkretes Schuldverhältnis als auch hinsichtlich seiner allgemein rechtsgrundsätzlichen Bedeutung ist darauf hinzuweisen, dass sich seine Wirkungsweisen und Funktionen im Einzelfall überschneiden können und begrifflich zum Teil nicht einheitlich verwendet werden.

1. Beschränkungsfunktion

Wie bereits dargestellt, bilden Treu und Glauben eine allen Rechten, Rechtslagen, Rechtsinstituten und Rechtsnormen immanente Inhaltsbegrenzung.[164] Aus diesem Verständnis leitet sich die wohl bedeutsamste Funktion des § 242 BGB ab, nämlich das Verbot missbräuchlicher und daher unzulässiger Rechtsausübung, auf dessen Grundlage insbesondere das OLG Düsseldorf in seiner *Flüssiggas*-Entscheidung vom 15. Juli 2009 eine eigentumsrechtliche Duldungspflicht i.S.v. § 1004 Abs. 2 BGB herleitete. Die Bedeutung des Einwandes unzulässiger Rechtsausübung zeigt sich an den verschiedenen Einzelausprägungen dieses Anwendungsbereiches von Treu und Glauben, insbesondere dem institutionellen und individuellen Rechtsmissbrauch,[165] dem Rechtsinstitut der Verwirkung sowie dem Verbot widersprüchlichen Verhaltens (*venire contra factum proprium*). Die Beschränkungsfunktion von Treu und Glauben geht insoweit über den Wortlaut des § 242 BGB hinaus, als dieser vom „Schuldner“ spricht, die Beschränkungsfunktion sich indes an den Rechtsinhaber richtet, dessen Rechtsausübung sie dem Kontrollmaßstab von Treu und Glauben unterwirft.[166]

164 Oben Teil 1, A.II.

165 Unten Teil 2, A.V.1.

166 Vgl. *Mansel*, in: Jauernig, BGB, 16. Aufl. 2015, § 242, Rn. 7; *Grüneberg*, in: Palandt, BGB, 74. Aufl. 2015, § 242, Rn. 16, 38 ff.

2. Korrekturfunktion

Im Vergleich zur Rechtslage vor der Reform des Schuldrechts[167] erfüllt § 242 BGB zudem eine nur noch eingeschränkte Korrekturfunktion, etwa im Rahmen der sog. Ausübungskontrolle von Eheverträgen.[168] Mit Blick auf die Kodifizierung von Störung und Wegfall der Geschäftsgrundlage (§ 313 BGB) oder des Kündigungsrechts bei Dauerschuldverhältnissen (§ 314 BGB) ist der Grundsatz von Treu und Glauben zur rechtsgeschäftlichen Wirksamkeitskontrolle in diesen Fällen nunmehr ebenso unanwendbar wie im Rahmen der Inhaltskontrolle allgemeiner Geschäftsbedingungen (§§ 307 ff. BGB).[169] Dennoch beansprucht die vertragsrechtliche Korrekturfunktion des § 242 BGB weiterhin Geltung, und zwar soweit die spezifischen Anwendungsvoraussetzungen vorrangiger Kontrollmechanismen im Einzelfall nicht erfüllt sind.

a) Inhaltskontrolle allgemeiner Geschäftsbedingungen

Die Rechtsprechung stützte die rechtsgeschäftliche Angemessenheitskontrolle einseitig vorformulierter Geschäftsbedingungen – die im Rahmen des späteren Vergleichs der Anwendungsbereiche und Kontrollmaßstäbe kartell- und privatrechtlicher Instrumente der Vertragskontrolle von besonderer Relevanz sein wird[170] – zunächst auf § 242 BGB. Dies konnte durch die Möglichkeit einer Funktionsbeeinträchtigung der Vertragsabschlussfreiheit und den damit dem Grunde nach verbundenen Richtigkeitsanspruch privatautonomer Regelungen gerechtfertigt werden.[171] Ab 1976 vollzog sich die Inhaltskontrolle allgemeiner Geschäftsbedingungen anhand der Vorschriften des neu geschaffenen AGBG, ehe die Regelungen in das BGB inkorporiert wurden (§§ 305 ff. BGB). Bestimmungen in allgemeinen Geschäftsbedingungen i.S.v. § 305 Abs. 1 S. 1 BGB sind nunmehr unwirksam, wenn sie den Vertragspartner des Verwenders „entgegen den Geboten von Treu und Glauben" unangemessen benachteiligen (§ 307 Abs. 1

---

167 Vgl. das SMG.

168 Vgl. BGH NJW 2005, 139; NJW 2005, 2386; BGHZ 170, 77 = NJW 2007, 907; BGH NJW 2008, 1076; *Ellenberger*, in: Palandt, BGB, 74. Aufl. 2015, § 138, Rn. 47.

169 *Grüneberg*, in: Palandt, BGB, 74. Aufl. 2015, § 242, Rn. 2 f.

170 Unten Teil 2, B.IV.3.b)bb).

171 Vgl. *Schubert*, in: MünchKomm BGB, Bd. 2, 7. Aufl. 2016, § 242, Rn. 504; weiterführend unten Teil 2, B.III.2.

BGB). Gleichwohl sind abgrenzbare Regelungsinhalte vom Anwendungsbereich der §§ 307 ff. BGB nicht erfasst, auch wenn diese den Gegenstand allgemeiner Geschäftsbedingungen bilden. So unterliegen die vertraglichen Hauptleistungspflichten keiner AGB-Kontrolle (§ 307 Abs. 3 BGB), wovon beispielsweise Preisvereinbarungen erfasst sind, die den zu leistenden Preis unmittelbar regeln, unabhängig davon, ob der Preis eine Neben-, Haupt- oder Sonderleistung betrifft.[172] Einer AGB-Kontrolle nicht entzogen sind Preisnebenabreden, insbesondere Preisänderungsklauseln.[173] Der Schutzzweck der §§ 307 ff. BGB gebietet eine Inhaltskontrolle allein von Regelungen, die Nebenpunkte betreffen und denen der Durchschnittsvertragspartner typischerweise wenig Beachtung schenkt. Preisvereinbarungen beruhen demgegenüber auf dem Gedanken, dass sich Preise im Wettbewerb auf funktionierenden Märkten entwickeln, weshalb ihre Festlegung in vorformulierten Klauseln keiner richterlichen Kontrolle bedarf.[174] § 307 Abs. 3 S. 1 BGB stellt sicher, dass vorbehaltlich einer Transparenzkontrolle (§ 307 Abs. 3 S. 2 BGB) keine Preiskontrolle anhand der AGB-Vorschriften stattfindet.[175]

Darüber hinaus sind einer AGB-Kontrolle insbesondere auch Familien-, Erb- und Gesellschaftsverträge entzogen (§ 310 Abs. 4 BGB). Vor allem aufgrund dieser Bereichsausnahme erlangte § 242 BGB zur die Inhaltskontrolle von Publikumsgesellschaftsverträgen Bedeutung.[176] Auch Verbands- und Vereinssatzungen[177] sowie Betriebsvereinbarungen zur betrieblichen Altersversorgung[178] unterliegen einer besonderen Billigkeitskontrolle gemäß § 242 BGB. Die Vorschriften zur AGB-Inhaltskontrolle entfalten insoweit keine Verdrängungswirkung. Die Billigkeitskontrolle anhand des Maßstabs von Treu und Glauben erfolgt in solchen Fällen eines typisierten Vertrages zur Erfassung einer Mehrzahl gleichartiger Einzelbeziehungen bzw. jeweils zum Schutz einer Vertragspartei, die einen in aller Regel vorgefertigten

172 Vgl. BGHZ 116, 117, 120 = NJW 1992, 688, 689; 142, 46, 49 = NJW 1999, 3260; EuR 2005, 79, 90 – *CITROEN*.

173 Vgl. BGH NJW 2003, 507; BGHZ 164, 11 = NJW-RR 2005, 1496.

174 *Wurmnest*, in: MünchKomm BGB, Bd. 2, 7. Aufl. 2016, § 307, Rn. 16.

175 BT-Drucks. 7/3919, S. 22.

176 Vgl. BGHZ 64, 238 = NJW 1975, 1318; 104, 50 = NJW 1988, 1903; OLG München NJW-RR 1987, 925.

177 BGHZ 105, 306 = NJW 1989, 1724 – *Garantiefonds*; 128, 93 = NJW 1995, 583; OLG Köln ZIP 1992, 1617.

178 BAGE 71, 1 = ZIP 1992, 1653.

Vertragsinhalt akzeptiert.[179] In diesen Fällen einer rechtsgeschäftlichen Inhaltskontrolle ist eine gewisse konzeptionelle Äquivalenz des Anwendungsbereichs von § 242 BGB zur AGB-Kontrolle der §§ 307 ff. BGB zu verzeichnen.

b) Inhaltskontrolle von Individualverträgen

Die Angemessenheitskontrolle von Individualverträgen, die dem Anwendungsbereich der §§ 305 ff. BGB nicht unterfallen, erfolgt gewissermaßen erst recht am Maßstab von Treu und Glauben, und zwar soweit kein ggf. vorrangig zu prüfender Kontrollmaßstab anzulegen ist.[180] Auch kann die Einzelvertragskontrolle nach § 242 BGB weder gemäß der Grundsätze einer Gesetzeskonkurrenz noch nach allgemeinen Kriterien ausgeschlossen werden.[181] § 242 BGB ist zum einen nicht dispositi. Zum anderen verpflichten nach zutreffender Ansicht bereits verfassungsrechtliche Vorgaben zu einem Mindestmaß an rechtsgeschäftlicher Angemessenheitskontrolle.[182]

Darüber hinaus erlangt ein Gedanke auch in Bezug auf die richterliche Billigkeitskontrolle von Individualverträgen nach § 242 BGB Bedeutung, der schon bei den nicht vom Anwendungsbereich der §§ 307 ff. BGB erfassten vorformulierten Verträge mit Blick auf die konzeptionelle Äquivalenz der Angemessenheitskontrolle nach § 242 BGB zur nach §§ 305 ff. BGB qua Gesetz vorgesehenen AGB-Inhaltskontrolle gefunden wurde. Nebenbe-

---

179 Regelmäßig unterliegen auch vertragliche Nebenbestimmungen, die der Ausgestaltung des Rechtsverhältnisses zu dienen bestimmt sind, der Inhaltskontrolle nach § 242 BGB; vgl. *Schubert*, in: MünchKomm BGB, Bd. 2, 7. Aufl. 2016, § 242, Rn. 512.

180 Krit. aber *Fastrich*, Richterliche Inhaltskontrolle im Privatrecht, 1992, S. 51 ff., 65.

181 Vgl. *Konzen*, in: FS Hadding, 2004, 145, 148 ff., 165 f. Nach BAGE 115, 19 = NZA 2005, 1111, findet seit Inkrafttreten des SMG bei ausgehandelten Verträgen *„eine Billigkeitskontrolle im Sinne einer allgemeinen, nicht auf die Besonderheiten des Falles bezogenen Angemessenheitskontrolle"* nicht mehr statt. *Zöllner*, NZA-Beil. 2006, 99, 101, stimmt dem zwar insoweit zu, als die Besonderheiten des Falles zu berücksichtigen seien, die eine nach Maßgabe allgemeiner Grundsätze unangemessene Regelung eventuell rechtfertigen können. Zu weit gehe es aber, *„deswegen eine Angemessenheitskontrolle nach § 242 BGB abzulehnen"*.

182 Als *„Grundgebot der Redlichkeit"* ist § 242 BGB grundsätzlich unabdingbar; vgl. BGH LM § 242 (Cb) BGB, Nr. 12 (Bl. 2); *Zöllner*, NZA-Beil. 2006, 99, 101; *Schubert*, in: MünchKomm BGB, Bd. 2, 7. Aufl. 2016, § 242, Rn. 97.

stimmungen nicht vorformulierter Individualarbeitsverträge sind nämlich oftmals dadurch gekennzeichnet, dass beim Abschluss der Arbeitsverträge neben einer ggf. bestehenden unterschiedlichen Aufmerksamkeits- und Wahrnehmungskapazität auch ein wirtschaftliches Machtgefälle zum Tragen kommt.[183] Das BAG sieht bei ausgehandelten Arbeitsverträgen zwar keine allgemeine Billigkeitskontrolle vor, will aber im Rahmen von § 242 BGB gleichwohl die aufgrund eines strukturellen Ungleichgewichts entstandene Störung der Vertragsparität berücksichtigen.[184] Auch der BGH verfolgt eine individualvertragliche Inhaltskontrolle in Konstellationen außerhalb des Anwendungsbereichs der §§ 134, 138 BGB und §§ 305 ff. BGB dann, wenn eine Störung der privatautonomen Richtigkeitsgewähr nahelegen. Hier sind Individualverträge zu nennen, bei denen sich eine Partei formelhafte Regelungen zunutze macht, die zum Beispiel von Notaren vorformuliert wurden.[185] Evident einseitige Eheverträge werden sowohl zum Schutz unzumutbar benachteiligter Ehegatten als auch unbeteiligter Dritter, insbesondere der Kinder, einer Inhaltskontrolle gemäß § 138 BGB bzw. einer Ausübungskontrolle § 242 BGB zugeführt.[186] Obwohl eine Inhaltskontrolle nach § 242 BGB bei anderen Vertragstypen wie Miet- (§§ 535 ff. BGB) oder Erbverträgen (§§ 2274 ff. BGB) bisher verneint wird,[187] findet darüber hinaus auch jeder Individualvertrag unabhängig seiner Zuordnung zu einem spezifischen Vertragstypus im Institut der unzulässigen Rechtsausübung seine Grenze.[188] Im Zusammenhang mit dem Vorwurf der unzulässigen Rechtsausübung ist schließlich oft auch das sog. Übermaßverbot berührt. Danach müssen Vertragsbestimmungen, die in die Interessen des Vertragspartners eingreifen, insoweit erforderlich und verhältnismäßig im engeren Sinn sein, als das verfolgte Ziel in einem angemessenen Verhältnis zu der Beschränkung des anderen Teils steht.[189]

---

183 Vgl. zur Rechtslage vor der Schuldrechtsreform BAG BB 1971, 523; DB 1972, 2113.

184 Vgl. BAGE 115, 19 = NJW 2005, 3305.

185 Vgl. BGH NJW 1982, 2243; NJW 1984, 2094.

186 V.a. soweit ein Eingriff in den sog. Kern des Scheidungsfolgenrechts erfolgt; vgl. BVerfGE 103, 89 = NJW 2001, 957 – *Unterhaltsverzichtsvertrags*; BVerfG NJW 2001, 2248; BGHZ 158, 81 = NJW 2004, 930; NJW 2005, 1370.

187 Vgl. *Looschelders/Olzen*, in: Staudinger, BGB (§§ 241-243), Neubearb. 2015, § 242, Rn. 467, 480.

188 *Schubert*, in: MünchKomm BGB, Bd. 2, 7. Aufl. 2016, § 242, Rn. 99.

189 Vgl. *Zöllner*, NZA-Beil. 2006, 99, 101.

3. Rechtsfortbildungsfunktion

Von der Rechtsprechung wird das Gebot von Treu und Glauben regelmäßig bemüht, um über den gesetzlichen Anwendungsbereich der §§ 157, 242 BGB hinaus im Wege der Vertragsauslegung und Rechtsergänzung angemessene Ergebnisse mittels neuer Rechtsinstitute zu erzielen.[190] Obwohl der darin zum Ausdruck kommende rechtsfortbildende Charakter von § 242 BGB im Grundsatz allgemein anerkannt ist, sind die Grenzen dieser Ermächtigungsgrundlage für das rechtsanwendende Gericht im Einzelnen doch strittig.[191] Jedenfalls aber hat sich die rechtsfortbildende Anwendung von § 242 BGB an den in Frage stehenden Rechtsinstituten und tatbestandlichen Konkretisierungen zu orientieren, um den Anforderungen an die Rechtssicherheit zu genügen.[192] Der Richter darf sich dem vom Gesetzgeber festgelegten Sinn und Zweck des anzuwendenden Gesetzes nicht entziehen und hat die gesetzgeberische Grundentscheidung zu respektieren.[193] Soweit die richterliche Rechtsfortbildung

> „den klaren Wortlaut des Gesetzes hintanstellt, keinen Widerhall im Gesetz findet und vom Gesetzgeber nicht ausdrücklich oder – bei Vorliegen einer erkennbar planwidrigen Gesetzeslücke – stillschweigend gebilligt wird, greift [sie] unzulässig in die Kompetenzen des demokratisch legitimierten Gesetzgebers ein."[194]

Die Rechtsfortbildung am Maßstab von Treu und Glauben steht vor diesem Hintergrund *„im Dienst der Gesetzgebung"*.[195]

---

190 Vgl. BGHZ 40, 91, 100 = NJW 1963, 2071, 2074 (Drittschadensliquidation); 43, 289, 292 = NJW 1965, 1532 (Verwirkung); 66, 51, 56 = NJW 1976, 712, 713 (Vertrag mit Schutzwirkung zugunsten Dritter); BAG AP § 242 Nr. 6, 7 (unzulässige Rechtsausübung bei Berufung auf den Ablauf von Verjährungs- und Ausschlussfristen). Das SMG hat das BGB in weiten Teilen an die höchstrichterliche Spruchpraxis angepasst; vgl. etwa § 241 Abs. 2 BGB; i.Ü. *Siebert*, Verwirkung und Unzulässigkeit der Rechtsausübung, 1934, S. 91; *Roth*, in: FS Bosch, 1976, S. 573, 579, die § 242 BGB als *„Einfallstor für richterliche Rechtsfortbildung"* bezeichnen.

191 Vgl. BGHZ 20, 88, 90, 96 = NJW 1956, 665 (Inhaltskontrolle von AGB); 108, 179, 183 = NJW 1989, 2530 (Innenausgleich unter mehreren gleichrangigen Sicherungsgebern); *Pawlowski*, Methodenlehre für Juristen, 3. Aufl. 1999, S. 207 ff.

192 *Schulze*, in: Schulze, BGB, 8. Aufl. 2014, § 242, Rn. 1.

193 Vgl. *Geserich*, DStR-Beih. 2011, 59, 60.

194 BVerfGE 128, 193 = NJW 2011, 836 – *Dreiteilungsmethode*.

195 *Knieper*, WiRO 2003, 65, 68; vgl. auch *Kirchhof*, NJW 1986, 2275, 2277, wonach sich Gesetzgebung und Rechtsprechung nicht wie Befehl und Ausführung, sondern wie Grundsatz und Konkretisierung verhalten.

a) Methodische Grundlagen

Die richterliche Rechtsfortbildung beruht auf der Notwendigkeit, dass in solchen Konstellationen eine Entscheidung zur Korrektur des positiven Rechts ergehen kann, die den gesetzgeberischen Willen in Bezug auf den konkret zu entscheidenden Einzelfall unklar erscheinen lassen, weil er diesen Sachverhalt bei Aufstellung der Norm nicht bedacht hatte. Eine jedenfalls vorrangige Auslegung, die bereits im möglichen Wortsinn der anzuwendenden Norm ihre äußere Grenze findet, kommt in diesen Fällen nicht in Betracht.[196] Der Grundsatz von Treu und Glauben fungiert insoweit zum Zweck der Lückenfüllung, d.h. in Ermangelung eines passenden Rechtssatzes, gleichwohl aber im Sinne der methodischen Grundlagen.[197] Der juristischen Methodik kommt in diesem Zusammenhang die Aufgabe zu, *„die Eigenwahrnehmung des Richters zu schärfen"*, dessen Gewissenhaftigkeit, Unbefangenheit und Unparteilichkeit sich in der Entscheidungsbegründung wiederspiegeln sollten.[198] Allgemeingültige, gar inhaltlich verbindliche Anweisungen an den Richter über die von ihm zu beachtenden Rechtsfortbildungsgrundsätze sind jedoch weder verfassungsrechtlich noch gerichtsverfassungsrechtlich vorgesehen.[199] Nichtsdestotrotz gelten gerade die obersten Gerichte als zur Rechtsfortbildung berufen.[200]

Das BVerfG hat insoweit allgemein festgestellt:

> „Die traditionelle Bindung des Richters an das Gesetz, ein tragender Bestandteil des Gewaltentrennungsgrundsatzes und damit der Rechtsstaatlichkeit, ist im Grundsatz jedenfalls der Formulierung nach dahin abgewandelt, dass die Rechtsprechung an ‚Gesetz und Recht' gebunden ist (Art. 20 Abs. 3). Damit wird auch nach allgemeiner Meinung ein enger Gesetzespositivismus abgelehnt. Die Formel hält das Bewusstsein aufrecht, dass sich Gesetz und Recht zwar faktisch im Allgemeinen, aber nicht notwendig und immer decken. Das Recht ist nicht mit der Gesamtheit der geschriebenen Gesetze identisch. Gegenüber den positiven Satzungen der Staatsgewalt kann unter Umständen ein

---

196 *Geserich*, DStR-Beih. 2011, 59, 60; vgl. auch BVerfGE 92, 1 = BVerfG NJW 1995, 1141 – *Sitzblockade III*.

197 *Schubert*, in: MünchKomm BGB, Bd. 2, 7. Aufl. 2016, § 242, Rn. 24, mit Verweis auf den seiner Funktion nach vergleichbaren Art. 1 SchwZGB.

198 Vgl. *Seiler*, Auslegung als Normkonkretisierung, 2000, S. 8.

199 *Säcker*, in: MünchKomm BGB, Bd. 1, 7. Aufl. 2015, Einl., Rn. 152.

200 *Odersky*, DNotZ 1991, 108, 110, mit Verweis auf die inzwischen aufgehobenen §§ 136 und 137 GVG a.F. bzw. § 132 Abs. 4 GVG n.F.

Mehr an Recht bestehen, das seine Quelle in der verfassungsmäßigen Rechtsordnung als Sinnganzen besitzt und dem geschriebenen Gesetz gegenüber als Korrektiv zu wirken vermag; es zu finden und zu verwirklichen, ist die Aufgabe der Rechtsprechung. Der Richter ist nach dem Grundgesetz nicht darauf verwiesen, gesetzgeberische Weisungen in den Grenzen des möglichen Wortsinns auf den Einzelfall anzuwenden. Eine solche Auffassung würde die grundsätzliche Lückenlosigkeit der positiven staatlichen Rechtsordnung voraussetzen, ein Zustand, der als prinzipielles Postulat der Rechtssicherheit vertretbar, aber praktisch unerreichbar ist. [...] Die Aufgabe der Rechtsprechung kann insbesondere erfordern, Wertvorstellungen, die der verfassungsmäßigen Rechtsordnung immanent, aber in den Texten der geschriebenen Gesetze nicht oder nur unvollkommen zum Ausdruck gelangt sind, in einem Akt des bewertenden Erkennens, dem auch willenhafte Elemente nicht fehlen, ans Licht zu bringen und in Entscheidungen zu realisieren. Der Richter muss sich dabei von Willkür freihalten; seine Entscheidung muss auf rationaler Argumentation beruhen. Es muss einsichtig gemacht werden, dass das geschriebene Gesetz seine Funktion, ein Rechtsproblem gerecht zu lösen, nicht erfüllt. Die richterliche Entscheidung schließt dann diese Lücke nach den Maßstäben der praktischen Vernunft und den ‚fundierten allgemeinen Gerechtigkeitsvorstellung der Gemeinschaft'. Diese Aufgabe und Befugnis zu ‚schöpferischer Rechtsfindung' ist dem Richter – jedenfalls unter der Geltung des Grundgesetzes – im Grundsatz nie bestritten worden. [...] Die Norm steht ständig im Kontext der sozialen Verhältnisse und der gesellschaftlich-politischen Anschauung, auf die sie wirken soll. Ihr Inhalt kann und muss sich unter Umständen mit ihnen wandeln."[201]

b) Allgemeine Rechtsentwicklung und Einzelfallgerechtigkeit

Wird § 242 BGB vor diesem Hintergrund so verstanden, dass im Rahmen einer auf Treu und Glauben gestützten Rechtsfortbildung und im Unterschied zu den allgemeinen Sätzen des objektiven Rechts allein die individuellen Besonderheiten des Einzelfalls zur Geltung gebracht werden, ist

201 BVerfGE 34 269 = NJW 1973, 1221 – *Soraya*; vgl. auch BVerfGE 59, 104, 114 = NJW 1982, 1275; 88, 103, 116f. = NJW 1993, 1379, 1380 – *Beamteneinsatz bei Streik*; BVerfG NJW 1993, 2600; *Pawlowski*, Methodenlehre für Juristen, 3. Aufl. 1999, S. 208.

dem nur zum Teil zuzustimmen.[202] Zwar wird eine gewisse Einzelfallgerechtigkeit erstrebt und insoweit auch verwirklicht, als vorwiegend am Einzelfall und seinen spezifischen Besonderheiten ausgerichtete Entscheidungen auf § 242 BGB abstellen.[203] Zugleich hat die Rechtsfortbildung am Maßstab von Treu und Glauben aber auch die Ausformung allgemeiner Rechtsentwicklungen zur Folge, die einen über den konkreten Einzelfall hinaus geltenden Anwendungsbereich beanspruchen.[204] Denn Urteilsbegründungen werden auf einem Abstraktionsniveau formuliert, das die Übertragbarkeit der entscheidungserheblichen Erwägungen auf zukünftige Fallgestaltungen durchaus gewährleisten. Das Prinzip der Entwicklung allgemeingültiger Fallgruppen lässt sich auch auf die Kasuistik zu den anerkannten Fallgruppen des Rechtsmissbrauchseinwandes erstrecken, die trotz ihrer individualisierten Ausrichtung an der besonderen Interessenlage des Einzelfalls dem Grunde nach Allgemeingeltung beanspruchen. Eine Wechselwirkung der Verallgemeinerung gewisser Rechtssätze und konkreter Einzelfallgerechtigkeit besteht schließlich auch insoweit, als die zur allgemeinen Rechtsentwicklung erstarkte Kasuistik ihrerseits in dem Gebot von Treu und Glauben Grenzen findet.[205]

c) Kritik

Angesichts der auf eine Lückenfüllung abzielenden richterlichen Rechtsfortbildung äußern sich Teile des Schrifttums kritisch in Bezug auf die latente Kollisionsgefahr mit der Kompetenz des Gesetzgebers. Wie aufgezeigt, darf der Richter jedenfalls solche gesetzlichen Lücken nicht schließen, die der Gesetzgeber bewusst gelassen hat, ebenso wenig solche, die im Rahmen des parlamentarischen Mehrheitsbildungsprozesses nicht geschlossen werden konnten.[206] Zustimmung verdient die Pflicht des gesetzlichen Richters, der ein für verfassungswidrig befundenes Gesetz dem BVerfG zur konkreten Normenkontrolle vorlegen muss (Art. 100 Art. 1 S. 1 GG). Insoweit ist auch die Zulässigkeit einer richterlichen Rechtsfortbil-

---

202 So aber *Siebert*, Verwirkung und Unzulässigkeit der Rechtsausübung, 1934, S. 129; *Esser/Schmidt*, Schuldrecht AT, Teilbd. 1, 7. Aufl. 1995, S. 62 ff.

203 So i.E. auch *Roth*, in: MünchKomm BGB, Bd. 2, 5. Aufl. 2007, § 242, Rn. 23.

204 *Schubert*, in: MünchKomm BGB, Bd. 2, 7. Aufl. 2016, § 242, Rn. 26 ff., unter Verweis auf die Rechtsprechung zur AGB-Inhaltskontrolle (§§ 307 ff. BGB).

205 Vgl. *Roth*, in: MünchKomm BGB, Bd. 2, 5. Aufl. 2007, § 242, Rn. 25 m.w.N.

206 Vgl. BVerfGE 86, 1, 12 = NJW 1992, 2073, 2074 – *TITANIC/"geb. Mörder"*; *Hillgruber*, JZ 1996, 118, 120.

dung abzulehnen.[207] Hiervon zu unterscheiden ist aber die Notwendigkeit, dass der Richter in den Fällen, in denen „Gesetz und Recht" nicht korrespondieren,[208] unter bestimmten Voraussetzungen zur Überwindung der vorhandenen Lücke durch Auslegung berufen ist.[209]

Diese Untersuchung beleuchtet das Erfordernis einer richterlichen Rechtsfortbildung in der Berücksichtigungsfähigkeit kartellrechtsähnlicher Wertungen in § 242 BGB, soweit die Aufgreifschwellen spezifischen Kartellrechts nicht erfüllt sind. Auch dabei gilt: Es bedarf einer Fortbildung des Rechts umso weniger, je größer der Auslegungsspielraum, den die in Frage stehenden Norm lässt. Die weitestgehend unbestimmte Generalklausel des § 242 BGB wird insoweit als *„ein Stück offen gelassener Gesetzgebung"* verstanden.[210] Vorbehaltlich der aufgezeigten Anforderungen an die richterliche Rechtsfortbildung begründet das hohe Abstraktionsniveau jedenfalls die Notwendigkeit einer auf wertende Entscheidungen gestützten (Fort-) Entwicklung der zu Treu und Glauben allgemein anerkannten Grundsätze. In Bezug auf die Unbestimmtheit der Norm fußt diese Erkenntnis auf einem anerkannten Prinzip: Bei der Anpassung älterer Gesetze an veränderte soziale Situationen kommt die richterliche Rechtsfortbildung am häufigsten zum Tragen.[211] Die Verfassungsmäßigkeit einer Lückenfüllung ist in diesem Sinne nicht in Zweifel zu ziehen.[212] Zur Vermeidung einer erheblichen Beeinträchtigung der Rechtssicherheit bedarf sie allerdings einer ausführlichen Begründung.[213]

4. Weitere Funktionen

Im Bereich vertraglicher Schuldverhältnisse kommt dem Grundsatz von Treu und Glauben zudem eine ergänzende Funktion zu. Unter Zuhilfenahme von § 242 BGB kann einerseits die Unvollkommenheit des Rechtsgeschäftsinhalts ausgeglichen und können andererseits vertragliche Nebenpflichten insbesondere in Gestalt von Auskunfts- und Aufklärungspflich-

---

207 Vgl. *Hillgruber*, JZ 1996, 118, 124.
208 Vgl. BVerfGE 34, 269, 287 = NJW 1973, 1221, 1225 – *Soraya*.
209 Vgl. BVerfGE 49, 304 = JZ 1979, 60 m.Anm. Starck – *Sachverständigenhaftung*.
210 Vgl. *Hedemann*, Die Flucht in die Generalklauseln, 1933, S. 58.
211 Vgl. *Leibholz/Rinck/Hesselberger*, GG, Lfg. 63 08/2013, Art. 20, Rn. 607.
212 *Olzen*, in: Staudinger, BGB (§§ 241-243), Neubearb. 2015, Einl., Rn. 207 f.
213 *Olzen*, in: Staudinger, BGB (§§ 241-243), Neubearb. 2015, Einl., Rn. 2011.

ten bei der Vertragsvorbereitung und -durchführung begründet werden.[214] Seit der ausdrücklichen Aufnahme schuldrechtlicher Schutzpflichten in das BGB wird § 242 BGB dabei nur noch zur Begründung leistungsbezogener Schutzpflichten herangezogen, die nicht bereits von § 241 Abs. 2 BGB erfasst sind. So darf etwa der Gläubiger seinerseits den Eintritt des Leistungserfolges nicht gefährden, ohne gegen das Gebot von Treu und Glauben zu verstoßen.[215] Aufgrund seiner systematischen Stellung und seines Wortlauts entfaltet § 242 BGB darüber hinaus eine ergänzende Konkretisierungsfunktion in Bezug auf die in §§ 243 ff. enthaltenen Einzelbestimmungen, die ohne gesteigerte Relevanz für den Untersuchungsgegenstand hier nur der Vollständigkeit halber erwähnt werden.[216]

IV. Anwendungsvoraussetzungen

Der Schuldner ist verpflichtet, die Leistung so zu bewirken, wie Treu und Glauben mit Rücksicht auf die Verkehrssitte es erfordern (§ 242 BGB). „Treue“ also solche wird in diesem Zusammenhang als eine auf Zuverlässigkeit, Aufrichtigkeit sowie Rücksichtnahme beruhende äußere und innere Haltung gegenüber einem anderen verstanden,[217] „Glauben“ als ein Vertrauen auf diese Handlung.[218] Zutreffend setzt § 242 BGB über seinen Wortlaut hinaus der Rechtsausübung dort Grenzen, wo sie zu Ergebnissen führen würde, die mit Recht und Gerechtigkeit unvereinbar wären, und verschafft auf diesem Weg *„sämtlichen Werten moralischen Ursprungs“* Eingang in das Recht.[219] Diese grundlegende Bedeutung der Norm, die über den unbestimmten Wortlaut weit hinausgeht, führte zur Herausbildung spezifischer Anwendungsvoraussetzungen.

---

214 § 242 BGB kann (i.V.m. §§ 259 bis 261 BGB) eine Auskunftspflicht begründen, soweit der Gläubiger in entschuldbarer Weise über den Umfang eines Rechts oder Anspruchs im Unklaren ist und der Schuldner die korrespondierende Auskunft unschwer geben kann; vgl. BGHZ 126, 109, 113 = NJW 1995, 386, 387; NJW 2007, 1806 – *Meistbegünstigungsvereinbarung*; *Grüneberg*, in: Palandt, BGB, 74. Aufl. 2015, § 260, Rn. 4.

215 *Grüneberg*, in: Palandt, BGB, 74. Aufl. 2015, § 242, Rn. 15.

216 Weiterführend *Grüneberg*, in: Palandt, BGB, 74. Aufl. 2015, § 242, Rn. 15.

217 Vgl. *Looschelders/Olzen*, in: Staudinger, BGB (§§ 241-243), Neubearb. 2015, § 242, Rn. 140.

218 Vgl. *Looschelders/Olzen*, in: Staudinger, BGB (§§ 241-243), Neubearb. 2015, § 242, Rn. 141; *Grüneberg*, in: Palandt, BGB, 74. Aufl. 2015, § 242, Rn. 6.

219 *Haferkamp*, Die heutige Rechtsmissbrauchslehre, 1995, S. 15; vgl. auch *Grüneberg*, in: Palandt, BGB, 74. Aufl. 2015, § 242, Rn. 6.

1. Sonderrechtsbeziehung

Unter die Tatbestandsmerkmale des § 242 BGB lässt sich weder ohne weiteres ein Lebenssachverhalt subsumieren noch können die Rechtsfolgen seiner Anwendung eindeutig abgeleitet werden.[220] Der aufgezeigten Unbestimmtheit der Norm ist es geschuldet, dass der an Treu und Glauben anzulegende Maßstab insoweit einer Konkretisierung bedarf, als die geschriebenen Tatbestandsmerkmale weitgehend in den Hintergrund treten.[221] Aufgrund seiner systematischen Stellung verlangen Rechtsprechung und Schrifttum das Bestehen einer Sonderrechtsbeziehung bzw. Sonderverbindung zwischen den Beteiligten, um dem Grundsatz von Treu und Glauben in bilateralen Rechtsbeziehungen Geltung zu verschaffen.[222] Eine solche Sonderverbindung ist dabei im weitesten Sinne zu verstehen. Sie liegt regelmäßig bei jedem qualifizierten sozialen Kontakt bzw. dann vor, wenn die Zulässigkeit einer Rechtsausübung überhaupt relevant ist.[223] Bei der Ausübung eines Anspruchs ergibt sich die Sonderverbindung bereits aus dem Anspruch selbst. Außerhalb einer solchen Sonderbeziehung verbleibt es bei der Geltung der allgemeinen Schranken der §§ 138, 226, 826 BGB.[224]

2. Interessenabwägung

Sämtliche Anwendungsfälle von § 242 BGB bedürfen über das Bestehen einer solchen Sonderrechtsbeziehung hinaus der Vornahme einer umfassenden Interessenabwägung. Im Rahmen dieser Abwägung finden insbesondere die gesetzlichen Wertungen, Interessen- und Risikobeurteilungen Berücksichtigung, die in anderen Vorschriften zum Ausdruck kommen.[225] Dieses Erfordernis korrespondiert mit der Pflicht des Richters, die beider-

---

220 *Schubert*, in: MünchKomm BGB, Bd. 2, 7. Aufl. 2016, § 242, Rn. 2.

221 Vgl. *Schubert*, in: MünchKomm BGB, Bd. 2, 7. Aufl. 2016, § 242, Rn. 92 f.

222 Vgl. BGHZ 95, 274, 279 = NJW 1986, 1244, 1245 – *GEMA-Vermutung I*; BFHE 158, 31 = NJW 1990, 1251; *Canaris*, in: FS Larenz, 1983, 27, 34; *Teichmann*, in: Soergel, BGB, Bd. 2, 13. Aufl. 1999, § 242, Rn. 30; *Fikentscher/Heinemann*, Schuldrecht, 10. Aufl. 2006, S. 115; *Looschelders/Olzen*, in: Staudinger, BGB (§§ 241-243), Neubearb. 2015, § 242, Rn. 127.

223 *Medicus*, BGB AT, 9. Aufl. 2006, § 15, Rn. 136; *Grüneberg*, in: Palandt, BGB, 74. Aufl. 2015, § 242, Rn. 5 m.w.N.

224 *Mansel*, in: Jauernig, BGB, 16. Aufl. 2015, § 242, Rn. 10 m.w.N.

225 Vgl. BGHZ 135, 333 = NJW 1997, 2519; *Schubert*, in: MünchKomm BGB, Bd. 2, 7. Aufl. 2016, § 242, Rn. 50 ff.

seitigen, von der Entscheidung betroffenen Interessen festzustellen und abzuwägen, um ein mit Treu und Glauben vereinbares, gerechtes Ergebnis herbeizuführen.[226]

a) Objektiver Maßstab

Im Rahmen dieser umfassenden Interessenabwägung ist vorbehaltlich nachfolgender Ausführungen zur Berücksichtigungsfähigkeit subjektiver Elemente und öffentlicher Interessen ein objektiver Maßstab anzulegen. Eine auf § 242 BGB gestützte Entscheidung stellt keine Entscheidung

> „lediglich nach dem ‚Rechtsgefühl' oder nach ‚billigem Ermessen' des zur Urteilsfindung jeweils Berufenen [dar], sondern eine Entscheidung nach einem zwar konkretisierungsbedürftigen, aber doch bis zu einem gewissen Grade objektiv bestimmbaren Maßstab."[227]

§ 242 BGB berechtigt vor diesem Hintergrund zu keinen Billigkeitsurteilen, wie es im Schrifttum zum Teil *„befürchtet"* wird.[228] Die Norm befugt den Richter nicht, im Einzelfall eine Billigkeitsentscheidung zu treffen, die sich an die Stelle der gesetzlich oder vertraglich vorgesehenen Rechtslage setzt.[229] Gleichwohl ist er gehalten, sich der § 242 BGB innewohnenden Missbrauchsgefahr und der Gewaltenteilung bewusst zu sein.[230] In seinem konkreten Anwendungsbereich richtet sich § 242 BGB gegen treuwidriges

---

226 Vgl. *Siebert*, Verwirkung und Unzulässigkeit der Rechtausübung, 1970, S. 118.

227 *Larenz*, Schuldrecht I, 12. Aufl. 1979, S. 105.

228 Von einem *„Stück offen gelassene*[r] *Gesetzgebung"* kann kaum die Rede sein; vgl. aber *Hedemann*, Die Flucht in die Generalklauseln, 1933, S. 58. Generalklauseln wie § 242 BGB werden z.T. auch als *„inhaltslose Blankettnorm*[en]*"* oder *„Leerformeln"* bezeichnet; vgl. *Teubner*, Standards und Direktiven in Generalklauseln, 1971, S. 18; *Coing/Honsell*, in: Staudinger, BGB, Eckpfeiler des Zivilrechts, Neubearb. 2011, B. Einl. zum BGB, Rn. 68.

229 *Schulze*, in: Schulze, BGB, 8. Aufl. 2014, § 242, Rn. 1. Zutreffend können richterrechtliche Rechtsgrundsätze allenfalls als *„nachzeichnende Gesetzgebung"* bezeichnet werden; vgl. *Mansel*, in: Jauernig, BGB, 16. Aufl. 2015, § 242, Rn. 9, der seinerseits Art. 1 Abs. 2 und 3 SchwZGB anführt: *„Kann dem Gesetz keine Vorschrift entnommen werden, so soll der Richter nach* [...] *der Regel entscheiden, die er als Gesetzgeber aufstellen würde. – Er folgt dabei bewährter Lehre und Überlieferung."*.

230 *Looschelders/Olzen*, in: Staudinger, BGB (§§ 241-243), Neubearb. 2015, § 242, Rn. 104. Zugleich führten jedoch *„eine ‚ruhige' Normgesellschaft* [...] *grundsätzlich auch zu einer ‚ruhigen' Handhabung rechtlicher Freiheiten"* und die politischen und gesellschaftlichen Vorzeichen seien gegenwärtig andere *„als in den unruhigen Vorjahrhunderten"*.

Verhalten und dient der Vermeidung *„untragbarer Ergebnisse“*.[231] Das jeweilige Ergebnis wird durch Konkretisierung eines allgemeinen objektiven Maßstabs gefunden. Gegenüber rechtsgestaltenden Akten ist eine Konkretisierung nach diesem Verständnis von lediglich prozessual feststellender Natur.[232] Dieser Ansatz beantwortet zugleich die im Schrifttum gestellte Frage, inwieweit eine richterliche Rechtsfortbildung *„unter dem Deckmantel des § 242 BGB“* betrieben werden könne, ohne grundsätzliche Bedenken im Hinblick auf eine Missbrauchsgefahr und den Gewaltenteilungsgrundsatz zu begründen.[233]

b) Berücksichtigungsfähigkeit subjektiver Elemente

Im Rahmen der rechtlich-sittlichen Missbilligung einer unzulässigen Rechtsausübung als Variante eines treuwidrigen, aber rechtserheblichen Verhaltens findet ein subjektiver Vorwurf Beachtung, der an gewisse Absichten bzw. eine bestimmte Gesinnung anknüpft. Dieser Umstand stellt ein besonderes Charakteristikum dieser Fallgruppe dar.[234] In den Anwendungsfällen von Treu und Glauben sind nämlich Konstellationen identifizierbar, die ein einfaches oder qualifiziertes Verschulden zwingend voraussetzen.[235] So fließt im Fall wechselseitiger Schikane auch das Verhalten der Gegenseite, insbesondere ihr Verschulden, in den Abwägungsvorgang ein.[236] Vielen Fällen des Rechtsmissbrauchs ist es zudem eigen, dass der

---

231 Vgl. BGHZ 102, 95, 105 = NJW 1988, 255, 257.

232 Vgl. BGH NJW 1985, 2579, 2580; *Gernhuber*, JuS 1983, 764, 767; *Mansel*, in: Jauernig, BGB, 16. Aufl. 2015, § 242, Rn. 4, 9.

233 Vgl. *Roth*, in: MünchKomm BGB, Bd. 2, 5. Aufl. 2007, § 242, Rn. 27. Der in Art. 20 Abs. 2 S. 2 und Abs. 3 GG angelegte sowie in den einzelnen Organisationsnormen und Aufgabenzuweisungen des Grundgesetzes konkretisierte Gewaltenteilungsgrundsatz zielt darauf ab, dass *„staatliche Entscheidungen möglichst richtig, das heißt von den Organen getroffen werden, die nach ihrer Organisation, Zusammensetzung, Funktion und Verfahrensweise über die besten Voraussetzungen verfügen“*; vgl. BVerfGE 98, 218, 251 f. = NJW 1998, 2515 – *Rechtschreibreform*.

234 Vgl. *Schubert*, in: MünchKomm BGB, Bd. 2, 7. Aufl. 2016, § 242, Rn. 54 f. Dennoch muss infolge der Schädigungsabsicht bei objektiver Betrachtung ein Verstoß gegen Treu und Glauben vorliegen; vgl. BGHZ 64, 5, 9 = NJW 1975, 827, 828.

235 Vgl. bereits *Wieacker*, Zur rechtshistorischen Präzisierung des § 242 BGB, 1956, S. 28, 30, 34. Ist die subjektive Komponente erfüllt, liegt ein Fall rechtsmissbräuchlicher Schikane vor, die in § 226 BGB kodifiziert, i.Ü. in § 242 BGB dogmatisch inkorporiert ist.

236 BGH ZIP 1995, 113.

Rechtsinhaber in subjektiv vorwerfbarer Weise arglistig handelt. Diese Erkenntnis kann allerdings nicht darüber hinwegtäuschen, dass in anderen Fällen allein die fehlende objektive Schutzwürdigkeit der verfolgten Interessen zur Begründung der Unzulässigkeit ausreichen kann. Der subjektiven Missbilligung fällt in der Gesamtabwägung dann eine nur akzentuierende Bedeutung zu, was den Rechtsmissbrauch in diesen Fällen gewissermaßen nur eindeutiger macht.[237] Denknotwendig lässt sich diese Erkenntnis auf das Wesen einer Gesamtabwägung zurückführen, die der Berücksichtigung verschiedener, objektiver wie subjektiver Gesichtspunkte der sittlichen Vorwerfbarkeit offensteht. Über das relative Gewicht subjektiver Umstände lässt sich nach zutreffender Ansicht aber keine generelle Aussage treffen.[238]

c) Berücksichtigungsfähigkeit öffentlicher Interessen

In die vorzunehmende Gesamtabwägung können neben den Interessen der durch eine Sonderrechtsbeziehung verbundenen Rechtssubjekte auch öffentliche Interessen Berücksichtigung finden. Hiervon abzugrenzen ist der Frage nach der Drittwirkung eines Verstoßes gegen Treu und Glauben, die grundsätzlich zu verneinen ist.[239] Die Berücksichtigungsfähigkeit öffentlicher Interessen reicht demgegenüber sogar so weit, dass eine der Interessenlage unter den Parteien an sich gerechtfertigte Rechtsfolge wegen Entgegenstehens öffentlicher Interessen nicht herbeigeführt werden kann.[240] So dürfen sich Parteien gegenüber rechtskräftigen Urteilen nur unter engen Voraussetzungen auf § 242 BGB berufen, da ansonsten Zweck

237 Vgl. *Schubert*, in: MünchKomm BGB, Bd. 2, 7. Aufl. 2016, § 242, Rn. 214.

238 Vgl. *Looschelders/Olzen*, in: Staudinger, BGB (§§ 241-243), Neubearb. 2015, § 242, Rn. 144, 164 f.; *Schubert*, in: MünchKomm BGB, Bd. 2, 7. Aufl. 2016, § 242, Rn. 216.

239 Den Rechtsmissbrauchseinwand muss sich nur entgegenhalten lassen, wem das missbilligenswerte Verhalten zur Last fällt. Darüber hinaus entfaltet § 242 BGB keine Drittwirkung; vgl. zur Erbengemeinschaft (§ 2032 Abs. 1 BGB) BGHZ 44, 367, 370 = NJW 1966, 773.

240 Vgl. *Siebert*, Verwirkung und Unzulässigkeit der Rechtsausübung, 1970, S. 118; *Schubert*, in: MünchKomm BGB, Bd. 2, 7. Aufl. 2016, § 242, Rn. 56; *Looschelders/Olzen*, in: Staudinger, BGB (§§ 241-243), Neubearb. 2015, § 242, Rn. 151, 224; zur Ablehnung einer unzulässigen Rechtsausübung in sog. Tarifunterbietungsfällen BGH MDR 1974, 379.

und Wirkungen der Rechtskraft untergraben würden.[241] Auch das Erschleichen der öffentlichen Zustellung eines Vollstreckungstitels stellt keinen Vollstreckungsmangel dar, der mittels einer Vollstreckungserinnerung (§ 766 ZPO) gerügt werden kann.[242] Eine arglistige Zustellungsvereitelung setzt keine Notfrist in Gang.[243] Ähnliches gilt auch in den Fällen der arglistigen Berufung auf die Nichtigkeit kartellrechtswidriger Vereinbarungen. Diese ist dann nicht wegen treuwidriger Arglist unbeachtlich, wenn sich der Nichtigkeitsgrund aus öffentlichen Interessen ergibt.[244] Der BGH hat sich in diesem Zusammenhang gegen die Möglichkeit ausgesprochen, eine kartellrechtswidrige Klausel mit Hilfe der Arglisteinrede als rechtswirksam zu behandeln, da die GWB-Verbotsgesetze durchweg von öffentlichen Interessen getragen werden, die im Rahmen von § 242 BGB letztlich Entscheidungserheblichkeit erlangen.[245] Neben ihrem insbesondere auf sekundärer Ebene individualschützenden Charakter dienen die spezifisch kartellrechtlichen Verbotsgesetze dem wettbewerblichen Institutionenschutz. Soweit diese öffentlichen Interessen jedoch im Einzelfall nicht tangiert werden, namentlich insoweit, als kartellrechtswidrige Klauseln nicht aufrechterhalten werden und lediglich die missbräuchliche Berufung auf § 139 BGB in Frage steht, verbleibt hingegen ein gewisser Anwendungsbereich der auf § 242 BGB gestützten Arglisteinrede.[246]

Es bleibt festzuhalten, dass die Berücksichtigung öffentlicher Interessen nicht als Einschränkung von § 242 BGB zu verstehen ist, sondern im Rahmen der Einbeziehung von Interessen der Allgemeinheit in die gebotene Gesamtabwägung eine konsistente Entwicklung der Rechtsordnung sicherstellt.[247] Wenngleich Stimmen im Schrifttum hinterfragen, ob die allgemeinen und weithin anerkannten Inhaltsgrenzen von Rechtsgeschäften den passenden Maßstab für die Berücksichtigung ggf. betroffener Allge-

---

241 Vgl. RGZ 155, 55, 58 ff.; BGHZ 101, 380, 388 ff. = ZIP 1987, 1305; 151, 316, 327 f. = ZIP 2002, 1615, 1619; aber auch *Spindler*, in: BeckOK BGB, 37. Ed. 2013, § 826, Rn. 113, m.w.N.

242 BGHZ 57, 108, 111 = NJW 1971, 2226. Hiervon ist allerdings die Frage zu unterscheiden, ob auch das entstandene Pfandrecht geltend gemacht werden kann.

243 BGH NJW 1978, 426.

244 BGH NJW 1972, 2180 – *Eiskonfekt*.

245 Vgl. BGH NJW 1972, 2180, 2183 – *Eiskonfekt*; WuW/E BGH 1313, 1317 – *Stromversorgungsgenossenschaft*; NJW-RR 1989, 998 – *Schaumstoffplatten*.

246 Vgl. BGH GRUR 1969, 701, 702 – *Auto-Lok*; BGH GRUR 1971, 272, 273 – *Blitzgeräte*; *Topel*, in: Wiedemann, Kartellrecht, 2. Aufl. 2008, § 50, Rn. 38.

247 Vgl. *Teichmann*, in: Soergel, BGB, Bd. 2, 13. Aufl. 1999, § 242, Rn. 113, 117 ff.; *Schubert*, in: MünchKomm BGB, Bd. 2, 7. Aufl. 2016, § 242, Rn. 56.

meininteressen bilden,[248] entspricht es mit Blick auf die GWB-Vorschriften ständiger Rechtsprechung, die zum Ausdruck kommenden öffentlichen Interessen in die Bewertung und Inhaltskontrolle privater Rechtsverhältnisse, insbesondere bei der Anwendung von § 242 BGB, einfließen zu lassen.[249] Dieser grundlegenden Erkenntnis ist es geschuldet, dass ein Berufen auf die Nichtigkeit einer kartellrechtswidrigen Vereinbarung regelmäßig keinen Verstoß gegen Treu und Glauben begründet, da die Durchsetzung des Kartellverbots insoweit im öffentlichen Interesse liegt.[250]

d) Berücksichtigungsfähigkeit einfachgesetzlicher Wertungen

Die Berücksichtigungsfähigkeit öffentlicher Interessen in der vorzunehmenden Gesamtabwägung ist eng mit der Frage verknüpft, inwiefern gesetzgeberische Wertentscheidungen, die in einfachen Gesetzen zum Ausdruck kommen, im Kontrollmaßstab von Treu und Glauben Berücksichtigung finden. § 242 BGB nimmt seinem Wortlaut nach auch auf außerrechtliche ethische Prinzipien und Verhaltenserwartungen Bezug. Vor dem Hintergrund einer verstärkten Verrechtlichung der Gesellschaft kommt dieser Thematik eine besondere Bedeutung zu.[251] Vieles spricht für eine Berücksichtigung auch solcher einfachgesetzlicher Wertungen. Einerseits verschaffen Einschränkungen und Abweichungen von bestehenden Gesetzesvorschriften, die am Maßstab von Treu und Glauben entwickelt wurden, Wertungen Geltung, die dem betroffenen Gesetz zuwiderlaufen. Andererseits kann dies aber nicht über das Gewicht eines Abwägungsmaterials hinwegtäuschen, das gesetzliche Wertungsmuster gerade bei im Rahmen geeigneter Konstellationen zu begründenden Ausnahmen oder Umkehrschlüssen liefern. Auch einfache Gesetze sind regelmäßig Ausdruck eines allgemeinen Rechtsprinzips, das im Rahmen der gebotenen Interessenabwägung Berücksichtigung finden kann.[252]

---

248 Vgl. *Martens*, AcP 177 (1977), 113, 167.

249 Vgl. BGH NJW 1972, 2180, 2183 – *Eiskonfekt*; WuW/E BGH 1313, 1317 – *Stromversorgungsgenossenschaft*; NJW-RR 1989, 998 – *Schaumstoffplatten*.

250 Vgl. BGH NJW-RR 1989, 998 – *Schaumstoffplatten*; *Lange*, in: Lange, Handbuch Kartellrecht, 2. Aufl. 2006, S. 100.

251 *Schubert*, in: MünchKomm BGB, Bd. 2, 7. Aufl. 2016, § 242, Rn. 81.

252 *Bydlinski*, in: FS Wieacker, 1990, 189, 203; *Looschelders/Olzen*, in: Staudinger, BGB, in: Staudinger, BGB (§§ 241-243), Neubearb. 2015, § 242, Rn. 148.

V. Unzulässige Rechtsausübung

Der Einwand unzulässiger Rechtsausübung, der Rechtsmissbrauchseinwand, ist als Untergruppe und maßgeblicher Anwendungsfall von § 242 BGB zu verstehen.[253] Zwar vertreten Stimmen im Schrifttum, die Rechtsmissbräuchlichkeit stelle eine von § 242 BGB zu unterscheidende, eigenständige Rechtsfigur dar, weshalb im Einzelfalls eher auf §§ 226 und 826 BGB abzustellen sei.[254] Soweit jedoch auch diesen Vorschriften der Gedanke zugrunde liegt, dass die konkrete Rechtsausübung nicht schrankenlos geschehen soll, fehlt es den „eher speziellen Normen" an hinreichend konkreten Voraussetzungen. Für die Einordnung des Rechtsmissbrauchs als Untergruppe des § 242 BGB spricht auch die Entstehungsgeschichte des BGB. Als allgemeine Rechtsmissbrauchsvorschrift wurde einzig der in seinem Anwendungsbereich sehr eng gefasste § 226 BGB erlassen. Das zeigt, dass der historische Gesetzgeber alle übrigen Fälle des allgemeinen Rechtsmissbrauchseinwandes unter § 242 BGB fallen lassen wollte.[255] Zum Teil wird auch darauf verwiesen, im Bereich bestehender Sonderverbindungen entspreche die Ableitung des Rechtsmissbrauchseinwandes bereits dem Wortlaut § 242 BGB.[256]

Die Lehre von der unzulässigen Rechtsausübung beschäftigt sich mit dem Verhältnis subjektiver Rechte zu ihren Schranken.[257] Überschreitet der Rechtsinhaber den Schutzbereich des in Frage stehenden Rechts, übt er die Norm bereits formal nicht rechtmäßig aus. Den Ansatzpunkt für eine unzulässige Rechtsausübung liefert mithin eine formal ordnungsmäßige Ausübung der Befugnis, die gleichwohl aufgrund besonderer Umstände von der Rechtsordnung nicht akzeptiert werden kann, insbesondere aufgrund ihres Zwecks.[258] Diese besonderen Umstände ergeben sich zumeist aus einem Verstoß gegen die *„vom Gesetzgeber gewährte soziale Lebens-*

---

253 *Brox/Walker*, Allgemeines Schuldrecht, 39. Aufl. 2015, § 7, Rn. 14 f.; *Westermann/Bydlinski/Weber*, Schuldrecht AT, 8. Aufl. 2014, § 4 II 2, Rn. 4/10.

254 Vgl. *Teichmann*, in: Soergel, BGB, Bd. 2, 13. Aufl. 1999, § 242, Rn. 11 ff.

255 *Heinrich*, in: FS Laufs, 2005, 585, 590; *Looschelders/Olzen*, in: Staudinger, BGB (§§ 241-243), Neubearb. 2015, § 242, Rn. 215.

256 Vgl. *Looschelders/Olzen*, in: Staudinger, BGB (§§ 241-243), Neubearb. 2015, § 242, Rn. 213 f.

257 *Siebert*, Verwirkung und Unzulässigkeit der Rechtsausübung, 1970, S. 83 ff.; *Haferkamp*, Die heutige Rechtsmissbrauchslehre, 1995, S. 14.

258 Vgl. bereits *Huber*, Über den Rechtsmissbrauch, 1910, S. 82: *„Der Rechtsmissbrauch muss auf einer falschen Anwendung des formulierten Rechts beruhen, indem das Gesetz (oder der Vertrag) angerufen wird, trotzdem sich der zu beurteilende Tatbestand mit dem vom Gesetz (resp. Vertrag) gemeinten nicht deckt* [...].".

ordnung". Das kann zur Folge haben, dass die Rechtsordnung selbst eine formal berechtigte Rechtsausübung missbilligt und untersagt, obwohl sämtliche Tatbestandsmerkmale der zugrundliegenden Rechtsnorm erfüllt sind.[259] Der Grund für diese im Einzelfall gebotene Beschränkung einer formal ordnungsgemäßen Rechtsausübung liegt in der Abstraktheit der anzuwendenden Norm, die nur typischerweise entstehende Interessenlagen positiv regelt. Zur Vermeidung von Wertungswidersprüchen verbleibt dem Gesetzgeber zwar die Möglichkeit, die Anzahl der normativen Einzelfallregelungen zu erhöhen. Soll die Abstraktheit der konkreten Norm aber ebenso wie der Anspruch einer Erfassung auch jedes konkreten Einzelfalls gewahrt bleiben, kann übergelagerten Wertungen, denen die Rechtsausübung einer Partei in bestimmten Konstellationen widerspricht, durch die Anwendung allgemeiner Schranken wie § 242 BGB Geltung verschafft werden.[260] Methodisch ist in diesem Zusammenhang wiederum festzuhalten, dass die Beschränkungen der Rechtsausübung nicht von außen auf die Befugnis des Rechtsinhabers einwirken, sondern sich im Sinne der herrschenden „Innentheorie" aus der sozialen Funktion der konkreten Befugnis selbst ergibt. Die von überlagernden Wertungen begründete Schranke verändert die Reichweite der Befugnis also insoweit nicht, als ein missbilligtes Verhaltens allein nachträglich aus ihrem Inhalt herausgenommen wird.[261]

1. Fallgruppen

Aus einer Vielzahl möglicher Anwendungsfälle des Rechtsmissbrauchseinwandes haben sich einige typische Fallgruppen herausgebildet. Gleichwohl hat sich in Rechtsprechung und Literatur keine allgemeine Einteilung und Terminologie durchgesetzt. Die Grenzen zwischen den Fallgruppen sind fließend.[262] Der Wortlaut des § 242 BGB weist bekanntlich keinen einfach subsumierbaren Tatbestand auf. Erst recht gilt dies für den ungeschriebe-

---

259 *Stürner*, in: FS Baumgärtel, 1990, 545, 547.

260 *Engisch*, Die Idee der Konkretisierung in Recht und Rechtwissenschaft, 2. Aufl. 1968, S. 79 ff.; *Weber*, AcP 192 (1992), 516, 517; *Rebe*, JA 1977, 6.

261 *Holthausen*, Theorie und Praxis einer allgemeinen Rechtsmissbrauchsschranke für Prozessparteien, 2005, S. 39. *Siebert*, Verwirkung und Unzulässigkeit der Rechtsausübung, 1970, S. 89, spricht insoweit von der „*Relativität des Rechtsumfangs, der von den Umständen des Einzelfalls abhängt*".

262 Vgl. *Teichmann*, in: Soergel, BGB, Bd. 2, 13. Aufl. 1999, § 242, Rn. 281 ff.; *Sutschet*, in: Bamberger/Roth, BGB Bd. 1, 3. Aufl. 2012, § 242, Rn. 57; *Grüneberg*, in: Palandt, BGB, 74. Aufl. 2015, § 242, Rn. 42.

nen Unterfall der Rechtsmissbräuchlichkeit. Zwar ist in Fallgestaltungen, die von einer missbräuchlichen Rechtsausübung geprägt sind, nicht zwingend auch die Unvereinbarkeit mit Treu und Glauben zu bejahen. Dennoch finden typisierende Wertungen Eingang in § 242 BGB. Liegt ein Fall anerkannter Rechtsmissbräuchlichkeit vor, entfaltet dies jedenfalls indizielle Wirkung für eine Unvereinbarkeit der Rechtsausübung mit Treu und Glauben.[263] Über diese indizielle Wirkung hinaus bedarf das Eingreifen von § 242 BGB indes noch weiterer, zusätzlicher Feststellungen. Denn der Grundsatz von Treu und Glauben darf auch in diesem Zusammenhang nicht aus jeder Billigkeitserwägung zur Korrektur gesetzlich vorgesehener Ergebnisse herangezogen werden. Vielmehr erfordert seine Anwendbarkeit ein nach Abwägung aller beteiligten Interessen untragbares Ergebnis der Gesetzesanwendung.[264]

Die Annahme einer unzulässigen Rechtsausübung ist weithin anerkannt, soweit die Rechtsausübung als solche zu missbilligen ist (*exceptio doli praesentis*). Die Missbräuchlichkeit kann dabei in der Art und Weise der Rechtsausübung begründet, infolge der Verletzung eigener Pflichten anzunehmen sein, insbesondere auch aufgrund des Fehlens eines schutzwürdigen Eigeninteresses.[265] In Ausnahmefällen kann die Rechtsausübung aufgrund der überwiegenden Schutzwürdigkeit eines Interesses der Gegenpartei versagt werden.[266] Die Unzulässigkeit der Rechtsausübung ist ebenso begründet, wenn ein früheres Verhalten zu missbilligen ist, das in einem rechtlichen oder tatsächlichen Zusammenhang mit der Rechtsausübung steht (*exceptio doli praeteriti*). Die letztgenannte Fallgruppe erfasst den unredlichen Erwerb der eigenen Rechtsstellung, widersprüchliches Verhalten sowie den Fall der Verwirkung.[267] Im vorliegenden Zusammenhang der Rechtsausübung zu wettbewerbsrelevanten Zwecken steht das Fehlen eines Eigeninteresses bzw. die fehlende Schutzwürdigkeit des vom Rechtsinhaber verfolgten Interesses im Vordergrund.

Eine weitere Unterscheidung ist dahingehend vorzunehmen, ob der Grundsatz von Treu und Glauben die Ausübung subjektiver Rechte (sog. individueller Rechtsmissbrauch) oder aber Rechtsinstitute und Rechtnor-

---

263 *Roth*, in: MünchKomm BGB, Bd. 2, 5. Aufl. 2007, § 242, Rn. 111; *Looschelders/Olzen*, in: Staudinger, BGB (§§ 241-243), Neubearb. 2015, § 242, Rn. 219 m.w.N.

264 BGHZ 102, 95, 105 = NJW 1988, 255, 257.

265 Vgl. BSGE 103, 284 = NJW 2010, 1485, 1486.

266 BGH LM § 387 Nr. 48.

267 *Schubert*, in: MünchKomm BGB, Bd. 2, 7. Aufl. 2016, § 242, Rn. 209 ff.

men (sog. institutioneller Rechtsmissbrauch) beschränkt.[268] Beide Varianten sind von dem Grundsatz des dargestellten Immanenzgedankens geprägt. Die Unterscheidung ist aber im Ergebnis von eher theoretischer Relevanz, da Konstellationen beider Fallgruppen jedenfalls eine Überprüfung des konkreten Einzelfalls an den Maßstäben von Treu und Glauben voraussetzen.[269] Ein Fall individuellen Rechtsmissbrauchs ist anzunehmen, soweit die Ausübung eines Rechts infolge einer im Einzelfall vorzunehmenden Abwägung gegen den Grundsatz von Treu und Glauben verstößt.[270] Die Missbräuchlichkeit ergibt sich in diesem Zusammenhang aus einem Verhalten des Gläubigers. Demgegenüber liegt ein Fall des institutionellen Rechtsmissbrauchs vor, soweit die an ein Rechtsinstitut anknüpfenden Rechtsfolgen bereits an sich das untragbare Ergebnis herbeiführen. Indem der institutionelle Rechtsmissbrauchseinwand folglich auf Sinn und Zweck des Rechtsinstituts abstellt, sind die einwendungsbegründenden Voraussetzungen maßgeblich durch das in Frage stehende Rechtsinstitut mitbestimmt. So darf beispielsweise die Nichtigkeitsfolge eines Verstoßes gegen gesetzliche Formvorschriften (§ 125 S. 1 BGB) zwar nicht aus bloßen Billigkeitserwägungen überwunden werden. [271] Ausnahmsweise bringt ein Verstoß gegen die gesetzliche Formvorschrift ein an sich formnichtiges Rechtsgeschäft aber dann nicht zum Scheitern, wenn dies andernfalls nach der Beziehung der Parteien und den gesamten Umständen des Einzelfalls mit Treu und Glauben unvereinbar wäre.[272]

2. Anwendungsvoraussetzungen

Auch die Fallgruppe der Rechtsmissbräuchlichkeit kann gemäß der zu § 242 BGB dargestellten Grundsätze nur mit der gebotenen Zurückhaltung zur Anwendung gelangen. Das infolge der Gesetzesanwendung als untragbar erachtete Ergebnis ist nur infolge einer sorgfältigen Abwägung

---

268 Vgl. *Sutschet*, in: Bamberger/Roth, BGB Bd. 1, 3. Aufl. 2012, § 242, Rn. 47; *Grüneberg*, in: Palandt, BGB, 74. Aufl. 2015, § 242, Rn. 40.

269 *Looschelders/Olzen*, in: Staudinger, BGB (§§ 241-243), Neubearb. 2015, § 242, Rn. 217.

270 *Schulze*, in: Schulze, BGB, 8. Aufl. 2014, § 242, Rn. 22.

271 BGHZ 45, 179 = WM 1966, 518; BGH NJW 1977, 2072.

272 *Ellenberger*, in: Palandt, BGB, 74. Aufl. 2015, § 125, Rn. 22; vgl. zu weiteren Fällen des institutionellen Rechtsmissbrauchs *Grüneberg*, in: Palandt, BGB, 74. Aufl. 2015, § 242, Rn. 40.

der beteiligten Interessen zu korrigieren.[273] Sofern dabei *qua* Gesetz bereits die Möglichkeit einer Interessenabwägung besteht, sperrt die Anwendung der insoweit speziellen Norm den Rückgriff auf § 242 BGB. Eine Ausnahme von dieser Regel gilt selbstredend für den Fall, dass § 242 BGB in Gestalt des Einwandes unzulässiger Rechtsausübung eine weniger einschneidende Lösung bereithält.[274]

Entsprechend der allgemeinen Grundsätze ist wiederum eine umfassende Gesamtabwägung vorzunehmen, in deren Rahmen neben den objektiv betroffenen Interessen der Parteien auch subjektive Elemente, Dritt- und öffentliche Interessen sowie anderweitige (einfach-) gesetzliche Wertungen einbezogen werden können.[275] Maßgeblicher Beurteilungszeitpunkt hierfür ist der Zeitpunkt der Geltendmachung des Rechts, d.h. im gerichtlichen Verfahren die letzte mündliche Tatsachenverhandlung.[276] Gleichwohl kann als Ergebnis auch dieser einzelfallbezogenen Interessenabwägung nicht jedes Interessenungleichgewicht zu einem Eingriff in die Rechtspositionen der Parteien führen. Der Rückgriff auf die Figur des Rechtsmissbrauchs ist vielmehr auf jene Fälle zu beschränken, in denen das Festhalten an einer formalen Rechtsposition als grob unbillig und schlechthin unerträglich anzusehen wäre.[277] Allein die übermäßige Beschwer der Gegenpartei kann eine allgemeine Verpflichtung zur Aufgabe einer Rechtsposition nicht begründen. Ebenso wenig erschüttern missbilligenswerte Motive des Rechtsinhabers ohne weiteres dessen Rechtsposition.[278] Mit Blick auf die Beschränkungs- und Rechtsfortbildungsfunktion des § 242 BGB dürfen die Grenzen zu einer ausufernden Billigkeitsjustiz nicht überschritten werden.

273 Vgl. BGHZ 68, 299, 304 = NJW 1977, 1234, 1235 f.; BGHZ 55, 274, 279 = NJW 1971, 1127, 1128; *Schubert*, in: MünchKomm BGB, Bd. 2, 7. Aufl. 2016, § 242, Rn. 208; Böttcher/*Hohloch* in: Erman, BGB, 14. Aufl. 2014, § 242, Rn. 14, 18, 101 ff.

274 *Roth*, in: MünchKomm BGB, Bd. 2, 5. Aufl. 2007, § 242, Rn. 198.

275 Oben Teil 2, A.IV.2.

276 BGHZ 13, 346, 350 = NJW 1954, 1402. Eine zunächst unzulässige Rechtsausübung kann bei Änderung der Umstände daher auch wieder zulässig werden; vgl. BGHZ 52, 365, 368 = NJW 1970, 141 – *Ein-Tannen-Zeichen*.

277 *Sutschet*, in: BeckOK BGB, 37. Ed. 2015, § 242, Rn. 80.

278 RGZ 138, 373, 378; 160, 349, 357.

a) Fehlendes Eigeninteresse

Das Fehlen eines Eigeninteresses auf Seiten des Anspruchstellers, das zur Begründung der Rechtsmissbräuchlichkeit herangezogen werden kann, ist insbesondere dann anzunehmen, wenn der einzige Sinn der Rechtsausübung in der Benachteiligung der Gegenpartei liegt.[279] Das formale Bestehen der missbräuchlich ausgeübten Rechtsposition ändert hieran nichts, ist es doch Anwendungsvoraussetzung der in diesem Zusammenhang geltenden Maßstäbe. Dieser Erkenntnis kann auch die formal rechtmäßige Ausübung dieser Rechtsposition nicht entgegenstehen, da eine unzulässige Rechtsausübung

> „jede Geltendmachung eines ‚an sich' gegebenen Rechts und jede Ausnutzung einer ‚an sich' bestehenden günstigen Rechtsposition oder Rechtslage im Widerspruch zu den Anforderungen von § 242 BGB"

steht.[280] Stattdessen erlangt die Bestimmung des Schutzbereichs des ausgeübten Rechts grundlegende Bedeutung für die Bejahung der Rechtsmissbräuchlichkeit und das fehlende Eigeninteresse.[281] Bei der Ausübung von Gestaltungsrechten etwa kann ein rechtsmissbräuchliches Vorgehen darin bestehen, dass die von der Rechtsordnung zur Verfügung gestellten Mittel, welche die typischerweise betroffenen Interessen der spezifisch geregelten Rechtsmaterie schützen, zwar durchaus greifbare Interessen verfolgen, den vorgesehenen Schutzbereich aber verlassen. So kann die Kündigung eines Dauerschuldverhältnisses dann rechtsmissbräuchlich und folglich unzulässig sein, wenn die Vertragsverletzungen die Interessen des Berechtigten nicht beeinträchtigen, sondern nur als willkommener Anlass zur Lösung von dem unerwünschten Rechtsgeschäft dienen.[282] Ebenso rechtsmissbräuchlich ist die Erhebung einer Anfechtungsklage, um sich das Anfechtungsrecht abkaufen zu lassen[283] sowie die Geltendmachung eines Auskunftsanspruchs als Vorwand für die Ausspähung von Geschäftsgeheimnissen.[284] Soweit Inhabers eines eingetragenen Abwehrzeichens gegen eine Neueintragung Widerspruch erhebt, kann § 242 BGB bei fehlender Schutz-

---

279 *Sutschet*, in: BeckOK BGB, 37. Ed. 2015, § 242, Rn. 81.

280 *Mansel*, in: Jauernig, BGB, 16. Aufl. 2015, § 242, Rn. 32.

281 Vgl. zu Regelungen zulässiger Kündigungsgründe von Arbeitsverhältnissen, die nur in solchen Konstellationen typischerweise betroffene Interessen schützen BGH LM § 242 (Cd) Nr. 138.

282 BGH WM 1984, 1074; OLG München ZIP 2006, 712.

283 BGHZ 107, 296, 310 = NJW 1989, 2689 – *Kochs-Adler*.

284 BGHZ 93, 191, 206 und 211 = NJW-RR 1986, 480, 483 f. – *Druckbalken*.

bedürftigkeit des Rechtsinhabers auch im Markenrecht Bedeutung erlangen.[285] Die zahllosen Konstellationen rechtsmissbräuchlicher Verhaltensweisen lassen darüber hinaus auch Fälle erkennen, in denen öffentliche Interessen im Rahmen der vorzunehmenden Interessenabwägung Berücksichtigung finden: Die Ausübung eines gesetzlichen Vorkaufsrechts nach den Vorschriften des BauGB etwa kann bei Fehlen eines solchen öffentlichen Interesses rechtsmissbräuchlich sein.[286]

b) Mangelnde Schutzwürdigkeit des Interesses

Die Rechtsausübung ist ferner dann missbräuchlich, wenn das verfolgte Interesse nicht schutzwürdig ist, was wiederum im Rahmen einer umfassenden Abwägung der betroffenen Interessen festgestellt werden muss. Dabei kann die Verfolgung eigennütziger Zwecke an sich die Rechtsmissbräuchlichkeit ebenso wenig begründen, wie ein bloßes wirtschaftliches Ungleichgewicht der Vertragsparteien genügt. Es muss sich vielmehr um „*Ausnahmefälle einer grob unbilligen, mit der Gerechtigkeit nicht zu vereinbarenden Benachteiligung handeln.*“[287] Die fehlende Schutzwürdigkeit der Interessen des Rechtsinhabers allein reicht nicht aus. Die diesen entgegenstehenden Interessen müssen von überwiegender Schutzwürdigkeit sein.[288]

Die mangelnde Schutzwürdigkeit kann sich aus unverdienten Vorteilen ergeben, die der Berechtigte aus der gehaltenen Rechtsposition in unangemessenem Umfang zieht. So kann etwa die Erhebung einer Unterlassungsklage rechtsmissbräuchlich sein, wenn der ursprüngliche Zweck eines Konkurrenzverbotes weggefallen ist, sie aber noch als Druckmittel zur Erzielung unverdienter Vorteile gereichen soll. Missbräuchlichkeit ist dementsprechend anzunehmen, wenn der verfolgte Zweck zu missbilligen oder unter keinem denkbaren Gesichtspunkt zu rechtfertigen ist.[289] Hiernach handelt ebenso rechtsmissbräuchlich, wer gegen einen lauterkeitsrechtlichen Unterlassungsschuldner eine Vielzahl verschiedener Vertragsstrafeverstöße „sammelt“, um einen möglichst hohen Vertragsstrafeanspruch zu generieren, der für den Zuwiderhandelnden eine wirtschaftliche Bedrohung

---

285 BGHZ 52, 365, 368 = NJW 1970, 141 – *Ein-Tannen-Zeichen*.

286 Vgl. BGHZ 36, 155, 158 = NJW 1962, 631.

287 *Teichmann*, in: Soergel, BGB, Bd. 2, 13. Aufl. 1999, § 242, Rn. 293; *Schubert*, in: MünchKomm BGB, Bd. 2, 7. Aufl. 2016, § 242, Rn. 215, 246.

288 *Teichmann*, in: Soergel, BGB, Bd. 2, 13. Aufl. 1999, § 242, Rn. 293; *Looschelders/Olzen*, in: Staudinger, BGB (§§ 241-243), Neubearb. 2015, § 242, Rn. 263.

289 BGH WM 1987, 739.

darstellt. Zu nennen sind in diesem Zusammenhang konzernmäßig verbundene Unternehmen, die lauterkeitsrechtliche Unterlassungsansprüche mehrfach gerichtlich durchsetzen.[290]

Die Gemeinsamkeit der angeführten Beispiele besteht darin, dass in dem jeweils zu entscheidenden Fall ein an sich bestehendes Recht geltend gemacht wird, zugleich aber kein Interesse verfolgt wird, das seinem Schutzbereich unterfällt. Stattdessen wird die formal bestehende Rechtsposition gezielt zum Nachteil der Gegenpartei bzw. eines Wettbewerbers eingesetzt. Entscheidendes Kriterium im Rahmen der gebotenen Interessenabwägung ist dabei, ob unter Berücksichtigung des betroffenen Schutzbereichs ein vernünftiger Grund für das konkrete Vorgehen besteht. Grundrechtlich geschützten Interessen kommt ein besonderes Gewicht zu. Diese müssen sich aber nicht zwingend durchsetzen. Im Wege der mittelbaren Drittwirkung der Grundrechte kann sich bei Anwendung der Generalklausel des § 242 BGB typischerweise jedes Privatrechtssubjekt auf die Grundrechte berufen, die sodann wiederum gegeneinander abzuwägen sind.[291]

3. Rechtsfolgen

Liegen die aufgezeigten Voraussetzungen einer missbräuchlichen Rechtsausübung vor, gewährt § 242 BGB demjenigen, der sich auf die Unvereinbarkeit mit Treu und Glauben beruft, ein Abwehrrecht. Der Anspruchsteller kann sich in der Folge nicht auf die formale Rechtsstellung berufen. Regelmäßig werden dem Gläubiger die Rechtswirkungen seines formal weiterhin bestehenden Anspruchs versagt, so dass dieser nicht mehr erfolg-

---

290 Vgl. BGHZ 144, 165, 170 = NJW 2000, 3566 – *Mißbräuchliche Mehrfachverfolgung*; 149, 371 = NJW 2002, 1494 – *Mißbräuchliche Mehrfachabmahnung*. Der letztgenannte Fall betraf die auf einen bestehenden lauterkeitsrechtlichen Unterlassungsanspruch gestützte missbräuchliche Mehrfachabmahnung (§ 13 Abs. 5 UWG a.F. [jetzt § 8 Abs. 4 UWG]). Sind keine vernünftigen Gründe für ein solches Vorgehen ersichtlich, sei es den Konzernunternehmen zuzumuten, ihr Vorgehen insoweit zu koordinieren, dass die Abmahnung nur von einem Konzernunternehmen oder gemeinsam ausgesprochen wird.

291 Vgl. *Looschelders/Olzen*, in: Staudinger, BGB (§§ 241-243), Neubearb. 2015, § 242, Rn. 265.

reich geltend gemacht werden kann.[292] Schadensersatz-, Beseitigungs- oder Unterlassungsansprüche begründet die Rechtsmissbräuchlichkeit dem Grunde nach hingegen nicht, wenngleich Ansprüche dieser Art durchaus entstehen können, wenn die unzulässige Rechtsausübung auch eine Pflicht- oder Rechtsgutverletzung begründet.[293] Als Ausfluss des dargestellten Immenenzgedankens entfaltet der Rechtsmissbrauchseinwand prozessual die Wirkung einer von Amts wegen zu beachtenden rechtsvernichtenden Einwendung.[294] Hielt bereits die Rechtsbegründung einer Überprüfung am Maßstab von Treu und Glauben nicht stand, stellt der Rechtsmissbrauchseinwand eine rechtshindernde Einwendung dar.

VI. Abgrenzungen

Die Untersuchung hat das Verhältnis des Rechtmissbrauchseinwandes zu marktmachtbasierten Tatbeständen spezifischen Kartellrechts zum Gegenstand, soweit ein marktrelevantes Verhalten unterhalb der Aufgreifschwellen im Übrigen einschlägiger GWB-Vorschriften eine Korrektur am Maßstab des § 242 BGB erfährt. Gesonderter Erörterung bedürfen die Abgrenzungsmechanismen, die für das Verhältnis der allgemeinzivilrechtliche Generalklausel zu speziellen Rechtssätzen anwendbar sind, um in der Folge einen methodischen Ansatz für das Rangverhältnis von § 242 BGB zu den relevanten kartellrechtlichen Vorschriften bestimmen zu können.[295] In einem ersten Schritt ist daher der Wirkungskreis von Treu und Glauben in diesem Rahmen von Bedeutung. Sodann wird der Frage nachzugehen sein, inwieweit ein Wertungstransfer auf § 242 BGB methodisch auch in jenen

---

292 Vgl. *Schubert*, in: MünchKomm BGB, Bd. 2, 7. Aufl. 2016, § 242, Rn. 84; *Böttcher/Hohloch* in: Erman, BGB, 14. Aufl. 2014, § 242, Rn. 101. Bei entschuldbarer Unkenntnis des Anspruchsberechtigten kann § 242 BGB einen Auskunftsanspruch begründen, soweit der Verpflichtete die Auskunft unschwer zu erteilen vermag. I.Ü. kann in Fällen der missbräuchlichen Berufung auf die Formnichtigkeit eines Rechtsgeschäfts (§ 125 S. 1 BGB) einer Partei die Rechtsposition bzw. der Anspruch verschafft werden, den sie qua Gesetz an sich nicht hätte.

293 *Schubert*, in: MünchKomm BGB, Bd. 2, 7. Aufl. 2016, § 242, Rn. 85.

294 Oben Fn. 17.

295 Statt „Abgrenzungsmechanismen“, „Konfliktlösungsregeln“ oder „Konfliktlösungsmaximen“ werden diese Grundsätze im Schrifttum in zahlreiche verschiedene Kategorien eingeordnet, die sich z.T. überlappen; vgl. *Vranes*, ZaöRV 2005, 391, 392 m.w.N., der die Kategorien „rechtslogische Prinzipien“, „allgemeine Rechtsgrundsätze“, „Interpretationsregeln“ und „Gewohnheitsrecht“ nennt.

Konstellationen statthaft ist, in denen Tatbestandsvoraussetzungen des besonderen Regelungsbereichs nicht erfüllt sind.

1. Methodische Grundlagen

Ein- und derselbe Sachverhalt kann von den Tatbeständen mehrerer Rechtssätze erfasst sein, die sich vollumfänglich oder zumindest teilweise decken. Man spricht insoweit von einem Zusammentreffen bzw. einer Konkurrenz der Rechtssätze.[296] Allgemeine Abgrenzungsregeln sind indes nur teilweise gesetzlich kodifiziert, vielmehr oft das Ergebnis juristischer Methodenlehre. So wird mit Blick auf die Rechtsfolgen einer Norm zwischen Vorschriften unterschieden, die lediglich vorrangig zur Anwendung kommen (sog. Anwendungsvorrang) und solchen, die zur Aufhebung konkurrierender Normen führen (sog. Geltungsvorrang).[297] Diese Untersuchung befasst sich dabei ausschließlich mit der Frage nach dem ggf. bestehenden Anwendungsvorrang bereichsspezifischer Rechtssätze gegenüber § 242 BGB. Nachfolgend wird ein prägnanter Überblick und eine Stellungnahme zum Rangverhältnis der allgemein anerkannten Abgrenzungsregeln *lex superior*, *lex specialis* und *lex posterior* verschafft, die in Normkonfliktkonstellationen zum Tragen kommen, soweit der besondere Regelungsbereich *expressis verbis* keine Abgrenzungsregel bereithält.

a) Abgrenzungsgrundsätze

Die *lex superior*-Regel sieht vor, dass höherrangiges gegenüber dem niederrangigen Recht Vorrang erhält. Sie geht auf den Stufenaufbau der Rechtsordnung zurück.[298] Verfassungs- und einfachgesetzliche Vorschriften stehen in der folgenden absteigend hierarchischen Ordnung: das Grundge-

---

296 Vgl. *Larenz/Canaris*, Methodenlehre der Rechtswissenschaft, 3. Aufl. 1995, S. 87.

297 Vgl. zum Anwendungsvorrang des Unionsrechts gegenüber nationalem Recht *Ruffert*, in: Calliess/Ruffert, EUV/AEUV, 4. Aufl. 2011, Art. 1 AEUV, Rn. 18; *Streinz*, Europarecht, 9. Aufl. 2012, Rn. 222 ff.

298 *Merkl*, Allgemeines Verwaltungsrecht, 1927, S. 157 ff.; *Kelsen*, Reine Rechtslehre, 2. Aufl. 1960, S. 228 ff.; *Schmidt*, JuS 2003, 649, 650.

setz,[299] die allgemeinen Regeln des Völkerrechts,[300] formelle Bundesgesetze, Bundesrechtsverordnungen und -satzungen (sog. materielle Bundesgesetze), die Landesverfassungen (vgl. Art. 31 GG), formelle Landesgesetze, Landesverordnungen und -satzungen (sog. materielle Landesgesetze). Darüber hinaus soll die spezielle der allgemeineren Regel vorgehen, soweit für denselben Tatbestand bereits eine besondere Regelung getroffen wurde (sog. *lex specialis*-Grundsatz). Charakteristisch für eine besondere Regelung in diesem Sinne ist, dass sie sämtliche Tatbestandsmerkmale der allgemeineren Norm enthält und mindestens ein darüber hinausgehendes, eigenes Tatbestandsmerkmal.[301] In zeitlicher Hinsicht soll zudem die spätere Regel der früheren vorgehen (sog. *lex posterior*-Grundsatz). Erging die in Frage stehende Rechtsnorm früher als die Konkurrenznorm, ist regelmäßig davon auszugehen, dass der Gesetzgeber die entgegenstehende ältere Regelung mit Erlass einer neueren Norm aufheben wollte.[302]

b) Rangverhältnis der Abgrenzungsgrundsätze

Im Schrifttum nicht abschließend geklärt ist die Frage nach dem Rangverhältnis dieser Abgrenzungsgrundsätze, insbesondere hinsichtlich des *lex posterior*-Grundsatzes.[303] Sein Verhältnis zur *lex specialis*-Maxime ist ebenso umstritten wie er in jenen Fällen von weitreichender Bedeutung ist, in denen ein Rückgriff auf beide Abgrenzungsregeln ohne Verdrängungswirkung zulasten des einen Grundsatzes die Konkurrenz konfligierender Regelungen nicht löst, sondern zu schlechthin unverträglichen Schlussfolgerungen führt.[304] Mehrheitlich wird in diesem Zusammenhang vertreten,

---

299 Das Grundgesetz steht seinerseits in den Grenzen des Art. 79 Abs. 3 GG zur Disposition.

300 Art. 25 GG gibt den völkerrechtlichen Regeln die Rechtsqualität einfachen Bundesrechts, das seinerseits einfachen Gesetzen vorgeht; vgl. BVerfGE 6, 309, 363 = NJW 1957, 705, 707 – *Konkordats-Urteil*; 37, 271, 279 = NJW 1974, 1697 – *Solange I*.

301 Vgl. *Puppe*, in: Kindhäuser/Neumann/Paeffgen, StGB, Bd. 1, 4. Aufl. 2013, Vorbem. § 52, Rn. 8.

302 Vgl. ohne die Einschränkung der Regelmäßigkeit und in der Auffassung, etwas anderes gelte einzig für den Fall, dass sich die konkurrierenden Normen in demselben Gesetz befinden *Larenz/Canaris*, Methodenlehre der Rechtswissenschaft, 3. Aufl. 1995, S. 87 f.

303 Vgl. etwa *Larenz/Canaris*, Methodenlehre der Rechtswissenschaft, 3. Aufl. 1995, S. 88; *Röhl*, Allgemeine Rechtslehre, 3. Aufl. 2008, S. 311 ff.

304 *Vranes*, ZaöRV 2005, 391.

dass der *lex specialis*-Regel zulasten des *lex posterior*-Grundsatzes Vorrang zu gewähren ist. Dieses Rangverhältnis soll in jenen Konstellationen eine Einschränkung erfahren, in denen Anhaltspunkte bestehen, dass der Gesetzgeber die spezielle, aber frühere Norm aufheben wollte.

Dennoch spricht vieles dafür, eine starre Hierarchie der einzelnen Regelungsmechanismen zugunsten einer im konkreten Einzelfall gebotenen Berücksichtigung von Sinn und Zweck der in Frage stehenden Regelung abzulehnen.[305] Die Anordnung von Geltungsverlust oder Nichtanwendbarkeit einer Norm obliegt dem Gesetzgeber, soweit sie ausdrücklich erfolgt (sog. formelle Derogation), ebenso aber in Gestalt der Beendigung von Geltung oder Verbindlichkeit einer Rechtsnorm (sog. materielle Derogation), die dem Rechtssetzungsprozess inhärent ist. Sie basiert auf der im Einzelfall einschlägigen Kompetenz des Gesetzgebers. Der Derogationsbegriff umfasst in seinem hier zugrunde gelegten weiten Verständnis den Anwendungsvorrang einer Vorschrift wie auch die Teilnichtigkeit einer früheren, niederrangigen oder allgemeineren Norm.[306] Insoweit bedarf es keines Rückgriffs auf die vermeintlichen – als generelle Prinzipien auch nicht kodifizierten – Konfliktlösungsmechanismen, wiederum insbesondere den *lex posterior*-Grundsatz. Zutreffend sind diese Konfliktlösungsinstrumente nämlich als rechtsimmanent zu verstehen. So ergibt sich der *lex superior*-Grundsatz aus dem Umstand, dass die Rechtsordnung höher- und niederrangige Vorschriften aufweist. Auch den Maximen von *lex posterior* und *lex specialis* kommt eine lediglich klarstellende Funktion zu. Insbesondere die Feststellungkompetenz einer Spezialität steht dem Gesetzgeber ebenso zu wie die dem Gesetzgebungsprozess inhärente Kompetenz zur Festlegung, welche der ergangenen Vorschriften die jüngere ist.[307] Die Änderung infolge solcher gesetzgeberischer Ermächtigung gesetzter Rechtsakte, insbesondere in Form der Anpassung an Verhältnisse, die sich im Anschluss an die Rechtssetzung gewandelt haben, kann dem Gesetzgeber auch dauerhaft nicht entzogen werden.[308]

---

305 Vgl. *Larenz*, Methodenlehre der Rechtswissenschaft, 6. Aufl. 1991, S. 267 ff.; *Pawlowski*, Methodenlehre für Juristen, 3. Aufl. 1999, S. 11; *Coing/Honsell*, in: Staudinger, BGB, Eckpfeiler des Zivilrechts, Neubearb. 2011, B. Einl. zum BGB, Rn. 148.

306 Vgl. *Bethge*, in: Maunz/Schmidt-Bleibtreu/Klein/Bethge, BVerfGG, Lfg. 43 02/2014, § 31, Rn. 139; *Vranes*, ZaöRV 2005, 391, 403.

307 Vgl. *Vranes*, ZaöRV 2005, 391, 403.

308 *Müller-Terpitz*, in: Maunz/Schmidt-Bleibtreu/Klein/Bethge, BVerfGG, Lfg. 46 04/2015, § 80, Rn. 147, der zutreffend klarstellt, dass die Abgrenzungsgrundsätze

Vor diesem Hintergrund hat sich in weiten Teilen bis heute nichts an der Richtigkeit von *Engischs* klassischer Ansicht zur Einheit der Rechtsordnung und zur Vermeidung von Normwidersprüchen geändert, wonach

> „alle diese [Abgrenzungs-] Regeln nur bedingte Geltung besitzen, ihrem Sinne nach nicht hinreichend aufgeklärt, in der Anwendung kompliziert sind, dass sie außerdem miteinander in Kollision geraten können und schließlich – was das wichtigste ist – doch nur eine lückenhafte Lösung des Problems bieten."[309]

Zur Aufhebung einer mit Blick auf den erweiterten Anwendungsbereich von § 242 BGB bestehenden Normkonkurrenz ist eine grundlegendere Herangehensweise geboten. Eine dem Grunde nach anwendbare Vorschrift tritt insoweit zurück, als die in der konkreten Fallgestaltung sodann vorrangige Norm die betroffene Rechtsfrage abschließend regelt. Besteht eine solche Verdrängungswirkung hingegen nicht, dürfen dem Rückgriff auf Treu und Glauben keine höherrangigen Normzwecke oder Rechtsprinzipien, insbesondere Gesichtspunkte der Rechtssicherheit, entgegenstehen.[310] Dies erfordert eine Normzweckanalyse, die danach fragt, inwieweit die vermeintlich speziellere Norm eine Sperrwirkung gegenüber dem Grundsatz von Treu und Glauben entfaltet und einem Rückgriff insbesondere auf dessen Rechtsfortbildungsfunktion folglich im Wege steht. Die höchstrichterliche Rechtsprechung neigt in diesem Zusammenhang dazu, umso weniger auf die allgemeinen Grundsätze von Treu und Glauben zurückzugreifen, je spezifischer die Gesetzesvorschrift den Sachverhalt regelt. Dennoch ist zu bedenken, dass auch eine bereichsspezifische Regelung nicht als abschließend in dem Sinne zu verstehen ist, dass in der Folge auch atypische Konstellationen, denen der Anwendungsbereich der Spezialnorm nicht eröffnet ist, schlechthin unberücksichtigt bleiben sollen.[311] Die Rechtsprechung scheint sich darüber hinaus in Zurückhaltung zu üben, soweit konkrete Entscheidungen erheblich auf der Anwendung rela-

---

zwar als Hilfsmittel zur Aufhebung von Normenkonkurrenzen fungieren, sie hingegen kein materielles Gewicht haben.

309 *Engisch*, Die Einheit der Rechtsordnung, 1935, S. 47; vgl. auch *Kelsen*, Reine Rechtslehre, 2. Aufl. 1960, S. 271 ff.; *Schilling*, Rang und Geltung von Normen, 1994, S. 455.

310 *Looschelders/Olzen*, in: Staudinger, BGB (§§ 241-243), Neubearb. 2015, § 242, Rn. 400.

311 Vgl. *Roth*, in: MünchKomm BGB, Bd. 2, 5. Aufl. 2007, § 242, Rn. 112a m.w.N.; auch *Schubert*, in: MünchKomm BGB, Bd. 2, 7. Aufl. 2016, § 242, Rn. 128.

tiv junger bereichsspezifischer Gesetzesvorschriften basieren.[312] Vor diesem Hintergrund soll die nachfolgende Darstellung beispielhafter Normkonkurrenzen von Treu und Glauben zu anderen Regelungsbereichen des BGB sowie zu Vorschriften außerhalb des BGB jedenfalls Indizwirkung für die Beantwortung der dieser Untersuchung zugrunde liegenden Frage entfalten. Soweit dies Aufschluss für den Anwendungsbereich des § 242 BGB im Rahmen einschlägiger GWB-Vorschriften gibt, sind sie als Vorstufe des unmittelbaren Gegenstands dieser Untersuchung zu verstehen, der noch maßgeblich von der sodann darzustellenden Normzweckanalyse sowie der rechtlichen und wettbewerbsökonomischen Rechtfertigung der konkreten Aufgreifschwellen beeinflusst ist.

2. Abgrenzung zu anderen Normen des BGB

a) §§ 21 ff. BGB

Der Grundsatz von Treu und Glauben ist im Vereinsrecht vor allem im hier weniger relevanten Problemkreis der Rücksichtnahmepflicht von Vereinsmitgliedern von Bedeutung, darüber hinaus aber auch im Bereich der Inhaltskontrolle von Vereinssatzungen. Die Inhaltskontrolle von Gesellschaftsverträgen am Maßstab von Treu und Glauben hängt dabei eng zusammen mit der Frage nach dem Verhältnis von § 242 BGB zur Kontrolle allgemeiner Geschäftsbedingungen. Denn der Kontrollmaßstab der §§ 307 ff. BGB findet *expressis verbis* keine Anwendung auf Gesellschaftsverträge. § 310 Abs. 4 BGB stellt insoweit klar, dass die bis zur Kodifizierung der AGB-Kontrollvorschriften geltende Praxis der Rechtsprechung zur Inhaltskontrolle von Gesellschaftsverträgen am Maßstab von § 242 BGB fortbestehen soll.[313]

Insbesondere Bestimmungen in Vereinssatzungen sind folglich am Maßstab von Treu und Glauben zu überprüfen. Ausdrücklich erkennt die Rechtsprechung eine Satzungskontrolle nach § 242 BGB an, soweit der Verein entweder eine Monopolstellung oder eine überragende Machtstellung im wirtschaftlichen oder sozialen Bereich innehat und seine Mitglieder auf

---

312 Vgl. BGHZ 38, 61, 65 = NJW 1962, 2341; BGH NJW 1987, 2229; OLG Hamm NJW-RR 1992, 261; *Schubert*, in: MünchKomm BGB, Bd. 2, 7. Aufl. 2016, § 242, Rn. 128.

313 BT-Drucks. 7/5422, S. 13.

die Mitgliedschaft angewiesen sind.[314] Entgegenzuhalten ist dem zwar, dass der Grundsatz von Treu und Glauben im gesamten deutschen Privatrecht Geltung beansprucht und nicht allein zulasten des wirtschaftlich oder sozial Mächtigen wirken kann.[315] Angesichts des umfassenden Anwendungsbereichs von § 242 BGB ist saber chier keine sachliche Rechtfertigung ersichtlich, weshalb kleinen Vereinen Freiräume verschafft sein sollen, sich über Treu und Glauben hinwegzusetzen, wenn die Machtstellung des Vereins ebenso wie die Abhängigkeit seiner Mitglieder von der Vereinszugehörigkeit im Rahmen der gebotenen Interessenabwägung Berücksichtigung finden kann.[316] Festzuhalten bleibt indes, dass jedenfalls für Vereinssatzungen ein Anwendungsbereich der Inhaltskontrolle im Sinne einer Billigkeitskontrolle am Maßstab des § 242 BGB verbleibt und dies auch ohne das Erreichen einer besonderen wirtschaftlichen Machtstellung angezeigt ist. Diese Erkenntnis wird für die Frage nach unerwünschten Schutzlücken bei einer unterstellten Verdrängungswirkung der einschlägigen GWB-Vorschriften gegenüber § 242 BGB von wesentlicher Bedeutung sein.[317]

b) § 134 BGB

Das Verhältnis von Treu und Glauben zu § 134 BGB erlangt für den Gegenstand der vorliegenden Untersuchung Bedeutung vor allem mit Blick auf die Verbotsgesetzeigenschaft der relevanten GWB-Vorschriften und soll deshalb noch vertieft werden.[318] Als allgemeiner Grundsatz lässt sich an dieser Stelle festhalten, dass § 134 BGB die Gültigkeit eines Rechtsgeschäfts

---

314 Vgl. BGHZ 105, 306, 316 = NJW 1989, 1724 – *Garantiefonds*; 128, 93; OLGR Hamm 1992, 269 = NJW-RR 1992, 1211; OLGR Oldenburg 1998, 343 = NJW-RR 1999, 422; auch *Möschel*, Monopolverband und Satzungskontrolle, 1978, S. 13 f.; *Looschelders/Olzen*, in: Staudinger, BGB (§§ 241-243), Neubearb. 2015, § 242, Rn. 992 ff., 998; *Ellenberger*, in: Palandt, BGB, 74. Aufl. 2015, § 25, Rn. 9.

315 Die Spruchpraxis, die auf eine Monopolstellung oder überragende Marktstellung abstellt, wird zudem nicht durchweg verfolgt; vgl. BGH WM 1972, 1249; OLG Hamm BB 1976, 1191; OLG Frankfurt a.M. OLGZ 1982, 309 = NJW 1983, 2576; OLG Celle NJW-RR 1989, 313.

316 Vgl. *Grunewald*, ZHR 152 (1988), 242; *Vieweg*, in: FS Lukes, 1989, 811, 817; *ders.*, Normsetzung- und -anwendung deutscher und internationaler Verbände, 1990, S. 234; *Weick*, in: Staudinger, BGB, AT 2 (§§ 21-79), Neubearb. 2005, § 25, Rn. 20.

317 Unten Teil 2, B.IV.1.a).

318 Unten Teil 2, B.II.3.c).

betrifft (sog. Wirksamkeitskontrolle), mithin die sog. Außenschranken, während § 242 BGB primär die Binnenschranken für die Rechtsausübung aufstellt (sog. Ausübungskontrolle).[319] Die Nichtigkeit eines Rechtsgeschäfts wegen Verstoßes gegen ein Verbotsgesetz ist somit vorrangig zu prüfen, schließt die Anwendbarkeit von § 242 BGB aber dem Grunde nach nicht aus. Dies rechtfertigt sich daraus, dass es geboten sein kann, dem Betroffenen über die Nichtigkeit des Rechtsgeschäfts hinaus einen noch weiterreichenden Schutz nach § 242 BGB zu gewähren.[320] § 242 BGB ist nach allgemeiner Ansicht selbst kein Verbotsgesetz i.S.v. § 134 BGB. Obwohl ein unter Verletzung eines gesetzlichen Verbotes zustande gekommenes Rechtsgeschäft regelmäßig auch gegen Treu und Glauben verstößt, erfüllt nicht jeder Verstoß gegen § 242 BGB die Voraussetzungen des § 134 BGB.[321]

c) § 138 BGB

Auch § 138 BGB enthält eine Außenschranke in dem aufgezeigten Sinne. Der Sittenwidrigkeitsvorwurf betrifft bereits ausweislich seines Wortlauts die Wirksamkeit des in Frage stehenden Rechtsgeschäfts. Gleichermaßen vorrangig hat daher die Prüfung von § 138 BGB zu erfolgen, der wie § 134 BGB die Treuwidrigkeitsprüfung im Anwendungsbereich von § 242 BGB aber nicht verdrängt. Denn der Maßstab der guten Sitten ist enger als jener von Treu und Glauben.[322] § 138 BGB schützt nur bestimmte, besonders qualifizierte Interessen, während § 242 BGB eine allgemeine Interessenabwägung zulässt und erfordert.[323] Jeder Verstoß gegen § 138 BGB konstituiert somit auch einen Unvereinbarkeit mit § 242 BGB, obgleich nicht jeder

---

319 Vgl. *Schubert*, in: MünchKomm BGB, Bd. 2, 7. Aufl. 2016, § 242 BGB, Rn. 131 m.w.N.

320 Vgl. zur Formnichtigkeit eines Rechtsgeschäfts (§ 125 S. 1 BGB) BGHZ 12, 286, 295; *Böttcher/Hohloch*, in: Erman, BGB, 14. Aufl. 2014, § 242, Rn. 22.

321 *Böttcher/Hohloch*, in: Erman, BGB, 14. Aufl. 2014, § 242, Rn. 23; *Looschelders/Olzen*, in: Staudinger, BGB (§§ 241-243), Neubearb. 2015, § 242, Rn. 362; *Schubert*, in: MünchKomm BGB, Bd. 2, 7. Aufl. 2016, § 242 BGB, Rn. 131.

322 Vgl. zur Wirksamkeits- und Ausübungskontrolle von Eheverträgen BGH NJW 2005, 2386, 2388; NJW 2007, 2848, 2849; NJW 2008, 3426, 3427.

323 Vgl. BAGE 16, 21 = NJW 1964, 1542; *Schubert*, in: MünchKomm BGB, Bd. 2, 7. Aufl. 2016, § 242, Rn. 132; *Sutschet*, in: BeckOK BGB, 37. Ed. 2015, § 242, Rn. 35.

Verstoß gegen Treu und Glauben auch die Sittenwidrigkeit begründet.[324] Die Unzulässigkeit einer Rechtsausübung ist mithin nur dann zu prüfen, wenn nicht bereits im Rahmen einer vorrangigen Prüfung die Sittenwidrigkeit des Rechtsgeschäfts festgestellt wurde.

Die erweiterte Inhaltskontrolle am Maßstab von Treu und Glauben ist gleichwohl auch bei einem gleichzeitigen Sittenwidrigkeitsvorwurf von Bedeutung. Dies steht mit den noch ausstehenden Feststellungen zu Doppelwirkungen im deutschen Privatrecht im Zusammenhang.[325] Da nämlich ein Verstoß gegen § 138 BGB ebenfalls aufgrund einer Interessenabwägung festzustellen ist, kann diesem von vornherein § 242 BGB dann entgegenstehen, wenn die Interessen des Benachteiligten durch die Ausübungskontrolle hinreichend geschützt werden.[326] Entsprechend seiner allgemeinen Anwendungsvoraussetzungen kann die Unvereinbarkeit mit Treu und Glauben im Übrigen zur Aufrechterhaltung eines nach § 138 BGB dem Grunde nach sittenwidrigen Rechtsgeschäfts führen, soweit die vom Tatbestand der Sittenwidrigkeit verfolgten Schutzzwecke nicht entgegenstehen.[327] Neben der Erkenntnis, dass § 242 BGB nicht *per se* der Makel der Sittenwidrigkeit anhaftet, bleibt also festzuhalten, dass die dargestellten Abgrenzungsgrundsätze zum Verhältnis von § 242 BGB und anderen vermeintlich spezielleren Vorschriften auch in Bezug auf die allgemeinzivilrechtliche Sittenwidrigkeitsklausel zum Tragen kommen. Der Frage zur Normkonkurrenz wird auch in diesem Zusammenhang insbesondere mit Schutzzweckerwägungen begegnet.

---

324 Vgl. BAGE 16, 21 = BAG NJW 1964, 1542; OLG Hamm NJW 1981, 465, 466; *Larenz*, Schuldrecht I, 12. Aufl. 1979, S. 107; *Grüneberg*, in: Palandt, BGB, 74. Aufl. 2015, § 242, Rn. 18.

325 Unten Teil 2, B.IV.4.a).

326 Vgl. RGZ 152, 254; BGHZ 12, 286, 294 ff.; BGH NJW 1971, 1034, 1035; WM 1977, 641, 642; *Looschelders/Olzen*, in: Staudinger, BGB (§§ 241-243), Neubearb. 2015, § 242, Rn. 367 ff.; *Heinrichs*, in: Palandt, BGB, 74. Aufl. 2015, § 138, Rn. 14 und § 242, Rn. 18; *Teichmann*, in: Soergel, BGB, Bd. 2, 13. Aufl. 1999, § 242, Rn. 129, hingegen einschränkend auf Fälle, in denen die Bindung der benachteiligten Partei an ein verändertes Rechtsgeschäft auch zumutbar ist und sich die Sittenwidrigkeit nicht auf allgemeine, der Dispositionsbefugnis der Parteien entzogene Werte bezieht.

327 Vgl. *Looschelders/Olzen*, in: Staudinger, BGB (§§ 241-243), Neubearb. 2015, § 242, Rn. 371, 490 ff. m.w.N.

d) §§ 307 ff. BGB

Die §§ 307 ff. BGB enthalten spezifische Regelungen zur Wirksamkeitskontrolle allgemeiner Geschäftsbedingungen. Diese gehen in ihrem Anwendungsbereich einer Inhaltskontrolle gemäß § 242 BGB nach den vorstehenden Ausführungen zur Vereinssatzungskontrolle insbesondere mit Blick auf § 310 Abs. 4 BGB grundsätzlich vor. Sie enthalten Regelungen, die sich zuvor in §§ 9 ff. AGBG fanden, die ihrerseits eine kodifizierte AGB-Inhaltskontrolle begründeten und von Rechtsprechung und Schrifttum zu § 242 BGB entwickelt worden waren.[328] Wenngleich im unmittelbaren Anwendungsbereich der AGB-Kontrolle ein Rückgriff auf § 242 BGB daher entfällt, beansprucht die Norm darüber hinaus doch weiterhin Geltung. Ein Rechtsmissbrauch kann somit auch in der mit Treu und Glauben unvereinbaren Berufung auf eine nach §§ 307 ff. BGB wirksame Klausel begründet sein.[329] Ebenso kann die Geltendmachung der Nichtvereinbarkeit einer rechtsgeschäftlichen Regelung mit den Vorgaben der AGB-Inhaltskontrolle rechtsmissbräuchlich erfolgen.[330] Von überragender Bedeutung für diese Untersuchung verbleibt daher die Erkenntnis, dass die gesetzlichen Vorschriften zur Inhalts- und Wirksamkeitskontrolle allgemeiner Geschäftsbedingungen (§ 306 Abs. 1 BGB) der rechtgeschäftlichen Inhaltskontrolle gemäß § 242 BGB doch einen gewissen Anwendungsbereich belassen.

e) §§ 823 ff. BGB

Mit Blick auf die Regelungen zum sog. Kartelldeliktsrecht sowie die Problematik zur Schutzgesetzeigenschaft einschlägiger GWB-Vorschriften soll abschließend die Bedeutung von Treu und Glauben im allgemeinen Deliktsrecht Erwähnung finden. Im Rahmen der §§ 823 ff. BGB kommt § 242 BGB dem Grunde nach keine besondere Bedeutung zu. Auf der Tatbestandsebene der Haftungsvorschriften wurden zwar spezifische Zurechnungskriterien für eine angemessenen Risikoverteilung entwickelt, nämlich in Gestalt des Adäquanzerfordernisses und des Schutzzwecks der

---

328 Vgl. BGHZ 138, 367 = NJW 1998, 2206; 75, 15, 20 = NJW 1979, 2387, 2388; 51, 55, 58 = NJW 1969, 230, 232; 22, 90 = WM 1956, 1542 – *Fabrikneue Möbel*.

329 Vgl. BGH ZIP 2000, 78; BGHZ 106, 259, 267 = NJW 1989, 582, 583; 105, 71, 88 = NJW 1988, 2790, 2794; auch *Mansel*, in: Jauernig, BGB, 16. Aufl. 2015, § 242, Rn. 15.

330 Vgl. BGH NJW-RR 1998, 594.

Norm.[331] Dies ändert aber nichts daran, dass der allgemeine Grundsatz von Treu und Glauben gemäß seiner Natur als eine allen Rechten, Rechtslagen, Rechtsinstituten und Rechtsnormen immanente Inhaltsbegrenzung auch im Deliktsrecht Geltung beansprucht. Insbesondere kann etwa die Geltendmachung eines bestehenden Schadensersatzanspruchs aus deliktischer Haftung rechtsmissbräuchlich erfolgen.[332] Die Schadensersatzpflicht infolge sittenwidriger vorsätzliche Schädigung (§ 826 BGB) erfordert als anspruchsbegründendes Pendant zur Rechtsausübungsschranke des § 242 BGB einen objektiven Verstoß gegen die guten Sitten und legt insoweit ebenso wie § 138 BGB einen engeren Maßstab an das zu beurteilende Verhalten als der Grundsatz von Treu und Glauben. Insoweit gelten die Ausführungen zur Normkonkurrenz des § 138 BGB und § 242 BGB entsprechend. Eigenständige Bedeutung kommt § 826 BGB darüber hinaus als Schadensersatzanspruchsgrundlage sowie bei Fehlen der für § 242 BGB erforderlichen Sonderverbindung zu.[333] Von besonderem Interesse für diese Untersuchung wird der verbleibende Anwendungsbereich des § 826 BGB als allgemeindeliktsrechtliche Haftungsnorm angesichts einer fortschreitenden Weiterentwicklung des spezifischen Kartelldeliktsrechts sein.[334]

3. Abgrenzung zu Normen außerhalb des BGB

Der Ansatz, die Konfliktlösungsmechanismen der *lex superior*, *lex specialis* und *lex posterior* als nachgeordnete Interpretationsmaximen zu verstehen und zur Aufhebung der Normkonkurrenz darauf abzustellen, ob die konkurrierende Norm eine Konstellation abschließend regelt und im Übrigen keine höherrangigen Normzwecke und Rechtsprinzipien einer Anwendung von Treu und Glauben entgegenstehen,[335] verdient auch für das Verhältnis von § 242 BGB zu Normen außerhalb des BGB Zustimmung. Die im Schrifttum entwickelten Vorrangregeln zur Einordnung des § 242 BGB in bereichsspezifische Rechtsmaterien können als zumindest richtungsweisend fruchtbar gemacht werden. Sie bilden aber keine dogmatisch feststehenden, in jedem Einzelfall unreflektiert anwendbaren Rechtssätze. Ist der

---

331 *Looschelders/Olzen*, in: Staudinger, BGB (§§ 241-243), Neubearb. 2015, § 242, Rn. 898.

332 Vgl. *Sprau*, in: Palandt, BGB, 74. Aufl. 2015, Einf. § 823, Rn. 45.

333 Vgl. *Sutschet*, in: BeckOK BGB, 37. Ed. 2015, § 242, Rn. 36 m.w.N.

334 Unten Teil 2, B.II.3.

335 Oben Teil 2, B.VI.1.b).

Anwendungsbereich spezifischer rechtlicher Regelungsbereiche eröffnet, stellt sich daher insbesondere die Frage, ob diese trotz des aufgezeigten Immanenzgedankens von Treu und Glauben „*§ 242 BGB-fest*“ sind.[336] Es bedarf keines Rückgriffs auf die Rechtsfortbildungsfunktion des § 242 BGB, soweit die konkurrierende Vorschrift einen Sachverhalt abschließend regelt, d.h. wenn die Ausschöpfung vorhandener Gesetze nicht zu einem nur ungenügenden Ergebnis führt. Steht dagegen das Bedürfnis einer rechtsfortbildenden Rechtsanwendung in Frage, kann diesem sowohl in Anlehnung an die spezifische Rechtsvorschrift begegnet werden als auch gestützt auf den Grundsatz von Treu und Glauben.[337] Es sind zudem Konstellationen der erweiternden oder sinngemäßen Anwendung einer Rechtsnorm zu unterscheiden von jenen einer teleologischen Reduktion oder Einschränkung der Rechtsnorm bzw. des zugrundeliegenden Rechtsgedankens.[338] Statt einer derartigen Rechtsfortbildung in Anlehnung an die spezifische Norm kann die in beiden Konstellationen beabsichtigte Korrektur nämlich auch unter Heranziehung von § 242 BGB erreicht werden, soweit freilich dessen Anwendungsvoraussetzungen erfüllt sind. Dies gilt gleichermaßen für die teleologische Extension bzw. Rechtsanalogie, sprich einer erweiternden oder sinngemäßen Anwendung einer Rechtsnorm, als auch für den Fall der Zurückdrängung einer Rechtsnorm. Letzteres erfolgt am Maßstab von Treu und Glauben unter Heranziehung des Rechtsmissbrauchseinwandes.

Die Grenzen dieser beiden Ansätze verwischen zuweilen.[339] Wenngleich die hieran jeweils gestellten Anforderungen denkbar gering sind, kann § 242 BGB jedenfalls nur dann zur Anwendung gelangen, wenn eine Sonderverbindung zwischen den konkreten Parteien besteht. Anders als bei Anlehnung einer Rechtsfortbildung an eine spezifische Rechtsnorm ist Gegenstand einer auf Treu und Glauben gestützten Vorgehensweise zudem eine individualisierende, einzelfallbezogene Wertung, obgleich in der gebotenen Interessenabwägung auch typisierende Wertungen zum Tragen

---

336 *Looschelders/Olzen*, in: Staudinger, BGB (§§ 241-243), Neubearb. 2015, § 242, Rn. 332.

337 Vgl. *Honsell*, in: FS Mayer-Maly, 1996, 369.

338 Vgl. *Looschelders/Olzen*, in: Staudinger, BGB (§§ 241-243), Neubearb. 2015, § 242, Rn. 113.

339 Vgl. *Roth*, in: MünchKomm BGB, Bd. 2, 5. Aufl. 2007, § 242, Rn. 112, der die „*Etikettierung*“ der systematischen Einordnung von der Überzeugungskraft der Argumentation abhängig macht. Für den Fall der Zurückdrängung einer Norm etwa sei maßgeblich, ob diese mehr auf der speziellen Norm als solcher oder eher dem allgemeinen Gedanken des § 242 BGB fußt.

kommen, insbesondere in Gestalt eines Hinweises auf besonders geregelte Materien und die gesetzgeberischen Absichten, die diesen zugrunde liegen.[340] Denn eine spezifische Rechtsnorm kann dann als Abwägungsmaterial herangezogen werden,

> „wenn eine solche Norm dem konkreten Fall ‚nahe' genug erscheint, um mit der in ihr zum Ausdruck kommenden gesetzgeberischen Wertung in der Interessenabwägung als Gesichtspunkt verwertet werden zu können."[341]

Schlussfolgerungen für die Bedeutung von § 242 BGB im Kontext dieser Untersuchung lassen sich in zweierlei Hinsicht ziehen. Zum einen wird das Verhältnis der Norm zu besonders geregelten Rechtssätzen dargestellt und zwar soweit deren Anwendungsbereich eröffnet ist. Mittelbar legt die Klärung dieses Zusammenhangs ein *argumentum a fortiori* mit Blick auf die Bedeutung von Treu und Glauben außerhalb des Anwendungsbereichs der spezifischen Norm nahe. Vor dem Hintergrund des zur Aufhebung von Normkonkurrenzen Ausgeführten ist zunächst dem Immanenzgedanken des Grundsatzes von Treu und Glauben Rechnung zu tragen. Dieser tritt nur dann zurück, wenn die bereichsspezifische Regelung den Sachverhalt auch mit Blick auf seine Vereinbarkeit von Treu und Glauben abschließend regelt. Ferner dürfen der Verdrängung der allgemeineren Norm keine höherrangigen Normzwecke oder Rechtsprinzipien, insbesondere Gesichtspunkte der Rechtssicherheit, entgegenstehen.

a) Immaterialgüterrechte

Die dargestellten Grundsätze finden auch im Regelungsbereich der Immaterialgüterrechte Anwendung.[342] Im Rahmen der in diesem – von den bereits dargestellten Fällen der missbräuchlichen Lizenzverweigerung an Immaterialgüterrechten[343] zu unterscheidenden – Zusammenhang gebotenen Interessenabwägung kommen wiederum insbesondere Interessen der Allgemeinheit zum Tragen: hinsichtlichder Vermeidung späterer Auseinan-

---

340 Vgl. *Schlechtriem/Schmidt-Kessel*, Schuldrecht AT, 6. Aufl. 2005, Rn. 106; *Looschelders/Olzen*, in: Staudinger, BGB (§§ 241-243), Neubearb. 2015, § 242, Rn. 110 f.

341 *Roth*, JuS 1975, 617, 619.

342 Vgl. BGHZ 21, 66, 80 – *Hausbücherei*.

343 Oben Teil 1, B.I.2.c).

dersetzungen über das Bestehen eines Rechts beispielsweise das öffentliche Interesse an Rechtsklarheit sowie der Aufrechterhaltung des Rechtsfriedens.[344] Auch soweit die Verwirkung als spezifisch markenrechtliche Ausformung der Rechtsmissbräuchlichkeit eine besondere Regelung in § 21 Abs. 1 bis 3 MarkenG erfährt, behalten die allgemeinen Verwirkungsgrundsätze, die auf § 242 BGB zurückgehen, ihre Gültigkeit. So soll die Verwirkung ungeachtet besonderer Fristen weiterhin auch dann eintreten, wenn das Vertrauen des Verletzers schutzwürdig ist und ein wertvoller Besitzstand durch eine länger andauernde, redliche und ungestörte Benutzung geschaffen wurde.[345] Nicht zuletzt in Gestalt der Verwirkung kann der Grundsatz von Treu und Glauben auch in anderen Bereichen des Immaterialgüterrechts zur Anwendung gelangen. Dies gilt im Patent- und Gebrauchsmusterrecht ebenso wie im Urheber- oder Verlagsrecht.[346] Neben weiteren Einzelfällen ist beispielhaft auf die im patentrechtlichen Einspruchsverfahren aufgrund von Treu und Glauben bestehende Nichtangriffspflicht[347] hinzuweisen, ebenso auf die Rechtsmissbräuchlichkeit eines Unterlassungsanspruchs, der lediglich als Druckmittel zur Erzielung unverdienter Vorteile geltend gemacht wird.[348]

b) Lauterkeitsrecht

Auch im Lauterkeitsrecht beanspruchen die allgemeinen Grundsätze zu Treu und Glauben umfassend Geltung. Beispielhaft sei hier die Verpflichtung genannt, die ein abgemahntes Unternehmens gegenüber dem Abmahnenden einer unlauteren Geschäftspraktik sowie die klagebefugten Verbände (§ 8 Abs. 3 Nr. 2 und 3 UWG) trifft. Der neuerlich Abgemahnte hat in diesen Fällen auf eine gegenüber Dritten bereits wegen derselben

344 Vgl. *Roth*, in: MünchKomm BGB, Bd. 2, 5. Aufl. 2007, § 242, Rn. 340.

345 Vgl. BGHZ 119, 237, 246 = NJW 1993, 918, 920 – *Universitätsemblem*; 146, 217 = GRUR 2001, 323 – *Temperaturwächter*; OLGR München 2003, 387 = GRUR-RR 2004, 14; OLGR Koblenz 2006, 595 = GRUR-RR 2006, 184; *Looschelders/Olzen*, in: Staudinger, BGB (§§ 241-243), Neubearb. 2015, § 242, Rn. 1043; *Ingerl/Rohnke*, MarkenG, 3. Aufl. 2010, § 21, Rn. 43.

346 Vgl. BGHZ 146, 217, 220 = GRUR 2001, 323, 324 – *Temperaturwächter*; BGH NJW 1997, 3377 – *Weichvorrichtung II*; BGHZ 68, 90 = NJW 1977, 1194 – *Kunststoffhohlprofil*; *Klaka*, GRUR 1978, 70 ff. zum Patent- und Gebrauchsmusterrecht sowie RGZ 139, 327, 339; RGZ 129, 252; *Gamerith*, WRP 2004, 75 ff. zum Urheber-, Erfinder- und Verlagsrecht.

347 Vgl. BPatGE 32, 54 = GRUR 1991, 748.

348 Vgl. BGH WM 1972, 882, 883.

Wettbewerbshandlung abgegebenen Unterlassungserklärung hinzuweisen.[349] Das Gebot von Treu und Glauben ist es ferner, das eine Abweichung vom Erfordernis einer Abmahnung vor Beschreitens des Gerichtswegs erlaubt. Auf eine Abmahnung kann verzichtet werden, wenn diese von Beginn an offenkundig zwecklos oder sonst unzumutbar wäre. Das dürfte insbesondere bei besonders schweren Wettbewerbsverstößen der Fall sein.[350] Eine besondere Bedeutung kommt dem Grundsatz von Treu und Glauben zudem bei der Versagung von Unterlassungs- oder Schadensersatzansprüchen zu, soweit sich das eigene Verhalten des Anspruchstellers als wettbewerbswidrig darstellt (sog. *unclean-hands*-Einwand).[351] Die Normenkonkurrenz von § 242 BGB und spezifisch lauterkeitsrechtlichen Vorschriften ist damit nur angesprochen. Zum Zwecke einer umfassenden Abhandlung der Thematik wird auf die aufgezeigten weiterführenden Beiträge verwiesen. Es zeigt sich aber, dass auch das UWG bei Eröffnung seines Anwendungsbereichs nicht „*§ 242 BGB-fest*" sind. Die weitreichende Wirkung von Treu und Glauben als eine allumfassende Inhaltsbegrenzung gilt auch hier.

VII. Schlussfolgerungen

Treu und Glauben stellt sich als eine allen Rechten, Rechtslagen, Rechtsinstituten und Rechtsnormen immanente Inhaltsbegrenzung dar. Dies gilt auch für den Unterfall der unzulässigen Rechtsausübung. Dieser Erkenntnis schließt sich eine Selbstverständlichkeit an, die lediglich in zweierlei Hinsicht eine Einschränkung erfährt. Angesichts seiner Entwicklungsgeschichte, der aufgezeigten Funktionen sowie dem Immanenzgedanken von Treu und Glauben lässt sich der Anwendungsbereich von § 242 BGB nicht auf Sachverhalte von nur allgemeinzivilrechtlicher Relevanz begrenzen. Vielmehr soll dem Grunde nach auch bei eröffnetem Anwendungsbereich spezifischer Regelungsmaterien ein Rückgriff auf das allgemeine Gebot von Treu und Glauben methodisch stets statthaft sein. Dies belegt nicht zu-

---

349 Vgl. BGH MDR 1988, 933 – *Aufklärungspflicht gegenüber Verbänden*.

350 Die Rspr. der Oberlandesgerichte ist hierzu gleichwohl uneinheitlich; vgl. OLG Köln NJWE-WettbR 2000, 303; ferner die Nachweise bei *Brüning*, in: Harte-Bavendamm/Henning-Bodewig, UWG, 3. Aufl. 2013, § 12, Rn. 942 ff.; *Nordemann*, Wettbewerbs- und Markenrecht, 11. Aufl. 2012, Rn. 3011.

351 Vgl. zu beiderseitig unzulässigen Wettbewerbsmaßnahmen, die in wechselseitiger Abhängigkeit stehen BGH NJW 1971, 1749 – *Kopplung im Kaffeehandel*; BGH LM § 242 (Cd) Nr. 148.

letzt der Blick auf die beispielhaft herangezogenen Immaterialgüterrechte sowie das Lauterkeitsrecht und korrespondiert mit den Erkenntnissen zur „*deutschrechtlichen*" Alternative einer tatbestandlichen Verortung des kartellrechtlichen Zwangslizenzeinwands in § 242 BGB.[352] Die umgekehrte Annahme einer exklusiven Kontrolle unternehmerischen Verhaltens durch das spezifisch geregelte Rechtebereiche, allen voran das Kartellrecht stünde dem Immanenzgedanken entgegen und würde insbesondere der aufgezeigten Korrektur- und Rechtsfortbildungsfunktion, die Treu und Glauben im Rahmen einer um die Erfassung jedes Einzelfalls bemühten abstrakten Gesetzesformulierung wahrnimmt, nicht gerecht. Die Anpassungsfähigkeit privatrechtlicher Institute an sich wandelnde gesellschaftliche Vorstellungen, die in den anerkannten Grenzen von der Rechtsordnung rezipiert werden, wird insbesondere gegenüber den verfassungsrechtlichen Anforderungen an das Rechtsfolgenregime spezifischen Kartellrechts von Bedeutung sein.

> „Die geschichtliche Erfahrung lehrt, dass keine entwickelte Rechtskultur möglich ist, ohne dass dem Richter neben den ausgeformten Rechtssätzen dieser unmittelbare Rückgriff auf bestimmte Aspekte der Gerechtigkeit, letztlich auf die der Rechtsidee, eröffnet wurde."[353]

Gleichwohl sind im Zusammenhang mit dem Ausschluss atypischer, rechtsmissbräuchlicher Handlungen aus dem Anwendungsbereich bereichsspezifischer Rechtssätze die engen Voraussetzungen einer solchen Korrekturmöglichkeit zu beachten, d.h. vor allem die gebotene umfassende Interessenabwägung. Eine Einschränkung des Anwendungsbereiches von § 242 BGB ist hingegen dort vorzunehmen, wo ein Rückgriff auf Treu und Glauben schon der konkreten *ratio legis* des einschlägigen Fachrechts widerspricht. Soweit beispielsweise die Inhaltskontrolle allgemeiner Geschäftsbedingungen am Maßstab der §§ 307 ff. BGB erfolgt, ist für eine Wirksamkeitskontrolle gemäß § 242 BGB ausweislich der gesetzgeberischen Intention kein Raum mehr. Eine weitere Einschränkung ergibt sich aus einem noch darzulegenden allgemeinen Umgehungsverbot.[354] Bereits an dieser Stelle erhellt sich aber eine der gesamten Rechtsordnung inhärente Selbstverständlichkeit, die auf der systematischen Bedeutung des § 242 BGB als allgemeinzivilrechtliche Generalklausel beruht und mit der

352 Oben Teil 1, B.III.

353 *Coing/Honsell*, in: Staudinger, BGB, Eckpfeiler des Zivilrechts, Neubearb. 2011, B. Einl. zum BGB, Rn. 18.

354 Unten Teil 2, B.IV.2.c).

Frage nach Abgrenzungsgrundsätzen zusammenhängt: Eine allgemeine Norm vermag die Wertungen spezifischer Regelungsbereiche regelmäßig nicht zu konterkarieren.

B. Integration kartellrechtlicher Wertungen in das Privatrecht

Die bisherige Darstellung umfasst Ausführungen zur Bestimmung des Untersuchungsgegenstandes sowie zum Anlass der Untersuchung. Zuletzt wurden Anwendungsbereich und Voraussetzungen des allgemeinen Grundsatzes von Treu und Glauben insbesondere in Gestalt des Rechtsmissbrauchseinwandes erläutert. Die Normkonkurrenz von § 242 BGB und weiteren Vorschriften des BGB sowie außerhalb des BGB liegenden bereichsspezifischen Regelungen verdeutlichte den Treu und Glauben innewohnenden Immanenzgedanken und führte zu der Schlussfolgerung, dass der im gesamten Privatrecht Geltung beanspruchende Grundsatz auch in kartellrechtlich relevanten Fallgestaltungen zur Anwendung kommt. Diese grundlegende Erkenntnis erfährt dann eine Einschränkung, wenn eine besonders geregelte Rechtsmaterie einen konkreten Sachverhalt abschließend regelt und keine höherrangigen Normzwecke oder Rechtsprinzipien, insbesondere Gesichtspunkte der Rechtssicherheit, entgegenstehen.

Die folgenden Ausführungen sollen einen weiteren Beitrag zur Lösung der Ausgangsfrage leisten, indem sie das anerkannte Maß beleuchten, in dem kartellrechtliche Wertungen bisher schon Eingang in das Privatrecht finden. Im Vordergrund soll die zunehmende Harmonisierung von Kartellrecht und Vertragsrecht stehen, die nicht zuletzt auf die darzulegende Interdependenz der Regelungsbereiche rekurriert und im Schrifttum zum Teil auf die Entwicklung des europäischen Verbraucherschutzrechts zurückgeführt wird.[355] Zwar ist *de lege lata* eine Integration des Wettbewerbsrechts in das Privatrecht noch nicht gelungen. Das von Gemeinschaftsrichtlinien geprägte und weitgehend in das Schuldvertragsrecht des BGB integrierte deutsche Verbraucherschutzrecht[356] lässt aber darauf schließen, dass die wissenschaftliche Entwicklung einer systematischen Harmonisierung auch in Bezug auf das Kartellrecht in vollem Gange ist und von den Rechtsanwendern unter Rückgriff auf Treu und Glauben bereits vollzogen

---

355 Vgl. *Säcker*, ZWeR 2008, 348.

356 Vgl. nur die §§ 474 ff. BGB zur Umsetzung der Verbrauchsgüterkauf-RL; weiterführend *Micklitz*, EuZW 1999, 485 ff.; *Tonner*, BB 1999, 1769 ff.

werden kann.[357] Als Grund hierfür wird auch die dem europäischen Kartellrecht zugrundeliegende verstärkte Orientierung an ökonomischen Effizienzen gesehen.[358]

Zugleich soll die auch im deutschen Kartellrecht zunehmend verbraucherschutzpolitische Perspektive des Wettbewerbsrechts den systematischen Zusammenhang zwischen Privatrecht und Kartellrecht noch weiter in den Vordergrund rücken.[359] Als Beispiele für die Berücksichtigungsfähigkeit von Effizienzvorteilen sind die wettbewerbsrechtliche Zulässigkeit von Höchstpreisen (Art. 4 lit. a Vertikal-GVO) und Meistbegünstigungsklauseln[360] trotz ihrer wettbewerbsbeschränkender Natur sowie die Tolerierbarkeit von Einkaufskartellen mit Höchstpreisen zu nennen, die den Verbrauchern jeweils durchaus zugute kommen können.[361] Auch die Befürwortung von Rabatten marktbeherrschender Unternehmen, die sich zugunsten der Konsumenten auswirken, obwohl im Gleichzug kleinere Wettbewerber benachteiligt werden,[362] zeugt von einer Wettbewerbspolitik, die die Verbraucherversorgung – den Schutz der sog. Marktgegenseite[363] – in den Vordergrund des modernen Kartellrechts rückt. Der Verbraucher soll nicht nur am Institutionenschutz teilhaben, auf den die kartellrechtlichen Regelungen abzielen, sondern auch unmittelbaren Schutz gegenüber ihn individuell betreffenden Wettbewerbsbeschränkungen erfahren. Das *private enforcement* nach deutschem Kartellrecht wurde insbesondere im Rahmen der 7. GWB-Novelle durch die Neuformulierung der Anspruchs-

---

357 Vgl. *Säcker*, ZWeR 2008, 348, 350.

358 Krit. zum *more economic approach* bei der Interpretation von Art. 101 ff. AEUV etwa *Säcker*, in: MünchKomm EU-WettbR, 2007, Einl., Rn. 6 ff.

359 Vgl. *Rittner/Dreher*, Europäisches und deutsches Wirtschaftsrecht, 3. Aufl. 2007, S. 359 ff.; zu den Änderungen im Rahmen der 8. und 9. GWB-Novelle unten Teil 2, C.I.2.a)bb)(4).

360 Vgl. *Schultze/Pautke/Wagener*, Vertikal-GVO, 3. Aufl. 2011, S. 274 f.; aber auch *Polley/Seeliger*, WRP 2000, 1203.

361 Vgl. *EU-Kommission*, Horizontalleitlinien, 2011, Rn. 206, 217 ff.

362 Vgl. *EU-Kommission*, Diskussionspapier zur Anwendung des Art. 82 EG, 2005, Rn. 134 ff.

363 Vgl. *EU-Kommission*, Leitlinien zur Anwendung von Art. 81 Abs. 3 EG-Vertrag, 2004, Rn. 84; *dies.*, Leitlinien zur Bewertung horizontaler Zusammenschlüsse, 2004, Fn. 105. Überholt ist die Rechtsprechung, das Kartellverbot schütze die Marktgegenseite nicht; vgl. *Säcker*, ZWeR 2008, 348, 349 f.; *Paul*, Gesetzesverstoß und Vertrag im Wettbewerbs- und Regulierungsrecht, 2009, S. 37 f.; BGHZ 86, 324, 330 = NJW 1984, 2819, 2822 – *Familienzeitschrift*; LG Berlin WuW/E DE-R 1325 – *Berliner Transportbeton II*; LG Mannheim GRUR 2004, 182, 183 – *Vitaminkartell*. Vgl. zum Schutz der Marktgegenseite im Lauterkeitsrecht *Bornkamm*, in: Köhler/Bornkamm, UWG, 33. Aufl. 2015, § 5, Rn. 1.8 ff.

grundlagen in § 33 GWB (jetzt §§ 33a GWB), die Erweiterung des Kreises der Aktivlegitimierten insbesondere auf Verbraucherverbände durch die 8. GWB-Novelle sowie die (inzwischen gescheiterten) Reformbemühungen der Kommission um eine Richtlinie zur Erleichterung der Geltendmachung von Kartell-Schadensersatzansprüchen vorangetrieben.[364]

Bevor nun die Integration kartellrechtlicher Wertungen in das Privatrecht anhand der Interdependenz und der Aufhebung der Normkonkurrenz beider Regelungsbereiche dargestellt wird, soll vorab einem generellen Vorrang des Ordnungsprinzips Wettbewerbs in der Rechtsordnung entgegengetreten werden. Dadurch soll aufgezeigt werden, dass eine Verabsolutierung kartellrechtlicher Wertungen anderen Ordnungsprinzipien der Rechtsgemeinschaft widerspräche. Die Übersicht kartellrechtlicher Durchsetzungsinstrumente ist von zweifacher Relevanz für den Untersuchungsgegenstand. Zum einen betrifft die Integration kartellrechtlicher Wertungen in das Privatrecht auch den in seiner Bedeutung wachsenden Bereich des kartellrechtlichen *private enforcements*. Zum anderen bereitet die Darstellung auch die Grundlage für die nachfolgende normative Betrachtung der kartellrechtlichen Aufgreifschwellen.[365]

I. Vorab: Kein genereller Vorrang des Ordnungsprinzips Wettbewerb

Bei der Ausdehnung kartellrechtlicher Wertungen über den Anwendungsbereich des spezifischen Kartellrechts ist grundsätzlich Zurückhaltung geboten:

> „Die Rechtsordnung gewährleistet [nämlich] nicht nur den Wettbewerb und damit die Voraussetzungen für die freie und ungestörte Entfaltung aller Wettbewerbskräfte, sondern auch andere Rechtseinrichtungen, die im Rahmen einer Wettbewerbswirtschaft ihren Eigenwert besitzen und deshalb auch nicht durch eine starre Verabsolutierung

---

364 Unten Teil 2, B.II.3.a); vgl. insbesondere auch *EU-Kommission*, Weißbuch, 2008, S. 3. Das Europäische Parlament hat sich am 17. April 2014 aber schließlich gegen die Einführung einer europäischen Kollektivklage für die Durchsetzung der Art. 101 und 102 AEUV entschieden (T7-0451/2014).

365 Unten Teil 2, C.II.2.

> des Wettbewerbsprinzips in Mitleidenschaft gezogen werden dürfen."[366]

Vor diesem Hintergrund ist ein absoluter Vorrang kartellrechtlicher Wertungen gegenüber den in anderen Vorschriften zum Ausdruck kommenden Wertungen des Gesetzgebers nicht geboten. Es besteht kein Wertunterschied zwischen den Gesetzgebern der einzelnen Gesetze.[367] Diese Erkenntnis leitet sich aus dem realen Wesen des Wettbewerbs ab, der sich

> „nicht in einem modelltheoretisch vorbestimmten, sondern in einem wertgebundenen Raum ab [-spielt], in dem anerkannte Rechts- und Ordnungsprinzipien des Gemeinschaftslebens bestehen."[368]

Ein zwingender Vorrang des Kartellrechts gegenüber anderen Gesetzen kann auch dem im Schrifttum schlagwortartig verwendeten Begriff vom Kartellgesetz als *„Grundgesetz der Wirtschaft"* nicht entnommen werden.[369] Darin ist nicht die Umschreibung eines allgemeinen Rechtsprinzips zu erkennen, das zu einer *„abwegigen Verabsolutierung des Wettbewerbsprinzips zu einem noch über der Verfassung stehenden Prinzip(s)"*[370] führen und dem Kartellrecht eine den Grundrechten ähnliche „Drittwirkung" auf andere Rechtsgebiete verleihen würde.[371] Das Prinzip der Einheit der Rechtsordnung beansprucht auch gegenüber dem Kartellrecht jedenfalls insoweit Geltung, als ein vorgegebener normativer Zusammenhang zwischen bestimmten Rechtsinstituten des Privatrechts und der Anwendbarkeit des Kartellrechts abzulehnen ist. Nichts anderes gilt hinsichtlich eines unbedingternVorrangs des Wettbewerbsschutzes vor allen anderen Interessen.[372] Zwar stellt der Wettbewerb als Ordnungsprinzip der Wirtschaftsverfassung einen Bestandteil der Rechtsordnung dar. Er ist aber nicht als übergeordneter Selbstzweck zu verstehen, sondern als Bestandteil einer freiheitlichen

---

366 *Hefermehl*, GRUR 1963, 385, 386; *ders.*, GRUR 1966, 651, 657. Grundlegend zum Verhältnis der Funktionen von Privat- und Wirtschaftsrecht *Raiser*, Die Zukunft des Privatrechts, 1971, S. 13, 26 f.; *Steindorff*, in: FS Raiser, 1974, 621 ff.

367 Vgl. *v. Köhler*, NJW 1971, 118, 119; *Reinhart*, GRUR 1976, 517, 526.

368 *Hefermehl*, GRUR 1966, 651, 656.

369 Vgl. *Reinhart*, GRUR 1976, 517, 526.

370 *Ipsen*, Kartellrechtliche Preiskontrolle als Verfassungsfrage, 1976, S. 42; *Püttner*, DÖV 1975, 831, 832.

371 Vgl. *Rupp*, in: Mestmäcker, Wettbewerb als Aufgabe, 1968, 187 ff., 203 ff.; *Reinhart*, GRUR 1976, 517, 526.

372 Vgl. *Köhler*, NJW 1971, 118 f.; *Hoppmann/Mestmäcker*, Normzwecke und Systemfunktionen, 1974, S. 40; zur Einheit der Rechtsordnung *Niederleithinger*, GRUR Int. 1996, 467 ff.; *Sodan*, JZ 1999, 864 ff.

Gesamtordnung.[373] Wo Konflikte zwischen Wettbewerbern zu entscheiden sind, ist nicht allein auf das Ordnungsprinzip Wettbewerb abzustellen, sondern auch auf andere Ordnungsprinzipien der Rechtsordnung, die im Rahmen einer Abwägung mit dem Ordnungsprinzip Wettbewerb nicht als von vornherein minderwertig einzuordnen sind.[374] Vorbehaltlich eines entgegenstehenden allgemeinen Umgehungsverbotes, dessen Existenz und Reichweite im Fortgang dieser Untersuchung noch erläutert werden,[375] gehen die folgenden Ausführungen folglich nicht von einem generellen Vorrang des Ordnungsprinzips Wettbewerbs aus.

II. Durchsetzungsinstrumente des Kartellrechts

1. Überblick

Einem Überblick über die Durchsetzungsinstrumente des Kartellrechts geht die Erkenntnis voraus, dass ein durch die GWB-Vorschriften geschütztes wirtschaftliches und wettbewerblich erhebliches Handeln seiner Natur nach dem Privatrecht zuzuordnen ist. Denn Handeln im Wettbewerb ist stets privatrechtliches Handeln.[376] Wird die wettbewerbliche Freiheit eingeschränkt, droht das beschränkende Verhalten andererseits mit Sanktionen verschiedener Verfahrensarten belegt zu werden. Das Handeln der Kartellbehörden ist dabei von verwaltungsverfahrens- bzw. ordnungswidrigkeitenrechtlicher Natur.[377] Das kartellrechtliche *private enforcement* bedient sich materiell privatrechtlicher, verfahrensrechtlich zivilprozessualer Mittel. Die Möglichkeit zur Erhebung von Zivilklagen bietet einen bedeutsamen verfahrensrechtlichen Flankenschutz. Primäre privatrechtliche Sanktionen sieht das nationale Kartellrecht – soweit bei den wenigen von der Angleichung des deutschen Wettbewerbsrechts an europäische Normen verschonten Randbereichen von einem eigenständigen nationalen Kartell-

---

373 Vgl. *Hefermehl*, GRUR 1966, 651, 657.

374 Vgl. zum Einfluss des Ordnungsprinzips Wettbewerb auf den Begriff der guten Sitten *Nordemann*, GRUR 1975, 625 ff.; *Vogt*, NJW 1976, 729 ff.

375 Unten Teil 2, B.IV.2.c).

376 Vgl. *Bumiller*, in: Wiedemann, Kartellrecht, 2. Aufl. 2008, § 59, Rn. 1, 79. Dem steht das Verständnis von Kartellrecht als Recht der wettbewerbsschützenden Verbote und Verbotssanktionen nicht entgegen; vgl. *Schmidt*, Kartellverfahrensrecht, 1977, S. 8 ff.

377 Auf die strafrechtlichen Sanktionsvorschriften der §§ 298 ff. StGB wird hingewiesen.

recht überhaupt noch die Rede sein kann –[378] in Form der Nichtigkeit kartellrechtswidriger Vereinbarungen vor. Zahlreiche Vorschriften des GWB haben unmittelbar geltende Verbote zum Gegenstand, die eine Nichtigkeit kartellrechtswidriger Vereinbarungen zur Folge haben. Vereinbarungen zwischen Unternehmen, Beschlüsse von Unternehmensvereinigungen und aufeinander abgestimmte Verhaltensweisen, die eine Verhinderung, Einschränkung oder Verfälschung des Wettbewerbs bezwecken oder bewirken, sind ebenso verboten (§ 1 GWB) wie die missbräuchliche Ausnutzung einer marktbeherrschenden Stellung durch ein oder mehrere Unternehmen (§ 19 GWB). Diskriminierung und unbillige Behinderung i.S.v. § 20 GWB begründen ebensl die Nichtigkeit des betroffenen Rechtsgeschäfts wie Verstöße gegen § 21 GWB bzw. der Preismissbrauch im Bereich der Energieversorgung (§ 29 GWB). Auf sekundärer Ebene korrespondieren die in §§ 33, 33a GWB gefassten Unterlassungs-, Beseitigungs- und Schadensersatzansprüche.

2. Behördliche Kartellrechtsdurchsetzung

Die Kartellbehörden können mit dem Ziel, die betroffenen Unternehmen zu einer Abstellung kartellrechtswidriger Verhaltensweisen zu verpflichten und die hierzu erforderlichen Maßnahmen zu erteilen, ein Verfahren einleiten, ggf. auch einstweilige Maßnehmen treffen (§ 32 a GWB). Denn die individuelle Interessenverfolgung allen voran kartellgeschädigter Unternehmen im Wege der privaten Kartellrechtsdurchsetzung kann den wirtschaftspolitischen Interessen des Staates und der Zielsetzung des Kartellrechts, der Aufrechterhaltung von Marktstrukturen, die weitestgehend wettbewerbliche Freiheit verschaffen, nicht genüge tun. Die Kartellbehörde kann das beanstandete Verfahren als Ordnungswidrigkeit verfolgen und eine Geldbuße verhängen (§ 81 GWB). Die öffentlich-rechtlichen Sanktionen können dabei zugleich privatrechtliche Auswirkungen haben. Zwar ist ein Zivilprozess nicht bis zum Abschluss eines behördlichen Verfahren auszusetzen. Bestandskräftige kartellbehördliche Entscheidungen entfalten aber Tatbestands- und Bindungswirkung für nachfolgende zivilrechtliche

378 An Normen, die im EU-Kartellrecht keine Entsprechung finden, sind die §§ 20, 29 GWB zur Verschärfung der Missbrauchsaufsicht zu nennen, ferner § 37 Abs. 1 Nr. 3b und Nr. 4 GWB als Erweiterung der Fusionskontrolle auf Minderheitsbeteiligungen, § 130 Abs. 1 GWB sowie § 3 GWB, welche die Kooperationsmöglichkeiten mittelständischer Unternehmen erweitert.

Schadensersatzklagen (§ 33b GWB).[379] Die Kartellbehörde kann auch darüber hinaus mit mittelbaren Folgen für die relevanten privatrechtlichen Sanktionen tätig werden. Weist ein bestimmtes Gebiet im Inland alle Merkmale eines gesonderten räumlichen Marktes auf, kann die Kartellbehörde diesem Gebiet den Rechtsvorteil einer Gruppenfreistellungsverordnung entziehen, soweit Vereinbarungen, die dem Grunde nach in den Anwendungsbereich der Gruppenfreistellungsverordnung fallen, mit § 2 Abs. 1 GWB bzw. Art. 101 Abs. 3 AEUV unvereinbar sind (§ 32 d GWB).

3. Private Kartellrechtsdurchsetzung

a) Fortschreitende Intensivierung

Das *private enforcement* erfährt eine fortschreitende Intensivierung. Zurückgehend auf die VO 1/2003 ist bereits die Einführung des Prinzips der gesetzlichen Freistellung bzw. der Legalausnahme im Kontext der privaten Kartellrechtsdurchsetzung zu sehen. Dies bewirkte eine Abkehr von dem bis dahin geltenden Anmelde- und Genehmigungserfordernis. Die Entscheidung, ob kartellrechtliche Verbotstatbestände verwirklicht sind, wurde zum Gegenstand von Zivilprozessen. Lediglich im Recht der Fusionskontrolle steht gemäß der FKVO bzw. §§ 35 ff. GWB weiterhin ein privatrechtsgestaltender Verwaltungsakt im Vordergrund. Der behördliche Konstitutivakt eignet sich weiterhin besser zur Marktstrukturkontrolle als zur Marktverhaltenskontrolle, der die zivilrechtlichen Sanktionsinstrumente zumindest auch dienen. Im Zuge der Intensivierung des *private enforcement* wuchsen den Zivilgerichten Aufgaben zu, die vormals allein den Kartellbehörden oblagen. Dies gilt zunehmend auch für den Bereich der sog. offensiven privaten Kartellrechtsdurchsetzung.[380]

Offensive Kartellzivilprozesse sind vor allem auf die Geltendmachung sonderdeliktsrechtlicher Kartellschadensersatzansprüche gerichtet. Sie sind im Zusammenhang mit dem angeführten Bestreben der Wettbewerbspolitik der Kommission zugunsten einer stärkeren privaten Kartellrechtsdurchsetzung zu sehen. Die Fortentwicklung des deutschen Kartellrechts orientierte sich im Rahmen der 6., der 7. und 8. GWB-Novelle nicht zuletzt da-

379 Weiterführend *Bumiller*, in: Wiedemann, Kartellrecht, 2. Aufl. 2008, § 59, Rn. 13; *Grünberger*, in: Möschel/Bien, Kartellrechtsdurchsetzung durch private Schadensersatzklagen, 2010, 135 ff.

380 Vgl. zur Begrifflichkeit Anh. 2 VO 1/2003, Teil A, Rn. 1.

durch maßgeblich an dieser Prämisse, dass den konkret Anspruchsberechtigten eine insgesamt klägerfreundlichere Position verschafft wurde.[381] Im Schrifttum wird die Durchsetzung von Kartellrecht durch Privatpersonen seither zum „*Thema der Stunde*“ im Kartellrecht erklärt.[382] Wenngleich dieses Verständnis angesichts der Erteilung immer höherer Kartellbußgelder als zu weitgehend anmutet, ist die Ausweitung des *private enforcements* einer effektiven Durchsetzung des Kartellrechts jedenfalls höchst zuträglich. Denn kartellrechtswidrige Wettbewerbsverletzungen betreffen jenen Wirtschaftsverkehr, in den der konkret Aktivlegitimierte in seinem Geschäftsablauf tatsächlich verwickelt ist. Die Marktteilnehmer selbst können sich aufgrund ihrer eigenen Erfahrungen gegen Wettbewerbsverstöße zur Wehr setzen. Davon bleibt ein anschließendes Tätigwerden der staatlichen Organe freilich unberührt. Private Unternehmen agieren letztlich als „*Quasi-Vollstreckungsorgane*“ des Staates.[383] Im Zuge einer Erweiterung und Intensivierung der Durchsetzungsinstrumente kann darüber hinaus bestehenden Defiziten in der Rechtsdurchsetzung entgegengetreten werden, die auf ein unzureichendes Tätigwerden der Verwaltungsbehörden zurückgehen. Die private Kartellrechtsdurchsetzung erlangt nicht zuletzt in Sachverhalten Bedeutung, die mangels Schwere einem Tätigwerden der staatlichen Verfolgungsorgane entzogen sind.[384]

b) Offensive private Kartellrechtsdurchsetzung

Der Begriff der offensiven privaten Kartellrechtsdurchsetzung bezieht sich auf sämtliche kartellrechtliche Haftungsnormen, die als Sonderdeliktsrecht zu qualifizieren sind. In ihrem Mittelpunkt stehen die §§ 33 ff. GWB.[385]

---

381 Vgl. BT-Drucks. 13/9720, S. 31, 35 f.; BT-Drucks 15/3640, S. 35, 53; zum Stellenwert der privaten Kartellrechtsdurchsetzung *EU-Kommission*, Grünbuch, 2005, S. 3; *BKartA*, Diskussionspapier Private Kartellrechtsdurchsetzung, 2005; zu ihrer Erforderlichkeit *Keßler*, WRP 2006, 1061, 1062; zur Schiedsgerichtsbarkeit *Heukamp*, SchiedsVZ 2006, 94 f.

382 Vgl. *Krüger*, Kartellregress, 2010, S. 17.

383 Vgl. *Mailänder*, Privatrechtliche Folgen unerlaubter Kartellpraxis, 1964, S. 8, 121; zum Zweck des § 33 GWB *Rehbinder*, in: Loewenheim/Meessen/Riesenkampff, Kartellrecht, 2. Aufl. 2009, § 33, Rn. 1 ff.

384 Weiterführend *Paul*, Gesetzesverstoß und Vertrag im Wettbewerbs- und Regulierungsrecht, 2009, S. 36.

385 Vgl. *Bulst*, EWS 2004, 403; *Basedow*, ZWeR 2006, 294; *Roth*, in: FS Huber, 2006, 1133; *Säcker*, ZNER 2007, 114, 115.

aa) §§ 33 ff. GWB

(1) Grundsätzliches

§ 33 Abs. 1 GWB gewährt dem Kartellbetroffenen einen verschuldensunabhängigen Beseitigungs- und Unterlassungsanspruch, wohingegen § 33a GWB die Modalitäten des Schadensersatzanspruchs regelt. Der Betroffene ist dabei nur aktivlegitimiert, soweit er durch den Kartellrechtsverstoß beeinträchtigt ist. Die 8. GWB-Novelle hat die private Kartellrechtsdurchsetzung zuletzt noch dadurch gefördert, als gemäß § 33 Abs. 2 Nr. 2 GWB a.F. (jetzt § 33 Abs. 4 Nr. 2 GWB) nun auch qualifizierte Einrichtungen im Sinne von § 4 UKlaG, insbesondere Verbraucherverbände, Unterlassungs- und Beseitigungsansprüche geltend machen können. Auf der Rechtsfolgenseite verwischen dabei zuweilen die Grenzen zwischen Unterlassungs-, Beseitigungs- und verschuldensabhängigem Schadensersatzanspruch. Dann nämlich, wenn das beanspruchte Verhalten die einzig sachgerechte Möglichkeit zur Beseitigung einer Diskriminierung bzw. unbilligen Behinderung darstellt.[386] Wird der Schuldner auf Unterlassung einer Nichtbelieferung in Anspruch genommen, kann der resultierende Kontrahierungszwang auf den Schadensersatzanspruch gestützt werden,[387] die Verpflichtung zu Vertragsabschluss und Belieferung zum Teil aber auch auf den kartellrechtlichen Unterlassungsanspruch.[388] Der BGH scheint das Verhältnis von Unterlassungs- zu Schadensersatzanspruch danach zu entscheiden, ob das kartellrechtswidrige Verhalten noch fortdauert und damit beseitigt werden kann. Ist nicht mehr das Verhalten selbst betroffen, das den Verstoß begründet, kommt nur noch ein auf Naturalrestitution gerichteter Schadensersatzanspruch in Betracht.[389]

Die ordentlichen Gerichte werden zunehmend mit Kartellschadensersatzklagen beschäftigt.[390] So wurde zuletzt etwa auch die schadensersatz-

---

386 *Topel*, in: Wiedemann, Kartellrecht, 2. Aufl. 2008, § 50, Rn. 112 m.w.N.

387 Vgl. BGH WuW/E 886, 892 – *Jägermeister*; WuW/E 1567, 1569 – *Allkauf/Nordmende*.

388 Vgl. OLG Karlsruhe WuW/E 2085, 2091 – *Multiplex*; *Bornkamm*, in: Langen/Bunte, Deutsches Kartellrecht, 12. Aufl. 2014, § 33, Rn. 113.

389 Vgl. BGH WuW/E 2905, 2911 f. – *Stromeinspeisung*; *Topel*, in: Wiedemann, Kartellrecht, 2. Aufl. 2008, § 50, Rn. 113.

390 Die belgische Aktiengesellschaft *CDC* etwa, eine Zweckgesellschaft, die abgetretene Ersatzansprüche kartellgeschädigter Unternehmen im eigenen Namen zunehmend auch vor deutschen Gerichten geltend macht, erregte durch Klagen gegen Mitglieder des sog. Zementkartells (vgl. OLG Düsseldorf WuW/E DE-R

rechtliche Aktivlegitimation indirekter Abnehmer eines Kartells begründet.[391] Der Vorteil der zugrunde liegenden Norm besteht darin, dass Kartellrechtsverstößen auf dem Zivilrechtsweg verfolgt werden können, ohne dass es eines vorherigen Tätigwerdens der Kartellbehörden bedarf.[392] Erleichternd stellt § 33b GWB aber die Verknüpfung zu einer für den Ersatzanspruch nicht zwingend erforderlichen, indes bestandskräftigen Verfügung der Kartellbehörde her. Zudem hemmt ein kartellbehördliches Ermittlungsverfahren wegen eines vorsätzlichen oder fahrlässigen Verstoßes gegen die einschlägigen GWB-Vorschriften die Verjährung des Schadensersatzanspruchs (§ 33h Abs. 6 S. 1 Nr. 1 GWB).

(2) Aufgabe des Schutzgesetzerfordernisses

Mit Blick auf den allgemeindeliktsrechtlichen Anspruch infolge Schutzgesetzverletzung (§ 823 Abs. 2 BGB) wird auf den seit der 7. GWB-Novelle vorrangigen § 33a GWB hingewiesen. An dieser Stelle wird der Frage nach einem verbleibenden Schutzgesetzerfordernis nicht abschließend nachgegangen. Angesichts des Wortlautes der Norm, der nicht mehr an die Schutzgesetzqualität der zuwidergehandelten Vorschrift anknüpft, wird ein solches Erfordernis weitgehend abgelehnt.[393] Während unter Geltung des früheren Rechts die Frage im Mittelpunkt stand, welche Vorschriften als Schutzgesetze i.S.v. § 823 Abs. 2 BGB in Betracht kommen und welcher Personenkreis in den Schutzbereich der jeweiligen Vorschrift einzubezie-

2311 ff.) ein gewisses Aufsehen in der Fachwelt; vgl. zum klageabweisenden Urteil des OLG Düsseldorf vom 18.02.2015, NJW 2015, 2129, aber *Hempel*, NJW 2015, 2077.

391 Vgl. BGHZ 190, 145 = GRUR 2012, 291 – *ORWI*, m.Anm. *Ackermann/Franck*; ferner *Seitz*, GRUR-Prax 2011, 543; *Schreiber*, GRUR-Prax 2012, 78.

392 Einen Ausgleich der ggf. verminderten Effizienz der Geltendmachung von Streuschäden seitens eines erweiterten Kreises Aktivlegitimierter kann die Verbandsklagebefugnis gemäß § 33 Abs. 4 GWB besorgen. Sammelklagen, die auf den Ersatz von Verbraucherschäden gerichtet sind, bleiben aber politisch nicht mehrheitsfähig; vgl. *EU-Kommission*, Weißbuch, 2008, S. 4 f. Am 17.04.2014 hat sich das Europäische Parlament schließlich gegen die Einführung einer europäischen Kollektivklage zur Durchsetzung der Art. 101 und 102 AEUV entschieden (T7-0451/2014).

393 Vgl. zur Schutzgesetzdiskussion *Emmerich*, in: Immenga/Mestmäcker, GWB, 5. Aufl. 2014, § 33, Rn. 113.

hen war,[394] trug die Einführung des Betroffenheitsmerkmals (§ 33 Abs. 1, 3 GWB)[395] und die Abschaffung des Schutzgesetzkriteriums im Zuge der 7. GWB-Novelle der *Courage*-Rechtsprechung des EuGH Rechnung.[396] Im Übrigen hatte auch nach der alten Rechtslage nicht jedes kartellrechtswidrige Verhalten einen Schadensersatzanspruch infolge Schutzgesetzverletzung begründet. Die Rechtsprechung begrenzte die Anspruchsberechtigung von Abnehmern und Lieferanten vielmehr auf Fälle kartellrechtswidriger Verhaltensweisen, wenn diese gezielt erfolgten.[397]

Der Regierungsentwurf der 7. GWB-Novelle verzichtete auf eine solche Zielgerichtetheit als Voraussetzung eines Schadensersatzanspruchs:

> „So fällt nach der bisherigen Rechtsprechung die Marktgegenseite nur dann in den Schutzbereich des Kartellverbots nach § 1, wenn sich die Absprache oder ein abgestimmtes Verhalten gezielt gegen bestimmte Abnehmer oder Lieferanten richtete (vgl. BGHZ 86, 324, 330 ‚Familienzeitschrift'; vgl. auch unlängst LG Mannheim, GRUR 2004, 182 ff.

---

394 Vgl. zur damaligen Rechtslage *Emmerich*, in: Immenga/Mestmäcker, GWB, 5. Aufl. 2014, § 33, Rn. 12 ff. Inwieweit Abnehmer von den Kartellanten Schadensersatz beanspruchen konnten, blieb bis zuletzt umstritten: Ein solcher Anspruch wurde überwiegend nur dann zugesprochen, wenn sich der Verstoß gegen § 1 GWB gezielt gegen den Abnehmer richtete, d.h. insbesondere bei Boykottvereinbarungen.

395 Vgl. auch BGH WuW/E BGH 2451, 2475 – *Cartier-Uhren*; *Mäsch*, EuR 2003, 825, 835; *Köhler*, GRUR 2004, 99, 100. Zur Bestimmung der Marktbeteiligung kann auf § 2 Abs. 1 Nr. 2 UWG zurückgegriffen werden; vgl. *Emmerich*, in: Immenga/Mestmäcker, GWB, 5. Aufl. 2014, § 33, Rn. 23 ff.; *Görner*, Die Anspruchsberechtigung der Marktbeteiligten nach § 33 GWB, 2007, S. 211 f.

396 Vgl. BT-Drucks 15/3640, S. 35, 53. Obwohl die *Courage*-Entscheidung den Sonderfall betraf, dass eine selbst an einem kartellrechtswidrigen Kartell beteiligte und durch diese Verhaltensbindung beeinträchtigte Partei einen Schadensersatzanspruch nach englischem Recht geltend machte, formulierte der EuGH verallgemeinernd: *„Die volle Wirksamkeit des Artikels 85 EG-Vertrag* [jetzt Art. 101 AEUV] *und insbesondere die praktische Wirksamkeit des in Artikel 85 Absatz 1 ausgesprochenen Verbots wären beeinträchtigt, wenn nicht jedermann Ersatz des Schadens verlangen könnte, der ihm durch einen Vertrag, der den Wettbewerb beschränken oder verfälschen kann, oder durch ein entsprechendes Verhalten entstanden ist. Ein solcher Schadensersatzanspruch erhöht nämlich die Durchsetzungskraft der gemeinschaftlichen Wettbewerbsregeln und ist geeignet, von – oft verschleierten – Vereinbarungen oder Verhaltensweisen abzuhalten, die den Wettbewerb beschränken oder verfälschen können.*" In seiner *Manfredi*-Entscheidung gelangte der EuGH für Endabnehmer zu demselben Ergebnis; vgl. EuGH Slg. 2006, I-6619 = EuZW 2006, 529 – *Manfredi*.

397 Vgl. BGHZ 96, 337, 351 = NJW 1986, 1877, 1879 – *Abwehrblatt I*; BGH NJW-RR 1999, 189, 190 – *Depotkosmetik*; LG Mainz NJW-RR 2004, 478, 480 f.

‚Vitaminkartell'). Diese Beschränkung auf finale Schädigungen führt im Ergebnis dazu, dass aus der Sicht eines Kartellmitglieds eine Schadensersatzpflicht je weniger zu befürchten ist, je umfassender die Kartellabsprache angelegt ist."[398]

Entscheidend ist also, ob der Anspruchsteller als Anbieter oder Nachfrager mit den von der Kartellrechtswidrigkeit des Marktverhaltens tangierten Waren oder Dienstleistungen in Berührung kommt. „Beeinträchtigt" (§ 33 Abs. 3 GWB) ist, wem durch das Verhalten ein adäquat-kausaler Nachteil zugefügt wurde. Die kartelldeliktsrechtliche Aktivlegitimation ist noch insoweit erweitert worden, als auch nur mittelbar Betroffene, also letztlich auch Endverbraucher anspruchsberechtigt sein können. Sie befindet sich im Einklang mit der Rechtsprechung des EuGH, nach welcher jedermann Ersatz verlangen kann, der durch kartellrechtswidriges Verhalten geschädigt wurde.[399]

bb) Rückgriff auf allgemeindeliktsrechtliche Vorschriften

Die sonderdeliktsrechtlichen Anspruchsgrundlagen der §§ 33, 33a GWB schließen den Rückgriff auf Regelungen des allgemeinen Deliktsrechts nicht aus. Es besteht zwar keine Möglichkeit mehr, eine Ersatzberechtigung aus § 823 Abs. 2 BGB wegen kartellrechtswidrigen Verhaltens als Schutzgesetzverletzung abzuleiten. Auch verbietet sich angesichts der speziellen GWB-Anspruchsgrundlage der Rückgriff auf § 823 Abs. 1 BGB wegen Verletzung des Rechts am eingerichteten und ausgeübten Gewerbebetrieb. Ein sonstiges Recht ist nach allgemeiner Meinung als subsidiärer Auffangtatbestand nur dann verletzt, soweit das geschriebene Recht eine zu füllende Lücke aufweist.[400] Bei vorsätzlicher Begehung besteht indes

398 BT-Drucks. 15/3640, S. 53; anders noch BGH NJW-RR 1999, 189 – *Depotkosmetik*; LG Mannheim GRUR 2004, 182 – *Vitaminkartell*; vgl. auch *Rehbinder*, in: Loewenheim/Meessen/Riesenkampff, Kartellrecht, 2. Aufl. 2009, § 33, Rn. 9; *Kießling*, GRUR 2009, 733, 735.

399 Vgl. EuGH Slg. 2001, I-6297 = GRUR 2002, 367 – *Courage*; Slg. 2006, I-6619 = EuZW 2006, 529 – *Manfredi*; zuletzt BGHZ 190, 145 = GRUR 2012, 291 – *ORWI*, m.Anm. *Ackermann/Franck*; *Lutz*, WuW 2005, 718, 727 f.; *Fritzsche*, WRP 2006, 42, 46; *Köhler*, WRP 2007, 602; *Emmerich*, in: Immenga/Mestmäcker, GWB, 5. Aufl. 2014, § 33, Rn. 22 ff., 57.

400 Vgl. BGHZ 36, 252, 256 f. = NJW 1962, 1103, 1104 – *Gründerbildnis*; 138, 311, 315 = NJW 1998, 2141, 2142; BGH NJW 2003, 1041; *Teichmann*, in: Jauernig, BGB, 16. Aufl. 2015, § 823, Rn. 97.

Anspruchskonkurrenz von § 33a GWB und § 826 BGB.[401] Da kein Grund für eine Privilegierung sittenwidriger vorsätzlicher Schädigungen durch Anerkennung einer Verdrängungswirkung bereichsspezifischer Vorschriften erkennbar ist, tritt die Anspruchsberechtigung gemäß § 826 BGB nur insoweit zurück, als der konkurrierende Rechtssatz denselben Tatbestand erfasst und zugleich einen weitergehenden Schutz ausschließen will.[402] Dies ist hinsichtlich § 33a GWB nicht anzunehmen, wenngleich § 826 BGB in diesem Zusammenhang nicht dieselbe Bedeutung zukommt wie im Rahmen seiner parallelen Anwendug neben § 9 UWG. Dort wird eine Verdrängungswirkung angesichts der besonders kurzen Verjährungsfrist des lauterkeitsrechtlichen Schadensersatzanspruchs (§ 11 Abs. 1 UWG) ebenfalls verneint.[403] Darüber hinaus bleiben allgemeindeliktsrechtliche Vorschriften wie §§ 830 und 840 BGB anwendbar, soweit das Kartelldeliktsrecht keine abschließenden Sonderregelungen bereithält.[404]

c) Defensive private Kartellrechtsdurchsetzung

Die Mehrzahl der GWB-Verbotstatbestände sind Verbotsgesetze i.S.v. § 134 BGB. Das Prinzip der Legalausnahme hat anders als nach der früheren Rechtslage, die eine behördliche Freistellbarkeit von Kartellverträgen vorsah, zur Folge, dass ein Verstoß gegen das Verbotsgesetz die unmittelbare Nichtigkeit der kartellrechtswidrigen Vereinbarung begründet, wenn sich nicht aus dem Gesetz ein anderes ergibt.[405] Die Reichweite der Nichtigkeitsfolge wird dabei durch Auslegung des Verbotsgesetzes ermittelt. Richtet sich das gesetzliche Verbot an beide Parteien des beabsichtigten Rechtsgeschäfts, ist in der Regel davon auszugehen, dass das Rechtsgeschäft nichtig sein soll.[406] Verstöße gegen das Verbot wettbewerbsbeschränkender Ver-

---

401 Vgl. *Emmerich*, in: Immenga/Mestmäcker, GWB, 5. Aufl. 2014, § 33, Rn. 113; *Rehbinder*, in: Loewenheim/Meessen/Riesenkampff, Kartellrecht, 2. Aufl. 2009, § 33, Rn. 56.

402 Vgl. *Wagner*, in: MünchKomm BGB, Bd. 5, 6. Aufl. 2013, § 826, Rn. 52; *Sprau*, in: Palandt, BGB, 74. Aufl. 2015, § 826, Rn. 2.

403 Vgl. RGZ 74, 434, 436; BGHZ 36, 252, 256 = NJW 1962, 1103, 1104 – *Gründerbildnis*; BGH NJW 1964, 493, 494 – *Düngekalkhandel*; *Ohly*, in: Ohly/Sosnitza, UWG, 6. Aufl. 2014, Einf. D, Rn. 63.

404 Vgl. BGHZ 190, 145 = GRUR 2012, 291 – *ORWI*, m.Anm. *Ackermann/Franck*.

405 Vgl. *Topel*, in: Wiedemann, Kartellrecht, 2. Aufl. 2008, § 50, Rn. 4 f.; *Krauß*, in: Langen/Bunte, Deutsches Kartellrecht, 12. Aufl. 2014, § 1, Rn. 313 ff.; *Roth/Ackermann*, in: FKomm Kartellrecht, Lfg. 73 01/2011, § 1 GWB, Rn. 110 ff.

406 *Ellenberger*, in: Palandt, BGB, 74. Aufl. 2015, § 134, Rn. 8 m.w.N.

einbarungen (§ 1 GWB),[407] die missbräuchliche Ausnutzung einer marktbeherrschenden Stellung Ve(§ 19 Abs. 1 GWB)[408], rstöße gegen das Diskriminierungs-, Behinderungs- und Boykottverbot sowie das Verbot sonstigen wettbewerbsbeschränkenden Verhaltens (§§ 20, 21 GWB) [409] sind von der Nichtigkeitsfolge erfasst. Strittig war hingegen, ob ein gegen das Vollzugsverbot verstoßendes Rechtsgeschäft angesichts § 41 Abs. 1 S. 1 GWB a.F. unheilbar nichtig oder nur schwebend unwirksam sein sollte.[410] Die Stimmen, die eine unheilbare Nichtigkeit des Rechtsgeschäfts dem Grunde nach befürworteten, vertreten bemerkenswerterweise auch, dass in jedem Einzelfall zu prüfen sei, ob der Berufung auf die Nichtigkeit des Rechtsgeschäfts der Rechtsmissbrauchseinwand nach § 242 BGB entgegengehalten werden kann.[411] In § 41 Abs. 1 S. 2 GWB ist nun geregelt, dass Rechtsgeschäfte, die gegen das Verbot des § 41 Abs. 1 S. 1 GWB verstoßen, unwirksam sind. § 41 Abs. 1 S. 3 Nr. 3 GWB sieht aber vor, dass Rechtsgeschäfte dann wirksam werden können, wenn der Zusammenschluss nach Vollzug angezeigt und im Verfahren als materiell unproblematisch angesehen wird.

Von der Nichtigkeitsfolge unproblematisch erfasst sind Ausführungsverträge, also die zusätzlichen Vereinbarungen und Beschlüsse zwischen den Kartellanten bzw. zwischen den Kartellanten und Dritten, die zur Durchführung, Ergänzung oder Absicherung der beabsichtigten oder bereits vereinbarten und beschlossenen Wettbewerbsbeschränkung getroffen werden.[412] Das Verbotsgesetz richtet sich gegen die Ausführung der verbotswidrigen Vereinbarung, da gerade diese Ausführungsverträge zur sanktionierten Wirkung der Wettbewerbsbeschränkung beitragen. Etwas anderes soll nach herrschender Meinung für Folgeverträge gelten, d.h. Vereinbarungen, die von Kartellanten in Ausführung der Kartellabsprache mit unbeteiligten Dritten abgeschlossen werden. Diese sollen von der Nichtigkeitsfolge nicht erfasst sein, es sei denn, sie verstoßen ihrerseits gegen das

407 Vgl. *Zimmer*, in: Immenga/Mestmäcker, GWB, 5. Aufl. 2014, § 1, Rn. 210 ff. Für Kapitalgesellschaftsverträge gilt z.T. Abweichendes; vgl. § 275 AktG; § 75 GmbHG. Vgl. zur Frage, ob ein kartellrechtswidriger Gesellschaftszweck die Lehre von der fehlerhaften Gesellschaft ausschließt *Topel*, in: Wiedemann, Kartellrecht, 2. Aufl. 2008, § 50, Rn. 43 ff.

408 Vgl. *Möschel*, in: Immenga/Mestmäcker, GWB, 5. Aufl. 2014, § 19, Rn. 248.

409 Vgl. *Markert*, in: Immenga/Mestmäcker, GWB, 5. Aufl. 2014, § 20, Rn. 229 und § 21, Rn. 80.

410 Vg*l. Riesenkampff/Lehr, in:* Loewenheim/Meessen/Riesenkampff, Kartellrecht, 2. Aufl. 2009, § 41, Rn. 5 f.; *Bechtold*, GWB, 6. Aufl. 2010, § 39, Rn. 23.

411 *Vgl. Topel*, in: Wiedemann, Kartellrecht, 2. Aufl. 2008, § 50, Rn. 6 ff. m.w.N.

412 Vgl. BGH WuW/E 1367, 1373 – *ZVN*; *Topel*, in: Wiedemann, Kartellrecht, 2. Aufl. 2008, § 50, Rn. 41.

Kartellverbot.[413] Aus Gründen der Rechtssicherheit soll der kartellfremde Dritte das Nichtigkeitsrisiko mit der Folge des Verlusts seiner Ansprüche nicht tragen müssen. Schutz soll der unbeteiligte Dritte, dem infolge der Durchführung der kartellrechtswidrigen und nichtigen Vereinbarung ein Schaden entsteht, in Gestalt der deliktischen Schadensersatzansprüche erlangen, über die § 134 BGB nichts aussagt.[414]

Insgesamt schließt sich die Frage nach der Reichweite der Nichtigkeitssanktion an, also danach, ob diese lediglich den kartellrechtswidrigen Teil eines Rechtsgeschäfts erfasst. Die normierte Nichtigkeitssanktion erfordert dabei ebenso wenig stets die Gesamtnichtigkeit des Rechtsgeschäfts, wie auch die Verbotstatbestände des GWB ihrem Zweck nach keine zwingende Gesamtnichtigkeit voraussetzen. Denn der wettbewerbsschützende Charakter des GWB erschöpft sich in der Beseitigung der Wettbewerbsbeschränkung.[415] Einer Gesamtnichtigkeit des Rechtsgeschäfts bedarf es daher nicht, soweit der Schutzzweck der kartellrechtlichen Verbotsnorm der teilweisen Aufrechterhaltung des Vertrages nicht widerspricht.[416] Die fehlende zivilrechtliche Durchsetzbarkeit allein der kartellrechtswidrigen Regelung wird dem Schutzzweck der einschlägigen Verbotsnorm gerecht. Der Vertrag kann im Übrigen erhalten bleiben.[417]

---

413 H.M.; vgl. *Nordemann*, in: Loewenheim/Meessen/Riesenkampff, Kartellrecht, 2. Aufl. 2009, § 1, Rn. 255 f.; *Krauß*, in: Langen/Bunte, Deutsches Kartellrecht, 12. Aufl. 2014, § 1, Rn. 339 f.

414 Vgl. *Krauß*, in: Langen/Bunte, Deutsches Kartellrecht, 12. Aufl. 2014, § 1, Rn. 340.

415 Vgl. BGHZ 31, 105 = NJW 1960, 145 – *Glasglühkörper*; 119, 101 = NJW 1992, 2888 – *Freistellungsende bei Wegnutzungsrecht*; OLG Karlsruhe WuW/E OLG 5478, 5484 – *Bedside-Testkarten*; *Topel*, in: Wiedemann, Kartellrecht, 2. Aufl. 2008, § 50, Rn. 10; *Nordemann*, in: Loewenheim/Meessen/Riesenkampff, Kartellrecht, 2. Aufl. 2009, § 1, Rn. 249.

416 OLG Frankfurt WuW/E OLG 3498, 3501 – *Nassauische Landeszeitung*.

417 Vgl. *Topel*, in: Wiedemann, Kartellrecht, 2. Aufl. 2008, § 50, Rn. 13. Schon das GWB 1990 sah die Nichtigkeit von Vereinbarungen vor, „soweit“ diese gegen Kartellrecht verstießen. Mit Blick auf die Harmonisierungsbestrebungen anschließender GWB-Novellierungen ist zu Art. 101 Abs. 2 AEUV (Art. 81 Abs. 2 EG a.F.) anerkannt, dass kartellrechtswidrige Vereinbarungen nur „insoweit“ nichtig sind, als sie nicht nach Art. 101 Abs. 3 AEUV (Art. 81 Abs. 3 EG a.F.) freigestellt sind.

4. Schlussfolgerungen

Zweierlei Erkenntnis ist festzuhalten. Zum einen muss diese Untersuchung im Zusammenhang mit der allgemeinen Tendenz einer Intensivierung des kartellrechtlichen *private enforcements* gesehen werden. Diese Entwicklung offenbart ein erstes Indiz für die Berücksichtigungsfähigkeit kartellrechtsähnlicher Wertungen im Rahmen der allgemeinzivilrechtlichen Klausel des § 242 BGB. Denn eine unterstellte Verdrängungswirkung spezifischen Kartellrechts gegenüber auslegungsbedürftigen Normen des allgemeinen Zivilrechts erzeugt einen ersten Widerspruch gegenüber der erkennbaren Intention des Gesetzgebers zur Stärkung des privatrechtlichen Schutzes vor wettbewerbsschädigenden Verhaltensweisen, die sich sowohl im Bereich der offensiven als auch für die defensive private Kartellrechtsdurchsetzung nachzeichnen lässt. Zum anderen zeigt sich im Zusammenhang mit den §§ 33 ff. GWB, dass kartellrechtliche Vorschriften keine absolute Verdrängungswirkung entfalten. Zwar enthalten sie spezifische Regelungen für einen abgrenzbaren Bereich. Mit Blick auf die Regelungsdichte des allgemeinen Deliktsrechts sind diese aber nicht abschließend, können und sollen dies auch gar nicht sein. So erklärt sich der Rückgriff auf allgemeindeliktsrechtliche Vorschriften des BGB, wenn das Kartelldeliktsrecht keine passende Regelung des Umfangs oder der Reichweite eines Anspruchs bereithält. Es mutet vor diesem Hintergrund *erst recht* systemfremd an, wenn der allumfassende Anwendungsbereich von Treu und Glauben insoweit verkürzt würde, als dass kartellrechtsähnlicher Wertungen allein aufgrund der Existenz spezifisch kartellrechtlicher Regelungen nicht berücksichtigungsfähig sein sollte. Noch umso mehr muss dies gelten, wenn der Anwendungsbereich dieses Spezialrechts gar nicht eröffnet ist. Einer solchen Berücksichtigung können nach den bisher gewonnenen Erkenntnissen allenfalls Umgehungsgesichtspunkte entgegenstehen, auf die noch gesondert einzugehen sein wird.

III. Interdependenz von Kartellrecht und Privatrecht

In Ergänzung der verwaltungsbehördlichen Durchsetzungsinstrumente erfolgt der Vollzug des Kartellrechts zunehmend im Wege der privaten Rechtsdurchsetzung. Dies zeugt von einer sich verändernden Aufgabenteilung zwischen Kartellbehörden und Zivilgerichten.[418] Ein effektiver

418 Vgl. *Schmidt*, ZEuP 2004, 881 ff.

Schutz der kartellrechtlichen Schutzgüter setzt daher ein funktionierendes Privatrecht voraus.[419] Nähert man sich dem Verhältnis kartellrechtlicher Wertungen zu allgemeinzivilrechtlichen Generalklauseln, ist der Blick auf die enge Verzahnung und untrennbare Abhängigkeit der beiden Regelungsmaterien erhellend. Die nachfolgenden Ausführungen sollen insoweit zunächst den Grundgedanken des bürgerlich-rechtlichen Vertragsrechts in Bezug auf Kartellierungen und der Vermachtung von Märkten vor seinem rechtshistorischen Hintergrund aufzuzeigen. Sodann wird der Blick auf das Spannungsverhältnis von Vertragsfreiheit und Vertragsgerechtigkeit gerichtet. Dies soll die konzeptionelle Notwendigkeit des Eingangs kartellrechtsähnlicher Wertungen in die allgmeienzivilrechtlichen Generalklauseln Aufzeigen. Dabei offenbart sich eine Reihe von Wechselwirkungen des Kartellrechts und Privatrechts.[420]

1. Grundgedanke des BGB

Ausgehend vom Grundgedanken des Gesetzgebers bei Schaffung des BGB kann der Wandel eines sozial ungebändigten liberalen Vertragsrechts hin zu einem sozial durchstrukturierten und sozialstaatsverpflichteten Vertragsrecht nachgezeichnet werden.[421] Dem Vertragsrecht des BGB lag zur Zeit seiner Schaffung das *„Leitbild des vernünftigen, selbstverantwortlichen und urteilsfähigen Rechtsgenossen“* zugrunde.[422] Unter bewusstem Verzicht auf eine materielle Vertragsethik und Einbindung des privatrechtlichen Rechtsgeschäfts in gesamtwirtschaftliche Interessen ging der Gesetzgeber von einem formalen Äquivalenzprinzip aus und erfasste das bürgerliche Recht als technisch-instrumentales Recht, das *„von jedem prinzipiell als frei und gleich gedachten Rechtsgenossen für eigennützige Zwecke in Anspruch genommen werden konnte.“*[423] Das BGB wies keine Maßstäbe zur Verhinde-

419 Vgl. *Schmidt*, AcP 206 (2006), 169, 173.

420 Vgl. zur wechselseitigen Abhängigkeit von Vertragsfreiheit und Wettbewerbsordnung bereits *Mestmäcker*, AcP 168 (1968), 235.

421 Vgl. *Raiser*, JZ 1958, 1 ff.; *Busche*, in: MünchKomm BGB, Bd. 1, 7. Aufl. 2015, Vorbem. § 145, Rn. 5; *Säcker*, in: MünchKomm BGB, Bd. 1, 7. Aufl. 2015, Einl., Rn. 49.

422 *Wieacker*, Privatrechtsgeschichte der Neuzeit, 2. Aufl. 1967, S. 482; vgl. auch *Limbach*, Der verständige Rechtsgenosse, 1977.

423 *Säcker*, in: MünchKomm BGB, Bd. 1, 7. Aufl. 2015, Einl., Rn. 34; vgl. auch *Jickeli*, Der langfristige Vertrag, 1996, S. 251; *Busche*, Privatautonomie und Kontrahierungszwang, 1999, S. 63, 236.

rung der Inanspruchnahme der Vertragsfreiheit auf. Zutreffend kann von einem offenen Wertrelativismus des Bürgerlichen Gesetzbuches die Rede sein.[424] Soweit marktregelnde Außenwirkungen rechtsgeschäftlicher Wettbewerbsbeschränkungen im Gesetzgebungsprozess des BGB von 1900 außer Betracht blieben, konnte daher allenfalls im vertraglichen Innenverhältnis Rechtsschutz vor allem in Fällen sittenwidriger Knebelung erlangt werden.[425] Die §§ 134, 138, 226 und 903 BGB fungierten dabei eher als Grenz- denn als Richtnormen und beschränkten die innerhalb der allgemeinen Gesetzes- und Sittenordnung geltende Vertragsfreiheit.[426] Methodisch fehlgehend wurde noch vereinzelt versucht, die Einbeziehung der Außenwirkung von Kartellvereinbarungen dadurch zu erreichen, dass der Kartellvertrag zum verbotenen Vertrag zulasten Dritter erklärt wurde.[427] Obwohl der Gesetzgeber beispielsweise in der Regelung der Geschäftsfähigkeit die Voraussetzungen für die Teilnahme am Rechtsverkehr festlegte, enthielt er sich einer Regelung zu den Voraussetzungen einer freien und gleichen Teilnahme jedes Einzelnen am Rechtsverkehr. Insbesondere Kartellierungen als solchen wurde zunächst nicht entgegnet. Somit ist es zutreffend vom *„Leiden des Privatrechts“* unter einer gewissermaßen selbst verschuldeten Unmündigkeit zu sprechen, indem der Willkür vermachteter Märkte zunächst nichts entgegengesetzt wurde.[428] Die freiheitssichernde Funktion des im 19. Jahrhundert als Thema bedrohter Gewerbefreiheit behandelten Kartellproblems wurde bei der Erarbeitung des BGB nicht berücksichtigt.[429] Die grundsätzliche Freiheit der Vertragsparteien erwehrte sich seiner Aushöhlung durch wettbewerbsgefährdende Kartellierungen und missbräuchliches Marktmachtverhalten vielmehr erst im Rahmen eines modernen Wettbewerbsrechts, insbesondere durch die einschlägigen Regelungen des GWB.

---

424 Vgl. *Schmidt*, AcP 206 (2006), 169, 170.

425 *Nörr*, Die Leiden des Privatrechts, 1994, S. 15 ff.; *Schmidt*, AcP 206 (2006), 169, 178 ff.

426 Vgl. zu § 138 BGB BGHZ 54, 145 = NJW 1970, 2157– *Biesenkate*; BGH NJW 1972, 1459 – *Bierbezugsvertrag*. Zutreffend enthält § 226 BGB demgegenüber die einzige inhaltliche Grenze des BGB; vgl. *Säcker*, in: MünchKomm BGB, Bd. 1, 7. Aufl. 2015, Einl., Rn. 34.

427 Vgl. *Lukes*, Der Kartellvertrag, 1959, S. 170 ff., 190 ff.; *Heinze*, in: FS Fechtner, 1973, 75, 101 f., 114; *Schmidt*, Kartellverfahrensrecht, 1977, S. 101 f.

428 Vgl. *Biedenkopf*, in: FS Böhm, 1965, 113, 124; *Raiser*, Die Zukunft des Privatrechts, 1971, S. 12, 26 ff., 33 f.; *Nörr*, Die Leiden des Privatrechts, 1994, S. 94 ff., 101 ff.; *Schmidt*, AcP 206 (2006), 169, 178.

429 Vgl. *Nörr*, Die Leiden des Privatrechts, 1994, S. 8 ff.

Besonders deutlich zeigt sich der Ansatz einer lediglich institutionellen Rahmenbildung an einer Beratung der vom Reichstag gebildeten Kommission zum Entwurf des BGB. Sie lehnte den Antrag zur Wiederaufnahme der *ordre-public*-Klausel in § 138 BGB ab. Diese war darauf gerichtet, Rechtsgeschäfte, die wichtige allgemeine Grundprinzipien der Rechtsordnung, insbesondere die persönliche Freiheit und die Gewerbefreiheit antasten, mit Nichtigkeit zu bedrohen.[430] Die Verfasser des Ersten Entwurfs des BGB waren dennoch davon überzeugt, dass jeder Vertrag dann als Verstoß gegen die öffentliche Ordnung i.S.v. § 138 BGB nichtig sei, der die Gewerbefreiheit einschließlich der Freiheit, mit Dritten zu frei vereinbarten Preisen und Konditionen Verträge zu schließen, beeinträchtigt. Die Verfasser des Zweiten Entwurfs erkannten an, dass

> „Beschränkungen der Gewerbefreiheit, sofern sie das durch wirtschaftliches Interesse berechtigte Maß überschreiten, [...] als den guten Sitten widerstreitend zu verwerfen [seien]. Auch die Konkurrenzklausel [im Sinne einer ancillarischen Klausel zur Sicherung gesellschafts- bzw. arbeitsvertraglicher Pflichterfüllung] sei, wo sie das berechtigte wirtschaftliche Interesse überschreite, nicht mit den guten Sitten im Einklang, wo sie sich aber in den angemessenen Schranken halte, könne sie keineswegs deshalb, weil sie die Gewerbefreiheit der Betreffenden nach gewisser Richtung hin beschränke, allgemein als verwerflich bezeichnet werden."[431]

Obwohl auch das Reichsgericht wettbewerbsbeschränkende Verträge nur unter strengen objektiven und subjektiven Voraussetzungen als sittenwidrig verwarf,[432] zeigt sich doch, dass die Verfasser des BGB die Wettbewerbsbeschränkungen als sittenwidrig ansahen, die das durch wirtschaftliches Interesse berechtigte Maß überschritten. Der Schutz der Gewerbefreiheit wurde also nicht generell in Frage gestellt. Auch die fortan erfolgte *„innere Weiterentwicklung des bürgerlichen Rechts seit 1900"* brachte eine stärkere Hervorhebung von Treu und Glauben als einen Rechtsgedanken mit sich,

---

430 Vgl. *Esser*, ZHR 135 (1971), 320, 324; *Schmidt*, Die Lehre von der Sittenwidrigkeit der Rechtsgeschäfte in historischer Sicht, 1973, S. 145. Die Ablehnung des Antrags wurde insbesondere mit der Notwendigkeit einer differenzierteren Regelung der Gewerbefreiheit begründet.

431 Bericht der Reichstags-Kommission, 1896, S. 41 f.

432 Vgl. zur Kritik an diesem scheinliberalen Verständnis des Begriffs der guten Sitten *Fikentscher*, in: FS Hallstein, 1966, 127,131; *Mestmäcker*, AcP 168 (1968), 235, 238 f.; *Möschel*, Siebzig Jahre deutsche Kartellpolitik, 1972, S. 7 ff.; *Schmidt*, Kartellverfahrensrecht, 1977, S. 264 ff.

der das gesamte Privatrecht durchzieht. In diesem Zusammenhang erfuhr beispielsweise das strenge Willensdogma der §§ 116 ff. BGB eine Einschränkung durch die verstärkte Hervorhebung von Verkehrs- und Vertrauensschutzgesichtspunkten.[433] Darüber hinaus wurde, um nur ein weiteres Beispiel zu nennen, die richterliche Weiterentwicklung des § 242 BGB durch den BGH und das BAG zum Vorläufer der heutigen §§ 305 ff. BGB.[434]

In den 70er- und 80er-Jahren des vergangenen Jahrhunderts ging es unter dem Stichwort der Materialisierung des Privat-, insbesondere des Schuldrechts darum, die Ausfüllung der bis dahin als „formales" Schuldrecht verstandenen Materie mit materiellen Gerechtigkeitsstandards zu begründen.[435] Zum Teil wird der Ansatz, das Schuldrecht des BGB bedürfe einer wertungsmäßigen Unterfütterung anhand von Verfassungsprinzipien, Menschenrechten oder sozialpolitischem Verantwortungsbewusstsein als Fehlvorstellung abgetan.[436] Dennoch vollzieht sich der Wandel hin zu einer fortschreitenden sozialstaatlichen Gesetzgebung heute jedenfalls in Umsetzung unionsrechtlicher Vorgaben zur legislativen Weiterbildung des BGB oder durch Erlass privatrechtlicher Nebengesetze. Insoweit ist eine gewisse Überwölbung des dann doch zumindest theoretisch-methodisch formalen Privatrechts festzustellen. Die Vertragsfreiheit hat sich insoweit von den ursprünglichen Vorgaben des historischen Gesetzgebers entfernt, als inhaltliche Vertragsvorgaben in vielen Bereichen zur Regel geworden sind.[437] Als prominentes Beipiel kann die Implementierung eines stark verselbstständigten Verbraucherschutzrechts genannt werden. Ob dahingehende Ausdifferenzierungen des Vertragsrechts in das BGB zu integrieren sind oder in flankierende Sondergesetze gefasst werden sollten, ist eher mit Blick auf die Ästhetik der Gesetzgebung zu beantworten, als dass die Unterscheidung rechtspraktische Auswirkungen hätte und für das Niveau des Verbraucherschutzes von Bedeutung wäre.[438]

---

433 Vgl. *Säcker*, in: MünchKomm BGB, Bd. 1, 7. Aufl. 2015, Einl., Rn. 43 m.w.N.

434 Vgl. BGHZ 22, 90 = WM 1956, 1542 – *Fabrikneue Möbel*; 51, 55, 58 = NJW 1969, 230; 75, 15, 20 = NJW 1979, 2387, 2388; ferner BAG AP § 242 Ruhegehalt Nr. 156.

435 Vgl. *Canaris*, AcP 200 (2000), 273 ff.; grundlegend *Assmann/Bruggemeier/Hart/Joerges*, Wirtschaftsrecht als Kritik des Privatrechts, 1980.

436 Vgl. *Ernst*, in: MünchKomm BGB, Bd. 2, 6. Aufl. 2012, Einl., Rn. 53. Die Problematik sei angesichts der Rechtsidee des BGB weniger von einem Mangel materieller Wertethik bestimmt als durch einen gewissen Gestaltverlust zentraler Rechtsfiguren.

437 Vgl. *Zweigert*, in: FS Rheinstein, 1969, 493; *Säcker*, in: MünchKomm BGB, Bd. 1, 7. Aufl. 2015, Einl., Rn. 50 f.

438 *Ernst*, in: MünchKomm BGB, Bd. 2, 7. Aufl. 2016, Einl., Rn. 61.

Konzeptionell ähnlich der die gesetzgeberischen Weiterentwicklung des BGB zeugt die Rechtsanwendung durch die Gerichte von einer fortwährenden Anpassung des geltenden Rechts an übergeordnete Prinzipien, die ihrerseits in wandelbaren gesellschaftlichen Anschauungen begründet sind. Auch der Richter schreckt

> „vor (einer) Neubewertung legislativ eindeutig entschiedener Problemlagen nicht zurück [...], wenn die gesetzliche Regelung den sozialen Anschauungen und Gerechtigkeitsempfindungen einer gewandelten Zeitepoche bzw. dem ‚Geist' einer neuen Verfassungsordnung nicht mehr Rechnung trägt."[439]

Diese Praxis findet ihre Grenze aber immer dort, wo auch der Rechtsfortbildungsfunktion allgemeinzivilrechtlicher Generalklauseln Grenzen gesetzt wind.[440] Die Rechtsfortbildung darf keine subjektive Billigkeitsrechtsprechung ermöglichen. Im Rahmen einer jedenfalls gesetzeszweckorientierten Rechtsanwendung ist eine rechtsfortbildende Maßnahme mit dem Gesamtsystem rechtlich bereits existierender Lösungen in Beziehung zu setzen. Der Rechtsanwender muss immer auch eine Kohärenz mit dem vorhandenen Gesamtsystem finden.[441]

Für diese Untersuchungsgegenstand ergibt sich daraus eine Perspektive. Fraglich ist nämlich, ob ein Privatrecht, das sich lange Zeit wettbewerbsschädlichen Erscheinungsformen wirtschaftlicher Macht nicht erwehrte, nunmehr in Teilen eine Überwölbung zumindest kartellrechtsähnlicher Wertungen erfahren soll. Die Exklusivität eines – wenn auch zunehmend dem Individualschutz zugewandten – Kartellrechts ginge zulasten einer vertragsrechtsspezifischen, wenn auch allgemeinzivilrechtlichen Lösung in diesem formalen Sinne. Die insoweit divergierenden Meinungen in Rechtsprechung und Schrifttum verdeutlichen, dass der Raum, den zuvor noch die Frage nach dem individualschützenden Charakter der kartellrechtlichen Verbots- und Schutzgesetze einnahm, nun das Problem der Normenkonkurrenz ausfüllt. Der Meinungsstand zum Verhältnis von Kartellrecht und Privatrecht lässt darauf schließen, dass ein genereller Ansatz zur widerspruchsfreien Auflösung der Konkurrenzfrage nach wie vor nicht entwickelt wurde.[442] Während nämlich zum Teil von einer vollständigen Kon-

---

439 *Säcker*, in: MünchKomm BGB, Bd. 1, 7. Aufl. 2015, Einl., Rn. 54.

440 Oben Teil 2, A.III.3.

441 *Säcker*, in: MünchKomm BGB, Bd. 1, 7. Aufl. 2015, Einl., Rn. 54.

442 Vgl. zur ähnlich uneinheitlichen Diskussion um GWB und TKG *Piepenbrock/ Schuster*, CR 2002, 98.

kurrenz zivilrechtlicher und kartellrechtlicher Normen ausgegangen wird,[443] finden sich auch Befürworter eines generellen Vorrangs der kartellrechtlichen vor allgemeinzivilrechtlichen Vorschriften wie § 315 BGB.[444] Die Diskussion lässt sich auch für die AGB-Inhaltskontrolle nachzeichnen. Nach §§ 307 ff. BGB unangemessene und letztlich unwirksame allgemeine Geschäftsbedingungen sollen nach einer Ansicht dem Anwendungsbereich der kartellrechtlichen Missbrauchsaufsicht schon deshalb entzogen sein, weil sie keinen tauglichen Anknüpfungspunkt für eine kartellrechtliche Überprüfung mehr darstellten.[445] Ob diese aus verschiedenen Erwägungen nur pauschale Feststellung auch hinsichtlich § 242 BGB gelten kann, soll Gegenstand weitergehender Überlegungen sein, die zunächst aber eine Auseinandersetzung mit der Berücksichtigungsfähigkeit wirtschaftlicher Allgemeininteressen im Rahmen der allgemeinzivilrechtlichen Generalklausel erfordert. Der Vorwurf, das Privatrecht leide an einer *„Schwäche oder sogar Blindheit [...] gegenüber privatautonom gebildeter Wirtschaftsmacht, konkret: Kartellierung“*,[446] lässt sich heute mit Blick auf die weitgehende Berücksichtigung von Allgemeininteressen, die auch dem spezifisch Kartellrechtsschutz unterfallen, nicht mehr aufrechthalten.[447] So tritt das privatrechtliche Individualschutzkonzept angesichts jüngerer Entwicklungen zum kartellrechtlichen Kontrahierungszwang, dem zunehmend differenzierten Kartelldeliktsrecht sowie dem Einfluss der europäischen Rechtsprechung zunehmend hinter dem Ziel einer institutionellen Wettbewerbsordnung zurück.[448] Diese Tendenz lässt sich auch mit Blick auf die jüngeren Änderungen im Rahmen der 7., 8. und 9. GWB-Novelle nachzeichnen, stellt aber keine auf das Kartellrecht begrenzte Erscheinung

---

443 Vgl. *Kordel*, ZWeR 2005, 359, 371; *Paul*, Gesetzesverstoß und Vertrag im Wettbewerbs- und Regulierungsrecht, 2009, S. 220 ff.

444 Vgl. zur sog. Verdrängungslehre LG Rostock RdE 2004, 175, 176; LG Karlsruhe RdE 2006, 134, 135 f.; *Ehricke*, JZ 2005, 599, 602; *Kühne*, NJW 2006, 2520, 2521; *ders.*, NJW 2006, 654, 655; *Wielsch*, JZ 2008, 68, 72 f.

445 Vgl. *Knöpfle/Leo*, in: GemeinschaftsKomm Kartellrecht, 4. Lfg. 2001, § 19, Rn. 2185, 2197; weiterführend unten Teil 2, B.IV.3.a)aa)(2).

446 *Steindorff*, in: FS Raiser, 1974, 621 ff.; vgl. auch *Raiser*, Die Zukunft des Privatrechts, 1971; *Schmidt*, AcP 206 (2006), 169, 170 f., der die *„Blindheit“* des BGB in seinen unzureichenden Regelungen zum Recht der Organisationen und seiner dem Grunde nach individuellen Rechtszuweisung ausmacht.

447 Vgl. *Westermann*, AcP 208 (2008), 141, 174.

448 *Schmidt*, AcP 206 (2006), 169, 170.

dar.[449] Die Frage, ob die auf diesem Weg entstehende systematische Lücke in der privatrechtstypischen *„dezentralisierten Interessenbewertung privatrechtlicher Beziehungen“*[450] dergestalt gefüllt wird, dass private Anspruchssteller ihre Anspruchsberechtigung auf öffentliche Interessen stützen, ohne selbst subjektiv betroffen zu sein, ist in weiten Teilen rechtspolitischer Natur. Dem liegt das Verständnis zugrunde, dass Wirtschaftsrecht, insbesondere Kartellrecht, den Schutz einzelner Rechtssubjekte nicht im Sinne einer individuellen Rechtsverfolgung bezweckt. Der Schutz einzelner Rechtssubjekte habe vielmehr dem Interesse der Wettbewerbsordnung zu dienen und ergebe sich im Sinne einer Notwendigkeit daraus.[451] Vor diesem Hintergrund sind öffentliche Interessen auch in die nach § 242 BGB vorzunehmende Interessenabwägung einzustellen. Dies gebietet die originäre Funktion von Treu und Glauben[452] und folglich auch die Einheit der Rechtsordnung,[453] der sich – im Rahmen ihre tatbestandlichen und teleologischen Grenzen sowie vorbehaltlich der Wahrung eines allgemeinen Umgehungsverbotes – auch die institutionellen Voraussetzungen der Privatautonomie nicht verschließen können. So ist anerkannt, dass gerade die in spezifisch kartellrechtlichen Vorschriften verkörperten öffentlichen Interessen in die nach § 242 BGB vorzunehmende Interessenabwägung eingestellt werden und im Einzelfall ein an sich gerechtfertigtes Abwägungsergebnis auch überstimmen können.[454]

2. Wechselseitige Abhängigkeit von Kartellrecht und Vertragsrecht

Vor diesem Hintergrund sollen die Einwirkungen des Kartellrechts auf das Vertragsrecht aufgezeigt werden. Zunächst wird das grundlegende Spannungsverhältnis von Vertragsfreiheit und Vertragsgerechtigkeit und die konzeptionelle Notwendigkeit des Eingangs jedenfalls kartellrechtsähnlicher Wertungen dargestellt. Ein darauffolgender Bearbeitungsabschnitt

---

449 Vgl. beispielsweise zum (europäischen) Verbraucherschutzrecht *Micklitz*, in: Grabitz/Hilf/Nettesheim, Das Recht der EU, Vorb. A 2 Richtlinien 85/577/EWG und 97/7/EG – Systematischer Teil, Lfg. 14 10/1999, Rn. 20 ff.

450 *Westermann*, AcP 208 (2008), 141, 174.

451 *Raiser*, in: Summum ius summa iniuria, 1963, 145, 149; *Schmidt*, AcP 206 (2006), 169, 187 ff.; *Sack*, in: Loewenheim/Messen/Riesenkampff, Kartellrecht, 2. Aufl. 2009, § 24, Rn. 27.

452 Oben Teil 2, A.IV.2.c).

453 Oben Teil 2, B.I.

454 Vgl. *Mestmäcker*, AcP 168 (1968), 235, 256; *Kühne*, RdE 2005, 241, 244.

widmet sich der Konkurrenz spezifischer BGB-Vorschriften zur rechtsgeschäftlichen Inhaltskontrolle und den einschlägigen GWB-Normen. Dahinter steht folgender Gedanke: Soweit eine untrennbare Verbindung des individuell wie institutionell wettbewerbsschützenden Kartellrechts zum allgemeinen Vertragsrecht besteht, dürfte der Berücksichtigung somit wesensimmanenter kartellrechtsähnlicher Wertungen in allgemeinzivilrechtlichen Generalklauseln lediglich ein allgemeines Umgehungsverbot entgegenzuhalten sein.

Der Interdependenz der beiden Rechtsgebiete geht die Erkenntnis voraus, dass vertragsrechtliche Regelungen primär auf den Schutz von Individualinteressen der an einem konkreten Rechtsgeschäft beteiligten Rechtssubjekte ausgerichtet sind. Das Kartellrecht verfolgt andererseits eine gemeinwohlorientierte Überprüfung der gesamtwirtschaftlichen Richtigkeit der Verhaltensergebnisse von Marktteilnehmern.[455] Trotz dieser verschiedenen Zielstellungen lässt sich ein gänzlich losgelöstes Nebeneinander von Kartellrecht und Vertragsrecht dennoch nicht feststellen. Stattdessen ließe sich die These befürworten, das Zivilrecht könne ebenso wenig ohne das Kartellrecht auskommen, wie das Kartellrecht ohne das Zivilrecht auskommen kann.[456] Die Wettbewerbsfreiheit als gesamtwirtschaftliches Ordnungsprinzip ist als ökonomisches Äquivalent einer freiheitlichen Gesellschaftsordnung zu verstehen, der – in bestimmten Grenzen – auch die Vertragsfreiheit entspringt.[457] Tatsächlich treten Überschneidungen der Regelungsmaterien in zweifacher Hinsicht zu Tage. Rechtsgeschäftliche Beziehungen wettbewerbsverletzender Parteien mit sonstigen Marktteilnehmern unterliegen dem Grunde nach nicht allein einer vertragsrechtlichen Inhalts- und Wirksamkeitskontrolle, sondern berühren – wenn die entsprechenden Aufgreifkriterien erfüllt sind – auch den Anwendungsbereich kartellrechtlicher Normen. Auf der anderen Seite wirft ein kartellrechtlich sanktionierbares Verhalten auch die Frage nach der Verdrängungswirkung der GWB-Vorschriften gegenüber den einschlägigen vertragsrechtlichen Kontroll- und Sanktionsinstrumenten auf. Genauer soll zwar anerkannt sein, dass den kartellrechtlichen Regelungen eine normkonkretisierende Funktion bei der Auslegung allgemeinzivilrechtlicher Generalklauseln zukommt, insbesondere im Rahmen der §§ 138, 242, 307 ff. und § 315

455 Vgl. *Schmidt*, AcP 206 (2006), 169, 171; *Glöckner*, WRP 2007, 490, 494 ff.

456 Vgl. *Schmidt*, AcP 206 (2006), 169, 170.

457 Vgl. *Hoppmann*, in: Schneider, Grundlagen der Wettbewerbspolitik, 1968, 9, 17 ff.; *Merz*, Die Vorfeldthese, 1988, S. 215 ff.

BGB.[458] So wird beispielsweise ein Gleichlauf des Beurteilungsmaßstabs für die kartellrechtsrelevante Missbräuchlichkeit (§ 19 GWB) und der Unbilligkeitsbewertung einseitiger Leistungsbestimmungsrechte (§ 315 BGB) befürwortet, so dass ein missbräuchlich überhöhter und einseitig bestimmter Preis nach § 19 Abs. 1, 2 Nr. 2, 3 GWB stets auch unbillig i.S.v. § 315 Abs. 3 BGB ist.[459] Es bleibt aber daran festzuhalten, dass die *„funktionale Zuordnung"*[460] beider Rechtsgebiete es bedingt, jedes nach seiner Eigenart zu handhaben. Dieser Grundsatz ist im Rahmen der Aufhebung von Normkonkurrenzen von besonderer Bedeutung. Beispielsweise kann im Zusammenhang mit der kartellrechtlich begründeten Teilnichtigkeit eines Vertrages (§ 134 BGB) der Vertragsrest nur aufrecht erhalten werden, soweit dieser hypothetisch gewollt und seinerseits auch kartellrechtskonform ist.[461]

a) Vertragsfreiheit vs. Vertragsgerechtigkeit

aa) Grundsätzliches

Im Sinne einer grundsätzlicheren Abhängigkeit rechtsgeschäftlicher Kontrollmechanismen und sondergesetzlichen Wettbewerbsschutzes soll das natürliche Spannungsverhältnis der Vertragsfreiheit zur sog. materiellen Vertragsgerechtigkeit[462] als Ausgangspunkt für diese Betrachtung herangezogen werden. Anders als bei der einseitigen Ausübung privater Rechtsmacht liegt der Rechtsgeschäftslehre ein Verständnis zugrunde, wonach der Einzelne seinen Willen in einem Vertrag nur im Zusammenwirken mit anderen Rechtssubjekten verwirklichen kann.[463] Der Vertrag beruht inso-

---

458 Vgl. *Mestmäcker*, AcP 168 (1968), 235, 256; *Kühne*, RdE 2005, 241, 244.

459 Vgl. BGH WRP 2008, 810, 813 – *Stromnetznutzungsentgelt III*; *Markert*, RdE 2006, 84, 87; *Säcker*, RdE 2006, 65, 70; *Dreher*, ZNER 2007, 103, 113; *Wielsch*, JZ 2008, 68, 71. Nichts anderes wird für den vor der 8. GWB-Novelle in § 20 GWB verorteten § 19 Abs. 2 Nr. 1 GWB zu gelten haben. Ferner konkretisieren Günstigkeitsprinzip und die Bedingungen guter fachlicher Praxis gemäß § 6 Abs. 1 EnWG 2003 den Maßstab des billigen Ermessens i.S.v. § 315 BGB; vgl. BGHZ 164, 336, 341 = RdE 2006, 81, 84 – *Stromnetznutzungsentgelt I*; BGH WRP 2008, 810, 812 – *Stromnetznutzungsentgelt III*.

460 *Möschel*, Recht der Wettbewerbsbeschränkungen, 1983, S. 3 f.

461 Vgl. BGH WuW/E DE-R 1031 – *Tennishallenpacht*.

462 Vgl. *Schmidt*, AcP 206 (2006), 169, 173.

463 Vgl. *Larenz*, Schuldrecht I, 12. Aufl. 1979, S. 38 f.; *Looschelders*, Schuldrecht AT, 13. Aufl. 2015, § 3, Rn. 52 ff.

weit auf dem Konsens der Parteien, als das beiderseitige Mitwirken an der Vertragsgestaltung im Wesen des mehrseiten Rechtsgeschäfts begründet liegt. Zwang und Privatautonomie schließen sich dem Grunde nach aus. Zutreffend kann ein Rechtsgeschäft als Instrument der freien Selbstbestimmung demnach nur funktionieren, wenn sich die Einzelnen

> „mit der Macht zur Selbstbestimmung gegenüberstehen und nicht durch die Macht des einen statt der beiderseitigen Selbstbestimmung eine einseitige Fremdbestimmung eintritt."[464]

In Ermangelung eines allgemeingültigen Maßstabs bedarf der Gedanke einer ausgleichenden Gerechtigkeit im Sinne einer Vertragsgerechtigkeit, wonach der Vertrag ein Ergebnis herstellt, das den Interessen beider Parteien gleichermaßen gerecht wird, aber einer Korrektur. Vor dem Hintergrund, dass den Parteien in einer freiheitlichen Gesellschaftsordnung ein angemessener Vertragsinhalt nicht vorzuschreiben ist, lässt sich das Spannungsverhältnis zwischen Vertragsfreiheit und Vertragsgerechtigkeit nämlich allein insoweit lösen, als das freie Aushandeln von Vertragsbedingungen einem Prozess des Gebens und des Nehmens unterliegt und den Anforderungen einer ausgleichenden Gerechtigkeit zumindest nicht krass widerspricht.[465] Dem Institut privatautonomer Verträge kommt daher lediglich eine gewisse *„Richtigkeitsgewähr"* zu.[466] In den Grenzen der guten Sitten und der allgemeinen Gesetze kann den Parteien niemand die Entscheidung abnehmen, was für sie subjektiv richtig ist. Ein Ergebnis, das beiden Parteien gleichermaßen gerecht wird, kann zwar rechtsgeschäftlich hergestellt werden, muss es aber nicht. Denn eine objektive Richtigkeit vertraglicher Abreden ist dem Wesen des Vertrages fremd. Die Rechtssubjekte bestimmen vielmehr frei über dessen Richtigkeit. Gerade die Anpassung der – eher am Maßstab der objektiven Richtigkeit zu messenden – staatlich aufgestellten Regeln, Gesetz und Verordnung, an die Bedürfnisse der Privatrechtssubjekte gehört zu den *„genialen Eigenschaften der Privatrechtsordnung"*.[467] Ebenso Zustimmung verdient die Erkenntnis, dass die Zweiteilung der privatrechtlichen Regelsetzung in staatlich aufgestellte Regelung und zwischen den Privatrechtssubjekten getroffene Vereinbarungen eine

---

464 *Säcker*, in: MünchKomm BGB, Bd. 1, 7. Aufl. 2015, Einl., Rn. 37; grundlegend *Schmidt-Rimpler*, AcP 147 (1941), 130, 153; zustimmend *Bydlinski*, Privatautonomie und objektive Grundlagen des verpflichtenden Rechtsgeschäfts, 1967, S. 62.

465 *Canaris*, in: FS Lerche, 1993, 873, 884; *Ritgen*, JZ 2002, 114, 117.

466 Vgl. zur Richtigkeitsgewähr privatautonomer Verträge *Schmidt-Rimpler*, AcP 147 (1941), 130 ff.; *ders.*, in: FS Raiser, 1974, 3 ff.

467 *Zöllner*, NZA-Beil. 2006, 99.

Zuständigkeitsverteilung begründet, die erheblich durch die Gestalt der Wirtschaftsordnung beeinflusst wird. Die kartellrechtlich relevanten Schutzgüter der Marktwirtschaft und Vertragsfreiheit des einzelnen Marktteilnehmers sind schon aus diesem Grund als „*Geschwister*" zu verstehen.[468] Diese Erkenntnis bestätigt der Blick beispielsweise auf § 307 Abs. 3 BGB: Eine Kontrollregelung für Preise und Preisbestandteile kennt der normierte Maßstab einer AGB-Inhaltskontrolle nicht. Der Marktwirtschaft ist die Vorstellung eines „*richtigen*" oder gerechten Preises fremd. Den Maßstab einer Vertragsgerechtigkeit in diesem Sinne bildet – vorbehaltlich insbesondere der Sittenwidrigkeitsprüfung – allein der sich im Wettbewerb bildende marktübliche Preis.[469] Das einzelne Rechtssubjekt trägt dabei stets das Risiko eines für ihn ungünstigen Vertragsschlusses. Dabei ist anzuerkennen, dass eine selbstbestimmte Interessenverwirklichung regelmäßig auf der Basis von Motivationen, Fehleinschätzungen und Irrtümern geschieht (*stat pro ratione voluntas*).[470] Begrifflich ist Vertragsgerechtigkeit also weniger als absolute Inhaltskontrolle denn als relative Wahrung der Grundvoraussetzungen der Privatautonomie zu verstehen.[471] Auf diesem Weg wird zudem seiner Charakterisierung als naturrechtliche Vorstellung begegnet.[472]

Erschütterungen der rechtsgeschäftlichen Voraussetzungen eines zusammenwirkenden Gebens und Nehmens ist vor diesem Hintergrund der objektiv-rechtliche Maßstab einer rechtsgeschäftlichen Inhalts- und Wirksamkeitskontrolle entgegenzusetzen. Wenngleich nämlich eine richterliche Inhaltskontrolle vertraglicher Bestimmungen nicht ohne weiteres zu rechtfertigen ist, sind Gerechtigkeitslücken, die zulasten der rechtsgeschäftlichen Selbstbestimmung wirken, durch ergänzende Regelungen zu schließen. In diesem Zusammenhang wird

> „die volle Validität des Konsenses nicht mehr nur unter gravierenden Voraussetzungen wie Drohung, Täuschung oder Geschäftsunfähigkeit

---

468 Vgl. *Zöllner*, NZA-Beil. 2006, 99.

469 Vgl. *Säcker*, N&R 2004, 46, 51.

470 Vgl. *Canaris*, AcP 184 (1984), 201, 210; *Coester-Waltjen*, AcP 190 (1990), 1, 14 f.; *Hillgruber*, Der Schutz des Menschen vor sich selbst, 1992, S. 153 f.; *Busche*, in: MünchKomm BGB, Bd. 1, 7. Aufl. 2015, Vorbem. § 145, Rn. 5 f.

471 Vgl. *Ballerstedt*, in: Bettermann/Nipperdey/Scheuner, Die Grundrechte, Bd. III/1, 2. Aufl. 1972, S. 1, 67: „*Der Rechtswert, auf den alle Erscheinungsformen der Marktfreiheit bezogen sein müssen, ist das Prinzip einer marktgerechten Ordnung – nicht im Sinne imaginär absoluter Preisgerechtigkeit –, sondern im Sinne eines gegen Willkür und Missbrauch gesicherten Tauschvorgangs.*".

472 Vgl. *Ernst*, in: MünchKomm BGB, Bd. 2, 7. Aufl. 2016, Einl., Rn. 53.

[angezweifelt], sondern auch dort, wo [...] aus der Gesamtsituation Zweifel an der ‚echten' Freiwilligkeit" begründet sind."[473]

Ergänzende Regelungen, die dem Rechtsanwender Anknüpfungspunkte zur Korrektur eines nicht hinnehmbaren Ungleichgewichts bieten, können etwa verschiedene Verbraucherschutzvorschriften sein, die zur Umsetzung unionsrechtlicher Vorgaben in das BGB inkorporiert wurden, vor allem aber auch allgemeinzivilrechtliche Normen wie §§ 134, 138 und 242 BGB.[474] Aus § 242 BGB lässt sich das Gebot einer billigen Rücksichtnahme auf die schutzwürdigen Interessen des rechtlichen Gegenübers ableiten. Der Grundsatz von Treu und Glauben begründet zum einen das Gebot, sich redlich und loyal zu verhalten, d.h. zu seinem Wort zu stehen, sowie das in einen gesetzte Vertrauen einer anderen Person nicht zu enttäuschen,[475] darüber hinaus aber auch den Maßstab, dass entsprechend bestehender Wertungen von einer Rechtsgleichheit der Vertragsparteien auszugehen ist.[476]

bb) Verfassungsrechtliches Schutzgebot

Aus verfassungsrechtlicher Sicht handelt es sich angesichts der Notwendigkeit eines korrigierenden Zugriffs auf strukturelle Störungen dieser Rechtsgleichheit um nicht weniger als eine Konkretisierung staatlicher Schutzpflichten. Der Gesetzgeber ist gehalten, Gerechtigkeitslücken zur Wahrung rechtsgeschäftlicher Selbstbestimmung durch ergänzende Regelungen entgegenzutreten.[477] Damit korrespondiert die Pflicht des rechtsanwenden Richters, der Wiederherstellung dieser Selbstbestimmung durch die Anwendung und Fortentwicklung solcher ergänzender Regelungen Rechnung zu tragen. Grund hierfür ist ein auf die allgemeine Handlungsfreiheit zurückgehendes verfassungsrechtliches Schutzgebot. Die Vertragsfreiheit ist in Art. 2 Abs. 1 GG grundrechtlich verbürgt, soweit sie nicht dem

473 *Fastrich*, Richterliche Inhaltskontrolle im Privatrecht, 1992, S. 65.

474 Vgl. zu den Grenzen der Privatautonomie auch *Paulus/Zenker*, JuS 2001, 1 ff.

475 *Larenz*, Schuldrecht I, 12. Aufl. 1979, S. 105; *Roth*, in: MünchKomm BGB, Bd. 2, 5. Aufl. 2007, § 242, Rn. 11, 45; *Grüneberg*, in: Palandt, BGB, 74. Aufl. 2015, § 242, Rn. 3 ff.

476 BGHZ 49, 148, 153 = NJW 1968, 549, 550; *Schubert*, in: MünchKomm BGB, Bd. 2, 7. Aufl. 2016, § 242, Rn. 503.; *Looschelders/Olzen*, in: Staudinger, BGB (§§ 241-243), Neubearb. 2015, § 242, Rn. 143 f.

477 *Raiser*, in: FS 100 Jahre DJT, 1960, 101.

Schutzbereich spezieller Grundrechte unterfällt.[478] Sie verkörpert die Abschluss- und Gestaltungsfreiheit, d.h. das Recht, im Rahmen der zivilrechtlichen Ordnung Verträge frei abzuschließen und aufzulösen.[479] Als *homo oeconomicus* soll der Einzelne seine Rechtsverhältnisse eigenverantwortlich gestalten können.[480] Art. 2 Abs. 1 GG gereicht in diesem Zusammenhang dem Schutz *„der Selbstbestimmung des Einzelnen im Rechtsleben"*[481] und findet seine Funktion zuvorderst in der klassisch grundrechtlichen Bedeutung als Abwehrrecht.[482] In dieser Funktion unterliegt das Grundrecht zugleich seinen verfassungsrechtlichen Schranken. Im Rahmen der sog. Schrankentrias des Art. 2 Abs. 1 GG kommt der Abwägung kollidierender Grundrechte Dritter dabei besondere Bedeutung zu, so dass sich die ökonomische Betätigungsfreiheit des Einzelnen durch gesetzgeberische Gemeinwohlvorstellungen einschränken oder verdrängen lässt. Nicht zuletzt eröffnet die Sozialstaatsentscheidung des Grundgesetzes (Art. 20 Abs. 1 und 28 Abs. 1 GG) als Maxime, der im Rahmen der Schrankenbestimmung „verfassungsmäßige Ordnung" stets Geltung zu verschaffen ist, Möglichkeiten einem Missbrauch der Vertragsfreiheit unter Wahrung der Verhältnismäßigkeit entgegenzutreten.[483] Im Lichte dieser Sozialstaatsverpflichtung sind insbesondere privatrechtliche Institute zu verstehen, die nicht die Selbstbestimmung des Einzelnen zu schützen und zu fördern haben, sondern auch die *„Entfaltung und Sicherung der unser gesellschaftliches Leben durchziehenden Institutionen durch die Ausbildung entsprechender Rechtsinsti-*

---

478 Vgl. BVerfGE 8, 274, 328 = NJW 1959, 475, 478 – *Preisgesetz*; 70, 115, 123 = BVerfG NJW 1986, 243 – *AGB-Gesetz*; 103, 89 ff. = NJW 2001, 957 ff. – *Unterhaltsverzichtsvertrag*; *Starck*, in: v. Mangoldt/Klein/Starck, GG, Bd. 1, 5. Aufl. 2005, Art. 2 Abs. 1, Rn. 136; *Dreier*, in: Dreier, GG, Bd. 2, 2. Aufl. 2004, Art. 2 Abs. 1, Rn. 24; *Kunig*, in: v. Münch/Kunig, GG, Bd. 1, 6. Aufl. 2012, Art. 2, Rn. 16. Trotz der häufig synonymen Verwendung bildet die Vertragsfreiheit einen Bestandteil der Privatautonomie, d.h. der zivilrechtlichen Entsprechung verfassungsrechtlicher Handlungsfreiheit.

479 BVerfGE 8, 274, 328 = NJW 1959, 475, 478 – *Preisgesetz*; 88, 384, 403 = ZIP 1993, 1111, 1114 – *Anpassung der Bankredite der DDR*; 95, 267, 303 f. = NJW 1997, 1975, 1976 – *Altschulden*; *Manssen*, Privatrechtsgestaltung durch Hoheitsakt, 1994, S. 119.

480 BVerfGE 89, 214, 231 = NJW 1994, 36, 38 – *Bürgschaft Familienangehöriger*.

481 BVerfGE 89, 214, 231 = NJW 1994, 36, 38 – *Bürgschaft Familienangehöriger*; BVerfG NJW 1996, 2021.

482 BVerfGE 89, 48, 61 = NJW 1993, 2923.

483 Vgl. BVerfGE 103, 197, 215 = NJW 2001, 1709 – *Pflegeversicherung I*; zur Notwendigkeit der *„Vergerechtigung des als soziale Institution erkannten schuldrechtlichen Vertrages" Zweigert*, in: FS Rheinstein, 1969, 493, 504; *Manssen*, Privatrechtsgestaltung durch Hoheitsakt, 1994, S. 5 f.

tute kraft objektiven Rechts" gewährleisten sollen.[484] Dies gilt selbstredend vorbehaltlich jener verfassungsrechtlichen Grenzen, der die Einschränkbarkeit der Vertragsfreiheit ihrerseits unterliegt.

cc) Ungestörte Vertragsparität als institutionelle Voraussetzung von Vertragsfreiheit

Über den klassisch abwehrrechtlichen Schutz der Vertragsfreiheit hinaus hat das BVerfG die Bedeutung der Privatautonomie als Gegenstand einer grundrechtlichen Schutzpflicht des Staates hervorgehoben.[485] Mit einer solchen Schutzpflicht geht die Erkenntnis einher, dass die formale Gleichheitsvorstellung als Grundsatz zivilrechtlichen Denkens ihren Freiraum gegenüber einer übermäßigen Intervention des hoheitlichen Gesetzgebers oder Rechtsanwenders zu behaupten hat. Nicht von vornherein abzuweisen sind nämlich die Stimmen, die vereinzelten Geltungsansprüchen der Grundrechte im Privatrecht kritisch gegenüberstehen. Vorgebracht wird insoweit die konzeptionelle Andersartigkeit der Grundrechte als Abwehrrechte sowie ihres der Normhierarchie geschuldeten Vorranganspruchs, der gleichermaßen Disparitäten im privatrechtlichen Denken erzeugen kann.[486] Dennoch ist die Bedeutung der Grundrechte als objektive Werteordnung vor allem mit Blick auf Art. 1 Abs. 3 GG zu verstehen.[487] Als unmittelbar geltendes Recht binden sie Gesetzgebung, vollziehende Gewalt und ausdrücklich auch die Rechtsprechung. Als hoheitliche Akte sind weder gesetzgeberische Privatrechtsetzung noch die Privatrechtskonkretisierung durch den Rechtsanwender frei von grundrechtlichen Bindungen.

> „Der Gesetzgeber, der Privatautonomie will, steht daher vor der Aufgabe, die institutionellen Voraussetzungen für einen Vertragsschluss in beiderseitiger Selbstbestimmung zu schaffen und zu gewährleisten. Dazu gehört nicht nur eine Reglung der Mündigkeit, sondern auch die

---

484 Vgl. *Raiser*, in: Summum ius summa iniuria, 1963, 145, 148.

485 Vgl. *Stern*, Staatsrecht III/1, 1988, S. 942 ff., 978 ff.

486 Vgl. *Zöllner*, AcP 196 (1996), 1, 7 ff.

487 Vgl. *Di Fabio*, in: Maunz/Dürig, GG, Lfg. 39 07/2001, Art. 2, Rn. 105; grundlegend zur Bedeutung der Grundrechte als objektive Werteordnung BVerfGE 7, 206 = NJW 1958, 257 – *Lüth*; zur kartellrechtliche Missbrauchsaufsicht ferner *Hellich*, Die Missbrauchsaufsicht über marktbeherrschende Unternehmen, 2001, S. 413 ff.

Sicherung annähernder sozialer und wirtschaftlicher Chancengleichheit aller Rechtssubjekte, die am Privatrechtsverkehr teilnehmen."[488]

Gleiches hat für die Rechtsanwendung im konkreten Einzelfall zu gelten. Der Zivilrichter ist aufgrund von Art. 1 Abs. 3 GG an die Grundrechte gebunden und hat zu verhindern, dass das Vertragsinstitut vom Mittel der beiderseitigen Selbstbestimmung zu einem solchen der Fremdbestimmung der schwächeren durch die stärkere Partei wird.[489] Die verfassungsgerichtlich anerkannte Schutzpflicht des Staates nimmt das rechtsanwendende Gericht in die Pflicht, einer sog. gestörten Vertragsparität vorzubeugen, welche die Selbstbestimmung eines Vertragsteils in eine Fremdbestimmung umkehren würde.[490] Ein solcher Schutz vor Fremdbestimmung ist folglich Ausfluss der von Art. 2 Abs. 1 GG geschützten Privatautonomie und durch das rechtsanwende Zivilgericht besonders zu beachten.[491] Auch jenseits spezieller Tatbestände – so das BVerfG ausdrücklich[492] – ist einem objektiven Interessenungleichgewicht aufgrund gestörter Vertragsparität unverzichtbar Abhilfe zu schaffen. Methodisch hat dies im Rahmen einer – der Rechtssicherheit wegen – fallgruppenorientierten, gleichwohl einzelfallbezogenen Rechtsfortbildung zu erfolgen, gesetzestechnisch unter Heranziehung generalklauselartiger Auffangtatbestände.

Die Auffassung, eine am Leitbild der Vertragsfreiheit orientierte Rechtsordnung müsse dafür sorgen, dass einzelne Privatrechtssubjekte im Sinne einer materiellen Vertragsfreiheit in der Lage sind, ihre Interessen in einem

---

488 *Säcker*, in: MünchKomm BGB, Bd. 1, 7. Aufl. 2015, Einl., Rn. 37.

489 Vgl. BVerfGE 81, 242, 255 f. = NJW 1990, 1469, 1470 – *Wettbewerbsverbot des Handelsvertreters*; 89, 214, 233 = NJW 1994, 36, 38 – *Bürgschaft Familienangehöriger*; BVerfG NJW 2006, 596, 598 – *Künstlervertrag*; *Canaris*, AcP 184 (1984), 201, 225 ff.; *Hager*, JZ 1994, 373, 374 ff.; *Roth*, in: MünchKomm BGB, Bd. 2, 5. Aufl. 2007, § 242, Rn. 428; *Busche*, in: MünchKomm BGB, Bd. 2, 7. Aufl. 2015, Vorbem. § 145, Rn. 7; *Looschelders/Olzen*, in: Staudinger, BGB (§§ 241-243), Neubearb. 2015, § 242, Rn. 459; krit. *Zöllner*, AcP 196 (1996), 1, 15 ff.; *ders.*, NZA-Beil. 2006, 99, 101 ff.

490 *Zöllner*, NZA-Beil. 2006, 99, 102, stört sich indes begrifflich an der gestörten Vertragsparität. Gäbe es eine gestörte Vertragsparität, könne man sie nicht ausgleichen, sondern allenfalls das von ihr herbeigeführte Ergebnis.

491 *Canaris*, Grundrechte und Privatrecht, 1999, S. 49 f.; *Paulus/Zenker*, JuS 2001, 1, 5; *Di Fabio*, in: Maunz/Dürig, GG, Lfg. 39 07/2001, Art. 2, Rn. 107; *Starck*, in: v. Mangoldt/Klein/Starck, GG, Bd. 1, 5. Aufl. 2005, Art. 2 Abs. 1, Rn. 136.

492 BVerfGE 81, 242 = NJW 1990, 1469 – *Wettbewerbsverbot des Handelsvertreters*; 89, 214 = NJW 1994, 36 – *Bürgschaft Familienangehöriger*; BVerfG NJW 1994, 2749 – *Bürgschaftsvertrag*; vgl. auch BGHZ 151, 316 = ZIP 2002, 1615; BAGE 115, 119 = NZA 2005, 1111, 1116.

Vertragsprozess zur Geltung zu bringen, verdient daher Zustimmung.[493] In gewissen Grenzen fußen privatrechtliche Verträge nämlich tatsächlich auf diesem Gedanken ausgleichender Gerechtigkeit. Eine derart begrenzte Richtigkeitsgewähr setzt als normative und auch faktische Rahmenbedingungen aber voraus, dass sich zum Zeitpunkt des Vertragsschlusses dem Grunde nach gleichberechtigte Parteien gegenüberstehen, die Vertragsparität letztlich nicht aus den verschiedensten Gründen gestört ist.[494] Das BVerfG bestätigt diese Sicht und betrachtet die Funktionsbedingungen der Privatautonomie als rechtliche Geltungsvoraussetzungen der Privatautonomie, die auch über den Anwendungsbereich von § 315 BGB und § 307 BGB hinaus vorliegen müssen.[495] Den aufgezeigten Schutzpflichtgedanken hat das BVerfG beispielsweise in Entscheidungen zu Bürgschaften naher Familienangehöriger[496] und bei Eheverträgen zulasten der bei Vertragsschluss schwangeren Frau hervorgehoben.[497] Danach darf ein Vertrag zwar nicht bei jeder Störung des Gleichgewichts der Parteien korrigiert werden: Eine Entscheidung, die mit der Erkenntnis im Einklang steht, die Annahme einer objektiv richtigen Hauptleistung sei dem Wesen der Vertragsfreiheit fremd. Gleichwohl kann eine verfassungsrechtliche Korrektur bei struktureller Unterlegenheit einer Partei und ihrer ungewöhnlichen Belas-

493 Vgl. *Busche*, in: MünchKomm BGB, Bd. 1, 7. Aufl. 2015, Vorbem. § 145, Rn. 6. Zutreffend ist die im Zuge des SMG erfolgte Integration der Verbraucherschutzgesetze in das BGB als fortschreitende „*Materialisierung*" der Privatautonomie zu verstehen; vgl. *Drexl*, in: Schlechtriem, Wandlungen des Schuldrechts, 2002, 97, 117.

494 *Looschelders/Olzen*, in: Staudinger, BGB (§§ 241-243), Neubearb. 2015, § 242, Rn. 459; *Busche*, in: MünchKomm BGB, Bd. 1, 7. Aufl. 2015, Vorbem. § 145, Rn. 7; krit. *Adomeit*, NJW 1994, 2467 ff.; *Diederichsen*, AcP 198 (1998), 171, 247 f.; *Zöllner*, NZA-Beil. 2006, 99, 102, der von gestörter Parität als „*phantasiegetragener Metapher*" spricht und sich zugunsten einer ergebnisorientierten Betrachtung gegen ein Abstellen auf das schwer messbare Gewicht der Vertragspartner bei Vertragsschluss stellt. Unter Hinweis auf § 138 Abs. 2 BGB mehren sich demgegenüber die Stimmen, die eine stärkere Integration der Inhaltskontrolle in die zivilrechtliche Dogmatik befürworten; vgl. *Canaris*, AcP 200 (2000), 273, 280 ff.; *Drexl*, in: Schlechtriem, Wandlungen des Schuldrechts, 2002, 97, 114 ff.

495 BVerfG WM 2010, 2044 – *Gaspreiserhöhung*; NVwZ 2010, 373 – *Netzenentgeltregulierung.*

496 BVerfGE 89, 214, 229 ff. = NJW 1994, 36, 38 – *Bürgschaft Familienangehöriger*; BVerfG NJW 1994, 2749 f. – *Bürgschaftsvertrag*; NJW 1996, 2021.

497 Zum Verzicht der Frau auf gesetzliche Unterhaltsansprüche und Freistellung des Mannes von der Unterhaltspflicht für gemeinsame Kinder BVerfGE 103, 89 ff. = BVerfG NJW 2001, 957 ff. – *Unterhaltsverzichtsvertrag.*

tung durch die Vertragsfolgen geboten sein. Das *„Recht des Stärkeren“* darf nicht unbegrenzt gelten.[498] Der BGH hat die Vorgaben des BVerfG in einer Reihe seiner Entscheidungen umgesetzt. Ein Bürgschaftsvertrag sei ausnahmsweise unwirksam, soweit die Verpflichtung des Bürgen dessen finanzielle Leistungsfähigkeit erheblich übersteigt und weitere Umstände vorliegen, die ein unerträgliches Ungleichgewicht zwischen den Vertragspartnern begründen, die auch unter Berücksichtigung der berechtigten Belange des Gläubigers die Verpflichtung des Bürgen als nicht mehr hinnehmbar erscheinen lassen. Letzteres sei insbesondere bei der finanziellen Überforderung von Ehegatten, Geschwistern, Verlobter oder ähnlicher persönlicher Beziehungen zum Schuldner anzunehmen.[499]

Um einer Verschlechterung des strukturellen Rahmens für Vertragsabschlüsse entgegenzutreten, also mithin zur Sicherung der Funktionsvoraussetzungen der Vertragsfreiheit, schuf der Gesetzgeber bereichsspezifische Regelungen zur Kontrolle struktureller Störungen der Vertragsparität. Zu nennen sind in diesem Zusammenhang die heutigen §§ 305 ff. BGB und deren Vorgängerregelungen im AGBG – die ihrerseits die zuvor in der Rechtsprechung entwickelten Grundsätze zur Inhaltskontrolle vorformulierter Vertragsbedingungen am Maßstab des § 242 BGB in ein formelles Gesetz inkorporierten – aber auch zahlreiche, in Umsetzung unionsrechtlicher Vorgaben erlassene Vorschriften des Verbraucherschutzrechtes und nicht zuletzt verschiedene GWB-Vorschriften.[500] Trotz ihrer zum Teil verschiedenen Schutzrichtungen haben diese Vorschriften gemein, dass rechtsgeschäftliche Regelungen einer Inhalts- bzw. Wirksamkeitskontrolle unterliegen, wenn und soweit die im Sinne einer materiellen Vertragsfreiheit vorausgesetzte ungestörte Vertragsparität durch ein strukturelles Ungleichgewicht der Vertragsparteien bedroht ist. Der Anwendungsbereich der Angemessenheitskontrolle gemäß §§ 307 ff. BGB ist etwa schon dann nicht eröffnet, wenn keine allgemeine Geschäftsbedingungen vorliegen, die Vertragsbedingungen zwischen den Parteien vielmehr im Einzelnen ausgehandelt sind (§ 305 Abs. 1 S. 3 BGB), d.h. wenn die vorformulierten Klauseln vom Verwender ernsthaft zur Disposition gestellt werden.[501] Lässt

---

498 BVerfGE 89, 214, 232 = NJW 1994, 36, 38 – *Bürgschaft Familienangehöriger.*

499 Vgl. zur Sittenwidrigkeit einer Ehegattenbürgschaft BGH NJW 1999, 58 ff.; zur Bürgschaft des nichtehelichen Lebenspartners BGH NJW 2000, 1182 ff.; krit. *Adomeit*, NJW 1994, 2467 ff.

500 Vgl. *Mestmäcker*, JZ 1964, 441; *Säcker*, Zielkonflikte und Koordinationsprobleme im deutschen und europäischen Kartellrecht, 1971, S. 21.

501 Vgl. BGHZ 143, 104 = NJW 2000, 1110, 1111 f.; 153, 311, 321 = ZIP 2003, 908, 911.

sich die andere Vertragspartei aber auf Geschäftsbedingungen ein, die für eine Vielzahl von Verträgen vorformuliert sind oder schließt sie den Vertrag als Verbraucher mit einem Unternehmer (§ 310 Abs. 3 Nr. 1), rechtfertigt die Annahme eines regelmäßig bestehenden strukturellen Ungleichgewichts die AGB-spezifische Inhaltskontrolle. Die Rechtsprechung stützt diese Sichtweise:

> „Nach ständiger Rechtsprechung ist die Partei, die Allgemeine Geschäftsbedingungen aufstellt, weil sie die Vertragsfreiheit für sich allein in Anspruch nimmt, verpflichtet, bei der Abfassung die Interessen ihrer künftigen Vertragspartner angemessen zu berücksichtigen. Bringt sie nur ihre eigenen Interessen zur Geltung, so missbraucht sie die Vertragsfreiheit."[502]

Entsprechendes gilt für Rechtsgeschäfte, die den besonderen Verbraucherschutzvorschriften unterfallen (etwa §§ 312 ff., 474 ff. BGB) und von einem regelmäßig anzunehmenden Wissensvorsprung des Unternehmers gekennzeichnet sind.[503] Diese Fälle eines strukturellen Ungleichgewichts sind der rechtsgeschäftlichen Wirksamkeitskontrolle in Konstellationen eines kartellrechtlich relevanten Behinderungsmissbrauchs konzeptionell ähnlich. Beispielhaft seien Kopplungsgeschäfte eines marktbeherrschenden Unternehmens genannt, die wegen Verstoßes gegen das kartellrechtliche Missbrauchsverbot insoweit unzulässig sind, als trotz Unterschiedlichkeit der gekoppelten Produkte ein Verkauf der Produkte nur als Koppelung erfolgt und trotz ihrer negativen Wirkungen auf den Wettbewerb am Markt keine sachlichen Rechtfertigungsgründe ersichtlich sind.[504] Untrennbar von der wettbewerbsschützenden Zielsetzung der Missbrauchsregelungen rechtfertigt die strukturelle Abhängigkeit des Vertragspartners eines marktbeherrschenden Unternehmens die Wirksamkeitskontrolle des konkreten Rechtsgeschäfts.

Soweit der Anwendungsbereich spezieller Vorschriften aber nicht eröffnet ist, hält das Zivilrecht Möglichkeiten zur grundrechtskonformen rechtsgeschäftlichen Inhaltskontrolle und letztlich zur Vermeidung gestörter Vertragsparitäten bereit, insbesondere in Gestalt der Generalklauseln

502 BGHZ 41, 151, 154 = WM 1964, 472; 48, 264, 268 = WM 1967, 1103; 51, 55, 59 = NJW 1969, 230, 232.

503 Vgl. *Micklitz/Purnhagen*, in: MünchKomm BGB, Bd. 1, 7. Aufl. 2015, Vorbem. zu §§ 13, 14, Rn. 38 ff., 51 m.w.N.; grundlegend *Reich*, ZRP 1974, 187, 190.

504 Vgl. *Axster/Osterrieth*, in: Pfaff/Osterrieth, Lizenzverträge, 3. Aufl. 2010, Rn. 348.

wie § 138 Abs. 1, 2 BGB oder § 242 BGB.[505] Die Rechtsschöpfung auf Grundlage dieser allgemeinzivilrechtlichen Generalklauseln hat im Sinne einer flexiblen Rechtsfortbildung fallgruppenorientiert zu erfolgen.[506] Eine grundrechtliche Pflicht zur Anwendung dieser zivilrechtlichen Generalklauseln soll nur bei vom Gesetzgeber nicht bedachten Ausnahmefällen oder grundlegend neuen Entwicklungen zum Zwecke der Inhaltskontrolle oder Vertragskorrektur in Betracht kommen.[507] Diese Erkenntnis soll aber nicht dahingehend missverstanden werden, dass auch eine grundsätzliche Verpflichtung zur Inhaltskontrolle von Rechtsgeschäften besteht, die das Ergebnis strukturell ungleicher Verhandlungsstärke bilden und einen Vertragspartner ungewöhnlich stark belasten. Ebenso bleibt der Grundsatz unberührt, dass der Ausgleich eines wirtschaftlichen Ungleichgewichts der Vertragsparteien grundsätzlich dem Wettbewerb zu überlassen ist.[508] Die Grenze der Privatautonomie bildet allein die aufgezeigte Art von Fremdbestimmung der schwächeren durch die stärkere Partei.[509] Nicht zuletzt das Kartellrecht verhilft dem Privatrecht zur Gewährleistung der verfassungsrechtlich gebotenen Privatautonomie.

dd) Kritik

Mit Blick auf Art. 2 Abs. 1 GG und rechtsstaatliche Grundsätze begegnet die angeführte Rechtsprechung in Teilen des Schrifttums erheblichen Bedenken. Im Vordergrund steht die Kritik an der vermeintlichen Aushöhlung der Vertragsfreiheit. Die schrittweise Aberkennung der Selbstverantwortung mündiger Bürger stehe zu befürchten.[510] Der Charakter des Zivilrechts werde abgeändert, von der Vertragsfreiheit des Art. 2 Abs. 1 GG, die

---

505 Vgl. BVerfGE 89, 214, 233 = NJW 1994, 36, 38 – *Bürgschaft Familienangehöriger*; 103, 89, 100 = NJW 2001, 957, 958 – *Unterhaltsverzichtsvertrag*; *Di Fabio*, in: Maunz/Dürig, GG, Lfg. 39 07/2001, Art. 2, Rn. 111.

506 *Roth*, in: MünchKomm BGB, Bd. 2, 5. Aufl. 2007, § 242, Rn. 428.

507 BVerfGE 95, 267, 321 = NJW 1997, 1975, 1980 – *Altschulden*.

508 Vgl. *Rittner*, AcP 188 (1988), 101, 126 ff.

509 Vgl. zur Inhaltskontrolle von Bürgschaftsverträgen naher Familienangehöriger BVerfGE 89, 214, 229 ff. = NJW 1994, 36, 38 – *Bürgschaft Familienangehöriger*; BVerfG NJW 1994, 2749, 2750 – *Bürgschaftsvertrag*; zu Eheverträgen mit einer *„auf ungleichen Verhandlungspositionen basierende(n) Dominanz eines Ehepartners"* BVerfGE 103, 89 = NJW 2001, 957, 958 – *Unterhaltsverzichtsvertrag*; BGH NJW 2005, 2391.

510 Vgl. *Hillgruber*, ZRP 1995, 6, 9; *Zöllner*, AcP 196 (1996), 1, 2 f.; *Germelmann*, NZA 1997, 236 ff.; *Tettinger*, DVBl. 1999, 679, 684.

eine unterschiedliche Verhandlungsstärke der Vertragsparteien bewusst hinnehme, hin zu staatlicher Kontrolle. Dem ist jedenfalls insoweit zuzustimmen, als das BVerfG der Privatautonomie durch den Schutz der Vertragspartei vor Fremdbestimmung zwar Geltung verschaffen will. Die Verlagerung des Problems einer angemessenen praktischen Konkordanz in die zivilrechtliche Rechtsanwendung bringt ihrer Natur nach aber mit sich, dass diese Grundsätze zulasten der kollidierenden Vertragsfreiheit des strukturell zwar überlegenen, aber doch an einem beiderseitigen Rechtsgeschäft beteiligten Vertragspartner wirken. Der verfassungsrechtlich gebotene Ausgleich kollidierender Grundrechte wirkt mit anderen Worten in das Zivilrecht hinein, da der Anspruch auf zivilgerichtliche Vertragskorrektur mit der verfassungsrechtlich garantierten Vertragsfreiheit der stärkeren Vertragspartei kollidiert.[511]

Auch wenn die Abwägung verfassungsrechtlich geschützter Güter der zivilrechtlichen Anspruchslehre nicht neu ist,[512] kann dem Vorwurf, das BVerfG erhebe sich in die Stellung eines fürsorglich bevormundenden Staates,[513] noch immer dem Grunde nach entgegengetreten werden. Zwar erwächst in Anbetracht der aufgezeigten Schutzpflicht von Gesetzgeber und Rechtsanwender ggf. ein verfassungsrechtlicher Anspruch auf Vertragskorrektur, der bei Verkennung insbesondere durch die streitentscheidenden Gerichte die Verfassungsbeschwerde zumindest in diesem Sinne zu einer Art Rechtsmittel im Zivilrecht werden lässt. Dies ist insbesondere dann denkbar, soweit das grundrechtgebundene Zivilgericht eine gestörte Vertragsparität übersieht oder diese erkennt und mit Mitteln zu lösen versucht, die keine grundrechtskonforme Kompensation herstellen können, das Gericht also letztlich gegen Art. 2 Abs. 1 GG verstößt.[514] Indes fußt auch die verfassungsgerichtliche Korrektur einer zuvor höchstrichterlich entwickelten Spruchpraxis auf dem dargestellten verfassungsrechtlichen Schutzgebot und der Sozialstaatsentscheidung des Grundgesetzes. Sie kann

---

511 Vgl. BVerfGE 81, 242, 255 f. = NJW 1990, 1469, 1470 – *Wettbewerbsverbot des Handelsvertreters*; 89, 214, 232 = NJW 1994, 36, 38 – *Bürgschaft Familienangehöriger*; 97, 169, 178 = NJW 1998, 1475 f. – *Kleinbetriebsklausel I*; BVerfGE 103, 89 ff. = NJW 2001, 957 ff. – *Unterhaltsverzichtsvertrag* Diesen Antagonismus bezeichnet *Kittner*, in: FS Dieterich, 1999, 279, 282, als *„Schutz vor den Auswirkungen der Privatautonomie im Namen der Privatautonomie"*.

512 Vgl. beispielhaft zur Güterabwägung im Rahmen von § 823 Abs. 1 BGB BVerfGE 66, 116, 132 ff. = NJW 1984, 1741, 1742 – *Springer/Wallraff*; BGHZ 138, 311, 318 = NJW 1998, 2141, 2143.

513 *Zöllner*, AcP 196 (1996), 1, 3; *Eschenbach/Niebaum*, NVwZ 1994, 1079, 1081.

514 *Di Fabio*, in: Maunz/Dürig, GG, Lfg. 39 07/2001, Art. 2, Rn. 112.

ohne Gefährdung des Zivilrechtsystems in der Anwendung einzelner legislatorisch gesetzter Normen und unter der im Sinne einer verfassungsrechtlich garantierten Privatautonomie gebotenen Zurückhaltung der Vertragsfreiheit zur Durchsetzung im Einzelfall verhelfen.[515] Letzteres ist insbesondere mit Blick auf die gleichsam drohende Rechtsunsicherheit von Bedeutung.[516] Dem Vorwurf einer zunehmenden Regulierung des Privatrechts lässt sich zwar insoweit zustimmen, als zum Zweck der Wiederherstellung der Funktionsbedingungen der Privatautonomie ein von Diskriminierungsverbot, Kontrahierungszwang und richterlicher Billigkeitskontrolle regulierter Privatrechtsbereich droht.[517] Darüber hinaus ist auch die verringerte Erwartungssicherheit in den Vertragsbestand, die sich aus der Anerkennung eines verfassungsrechtlichen Anspruchs auf Vertragskorrektur ergibt, nicht zu unterschätzen. Dennoch beschränken sich die stark zurückgenommenen Eingriffsbefugnisse gerade der rechtsanwendenden Zivilgerichte angesichts der aufgezeigten hohen Anforderungen an einer Vertragskorrektur auf den Einzelfall. Zustimmung verdient daher folgende Auffassung:

> „Die Rechtsordnung gäbe sich selber auf, wenn sie die einzelnen Subjekte ermächtigte, sich über das Recht hinwegzusetzen und die Privatautonomie zu schutzunwürdigen Zwecken zu missbrauchen."[518]

Soweit ein institutioneller Ordnungsrahmen zur Begegnung erheblicher Störungen des Verhandlungsgleichgewichts im Sinne eines „*gegen Willkür und Missbrauch gesicherten Tauschvorgangs*"[519] nicht besteht, gilt es im Rahmen der Rechtsanwendung sowie unter Rücksichtnahme auf die angeführten und im Ansatz zum Teil berechtigten Bedenken eine inhaltliche Kontrolle der Handlungen strukturell überlegener Rechtssubjekte herbeizu-

---

515 Vgl. *Canaris*, AcP 184 (1984), 201, 229 ff.; *ders.*, Grundrechte und Privatrecht, 1999, S. 47 ff., 93; *Di Fabio*, in: Maunz/Dürig, GG, Lfg. 39 07/2001, Art. 2, Rn. 115.

516 Vgl. zum Vorwurf der Rechtsunsicherheit *Medicus*, Abschied von der Privatautonomie im Schuldrecht?, 1994, S. 23; *Frank*, JuS 1996, 389, 391; *Germelmann*, NZA 1997, 236, 238 f.; *Adomeit*, NJW 1994, 2467, 2468, der befürchtet, die strukturell unterlegene Partei bekäme den Vertragsschluss künftig womöglich schon nicht mehr angeboten.

517 *Säcker*, ZWeR 2008, 348, 357.

518 *Säcker*, ZWeR 2008, 348, 357; grundlegend *Raiser*, in: Summum ius summa iniuria, 1963, 145, 162 f.; *Kraft*, Interessenabwägung und gute Sitten im Wettbewerbsrecht, 1963, S. 161 ff.

519 *Ballerstedt*, in: Bettermann/Nipperdey/Scheuner, Die Grundrechte, Bd. III/1, 2. Aufl. 1972, S. 1, 67.

führen. Maßstab hat dabei zu sein, wie sich freie Tauschpartner ohne das Bestehen einer Ungleichgewichtslage, d.h. unter Beachtung der willensbeugenden und entmachtenden Wirkung des Wettbewerbs, verhalten würden.[520]

b) Dezentralisierte Interessenbewertung im Privatrecht vs. Außenwirkung wettbewerbsbeschränkender Verhaltensweisen

Die Grundstrukturen des Privatrechts sind von individueller Rechtszuweisung und relativen Beziehungen geprägt. Werden vertragsrechtliche Kontrollmechanismen nach diesem Verständnis aber auf das Innenverhältnis der Vertragsgerechtigkeit im aufgezeigten Sinne beschränkt, widerspricht die Vorgehensweise bereits dem verfassungsrechtlichen Schutzauftrag des Gesetzgebers, vor allem aber der rechtsanwendenden Gerichte. Die dezentralisierte Interessenbewertung privatrechtlicher Beziehungen[521] ist dem Privatrecht zwar wesensimmanent. Gleichwohl ist die Außenwirkung wettbewerbsschädigender Verhaltensweisen jedenfalls insoweit maßstabsbildend im Rahmen der rechtgeschäftlichen Inhalts- und Wirksamkeitskontrolle heranzuziehen, als ein zu missbilligender Eingriff in die freiheitlich-autonome Handlungsgrundlage von Privatrechtssubjekten zu befürchten steht. Der korrigierende Rückgriff auf kartellrechtliche Wertungen ist hinsichtlich konkret wettbewerbsschädigender und kartellrechtswidriger Verhaltensweisen anerkannt und *qua* Gesetz vorgesehen. Soweit die Funktionsfähigkeit des privaten Rechtsverkehrs Schutzgegenstand des Kartellrechts ist, muss dieses, insbesondere in Gestalt der spezifischen Verbotsgesetze, verpflichtend und bindend auf die Ausübung privater Rechte wirken.[522] Das moderne Kartellrecht hilft dem anfänglichen *„Leiden des Privatrechts"*, das darin bestand, dass die Verfasser des BGB und die rechtsanwendenden Gerichte allein die aufgezeigte Innenseite von Kartellvereinbarungen, nicht aber die marktregelnde Außenwirkung der konkreten Rechtsgeschäfte beurteilten,[523] insoweit ab. Denn es wendet sich der Innen- und der Außenseite kartellrechtswidriger Vereinbarungen gleichermaßen zu. Im Innenverhältnis wird die Wirksamkeit des Rechtsgeschäfts mit Blick auf die

---

520 Vgl. *Mestmäcker*, JZ 1964, 441, 444 f.
521 *Westermann*, AcP 208 (2008), 141, 174.
522 Vgl. *Schmidt*, ZWeR 2008, 15, 17.
523 Vgl. RGZ 31, 97, 99; RGZ 38, 155 – *Holzstoffkartell*; *Nörr*, Die Leiden des Privatrechts, S. 15 ff.

Reichweite der Verbindlichkeit und Knebelung der strukturell unterlegenen Partei bewertet. Im Außenverhältnis finden Freiheit, Marktlenkung und die Beeinträchtigung von Drittinteressen Berücksichtigung.[524] Hiervon ist die Frage nach dem Schutzzweck des Kartellrechts, der noch nachzugehen ist, nicht gänzlich losgelöst.[525] Dennoch ändert ihre Beantwortung nichts an dem soeben festgestellten Korrekturbedürfnis einer absoluten Innenbetrachtung privatrechtlicher Verträge, selbst wenn der Auffassung eines primär individualschützenden Kartellrecht entgegenzutreten wäre. Trotz der Intensivierung privater Durchsetzungsinstrumente des Kartellrechts wird in diesem Zusammenhang nämlich insoweit ein primärer Institutionenschutz befürwortet, als im Sinne des bezweckten Wettbewerbsschutzes nicht die Abhängigkeit des nachfragenden Händlers vom marktstarken Anbieter oder die Freiheit der Preis- und Ausschließlichkeitsbindungen Unterliegenden im Vordergrund steht, sondern die Beschränkung des Wettbewerbs auf dem jeweils nachgelagerten Markt.[526] Aber selbst unter Zugrundelegung dieses Ansatzes ist das Kartellrecht zur Wahrung und Wiederherstellung der Voraussetzungen materieller Vertragsgerechtigkeit nach dem aufgezeigten Verständniss berufen. Die Offenhaltung der Märkte durch Schutz gegen wettbewerbsbeschränkendes Verhalten bedingt nämlich zutreffend diese Vertragsgerechtigkeit im Verkehr mit Massengütern in Gestalt von Waren oder Dienstleistungen.[527] Das Kartellrecht tritt der privaten Vermachtung von Märkten insoweit entgegen, sei dies durch Kartellbildung, Marktbeherrschung oder Unternehmenskonzentration.[528] Den Wirkungszusammenhang zwischen Kartellrecht und Privatrecht verdeutlicht vor diesem Hintergrund die Erfassung des Kartellrechts als Recht gegen Wettbewerbsbeschränkungen, deren Bekämpfung um der Vertragsfreiheit aller willen erfolgt.[529] Im Vertragsrecht flankiert dieses Verständnis die verfassungsrechtlich gebotene Bändigung schwerwiegender

---

524 *Schmidt*, AcP 206 (2006), 169, 181.

525 Unten Teil 2, C.I.2.a).

526 Vgl. *Schmidt*, AcP 206 (2006), 169, 191.

527 *Mestmäcker*, in: FS Böhm, 1975, 3 ff.; *Schmidt*, AcP 206 (2006) 169, 173.

528 Vgl. *Schmidt*, AcP 206 (2006) 169, 173, dessen weitere Ausführungen zur kartellrechtswidrigen Lizenzverweigerungen bei gewerblichen Schutzrechten – oben Teil 1, B.I.2.c) – aber einzuschränken sind. Auch Marktschranken staatlich-gesetzlichen Ursprungs können dem Kontrollmaßstab des Kartellrechts unterliegen.

529 Vgl. *Biedenkopf*, in: Aktuelle Grundsatzfragen des Kartellrechts, 1957, 11 ff.; *Schmidt*, AcP 206 (2006) 169, 173.

Störungen der Vertragsparität zugunsten einer materiellen Vertragsfreiheit durch Vertragsgerechtigkeit nach dem aufgezeigten Verständnis.

Diese Erkenntnis ist in zweierlei Hinsicht noch zu erweitern. Zum einen besteht das Korrekturbedürfnis im Sinne einer maßstabsbildenden Berücksichtigung privatautonomierelevanter Marktwirkungen nicht allein im Rahmen zweiseitiger Rechtsgeschäfte. Auch die einseitige Ausübung privater Rechtsmacht steht im gleichen privatrechtlichen Systemzusammenhang und vermag die grundlegenden Voraussetzungen privatautonomer Gestaltungsfreiheit gleichermaßen zu beeinträchtigen. Auch die privatrechtlichen Ansprüche der Inhaber absoluter Rechte sind mithin dem aufgezeigten Kontrollmaßstab zu unterwerfen.[530] Darüber hinaus entbehrt die Einbeziehung der Außenwirkung privater Rechtsgeschäfte auch unterhalb der spezifisch kartellrechtlichen Aufgreifschwellen nicht ihrer Berechtigung. Die Notwendigkeit, der anfänglichen „*Schwäche des BGB*" entgegenzuwirken, variiert nicht in Abhängigkeit der gesetzgeberischen Anhebung oder Herabsetzung besonders geregelter Aufgreifkriterien. Vielmehr noch würde das Kartellrecht dieses „*Leiden des Privatrechts*" vergrößern, je mehr es sein Augenmerk von der Kontrolle der Ausübung privater Rechtsmacht nimmt. Nicht ein Zuviel an Wirtschaftsrecht, sondern ein Zuwenig an wirtschaftlichem Verständnis markiert dieses Leiden im Vertragsrecht.[531] Eine Korrektur der zivilistischen Innensicht des Vertragsrechts ist um seiner selbst Willen geboten und methodisch insbesondere in der Wahrnehmung jener Freiräume zu verorten, die dem Rechtsanwender in Gestalt der allgemeinzivilrechtlichen Generalklauseln zur Verfügung gestellt sind.

3. Ordnungsfunktion des Privatrechts

Der Blick auf die Ordnungsfunktion des Privatrechts verdeutlicht die Interdependenz von Kartellrecht und Privatrecht. Ausgangspunkt ist die Erkenntnis, dass die Ordnungsfunktion des Rechts privatem wie öffentlichem Ordnungsstreben gleichermaßen dient. Sie lässt sich nicht auf das Gefüge geschriebener und ungeschriebener Rechtssätze zur Regelung der

---

530 Die jedenfalls ebenbürtige Relevanz der Einbeziehung einer Außenwirkung in Gestalt von öffentlichen Interessen und Drittinteressen wird bei der Bestimmung der Grenzen einseitiger Rechtsausübung schon gesetzlich indiziert; vgl. nur §§ 1004 Abs. 2 i.V.m. 906 BGB.

531 Vgl. *Schmidt*, AcP 206 (2006), 169, 181.

Beziehungen von Privatpersonen gegenüber Hoheitsträgern und Hoheitsträgern untereinander beschränken. Sie regelt vielmehr auch die Beziehungen zwischen den Menschen innerhalb der staatlichen Gemeinschaft.[532] Im Bereich des Wirtschaftsrechts schließen private und staatliche Ordnungskräfte einander nicht aus, sondern ergänzen sich weitgehend und verwirklichen gleichermaßen die allgemeine Ordnungsfunktion des Rechts.[533] Hiervon zeugt nicht zuletzt die historische Komplexität des GWB, insbesondere in Gestalt der ausdrücklichen Forcierung der privaten Kartellrechtsdurchsetzung in Ergänzung der kartellbehördlichen Eingriffsverwaltung. Es ist aber festzustellen, dass die individuelle Interessenverfolgung durch Unternehmen vor allem in Form von Schadensersatzklagen den wirtschaftspolitischen Interessen des Staates und der Zielsetzung des Kartellrechts, der Aufrechterhaltung von Marktstrukturen, nur schwerlich genüge tut. Neben der behördlichen Kartellrechtsdurchsetzung kommt ihr nicht mehr, aber auch nicht weniger als eine ergänzende Rolle zu.[534] Bei Marktversagen erlangt aber auch die Ordnungsfunktion des Privatrechts eine besondere Bedeutung, indem sie eine marktstabilisierende Wirkung entfaltet.[535] Dies hat in besonderem Maße mit Blick auf die Integration kartellrechtsähnlicher Wertungen in allgemeinzivilrechtliche Generalklauseln wie § 242 BGB zu gelten, die in dem aufgezeigten Umfang die Funktionsvoraussetzungen der Vertragsfreiheit gewährleisten. Soweit sich die Ordnungsaufgaben des Privatrechts und der Selbstbestimmungsgrundsatz der Privatautonomie auch dem Grunde nach antagonistisch verhalten, sind diese gegenläufigen Systemgedanken in dem aufgezeigten Umfang doch jeweils im Sinne einer „*Theorie der Richtigkeitsgewähr*" in Einklang zu bringen.[536]

4. Schlussfolgerungen

Die Berücksichtigungsfähigkeit wirtschaftlicher Allgemeininteressen und die wechselseitige Abhängigkeit von Kartellrecht und Vertragsrecht lassen

532 *Rebe*, Privatrecht und Wirtschaftsordnung, 1978, S. 197 ff., 207 ff.

533 *Reinhart*, GRUR 1976, 517, 527.

534 Weiterführend unten Teil 2, D.II.3.

535 *Fleischer*, ZEuP 2000, 772, 778.

536 Vgl. *Limbach*, JuS 1985, 9, 10 ff.; *dies*., KritV 1986, 165, 176 ff.; *Coester-Waltjen*, AcP 190 (1990), 1, 14 ff.; *Fastrich*, Richterliche Inhaltskontrolle im Privatrecht, 1992, S. 51 ff.; *Kittner*, in: FS Dieterich, 1999, 279, 282: „*Schutz vor den Auswirkungen der Privatautonomie im Namen der Privatautonomie*".

unter Berücksichtigung der Ordnungsfunktion des Privatrechts eine Interdependenz der Regelungsbereiche erkennen, die auch bei einseitiger Ausübung privater Rechtsmacht Geltung beansprucht. Hierfür wurde das Bedürfnis zur Korrektur der dezentralisierten Interessenbewertung im Privatrecht mit Blick auf die kartellrechtlich relevanten Außenwirkungen wettbewerbsbeschränkender Verhaltensweisen dargestellt. Festzuhalten ist, dass spezifisches Kartellrecht der Bändigung wirtschaftlicher Macht und damit auch der Wahrung der Voraussetzungen materieller Vertragsgerechtigkeit dient, obgleich diese Erkenntnis von der Frage nach dem direkten Schutzzweck des Kartellrechts zu unterscheiden ist.[537] Es gehört zu den Grundvoraussetzungen eines funktionierenden Wettbewerbs, dem Vertragspartner die Möglichkeit zur Erreichung eines angemessenen Ausgleichs entgegengesetzter Interessen durch freies Aushandeln eines Vertragsschlusses zu geben und diesen Prozess nicht durch wettbewerbsverletzende Verhaltensweisen zu stören.[538] Im Verkehr mit Massengütern ist Wettbewerb als Voraussetzung von Vertragsgerechtigkeit – jedenfalls nach dem aufgezeigten Verständnis dieses Begriffs – uneingeschränkt anerkannt.[539] Die Sicherung des Wettbewerbs dient mithin nicht allein ökonomischer Effizienz, sondern schafft zugleich die unverzichtbare Basis privatrechtlicher Austauschgerechtigkeit.[540]

Das Berücksichtigungsfähigkeit kartellrechtsähnlicher Wertungen in allgemeinzivilrechtlichen Generalklauseln wie § 242 BGB erfüllt die Forderung nach einer Korrektur der absoluten dezentralisierten Interessenbewertung im Privatrecht nicht nur im Anwendungsbereich spezifischen Kartellrechts, sondern auch unterhalb der einschlägigen Aufgreifschwellen. Darüber hinaus beanspruchen die aufgezeigten Erwägungen auch bei der Bewertung einseitigen unternehmerischen Handelns Geltung. Die Kontrolle privater Rechtsmacht ist nicht exklusiv dem Kartellrecht zugewiesen. Dies steht freilich unter dem Vorbehalt der Vereinbarkeit mit einem allgemeinen Umgehungsverbot.[541]

---

537 Vgl. *Drexl*, in: FS Schricker, 2005, 651, 658 f.

538 Vgl. *Paul*, Gesetzesverstoß und Vertrag im Wettbewerbs- und Regulierungsrecht, 2009, S. 190.

539 Vgl. *Mestmäcker*, AcP 168 (1968), 235, 255; *Säcker*, ZNER, 2004, 98; *ders.*, AöR 130 (2005), 180, 184; *Schmidt*, AcP 206 (2006) 169, 173.

540 Vgl. *Säcker*, N&R 2004, 46, 51; *Mestmäcker*, in: Immenga/Mestmäcker, GWB, 5. Aufl. 2014, Einl., Rn. 6.

541 Unten Teil 2, B.IV.2.c) sowie Teil 2, C.

IV. Normenkonkurrenz von Kartellrecht und Privatrecht

Vor diesem Hintergrund soll nun die Normenkonkurrenz kartellrechtlicher Vorschriften und privatrechtlicher, genauer allgemeinzivilrechtlicher, Generalklauseln näher betrachtet werden. Stehen die spezifischen Vorschriften des materiellen Kartellrechts nämlich einem Rückgriff auf Regelungen wie §§ 305 ff., 315, 138 oder 242 BGB nicht entgegenstehen, kann darin die Grundlage gesehen werden, auch kartellrechtsähnlichen Wertungen Eingang in den Prüfungsmaßstab dieser Normen zu gewähren, soweit der Anwendungsbereich der GWB-Normen nicht eröffnet ist. Dem wäre allein ein möglicher Verstoß gegen ein allgemeines Umgehungsverbot entgegenzuhalten, das maßgeblich von Schutzzweckgesichtspunkten der im konkreten Fall nicht erfüllten Anwendbarkeitsvoraussetzung geprägt ist. Diese Problematik ist einem nachfolgenden Bearbeitungsabschnitt dieser Untersuchung vorbehalten.[542] Zuvor bedarf es der Erörterung relevanter konkurrenzrechtlicher Fragen im Anwendungsbereich spezifischen Kartellrechts.

Lässt sich ein und derselbe Lebenssachverhalt durch Normen des allgemeinen Zivilrechts als auch durch solche des Kartellrechts regeln, stellt sich die Frage nach einer Verdrängungswirkung der einschlägigen Vorschriften. Finden die bereichsspezifischen Regelungen neben den allgemeinzivilrechtlichen Generalklauseln Anwendung, ist von Idealkonkurrenz zu sprechen. Genießt die Anwendung eines Regelungskomplexes aus systematischen oder teleologischen Gründen Vorrang gegenüber einem anderen, ist in diesen Fällen sogenannter Subsidiarität[543] oder Spezialität[544] von normverdrängender Konkurrenz oder Gesetzeskonkurrenz die Rede.[545] Die Konkurrenz mehrerer Rechtssätze bedarf hingegen dann keiner weitergehenden Klärung, wenn beide Regelungsbereiche die gleichen

542 Unten Teil 2, B.IV.2.c) sowie Teil 2, C.

543 Eine subsidiäre Norm enthält einen nur hilfsweise anzuwendenden Auffangtatbestand für eine andere Norm und kommt nur zur Anwendung, wenn die vorrangige Norm im konkreten Fall nicht einschlägig ist; vgl. *Larenz/Canaris*, Methodenlehre der Rechtswissenschaft, 3. Aufl. 1995, S. 88 ff.

544 Der Anwendungsbereich einer spezielleren Norm geht völlig in dem der allgemeineren Norm auf, d.h. der Tatbestand der spezielleren Norm enthält alle Tatbestandsmerkmale der allgemeineren Norm und darüber hinaus noch mindestens ein weiteres Merkmal; vgl. *Larenz/Canaris*, Methodenlehre der Rechtswissenschaft, 3. Aufl. 1995, S. 88.

545 Vgl. *Larenz/Wolf*, BGB AT, 9. Aufl. 2004, S. 321; *Kramer*, in: MünchKomm BGB, Bd. 2, 5. Aufl. 2007, § 241, Rn. 21 ff.; *Peters/Jacoby*, in: Staudinger, BGB, AT 5 (§§ 164-240), Neubearb. 2014, § 195, Rn. 31 ff.

Rechtsfolgen anordnen, so dass der konkrete Anspruch normativ mehrfach begründet ist.[546] Soweit sich die Rechtsfolgen gegenseitig ausschließen, was in diesem Abschnitt insbesondere mit Blick auf die Verbotsgesetzeigenschaft der einschlägigen GWB-Normen noch festzustellen ist, kann denknotwendig nur einer der in Frage stehenden Rechtssätze zur Anwendung gelangen. Es wäre unsinnig, wollte man der Rechtsordnung den Anwendbarkeitsbefehl entgegengesetzter Rechtsfolgen entnehmen. Schließen sich unterschiedliche Rechtsfolgen der Regelungen aber nicht aus, bedarf es einer Klärung der Frage, ob beide Rechtssätze nebeneinander Anwendung finden sollen oder eine Norm die andere verdrängt, so dass letztlich nur jene Rechtsfolgen der verdrängenden Norm eintreten.[547]

1. Kein genereller Vorrang des Kartellrechts

Vorbehaltlich einer einzelfallabhängigen Bewertung unternehmerischen Verhaltens kann ein genereller Vorrang kartellrechtlicher Regelungen gegenüber allgemeinzivilrechtlichen Normen allenfalls angedacht werden, ist im Ergebnis aber entschieden abzulehnen. Ein solcher Ansatz würde dem Kartellrecht den Status eines abschließenden Sonderprivatrechts verleihen, der mit Blick auf die gesamte deutsche Rechtsordnung zwar nicht neuartig wäre, in dieser Absolutheit für das Kartellrecht aber zurecht nicht vertreten wird.[548] Nur beispielhaft für ein Sonderprivatrecht, das über das allgemeine Zivilrecht hinausgeht, wird auf das Sonderrecht für Unternehmen hingewiesen, das in seinem Anwendungsbereich spezifische Regelungen für einzelne Rechtssubjekte bereithält: die betreffenden Normen des HGB, AktG, GmbHG, GenG und PartGG. Soweit privatrechtliche Rechtsbeziehungen keiner Regelung durch diese spezifischen Rechtsvorschriften unterfallen, verbleibt es aber bei der Anwendbarkeit des im BGB geregelten bürgerlichen Rechts, also den allgemeinen Regelungen des vertraglichen und außervertraglichen Schuldrechts, des Sachen-, Familien- und Erbrechts.

---

546 Vgl. zu § 823 Abs. 1 und 2 BGB *Larenz*, Methodenlehre der Rechtswissenschaft, 6. Aufl. 1991, S. 266.

547 Vgl. *Larenz*, Methodenlehre der Rechtswissenschaft, 6. Aufl. 1991, S. 266.

548 Vgl. *Paul*, Gesetzesverstoß und Vertrag im Wettbewerbs- und Regulierungsrecht, 2009, S. 205; ansatzweise aber *Kühne*, RdE 2005, 241, 243 ff.; *Wielsch*, JZ 2008, 68, 72 f.

Auch der Blick auf die höchstrichterliche Rechtsprechung zur telekommunikationsrechtlichen Entgeltkontrolle (§§ 27 ff. TKG) trägt zur Ablehnung eines generellen Vorrangs kartellrechtlicher Vorschriften bei. Allgemeine Geschäftsbedingungen, deren Wirksamkeit dem behördlichen Genehmigungsvorbehalt unterliegen, sollen einer weitergehenden rechtsgeschäftlichen Inhaltskontrolle am Maßstab der §§ 305 ff. und 315 BGB entzogen sein.[549] Der abschließende und verbindliche Charakter einer behördlichen Genehmigung, die die Rechtslage ähnlich eines unmittelbar geltenden Verwaltungsakts gestaltet, rechtfertigt in diesem Zusammenhang die Verdrängungswirkung der sodann speziellen Regelungen.[550] Eine behördliche *ex ante* Kontrolle kartellrechtswidriger Vertragsbedingungen ist dem GWB wie auch dem europäischen Kartellrecht aber mittlerweile fremd. Vielmehr noch erfolgt die behördliche Kontrolle eines marktrelevanten Verhaltens auch nicht in jedem Fall zwingend. Denn die Aufgabe der Kartellbehörden, die im öffentlichen Interesse tätig werden, umfasst nicht die Ermöglichung oder Durchsetzung privatrechtlicher Ansprüche, die ihrerseits von den Betroffenen selbst geltend gemacht werden können. So kann das Bundeskartellamt bei verbotswidrigen Verhaltensweisen zwar von Amts wegen aktiv werden, ein Anspruch insbesondere eines Folgevertragspartners, besteht darauf aber nicht.[551] Ein der Rechtsprechung zur telekommunikationsrechtlichen Entgeltregulierung entsprechender Verzicht auf eine zusätzliche vertragsrechtliche Kontrolle insbesondere marktbeherrschender Unternehmen lässt sich vor diesem Hintergrund nicht rechtfertigen.

Ein absoluter Vorrang der Wertungen des Kartellrechts gegenüber den Wertungen des Gesetzgebers anderer Vorschriften ist auch dem Grunde nach nicht feststellbar.[552] Zwar lässt sich die seinerzeit zustimmungswürdige These *Mestmäckers*, es gebe *„keinen vorgegebenen normativen Zusammen-*

549 Vgl. BGH NJW 1998, 3188 ff.; MMR 2004, 470, 471 – *Verbindung von Telefonnetzen*; MMR 2007, 585, 586.

550 BGH NJW 1998, 3188, 3191 f. Vertragspartner sind stattdessen gehalten, im Wege der Drittanfechtungsklage vor den Verwaltungsgerichten gegen die behördliche Genehmigungsentscheidung vorzugehen; vgl. *Geppert/Helmes*, MMR 2007, 564, 567.

551 Vgl. BGH MMR 2007, 585, 586; WuW/E BGH 3035, 3036 – *Nichtzulassungsbeschwerde*; WuW/E BGH 3113, 3114 – *Rechtsschutz gegen Berufsordnung*; OLG Düsseldorf WuW/E DE-R 545, 546 f. – *Herzklinik*; *Geppert/Helmes*, MMR 2007, 564, 567.

552 Vgl. bereits *v. Köhler*, NJW 1971, 118, 119, nach dem es keine *„Wertungsunterschiede zwischen den Gesetzgebern der einzelnen Gesetze“* gibt.

hang zwischen bestimmten Rechtsinstituten des Privatrechts und der Anwendbarkeit des Wettbewerbsrechts",[553] angesichts der gesetzgeberischen Bemühungen um eine Intensivierung der privaten Kartellrechtsdurchsetzung nicht mehr ohne weiteres aufrechterhalten. Dennoch widerspricht es der Ausgestaltung des GWB als einfaches Gesetz, den kartellrechtlichen Vorschriften auf andere Rechtgebiete *per se* eine ähnliche Wirkung einzuräumen, wie sie das Grundgesetz den Grundrechten verleiht.[554] Zustimmung verdienen vielmehr die Stimmen, die das kartellrechtliche Schutzobjekt, den Wettbewerb, als Ordnungsprinzip der Wirtschaftsverfassung verstehen. Weder der Wettbewerb noch dessen normative Grundlage sind Selbstzweck, sondern Bestandteil der Rechtsordnung. Eine generelle Höherwertigkeit des Kartellrechts gegenüber anderen Rechtssätzen ist daher abzulehnen:

> „Wettbewerb spielt sich nicht in einem modelltheoretisch vorbestimmten, sondern in einem wertegebundenen Raum ab, in dem anerkannte Rechts- und Ordnungsprinzipien des Gemeinschaftslebens bestehen."[555]

Auch im Rahmen der Regelung des direkten Verhältnisses zwischen Wettbewerbern galt das Ordnungsprinzip Wettbewerb nicht als alleiniger Beurteilungsmaßstab. So ist der Ansatz nicht neu, auch anderen Ordnungsprinzipien Geltung zu verschaffen, die über den Begriff der „guten Sitten" hinaus im Rahmen der allgemeinzivilrechtlichen Generalklauseln rechtliche Bedeutung erlangen und gegenüber dem Ordnungsprinzip Wettbewerb nicht von vornherein als minderwertig einzuschätzen sind.[556] Neben dieser grundsätzlichen Feststellung zeigen sich weitere Bedenken hinsichtlich eines generellen Vorrangs des Kartellrechts. Ob bewährte Rechtsfiguren wie der Rechtsmissbrauchseinwand nur deshalb in Frage zu stellen sind, weil

553 *Hoppmann/Mestmäcker*, Normzwecke und Systemfunktionen im Recht der Wettbewerbsbeschränkungen, 1974, S. 40.

554 *Reinhart*, GRUR 1976, 517, 526; anders *Kartte*, Ein neues Leitbild für die Wettbewerbspolitik, 1969, S. 28, der vom Kartellgesetz noch als *„Grundgesetz der Wirtschaft"* sprach.

555 *Hefermehl*, GRUR 1966, 651, 656; vgl. auch *Reinhart*, GRUR 1976, 517, 526; *Looschelders/Olzen*, in: Staudinger, BGB (§§ 241-243), Neubearb. 2015, § 242, Rn. 336, nach denen *„auch die Wahrung von Treu und Glauben der öffentlichen Ordnung dient und damit im öffentlichen Interesse liegt* [...]. *Davon abgesehen ist nicht ersichtlich, warum man öffentlichen Interessen von vornherein einen höheren Stellenwert als privaten Interessen einräumen sollte."*.

556 Vgl. *Mestmäcker*, AcP 168 (1968), 253, *Nordemann*, GRUR 1975, 625; *Vogt*, NJW 1976, 729; *Reinhart*, GRUR 1976, 517, 526.

derselbe Lebenssachverhalt auch dem Regelungsbereich kartellrechtlicher Vorschriften unterfällt, wird nachfolgend untersucht.

a) Gefahr erheblicher Regelungslücken

Zu denken ist zum einen an die Gefahr erheblicher Regelungslücken, die ein genereller Vorrang kartellrechtlicher Vorschriften mit sich brächte. Mit Blick auf die Rechtsgeschäftslehre geht dieser Aspekt auf die Ausführungen zur dezentralisierten Interessenbewertung im Privatrecht zurück, die sich den Herausforderungen der Außenwirkung wettbewerbsbeschränkender Verhaltensweisen normativ stellen muss.[557] Soweit nun in diesem Zusammenhang auf drohende Regelungslücken hingewiesen wird, gilt dies zuvorderst der Vertrags- als rechtsgeschäftlicher Inhaltskontrolle. Infolge der Ausgestaltung der einschlägigen GWB-Vorschriften als Verbotsgesetze (§ 134 BGB) sind kartellrechtswidrige Rechtsgeschäfte zwar von der gesetzlichen Nichtigkeitsfolge bedroht, das Kartellrecht bewertet privatrechtliche Verträge jedoch – vor dem Hintergrund der Ausführungen zum *more economic approach* mehr oder minder ergebnisorientiert – am Maßstab ihrer gesamtwirtschaftlichen Richtigkeit. Die rechtsgeschäftliche Inhaltskontrolle hingegen fußt auf dem Gedanken des individuellen Interessenausgleichs.[558] Trotz dieses Zielkonfliktes hält das Kartellrecht aber kein spezifisches Vertragsrecht bereit, das im Innenverhältnis relevanten Ordnungsprinzipien Geltung verschaffen, mithin einen generellen Vorrang seiner Rechtssätze vor den bestehenden allgemeinzivilrechtlichen Kontrollklauseln rechtfertigen könnte. Im Kartelldeliktsrecht lässt sich die gleiche Beobachtung machen. Ungeachtet ihres vermeintlichen Schutzgesetzcharakters verdrängen die speziellen Haftungsnormen der § 33a GWB in ihrem Anwendungsbereich nunmehr sowohl § 823 Abs. 2 BGB, soweit dieser neben der Vorgängerregelung des § 33 GWB 1998 auf Verstöße gegen Gemeinschaftskartellrecht Anwendung fand, als auch den subsidiären § 823 Abs. 1 BGB hinsichtlich betriebsbezogener Eingriffe in den eingerichteten und ausgeübten Gewerbebetrieb. Die Gesetzeskonkurrenz stellt sich hier schon mit Blick auf den verlautbarten Willen des Gesetzgebers und die identischen Rechtsfolgen als unproblematisch dar.[559] Im Übrigen konkur-

557 Oben Teil 2, B.III.3.b).
558 Oben Teil 2, B.III.3.b); vgl. *Paul*, Gesetzesverstoß und Vertrag im Wettbewerbs- und Regulierungsrecht, 2009, S. 207; i.E. auch *Kühne*, RdE 2005, 241, 245.
559 Vgl. BT-Drucks. 13/9720, S. 52.

riert § 33a GWB aber mit sämtlichen Deliktstatbeständen innerhalb und außerhalb des BGB, insbesondere mit der Generalklausel des § 826 BGB, die eine sittenwidrige vorsätzliche Schädigung sanktioniert.[560] Die Regelungsbereiche von Kartellrecht und allgemeinem Zivilrecht überschneiden sich also nur teilweise. Schon insoweit kann nicht von einer generellen Verdrängungswirkung ausgegangen werden.

b) Heterogenität des Wettbewerbsrechts

Zum anderen spricht die Heterogenität des Wettbewerbsrechts im weiteren Sinne gegen eine abschließende Verdrängung allgemeinzivilrechtlicher Normen durch kartellrechtliche Vorschriften. Wie eingangs dargestellt, umfasst das weiteste Verständnis vom Begriff des Wettbewerbsrechts sämtliche Normen mit Bezug zur rechtlichen Ordnung des Wettbewerbs.[561] Trotz verschiedener wesensbedingter Zusammenhänge mit den Regelugen des allgemeinen Zivilrechts lassen sich kartellrechtliche Vorschriften als wettbewerbsschützende Regelungen in diesem Sinne nicht einheitlich einem typisierten Regelungsgegenstand des allgemeinen Zivilrechts zuordnen. Dies gilt gleichermaßen für den sachlichen wie persönlichen Anwendungsbereich allgemeinzivilrechtlicher Normen. Beispielhaft angeführt seien die im BGB typisiert geregelten Vertragstypen des Kauf- (§§ 433 ff. BGB) oder Mietvertrages (§§ 535 ff. BGB) sowie die in Umsetzung verschiedener Vorgaben des europäischen Gesetzgebers normierten, konkret verbraucherschützenden Regelungen des BGB (etwa §§ 312 ff., 474 ff., 491 ff. BGB). Wiederum mit Blick auf die Bewertung allein ihrer gesamtwirtschaftlichen Richtigkeit werden kartellrechtliche Sanktionen ganz unabhängig der Zuordnung einer vertypten Vertragsart an die konkret wettbewerbsschädigende Verhaltensweise geknüpft. Allgemeinzivilrechtliche können mit kartellrechtlichen Vorschriften mithin zusammentreffen. So sind die spezifisch kaufrechtlichen Regelungen der §§ 433 ff. BGB zur Bewertung der vertraglichen Rechte und Pflichten eines Warenlieferanten und seiner Abnehmer heranzuziehen. Die Vertragsnichtigkeit kann aufgrund des kartellrechtswidrigen Missbrauchs einer marktbeherrschenden Stellung begründet sein (§ 134 BGB i.V.m. § 19 GWB). Eine parallele Anwend-

---

560 Vgl. *Emmerich*, in: Immenga/Mestmäcker, GWB, 5. Aufl. 2014, § 33, Rn. 113; *Rehbinder*, in: Loewenheim/Meessen/Riesenkampff, Kartellrecht, 2. Aufl. 2009, § 33, Rn. 56.

561 Oben Teil 1, C.II.

barkeit stets der gleichen Rechtssätze vor allem mit den Verbotsnormen des GWB scheidet aber wegen ihrer dem Grunde nach verschiedenen „Blickrichtung“ aus. Es fehlt mithin an einer vollständigen Kongruenz der Regelungsgegenstände von BGB und GWB, so dass ein genereller und vom Einzelfall losgelöster Vorrang kartellrechtlicher Vorschriften auch aus diesem Grund abzulehnen ist. Stattdessen ist jede allgemeinzivilrechtliche Norm oder Normgruppe darauf zu überprüfen, welcher Aspekt der jeweils einschlägigen wettbewerbsschützenden Vorschrift ihr Zurücktreten rechtfertigen kann.[562]

2. Widerspruchsfreie Einfügung des Kartellrechts in die deutsche Rechtsordnung

a) Grundsätzliches

Ein genereller Vorrang kartellrechtlicher vor allgemeinzivilrechtlichen Normen ist vor diesem Hintergrund abzulehnen. In einem weiteren Schritt eine Verdrängungswirkung der GWB-Vorschriften gegenüber der allgemeinzivilrechtlichen Generalklausel des § 242 BGB im Vorfeld der Anwendbarkeit des Missbrauchsverbots, also unterhalb der spezifisch kartellrechtlichen Aufgreifschwellen, anzunehmen, verfängt nicht. Hierin wäre nicht nur ein systematischer Widerspruch zur übrigen Rechtsordnung zu erblicken. Das Vorgehen wäre auch mit dem Willen des Gesetzgebers unvereibar.

aa) Beispiele

Beispielhaft verdeutlicht werden soll dies an einem von unzähligen der vorliegenden Untersuchung zwar sachfremden, rechtstechnisch aber ähnlichen Instituten. Zu Illustrationszwecken wird auf die sog. Polizeifestigkeit der Versammlungsfreiheit (Art. 8 GG) zurückgegriffen. Soweit der Schutzbereich der Versammlungsfreiheit und der Anwendungsbereich des einschlägigen Bundes- bzw. Landesversammlungsgesetzes eröffnet sind, also eine vom Schutzbereich des Art. 8 GG erfasste Versammlung im Sinne der bundesverfassungsgerichtlichen Rechtsprechung vorliegt, ist dem allgemei-

---

562 Vgl. *Paul*, Gesetzesverstoß und Vertrag im Wettbewerbs- und Regulierungsrecht, 2009, S. 207; i.E. auch *Kühne*, RdE 2005, 241, 245.

nen Polizei- und Ordnungsrecht regelmäßig keine Rechtsgrundlage zu entnehmen, auf welche die konkrete Maßnahme der Eingriffsverwaltung noch gestützt werden kann.[563] Vorbehaltlich verschiedener Ausnahmen von diesem Grundsatz, reicht die Verdrängungswirkung des spezifischen Versammlungsrechts dabei so weit, dass gleichlaufende polizeiliche Maßnahmen auch dann nicht auf das entsprechende Polizeigesetz gestützt werden können, wenn zwar eine Versammlung als Aufgreifkriterium der versammlungsrechtlichen Befugnis vorliegt, die spezifischen Eingriffsvoraussetzungen im Übrigen aber nicht erfüllt sind.[564]

Als weiteres Beispiel kann der Blick auf § 56 HGB gerichtet werden. Die Norm entfaltet eine Verdrängungswirkung gegenüber den allgemeinen Grundsätzen zur Duldungs- oder Anscheinsvollmacht bei der Stellvertretung durch Ladenangestellte. Der in einem Laden oder in einem offenen Warenlager Angestellte gilt als ermächtigt zu Verkäufen und Empfangnahmen, die in einem Laden oder Warenlager gewöhnlich geschehen. Dabei verbietet sich ein Rückgriff auf die allgemeinen Grundsätze zur Duldungs- oder Anscheinsvollmacht im Übrigen. Die unwiderlegbare Vermutung des § 56 HGB ist für das Vorliegen einer Vollmacht in diesem Regelungsbereich abschließend.[565] Wird hingegen eine analoge Anwendung der Vorschrift für Nichtkaufleute mit der herrschenden Meinung abgelehnt und ist der im Sinne des § 56 HGB Vertretene nicht Inhaber eines Handelsgewerbes (§ 1 Abs. 2 und § 2 HGB), kann ein allgemeiner Rechtsschein in Gestalt der Duldungs- oder Anscheinsvollmacht gleichwohl eine wirksame Stellvertretung begründen.[566] Auch dieses Beispiel zeugt von einem Grundsatz, der die gesamte deutsche Rechtordnung durchzieht, wenn-

563 Vgl. BVerwG NVwZ 1988, 250; VGH Mannheim DÖV 1990, 572; OVG Münster DVBl. 2001, 839; *Kötter/Nolte*, DÖV 2009, 399.

564 Etwas anderes gilt insbesondere dann, wenn der Schutz der Versammlungsfreiheit nicht (mehr) besteht, etwa nach Auflösung der Versammlung, und soweit das einschlägige Versammlungsgesetz keine spezifische Regelung enthält, etwa die Adressatenbestimmung. I.Ü. muss es der Polizei gestattet sein, ein milderes und angemesseneres Mittel auf das PolG zu stützen, wenn die speziellen Befugnisse des Versammlungsrechts unverhältnismäßig wären; vgl. BVerwG NVwZ 1988, 250; *Berner/Köhler/Käß*, PAG, 20. Aufl. 2010, Vorbem. zu den Art. 16-20, Rn. 7 ff. m.w.N.

565 *Oetker*, Handelsrecht, 5. Aufl. 2006, Rn. 57 ff.; *Krebs*, in: MünchKomm HGB, Bd. 1, 3. Aufl. 2010. Ist der Angestellte tatsächlich Bevollmächtigter, dient § 56 HGB als bloße Beweiserleichterungsregel, ohne dass ihm auch materielle Wirkung zukommt.

566 *Weber*, in: Ebenroth/Boujong/Joost/Strohn, HGB, Bd. 1, 3. Aufl. 2014, § 56, Rn. 3; *Krebs*, in: MünchKomm HGB, Bd. 1, 3. Aufl. 2010.

gleich ihm in Anlehnung an die vorstehenden Ausführungen keiner starren Hierarchie mit Blick auf weitere Regelungsmechanismen ist: der Verdrängung einer allgemeineren Norm im Anwendungsbereich der speziellen Norm (*lex specialis derogat legi generali*).[567]

bb) Schlussfolgerungen

Es festigt sich die Erkenntnis, dass ein Zurücktreten der allgemeinen Norm dann nicht geboten ist, wenn der Anwendungsbereich der bereichsspezifischen Norm insoweit nicht eröffnet ist, als Tatbestandsmerkmale nicht erfüllt sind, die Anlass der spezifischen Regelung und Grund ihrer Verdrängungswirkung zugleich bilden. Mit Bezug auf die beiden angeführten Beispiele können freiheitsbeschränkende Maßnahmen trotz Polizeifestigkeit der Versammlungsfreiheit auf allgemeinpolizeirechtliche Regelungen gestützt werden, soweit eine Versammlung im verfassungsrechtlichen Sinne nicht betroffen ist. Der Schutzbereich des Art. 8 GG als Legitimation der spezialgesetzlichen Regelung ist dann nicht tangiert. Ebenso verhält es sich mit § 56 HGB, der dem Verkehrsschutz dient und die allgemeinen Regeln der §§ 164 ff. BGB für die rechtsgeschäftliche Vertretung des Kaufmanns modifiziert. Der konkrete Verkehrsschutz gründet sich darauf, dass die Anstellung einer Person in einem Laden oder offenen Warenlage in besonderer Weise geeignet ist, dem Publikum den Eindruck zu vermitteln, die Person sei auch bevollmächtigt.[568] Das Handelsrecht ist insoweit von einem gesteigerten Bedürfnis nach Rechtsklarheit und einer durch diese geförderte Erleichterung des Geschäftsverkehrs gekennzeichnet. Fehlt es an der Kaufmannseigenschaft des Vertretenen, entfällt die Legitimation einer vor diesem Hintergrund spezifischen Regelung wie § 56 HGB und die allgemeinzivilrechtlichen Vorschriften finden ebenso Anwendung wie die allgemeinen, übergesetzlichen Rechtsinstitute in Gestalt von Duldungs- und Anscheinsvollmacht.

567 Oben Teil 2, A.VI.1.b).
568 *Weber*, in: Ebenroth/Boujong/Joost/Strohn, HGB, Bd. 1, 3. Aufl. 2014, § 56, Rn. 1.

b) Keine Verdrängung allgemeinzivilrechtlicher Generalklauseln im Nichtanwendungsbereich des kartellrechtlichen Missbrauchsverbots

Für den Untersuchungsgegenstand lässt sich schon an dieser Stelle die Erkenntnis ableiten, dass die Nichterfüllung der kartellrechtlichen Aufgreifkriterien der Anwendbarkeit einer allgemeinzivilrechtlichen Generalklausel nicht ohne weiteres deshalb entgegengehalten werden kann, weil eine bereichsspezifische Regelung als solche existiert. Im Rahmen der kartellrechtlichen Missbrauchsaufsicht ist die marktstarke Stellung eines Unternehmens als anwendbarkeitsbegründendes Tatbestandsmerkmal der besonderen Regelungen hervorzuheben. Weder die Unternehmenseigenschaft, noch das Bestehen von Wettbewerb und entsprechend der verlautbarten *ratio legis* auch nicht das Entstehen einer marktbeherrschenden Stellung soll – anders als im Bereich der kartellrechtlichen Fusionskontrolle – Anlass für die vor allem kartellbehördliche Missbrauchsaufsicht sein.[569] Entsprechend seiner an den Ordnungsprinzipien der Wettbewerbswirtschaft ausgerichteten Zielrichtung untersteht allein und gerade der Missbrauch einer marktbeherrschenden Stellung der kartellbehördlichen Aufsicht und bereitet darüber hinaus die Grundlage der aufgezeigten Instrumente privater Kartellrechtsdurchsetzung. Ist der Anwendungsbereich der Missbrauchsaufsicht in Ermangelung einer entsprechenden Marktmacht des Unternehmens nicht eröffnet, verbleibt dem Grunde nach die Möglichkeit eines Rückgriffs auf allgemeinzivilrechtliche Generalklauseln wie die §§ 305 ff. BGB, § 315 BGB und auch § 242 BGB.

c) Allgemeines Umgehungsverbot

Die bewusste Umgehung einer besonderen Gesetzeswertung begründet hingegen die Grenze dieser grundsätzlichen Anwendbarkeit allgemeinzivilrechtlicher Normen im Nichtanwendungsbereich bereichsspezifischer Rechtssätze. Dieser Grundsatz durchzieht die gesamte Rechtsordnung. Im Vertragsrecht erlangt er insbesondere für § 134 BGB besondere Bedeutung und fand an zahlreichen Stellen *expressis verbis* Eingang in das kodifizierte Recht, so etwa in §§ 306a, 312k Abs. 1 S. 2, 476 Abs. 1 S. 2, 487 S. 2, 512 S. 2 und 655e Abs. 1 S. 2 BGB. Der Untersuchungsgegenstand, die Zulässigkeit

---

569 Vgl. *Möschel*, in: Immenga/Mestmäcker, GWB, 5. Aufl. 2014, § 19, Rn. 1; *Wiedemann*, in: Wiedemann, Kartellrecht, 2. Aufl. 2008, § 23, Rn. 1; *Götting*, in: Loewenheim/Meessen/Riesenkampff, Kartellrecht, 2. Aufl. 2009, § 19, Rn. 1.

des Unterlaufens einer gesetzlichen Wertung durch Heranziehung einer Generalklausel, ist zwar weiter gefasst als das diesen Normen jeweils innewohnende Umgehungsverbot, als Verbot der Umgehung gesetzlicher Regelungen für Private. Gleichwohl erlauben die kodifizierten Umgehungsverbote einen Rückschluss, der allgemeine Gültigkeit beanspruchen darf. Denn gerade auch die allgemeinzivilrechtlichen Generalklauseln sind nicht einzusetzen, um eine bewusste Wertentscheidung des Gesetzgebers außer Kraft zu setzen: Je spezieller dabei eine Vorschrift einen bestimmten Lebenssachverhalt regelt, umso eher kann davon ausgegangen werden, dass sie im konkret zu entscheidenden Fall zu interessengerechten Ergebnissen führt.[570] Ein Blick auf die Umgehung von Verbotsgesetzen i.S.v. § 134 BGB verdeutlicht die Entscheidung, dem Umgehungsverbot das Gewicht eines allgemeinen Rechtsgrundsatzes beizumessen. Umgehungsgeschäfte erfüllen zwar typischerweise nicht den objektiven Tatbestand der Verbotsnorm. Aber sie zielen nach ihrem Inhalt und Zweck doch auf denselben Erfolg ab wie das ausdrücklich verbotene Geschäft. Darin unterscheiden sie sich von Scheingeschäften (§ 117 Abs. 1 BGB).[571] Soweit das Umgehungsgeschäft letztlich nicht schon *qua* Gesetz an der Verbotswirkung teil hat, kann auch die Umgehung eines Verbotsgesetzes einen Verbotsverstoß im Sinne der entsprechenden Vorschrift darstellen, auch wenn sie unter den Tatbestand der Norm selbst nicht subsumierbar ist. Voraussetzung hierfür ist, dass der Zweck der Verbotsnorm durch die anderweitige Gestaltung vereitelt werden soll.[572]

Festzuhalten ist vor diesem Hintergrund zunächst, dass das GWB keine ausdrückliche Untersagung der Umgehung seiner Verbotsgesetze, weder auf einzelvertraglichem Wege noch in der Form des Unterlaufens einer gesetzlichen Wertung durch Heranziehen seiner Generalklausel, vorsieht. Dem steht wohl bereits die aufgezeigte Heterogenität des Wettbewerbsrechts im weiteren Sinne entgegen. Das darüber hinaus bestehende allgemeine Umgehungsverbot beansprucht andererseits auch mit Blick auf kartellrechtliche Verbotsnormen umfassend Geltung, so dass die Integration kartellrechtsähnlicher Wertungen in die Anwendung allgemeinzivilrechtlicher Generalklauseln letztlich keine Umgehung eines spezifisch kartell-

---

570 Vgl. *Bydlinski*, in: FS Wieacker, 1990, 189; *Looschelders/Olzen*, in: Staudinger, BGB (§§ 241-243), Neubearb. 2015, § 242, Rn. 336 ff.

571 Vgl. *Armbrüster*, in: MünchKomm BGB, Bd. 1, 7. Aufl. 2015, § 134, Rn. 11.

572 BGHZ 85, 39, 46 = NJW 1983, 109, 110; *Ellenberger*, in: Palandt, BGB, 74. Aufl. 2015; § 134, Rn. 28. Dennoch können Sinn und Zweck der Verbotsnorm eine andere Sanktion als die Nichtigkeit des Umgehungsgeschäfts nahelegen; vgl. BGHZ 85, 39, 46.

rechtlichen Tatbestandes herbeiführen darf. Wiederum vorbehaltlich erforderlicher Schutzzweckerwägungen kann ein Indiz für die widerspruchsfreie Einfügung dieses rechtsmethodischen Ansatzes in die Rechtsordnung jedenfalls nicht darin ersehen werden, dass anders als in Fällen einer bewussten Vertragsgestaltung zur Umgehung insbesondere verbraucherschützender Regelungen das Fehlen einer marktstarken Stellung, welches zur Nichtanwendbarkeit der kartellrechtlichen Missbrauchskontrolle führt, bereits nicht zur Disposition jenes Unternehmens stand, das sich einer wettbewerbsschädigenden Verhaltensweise bedient. In diesem Zusammenhang steht die Erkenntnis, dass das Umgehungsverbot objektiv ist und nach ganz herrschender Ansicht keine Umgehungsabsicht erfordert.[573]

3. Divergenz der Anwendungsbereiche

Der Annahme einer Verdrängungswirkung kartellrechtlicher Normen gegenüber allgemeinzivilrechtlichen Generalklauseln steht vorbehaltlich dieses mithin von Schutzzweckerwägungen getragenen allgemeinen Umgehungsverbotes die fehlende Deckungsgleichheit der jeweils konkurrierenden Anwendungsbereiche entgegen. Zur Vermeidung unbilliger Rechtsschutzlücken als Folge einer unterstellten Absenkung des rechtsgeschäftlichen Kontrollmaßstabs in Wettbewerbsverhältnissen kommt dieser Erkenntnis besondere Bedeutung zu. So bedingt die Vermeidung von Wertungswidersprüchen, dass marktstarke Unternehmen mit Blick auf die kartellrechtliche Missbrauchsaufsicht dem Grunde nach keiner geringeren rechtlichen Kontrolle unterliegen sollen als Wettbewerber, welche die Aufgreifkriterien der kartellrechtlichen Missbrauchsaufsicht nicht erfüllen. Erst recht ist diese Ablehnung einer Verdrängungswirkung zu befürworten, soweit in Ermangelung einer kartellrechtlichen Relevanz die Aufgreifkriterien der §§ 18, 20 GWB in gleichwohl marktrelevanten Rechtsbeziehungen von vornherein nicht erfüllt sind, das Zurücktreten der GWB-Vorschriften mithin eine Herabsenkung des Schutzniveaus bei der Beurteilung solcher Rechtsverhältnisse nach sich ziehen würde. Der unmittelbare Anwendungsbereich der §§ 138, 307 ff. und 315 BGB ist somit jeweils unabhängig davon eröffnet, ob der zu bewertende Sachverhalt zugleich auch

573 Vgl. zu § 306a BGB BGHZ 162, 294, 299 = NJW 2005, 1645, 1646 (offen gelassen); 179, 319 = NJW 2009, 1337, 1339; *Lindacher*, in: Wolf/Lindacher/Pfeiffer, AGB-Recht, 6. Aufl. 2013, § 306a, Rn. 4; *Schmidt*, in: Ulmer/Brandner/Hensen, AGB-Recht, 11. Aufl. 2011, § 306a, Rn. 4.

eine kartellrechtswidrige Wettbewerbsverletzung des rechtsgeschäftlich oder einseitig handelnden Rechtssubjekts zum Gegenstand hat. Weder die Sittenwidrigkeit eines Rechtsgeschäfts noch die unangemessene Benachteiligung des Vertragspartners des Verwenders allgemeiner Geschäftsbedingungen oder die Unbilligkeit eines einseitigen Leistungsbestimmungsrechts nehmen Bezug auf eine kartellrechtlich relevante Verhaltensweise.[574] Da andererseits insbesondere die kartellrechtliche Missbrauchsaufsicht jedwede rechtsgeschäftliche Regelung erfasst, unabhängig davon, ob es sich um eine allgemeine Geschäftsbedingung oder Vereinbarung eines einseitigen Leistungsbestimmungsrechts handelt, zeigt sich auch insofern die Divergenz der Anwendungsbereiche der jeweils konkurrierenden Normen. Das gleiche gilt hinsichtlich der rechtsgeschäftlichen Inhaltskontrolle gemäß § 138 BGB bzw. § 242 BGB. Während § 138 BGB nur den Schutz bestimmter, besonders qualifizierter Interessen bezweckt, diese aber gleichwohl in eine Interessenabwägung einzustellen sind, hat die Begründung der Unvereinbarkeit mit dem weiteren Maßstab von Treu und Glauben ebenso anhand einer allgemeinen Interessenabwägung zu erfolgen. Wie aufgezeigt können verschiedene objektive, subjektive, auch öffentliche Interessen Eingang in den Abwägungsvorgang finden, die ihrerseits frei jeder kartellrechtlicher Relevanz sind oder jedenfaslls sein können. Auf der anderen Seite muss ebenso wenig zwingend die im Rahmen von § 242 BGB vorzunehmende Gesamtabwägung zu dem Ergebnis führen, eine kartellrechtswidrige Handlung sei zugleich auch treuwidrig.

a) Kein abgesenkter Kontrollmaßstab in Wettbewerbsverhältnissen

Anders als bei den §§ 307 ff. und 315 BGB beschränkt sich der Anwendungsbereich des § 242 BGB angesichts des dargestellten Immanenzgedankens nicht auf die Kontrolle von Schuldverhältnissen. Als allgemeingültiger Rechtsgrundsatz erfasst der Grundsatz von Treu und Glauben auch die einseitige Ausübung privater Rechtsmacht.[575] Darüber hinaus kennzeichnet § 242 BGB ein besonders weiter Adressatenkreis, während sich die kar-

574 Vgl. zu §§ 305 ff. und 315 BGB *Paul*, Gesetzesverstoß und Vertrag im Wettbewerbs- und Regulierungsrecht, 2009, S. 218.

575 Auch § 138 BGB beansprucht für Rechtsgeschäfte jeder Art Geltung: Verpflichtungs- wie Verfügungsgeschäfte, einseitige Rechtsgeschäfte und letztwillige Verfügungen. Entsprechende Anwendung findet die Norm auf rechtsgeschäftsähnliche Handlungen und öffentlich-rechtliche Verträge; vgl. insgesamt *Ellenberger*, in: Palandt, BGB, 74. Aufl. 2015, § 138, Rn. 11 ff.

tellrechtliche Missbrauchsaufsicht ausschließlich an Unternehmen bzw. Unternehmensvereinigungen richtet. Dem Gedanken eines abgesenkten Kontrollmaßstabs für vertragliche und einseitige Verhaltensweisen im Rahmen konkreter Wettbewerbsverhältnisse ist aus den nachfolgenden Wertungsgründen jedoch gleichermaßen im Allgemeinen wie hinsichtlich § 242 BGB im Besonderen entgegenzutreten. Im Bereich der rechtsgeschäftlichen Inhaltskontrolle soll dieser Ansatz durch eine kritische Würdigung insbesondere der sog. Monopolrechtsprechung zu § 315 BGB gestützt werden, bevor drohende Wertungswidersprüche auch mit Blick auf die AGB-Wirksamkeitskontrolle, § 138 BGB und letztlich § 242 BGB offengelegt werden.

b) Vertragsrecht

aa) Billigkeitskontrolle einseitiger Leistungsbestimmung gemäß § 315 BGB

Die jüngere Rechtsprechung zur Billigkeitskontrolle der einseitigen Erhöhung von Energiepreisen gibt besonderen Anlass zur Hinterfragung des Verhältnisses allgemeinzivilrechtlicher Rechtsfortbildung und spezifischen kartellrechtlichen Wertungen am Beispiel des § 315 Abs. 3 BGB. Hierzu sollen ein Überblick über den Mechanismus gerichtlicher Kontrolle eines nach billigem Ermessen auszuübenden einseitigen Leistungsbestimmungsrechts sowie die Monopolrechtsprechung des BGH die Grundlage für Rückschlüsse zur Behandlung des ähnlich gelagerten Gegenstandes dieser Untersuchung bereiten.

(1) Anwendungsbereich des § 315 BGB

§ 315 BGB ermöglicht die Einräumung eines einseitigen Leistungsbestimmungsrechts zugunsten einer Vertragspartei für den Fall einer fehlenden Einigung über sämtliche Vertragsbestandteile. Dem Anwendungsbereich der Norm unterfällt dabei nicht allein ein privatvertraglich eingeräumtes Recht, die vertragsgegenständliche Leistung anstelle einer konsensualen Festlegung einseitig zu bestimmen. Auch gesetzlich kann das einseitige Bestimmungsrecht einer Vertragspartei in mit dem Wortlaut und der Systematik des § 315 BGB vereinbarer Weise begründet sein.[576] Die spezifischen Voraussetzungen eines einseitigen Leistungsbestimmungsrechts sind dem Wortlaut der Norm hingegen nicht zu entnehmen, obwohl ihr Anwendungsbereich dann nicht eröffnet ist, wenn die Höhe einer Entgeltschuld schon vor, spätestens bei Vertragsschluss feststeht. Anders als bei der Vereinbarung von Preisfindungsmaßstäben, auf deren Grundlage das geschuldete Entgelt noch zu ermitteln ist,[577] lehnt die Rechtsprechung trotz der Einseitigkeit des Festsetzungsrechts ein Leistungsbestimmungsrecht i.S.v. § 315 Abs. 1 BGB ab, soweit die Entgelthöhe einer Tarifbestimmung unterworfen ist.[578]

Soweit die zu erbringende Leistung durch einen Vertragsschließenden mittels Erklärung gegenüber dem anderen Teil bestimmt werden soll, ist vorbehaltlich anderer Absprachen im Zweifel anzunehmen, dass diese Bestimmung nach billigem Ermessen zu treffen ist (§ 315 Abs. 1 und 2 BGB). Soll die Bestimmung nach billigem Ermessen erfolgen, ist die getroffene Vereinbarung für den anderen Teil indes nur verbindlich, wenn sie der Billigkeit auch entspricht. Die ansonsten unbillige Leistungsbestimmung hat den Übergang der Kompetenz zur Leistungsbestimmung auf das urteilende Gericht zur Folge (§ 315 Abs. 3 BGB).

(2) Vermeidung des Missbrauchs privater Gestaltungsmacht

Die Norm gewährleistet den Schutz der nicht bestimmungsberechtigten Partei, die regelmäßig in einer schwächeren Position ist und dient – wie auch § 242 BGB – der Vermeidung von Missbrauch privater Gestaltungsmacht, indem sie die Möglichkeit einer offenen Billigkeitskontrolle nach richterlichem Ermessen eröffnet.[579] Die Abweichung dieser Rechtsfolge von der ansonsten insbesondere bei beiderseitigen Gesetzesverstößen herrschenden Unwirksamkeitssanktion rechtfertigt sich aus Gesichtspunkten, die im Zusammenhang mit den Ausführungen zur Interdependenz von

---

576 Vgl. zu § 12 Abs. 3 ArbNErfG BGHZ 126, 109, 120 = NJW 1995, 386, 388; 172, 315, 319 = RdE 2007, 258, 260; WRP 2008, 810, 812 – *Stromnetznutzungsentgelt III*; *Gehrlein*, in: Bamberger/Roth, BGB Bd. 1, 3. Aufl. 2012, § 315, Rn. 3; *Grüneberg*, in: Palandt, BGB, 74. Aufl. 2015, § 315, Rn. 4.

577 BGHZ 164, 336 f. = RdE 2006, 81 f. – *Stromnetznutzungsentgelt I.*

578 Vgl. BGHZ 171, 374, 375 = RdE 2007, 158, 159; 172, 315, 420 f. = RdE 2007, 258, 262; 178, 362 = RdE 2009, 54, 55.

579 Vgl. BGHZ 38, 166, 168.

Kartellrecht und Vertragsrecht stehen.[580] Ein systemgerechtes Funktionieren der Vertragsfreiheit erfordert nämlich immer auch einen Ausgleich gegensätzlicher Interessen der Vertragsparteien im Sinne einer gewissen Vertragsgerechtigkeit, also ein Bestehen grundsätzlich gleicher Verhandlungschancen der Vertragsparteien, sei es aufgrund gleicher intellektueller und wirtschaftlicher Stärke oder aufgrund funktionierenden Wettbewerbs, der dem Einzelnen Ausweichmöglichkeiten auf andere Vertragspartner gibt.[581] Kann aber eine Partei ein nach billigem Ermessen auszuübendes einseitiges Leistungsbestimmungsrecht wahrnehmen, zeigt sich eine gewisse Bandbreite von Leistungen, die diesen Erfordernissen (noch) entsprechen und innerhalb welcher der zur Bestimmung berufene Vertragsteil wählen kann. Als Korrektiv zum Schutz des Vertragsgegners vor einer demgegenüber nicht mehr gebotenen Übervorteilung des Bestimmungsberechtigten, der dieses Recht ohnehin eher zu seinen eigenen Gunsten als im Interesse seines Gegenübers ausüben wird, dient mithin die Auslegungsregel des § 315 Abs. 1 BGB. Das Bestimmungsrecht ist im Zweifel nach billigem Ermessen auszuüben.[582] Dem Grunde nach hat sich der Prüfungsmaßstab der Billigkeit dabei am Prinzip der Sachgerechtigkeit zu orientieren.[583] Die Leistungsbestimmung entspricht dann billigem Ermessen, wenn sie unter Berücksichtigung des in ähnlichen Fällen Üblichen und der beiderseitigen Interessen angemessen erscheint.[584] In diesem Rahmen kann insbesondere auch grundrechtlichen Wertungen Geltung verschafft werden.[585]

---

580 Oben Teil 2, B.III.3.

581 Vgl. *Merz*, in: FS Böhm, 1965, 227, 258; *Wolf*, Rechtsgeschäftliche Entscheidungsfreiheit und vertraglicher Interessensausgleich, 1970, S. 116 ff.; *Säcker*, ZWeR 2008, 348, 359.

582 Die Vereinbarung kann den Maßstab der Leistungsbestimmung festlegen oder dem Berechtigten ein freies Ermessen einräumen. Soll die Leistungsfestlegung rein willkürlich erfolgen, verstößt der Vertrag bereits gegen § 138 Abs. 1 BGB; vgl. *Schulze*, in: Schulze, BGB, 8. Aufl. 2014, § 315, Rn. 5.

583 Vgl. *Büdenbender*, NJW 2007, 2945, der das Billigkeitskriterium auf einer Linie mit der Sittenwidrigkeitsdefinition des § 138 BGB sieht, d.h. als Verstoß gegen das Anstandsgefühl aller billig und gerecht Denkenden (vgl. dazu RGZ 80, 221; BGHZ 10, 228, 232; BGHZ 69, 295, 297 = NJW 1977, 2356, 2357).

584 BGHZ 41, 271, 279 – *Werkmilchabzug*.

585 Vgl. BAGE 62, 59 = NJW 1990, 203, 204 f.; 103, 111 = NJW 2003, 1685, 1686 f.

(a) Monopolrechtsprechung

Soweit § 315 BGB in Ermangelung eines vertraglichen oder gesetzlichen einseitigen Leistungsbestimmungsrechts nicht direkt anwendbar ist, begründet die Rechtsprechung einen erweiterten Anwendungsbereich der Norm für Fälle, in denen die Entgeltverpflichtung aus einem Anschluss- und Benutzungszwang erwächst.[586] Eine ähnliche Ausweitung ihres Anwendungsbereichs erfährt die Norm bei Rechtsgeschäften mit Leistungserbringern der Daseinsvorsorge, die eine Monopolstellung innehaben, soweit der somit faktisch Bestimmungsberechtigte einen gewissen Ermessensspielraum hat.[587] Dieser Rechtsprechung liegen erweiternde Erwägungen zur *ratio legis* von § 315 BGB zugrunde.[588] Leistungen der Daseinsvorsorge sind nämlich dadurch gekennzeichnet, dass der Leistungsempfänger im Bedarfsfall auf ihre Erbringung angewiesen ist. Einseitige Entgeltbestimmungen durch Leistungserbringer, die eine Monopolstellung innehaben, sollen daher ebenfalls der gerichtlichen Billigkeitskontrolle gemäß § 315 Abs. 3 BGB unterliegen. Die Schutzwürdigkeit der Leistungsempfänger ist in diesem Fall auf die Schwächung des Wettbewerbs auf dem relevanten Markt zurückzuführen. Soweit § 315 BGB bei Vorliegen eines rechtlich einseitigen Leistungsbestimmungsrechts unmittelbar Anwendung findet, ohne dass darüber hinaus ein wirtschaftliches Ungleichgewicht besteht, welches das eine *„paritätsverbürgende Chancengleichheit einräumende Konsensprinzip durchbricht"*, soll eine analoge Anwendung geboten sein, soweit als Folge fehlenden Wettbewerbs faktisch eine einseitige Bestimmungsmacht besteht.[589] Situationen einer gestörten konsensualen Preisbildung infolge einseitiger Leistungsbestimmung werden folglich jenen Fäl-

586 Vgl. BGHZ 163, 321 = WRP 2005, 1253, 1254.

587 BGH BB 1971, 1175 – *Elektrizitätsversorgung*; BGHZ 73, 114, 116 = NJW 1979, 597; BGH NJW 1983, 1777; NJW 1987, 1828, 1829 – *Baukostenzuschuß*; RdE 1992, 74; BGHZ 115, 311, 316 = NJW 1992, 171, 173; OLG Karlsruhe RdE 2006, 356, 357. Für Lieferverträge zwischen Gasversorgungsunternehmen und ihren Abnehmern rückte der BGH dagegen zuletzt von seiner Monopolrechtsprechung ab. Eine gerichtliche Überprüfung der vereinbarten Entgelte stehe nunmehr ausdrücklich im Widerspruch zum gesetzgeberischen Willen, überhöhte Preise im Bereich der Gas- und Stromversorgung ausschließlich im Wege einer verschärften kartellrechtlichen Missbrauchsaufsicht zu bekämpfen; vgl. BGHZ 178, 362 = NJW 2009, 502.

588 Die Frage einer richterlichen Billigkeitskontrolle der Tariferhöhungen kam nach Wegfall der Preisaufsicht über Stromtarife durch Außerkrafttreten der Bundestarifordnung Elektrizität zum 1. Juli 2007 auf.

589 *Säcker*, RdE 2006, 65, 68 ff.; *ders.*, N&R 2008, 134, 135.

len gleichgestellt, die von keiner hinreichenden wettbewerblichen Kontrolle geprägt sind, wenngleich die Billigkeitskontrolle auch auf monopolisierten Märkten voraussetzt, dass die Entgelthöhe einseitig durch das Monopolunternehmen festgelegt wurde. Der Leistungsempfänger soll vor *„Preisdiktaten von Monopolunternehmen geschützt werden"*.[590] Erfolgt demgegenüber auch auf monopolisierten Märkten eine individuelle Preisvereinbarung, findet § 315 Abs. 3 BGB weder direkt noch analog Anwendung, ganz unabhängig von dem Bestehen einer Monopolstellung.[591] Eine einseitige Festlegung liegt andererseits dann vor, wenn der Anbieter die Entgelte tarifmäßig bestimmt und nicht zur Disposition stellt.[592]

Der Kartellsenat des BGH erklärt § 315 BGB auch dann auf Netzentgelte anwendbar, wenn nicht nur die nach Vertragsschluss erfolgte einseitige Änderung des Netznutzungsentgelts einer Billigkeitskontrolle unterliegen soll, sondern auch die schon zu Beginn vereinbarten Netznutzungsentgelte.[593] Offen blieb, ob die anfänglichen Preisvereinbarungen der direkten oder analogen Anwendung von § 315 BGB unterliegen sollten.[594] Demgegenüber verneint der VIII. Zivilsenat die direkte Anwendbarkeit des § 315 BGB auf den vertraglichen Grundpreis eines Gasversorgungsunternehmens und versteht diesen als fest vereinbart.[595] Eine analoge Anwendung von § 315 BGB komme in Ermangelung einer Monopolsituation, die eine sinngemäße Anwendung rechtfertigen könnte, nicht in Betracht.[596] Übereinstimmend mit der Spruchpraxis des Kartellsenats stellt der VIII. Zivilsenat gleichwohl die grundsätzliche parallele Anwendbarkeit von § 315 BGB und

---

590 BGH NJW-RR 1990, 1204.

591 BGH NJW 1987, 1828, 1829 – *Baukostenzuschuß*; NJW-RR 1990, 1204; OLG Karlsruhe RdE 2006, 356, 357. I.Ü. unterliegt auch der Anfangspreis eines Energielieferanten keiner Billigkeitskontrolle; vgl. BGHZ 178, 362 = NJW 2009, 502.

592 BGH NJW 1987, 1828, 1829 – *Baukostenzuschuß*; OLG Karlsruhe RdE 2006, 356, 357.

593 Vgl. BGHZ 164, 336 = RdE 2006, 81 – *Stromnetznutzungsentgelt I*; *Kühne*, NJW 2006, 654; *Säcker*, RdE 2006, 65.

594 Weiterführend *Markert*, ZNER 2006, 138.

595 BGHZ 171, 374 = NJW 2007, 657; 172, 315 = NJW 2007, 2540; 178, 362 = NJW 2009, 502. In dem richterlichen Denken, einem Konflikt mit den Kollegen auszuweichen wird ein, wenngleich nicht der einzige Grund gesehen, weshalb die drohende Anrufung des Großen Senats in diesem Zusammenhang vermieden wurde; vgl. *Säcker*, N&R 2008, 134.

596 BGHZ 172, 315 = RdE 2007, 258.

§ 19 GWB fest.[597] Auch jüngere instanzgerichtliche Entscheidungen geben diesen Ansatz nicht auf.[598]

Im Zusammenhang mit dieser sog. Monopolrechtsprechung ist auch die Handhabung gänzlich fehlender Preisvereinbarungen zu sehen. Mussten die Vertragsparteien aufgrund der Marktsituation und nach dem Verständnis der Monopolrechtsprechung geradezu zwangsweise zueinander finden und besteht über die gegenseitige Leistungserbringung Einvernehmen, aber keine Abrede über die Entgelthöhe, die auch nicht mittels einseitiger vorvertraglicher Festlegung durch den Leistungserbringer getroffen wurde, wird zur Vermeidung der Nichtigkeitsfolge (§ 154 Abs. 1 BGB) dem Leistungserbringer das Recht eingeräumt, das ihm gebührende Entgelt einseitig festzulegen. Die Billigkeit der Leistungsbestimmung kann der Vertragspartner dann gerichtlich überprüfen zu lassen.[599] Diese Rechtsprechung zur Billigkeitskontrolle auch anfänglich fixierter Preise für den Energiebezug ist mit dem Grundsatz vereinbar, dass auf vertraglicher Akzeptanz fußende Vereinbarungen der Schutzwürdigkeit nach § 315 BGB nicht unterfallen. Denn auch die anfängliche Leistungsfestlegung wird als Wahrnehmung eines gesetzlichen Leistungsbestimmungsrechtes verstanden. In diesem Zusammenhang steht auch die rechtspolitische Überlegung, dass die unbillige Ausübung eines einseitigen Leistungsbestimmungsrechts nicht die – ggf. durch Urteil festzustellende – Unwirksamkeit der Vereinbarung zur Folge hat, sondern der bestimmungsberechtigten Partei das Recht zu einer zweiten Leistungsbestimmung entzieht und im Rahmen der Bandbreite billiger Leistungsbestimmungen auf das Gericht überträgt. Dieser Mechanismus erklärt sich aus der nur einer Partei eingeräumten Rechtsmacht, deren unbillige Ausübung nicht zulasten des Vertragsgegners gehen soll. Ein Verstoß gegen beiderseitige Verbotsgesetze führt nach ständiger Rechtsprechung nämlich regelmäßig bereits die Unwirksamkeit des Rechtsgeschäfts herbei, wohingegen einseitige Verbotsgesetze die Gültigkeit der verbotswidrigen Vereinbarung in der Regel unberührt lassen.[600]

---

597 Vgl. auch *Säcker*, RdE 2006, 65, 68 ff.; a.A. *Kühne*, RdE 2005, 241; *Ehricke*, JZ 2005, 599.

598 Vgl. OLG Celle ZNER 2010, 394; ZNER 2011, 63; OLG Nürnberg IR 2011, 109; OLG Naumburg Urt. v. 15.12.2011, Az. 2 U 35/11 (Kart), das den Rückzahlungsanspruch unbillig überhöhter Netznutzungsentgelte aber als verjährt abweist.

599 BGH BB 1971, 1175, 1176 – *Elektrizitätsversorgung*; NJW 1983, 1777 f.; RdE 1992, 74 ff.; WuW/E DE-R 1730, 1731 f. – *Stromnetznutzungsentgelt II*.

600 RGZ 100, 39, 40; 104, 105, 107; BGHZ 78, 263, 265 = NJW 1981, 399; BGH NJW 1986, 1104; BGHZ 143, 283, 287 = NJW 2000, 1186, 1187; a.A. *Pawlowski*, JZ 1966, 696, 699; *Sack/Seibl*, in: Staudinger, BGB, AT 4a (§§ 134-138), Neube-

(b) Kritik im Schrifttum

Im Schrifttum wird diese Rechtsprechung insbesondere mit Blick auf ihre Orientierung an den Rechtsfolgen der analogen Anwendung von § 315 Abs. 3 S. 2 BGB kritisiert. Ausdrücklich ermögliche die Norm eine richterliche Vertragsanpassung, ohne dass sich das Gericht mit der Reichweite der Nichtigkeitssanktion eines Verstoßes gegen die kartellrechtlichen Verbotsgesetze auseinanderzusetzen habe. Soweit nämlich der Verbotsgesetzverstoß nicht stets zur Gesamtnichtigkeit des Vertrages führe und die Reichweite der Nichtigkeitssanktion dem Zweck der konkreten Verbotsnorm zu entnehmen sei,[601] sei davon auszugehen, dass sich der Zweck der GWB-Verbotsnormen in der Beseitigung der kartellrechtswidrigen Wettbewerbsbeschränkung erschöpft, mithin die generalpräventive Wirkung des Risikos einer Gesamtnichtigkeit gerade nicht erfasst.[602] Als praktisch nicht unproblematisch erweise sich darüber hinaus die Frage nach dem hypothetischen Willen der Parteien, welcher Preis angesichts der Teilnichtigkeit des Vertrages als angemessen vereinbart worden wäre.[603] Zudem begegnet die Rechtsprechung des Kartellsenats insofern systematischen Bedenken, als vertreten wird, dass die kartellrechtlichen Regelungen bei Eröffnung ihres Anwendungsbereichs den Maßstab der inhaltlichen Kontrolle regelmäßig abschließend normieren. Für den allenfalls lückenschließenden § 315 BGB verbleibe ein solcher Spielraum gerade nicht.[604] In diesem Zusammenhang wird zum Teil vertreten, die Rechtsprechung des BGH leugne jede Subsi-

arb. 2011, § 134, Rn. 35, 75; *Hefermehl*, in: Soergel, BGB, Bd. 2, 13. Aufl. 1999, § 134, Rn. 15; *Armbrüster*, in: MünchKomm BGB, Bd. 1, 7. Aufl. 2015, § 134, Rn. 47.

601 *Armbrüster*, in: MünchKomm BGB, Bd. 1, 7. Aufl. 2015, § 134, Rn. 48.

602 Vgl. *Topel*, in: Wiedemann, Kartellrecht, 2. Aufl. 2008, § 50, Rn. 10; a.A. wohl *Emmerich*, ZHR 1975, 501, 515.

603 Gegen eine geltungserhaltende Reduktion ist einzuwenden, dass den Vertragsparteien das Risiko der Unwirksamkeit der kartellrechtswidrigen Vereinbarung genommen würde. Zweckwidrig würde die Partei belohnt, welche die vertraglichen Handlungsmöglichkeiten in dem Vertrauen ausschöpft und überschreitet, dass die entsprechende Vereinbarung durch die Gerichte im zulässigen Umfang aufrechterhalten werde; vgl. BGHZ 68, 204, 206 f. = NJW 1977, 1233, 1234; BGH NJW 1986, 2944, 2945 – *Praxisverkauf*; NJW 1997, 3089, 3090; zum Preismissbrauch *Möschel*, in: Immenga/Mestmäcker, GWB, 5. Aufl. 2014, § 19, Rn. 248; *Topel*, in: Wiedemann, Kartellrecht, 2. Aufl. 2008, § 50, Rn. 27.

604 Vgl. *Säcker*, ZWeR 2008, 348, 361.

diarität des § 315 BGB.[605] Die Vorschrift des § 315 BGB schütze nicht vor der Eingehung einer machtmissbräuchlichen Vereinbarung.[606]

(3) Schlussfolgerungen

Es wurde bereits festgestellt, dass ein systemgerechtes Funktionieren der Vertragsfreiheit immer auch einen gewissen Ausgleich gegensätzlicher Interessen der Vertragsparteien im Sinne einer Vertragsgerechtigkeit voraussetzt, vorbehaltlich der geäußerten Einschränkungen also das Bestehen grundsätzlich gleicher Verhandlungschancen der Vertragsparteien.[607] Dem ist das Verständnis zugrunde zu legen, dass Gleichheit nach diesem Verständnis genauso auf ebenbürtiger intellektueller und wirtschaftlicher Stärke beruhen kann wie auf einem funktionierenden Wettbewerb, der dem Einzelnen Ausweichmöglichkeiten auf andere Vertragspartner verleiht.[608] Die im Rahmen der Monopolrechtsprechung erweiterte Anwendungsbereich von § 315 BGB ist durch die besondere Situation gerechtfertigt, der Vertragsparteien gegenüber marktbeherrschenden Unternehmen ausgesetzt sind und auf deren Leistungen der Daseinsvorsorge sie angewiesen sind. Gleiches gilt für den Bereich des Anschluss- und Benutzungszwangs, soweit der Gläubiger der Bezugspflicht ein marktbeherrschendes Unternehmen ist. Der gleiche Gesichtspunkt rechtfertigt auch die Ablehnung einer Billigkeitskontrolle gemäß § 315 Abs. 3 BGB in bestimmten anderen Fällen. Klauseln unterliegen dann keiner solchen gerichtlichen Kontrolle, wenn die Gestaltung der Rechtsbeziehungen von Vertragsparteien einer behördlichen Aufsicht oder Genehmigung unterliegt.[609] Ein Rückgriff auf § 315 Abs. 3 BGB verbietet sich auch, soweit die Billigkeitskontrolle der gesetzgeberischen Entscheidung, von einer staatlichen Regulierung der allgemeinen Tarife abzusehen, zuwiderliefe.[610] Die Monopolrechtsprechung ist

---

605 Vgl. *Rieble*, in: Staudinger, BGB, Leistungsstörungsrecht 2, Neubearb. 2009, § 315, Rn. 60; krit. auch *Böcker*, ZWeR 2009, 105.

606 Vgl. *Wielsch*, JZ 2008, 68; *Rieble*, in: Staudinger, BGB, Leistungsstörungsrecht 2, Neubearb. 2009, § 315, Rn. 38.

607 Oben Teil 2, B.III.3.a); vgl. auch *Merz*, in: FS Böhm, 1965, 227, 258; *Wolf*, Rechtsgeschäftliche Entscheidungsfreiheit und vertraglicher Interessensausgleich, 1970, S. 116 ff.; *Säcker*, ZWeR 2008, 348, 359.

608 Vgl. *Säcker*, ZWeR 2008, 348, 359.

609 Vgl. BGHZ 73, 114 = NJW 1979, 597; BGH NJW 1998, 3188, 3192; zu §§ 35, 39 i.V.m. § 25 Abs. 1 TKG 1996 BGH NJW 2007, 3344, 3345.

610 BGHZ 178, 362 = NJW 2009, 502.

vor diesem Hintergrund als Ausformung der aufgezeigten Interdependenz von Kartell- und Privatrecht zu verstehen, die eine Verdrängungswirkung der spezifisch kartellrechtlichen Norm angesichts der nachfolgenden Beweggründe nicht ohne weiteres rechtfertigen kann.

(a) Ablehnung einer Verdrängungswirkung spezifischen Kartellrechts

Aus Wertungsgesichtspunkten ist es somit unstatthaft, einem Abnehmer in der besonderen Abhängigkeitssituation des Anschluss- und Benutzungszwangs sowie gegenüber Versorgern, die Leistungen der Daseinsvorsorge in einer Monopolstellung erbringen, den vertragsrechtlichen Schutz gemäß § 315 BGB zu verwehren und ihn stattdessen auf den deliktsrechtlichen Schutz oder die Nichtigkeit wettbewerbswidriger Preiserhöhungen zu verweisen. Dem Grunde nach weist der Abnehmer in diesen Fällen bereits ein größeres Maß an Schutzbedürftigkeit auf als jene, die allein aufgrund der marktbeherrschenden Stellung des Vertragspartners der kartellrechtlichen Missbrauchsaufsicht unterliegen. Darüber hinaus wäre es nicht nachvollziehbar, marktbeherrschende Unternehmen einer schwächeren rechtlichen Kontrolle auszusetzen als seine nicht marktbeherrschenden Wettbewerber.[611] Marktbeherrschende Unternehmen könnten sich allein aufgrund ihrer Markmacht, die den Anwendungsbereich der Missbrauchsaufsicht eröffnet, der besonderen gerichtlichen Befugnis des § 315 Abs. 3 BGB entziehen. Dem Gesetzeswortlaut lässt sich eine solche Besserstellung marktbeherrschender Unternehmen ebenso wenig entnehmen wie der erkennbaren gesetzgeberischen Intention zur Stärkung der privatrechtlichen Kartellrechtsdurchsetzung.[612] Ein Blick auf die verschieden verteilte Darlegungs- und Beweislast bestätigt dies. Unternehmen vor- oder nachgelagerter Märkte obläge als Lieferanten oder Abnehmer eines marktbeherrschenden Unternehmens der Nachweis einer missbräuchlichen Marktmachtausnutzung als Grundlage der Nichtigkeitsfolge. Soweit aber die Anwendbarkeit Missbrauchsverbots in Ermangelung einer marktbeherrschenden Stellung des Vertragspartners entfiele, hätte dieser als preisbestimmendes Unternehmen den Nachweis der Billigkeit i.S.v. § 315 BGB zu erbringen,

---

611 Vgl. *Paul*, Gesetzesverstoß und Vertrag im Wettbewerbs- und Regulierungsrecht, 2009, S. 218.

612 Vgl. BT-Drucks. 15/3640, S. 21; *Mertens*, AcP 178 (1978), 227, 242, der die grundsätzlich haftungsverstärkende Wirkung einer wirtschaftlichen Machtstellung im sonderprivatrechtlichen Haftungsrecht feststellt.

wenn die Wirksamkeit der einseitigen Leistungsbestimmung nach § 315 Abs. 3 BGB einer gerichtlichen Überprüfung unterzogen wird. Dem Betroffenen würde bei Annahme einer Verdrängungswirkung der kartellrechtlichen Normen folglich die Möglichkeit zur ggf. weithin leichteren Darlegung der Unbilligkeit genommen – ein Ergebnis, das mit den kartellrechtlichen Wertungen ebenso wenig vereinbar wäre wie mit den im Folgenden dargestellten Prinzipien des Bürgerlichen Rechts. Die Eröffnung des Anwendungsbereichs spezifisch kartellrechtlicher Vorschriften selbst würde den Schutz der direkten Marktgegenseite kausal absenken.

Dem steht auch die Entwicklung des Kartelldeliktsrechts nicht entgegen, dessen spezifische Aktivlegitimation, die jedem Betroffenen Abwehr- und Schadensersatzansprüche verleiht (§§ 33 Abs. 1, 33a Abs. 1 GWB), als Kompensation dieser Rechtsschutzverkürzung erachtet werden könnte. Die kartellrechtliche Missbrauchsaufsicht unterstellt das Marktverhalten marktbeherrschender Unternehmern einer besonderen Kontrolle, während das sonderprivatrechtliche Haftungsrecht allenfalls haftungsverstärkende Wirkung entfaltet. Das Deliktsrecht, das dem Schutz absoluter Rechtsgüter verfassungsrechtlich verpflichtet ist, bezweckt jedenfalls keine Absenkung des durch einen Vertragsschluss begründeten Schutzniveaus. Aus dem gleichen Beweggrund verdienen auch jene Stimmen Zuspruch, die sich gegen den Wegfall eines Analogiebedürfnisses für § 315 BGB im Rahmen der Monopolrechtsprechung aufgrund der Ausgestaltung des § 19 GWB als Verbotsgesetz i.S.v. § 134 BGB aussprechen.[613] Dieser Erkenntnis würde eine Absenkung des besonderen vertragsrechtlichen Schutzes jener Abnehmer zuwiderlaufen, die auf Leistungen der Daseinsvorsorge marktbeherrschender Unternehmen angewiesen und der rechtlichen Bezugspflicht eines Anschluss- und Benutzungszwangs ausgesetzt sind. Im Übrigen wäre auch aus Gründen der Rechtssicherheit nicht widerspruchsfrei nachvollziehbar, weshalb ein Anspruch aus ggf. ein- und demselben Vertrag gegenüber einem marktbeherrschenden Unternehmen nur unter dem Nachweis einer missbräuchlichen Ausnutzung von Marktmacht durchsetzbar ist, gegenüber einem anderen nicht marktbeherrschenden Anbieter aber die schlüssige Behauptung der Unbilligkeit der einseitig bestimmten Leistung genügt.

---

613 Vgl. *Markert*, RdE 2006, 137, 139; *Metzger*, ZHR 172 (2008), 458, 472 ff.; *Säcker*, N&R 2008, 134 ff.; *Paul*, Gesetzesverstoß und Vertrag im Wettbewerbs- und Regulierungsrecht, 2009, S. 222 f.

(b) Deckungsgleichheit der Kontrollmaßstäbe

Ein Vergleich der Kontrollmaßstäbe des kartellrechtlichen Missbrauchsverbots sowie der Unbilligkeit einer einseitigen Leistungsbestimmung spricht ebenso wenig gegen das Verständnis von § 315 Abs. 3 BGB als selbstständiger Ansatz für eine kartellrechtsähnliche Preismissbrauchskontrolle.[614] Vielmehr noch steht angesichts des übereinstimmenden Kontrollmaßstabs[615] keine Konterkarierung der jeweils anderen Kriterien zu befürchten. Es ist davon auszugehen, dass ein missbräuchliches Verhalten nicht der Billigkeit i.S.v. § 315 BGB entspricht und unbilliges Verhalten zugleich auch eine Missbräuchlichkeit im Sinne der GWB-Vorschriften begründet. Auch die Orientierung des Billigkeitsmaßstabs am kartellrechtsgewohnten Vergleichsmarktkonzept spricht für die Nähe der allgemeinzivilrechtlichen Norm zur kartellrechtlichen Missbrauchsaufsicht.[616]

(c) Idealkonkurrenz vertrags- und deliktsrechtlicher Vorschriften

Darüber hinaus können vertragsrechtliche Normen weder in direkter noch in analoger Anwendung durch deliktsrechtliche Normen verdrängt werden.[617] Auch aus diesem Grund ist der Annahme einer Ausschließlichkeit spezifisch kartellrechtlicher Vorschriften gegenüber allgemeinzivilrechtlichen Normen entgegenzutreten. Vertrags- und deliktsrechtliche Ansprüche sind jeweils eigenständig zu beurteilen und zwar nach ihren Voraussetzungen, ihrem Inhalt und ihrer Durchsetzbarkeit. Sie folgen jeweils eigenen Regeln, wenngleich vertragsrechtliche Ansprüche Auswirkungen auf de-

---

614 Vgl. zur Annahme eines solchen Spezialitätsverhältnisses LG Bremen RdE 2004, 304; LG Köln RdE 2004, 306; tendenziell *Ehricke*, JZ 2005, 599, 602 f.; *Kühne*, NJW 2006, 654, 655 f.; *Wielsch*, JZ 2008, 68, 70 ff., mit zutreffendem Hinweis auf die gleichlaufenden Rechtsfolgen; *Rieble*, in: Staudinger, BGB, Leistungsstörungsrecht 2, Neubearb. 2009, § 315, Rn. 59.

615 BGH WRP 2008, 810, 813 – *Stromnetznutzungsentgelt III*; *Büdenbender*, NJW 2007, 2945, 2946; *Dreher*, ZNER 2007, 103, 113; *Wielsch*, JZ 2008, 68, 71; *Martini*, DVBl. 2008, 21, 28; a.A. zuvor BGH RdE 1992, 74, 76; OLG Stuttgart RdE 2005, 237.

616 Vgl. zur Überprüfung anhand einer Kosten- und Gewinnkontrolle bzw. des vorzugswürdigen Vergleichsmarktmodells *Büdenbender*, NJW 2007, 2945, 2949 f. m.w.N. instanzgerichtlicher Rspr.

617 Vgl. *Säcker*, N&R 2008, 134, 137; zur Konkurrenz deliktsrechtlicher Ansprüche aus Produkthaftung und vertragsrechtlicher Ansprüche BGHZ 66, 315, 322 = NJW 1976, 1505, 1506; 67, 359, 363 = NJW 1977, 379, 380.

liktsrechtliche Ansprüche haben können.[618] § 315 Abs. 3 BGB stellt zudem eine vertragsrechtliche Regelung mit hohem Gerechtigkeitsgehalt dar, die anders als ein deliktsrechtlicher Beseitigungs- und Unterlassungsanspruch die Möglichkeit eröffnet, eine vertragliche Bestimmung durch gestaltendes Urteil neu zu treffen. Auch aus Wertungsgesichtspunkten verdrängen daher vertrags- und deliktsrechtliche Ansprüche einander grundsätzlich nicht. Das haftungsverstärkende Kartelldeliktsrecht bezweckt keine Absenkung des durch einen Vertragsschluss begründeten Schutzniveaus.[619] Preiserhöhungen, die auf vertragliche oder gesetzliche Leistungsbestimmungsrechte gestützt werden, fallen in den Anwendungsbereich von § 315 BGB unabhängig davon, ob das bestimmende Unternehmen eine marktbeherrschende Stellung innehat. Vorzugsweise tritt die kartellrechtliche Missbrauchsaufsicht daher neben die vertragsrechtliche Billigkeitskontrolle.[620]

bb) AGB-Inhaltskontrolle gemäß §§ 307 ff. BGB

Das Verhältnis von allgemeinzivilrechtlicher Rechtsfortbildung und spezifisch kartellrechtlicher Wertungen erfährt mit Blick auf die AGB-Inhaltskontrolle nach §§ 307 ff. BGB eine weitere Konkretisierung, die zur Lösung der wiederum ähnlich gelagerten Untersuchungsgegenstandes von Relevanz ist. Überträgt man das Verständnis der Verdrängungslehre hinsichtlich § 315 BGB, ließe der Verbotsgesetzcharakter der betreffenden GWB-Normen den Anknüpfungspunkt für eine AGB-Inhaltskontrolle entfallen, soweit die Unvereinbarkeit der konkreten Klausel mit dem materiellen Kartellrecht reicht.[621] Spiegelbildlich wird vertreten, eine rechtsgeschäftliche Inhaltskontrolle sei insoweit vorrangig, als die Unwirksamkeit der Ver-

618 Vgl. BGHZ 172, 315, 318 = WuW/E DE-R 2243, 2245 – *Gaspreise*; grundlegend BGHZ 41, 271, 278 ff. – *Werkmilchabzug*; *Büdenbender*, NJW 2007, 2945 ff.; Säcker, N&R 2008, 134, 137, der hiervon die seines Erachtens zu bejahende Frage trennt, ob die Maßstäbe von § 315 BGB und § 19 GWB übereinstimmten; *Götting*, in: Loewenheim/Meessen/Riesenkampff, Kartellrecht, 2. Aufl. 2009, § 19, Rn. 101; a.A. aber *Wielsch*, JZ 2008, 68, 70.

619 *Paul*, Gesetzesverstoß und Vertrag im Wettbewerbs- und Regulierungsrecht, 2009, S. 219.

620 Vgl. BGHZ 172, 315, 319 = WuW/E DE-R 2243, 2246 – *Gaspreise*; OLG Düsseldorf ZNER 2009, 46, 47; *Säcker*, RdE 2006, 65, 68 ff.; *Markert*, RdE 2007, 263, 264; *Büdenbender*, NJW 2007, 2945, 2947.

621 Vgl. zur Verdrängungslehre LG Rostock RdE 2004, 175, 176; LG Karlsruhe RdE 2006, 134, 135 f.; *Ehricke*, JZ 2005, 599, 602; *Kühne*, NJW 2006, 2520, 2521; *ders.*, NJW 2006, 654, 655; *Wielsch*, JZ 2008, 68, 72 f.

einbarung der kartellrechtlichen Wirksamkeitskontrolle den Anknüpfungspunkt entziehe, jedenfalls aber die AGB-Kontrolle wiederum neben der Kontrolle nach den GWB-Vorschriften durchführbar sei.[622]

Der Annahme einer solchen Verdrängungswirkung kartellrechtlicher Normen auch gegenüber §§ 307 ff. BGB ist entgegenzutreten. Während die AGB-Inhaltskontrolle wiederum am Maßstab individueller Vertragsgerechtigkeit ausgerichtet ist, orientieren sich Kartellrechtssätze an den Ordnungsprinzipien der Wettbewerbswirtschaft. Das folgende Beispiel soll verdeutlichen, weshalb einer uneingeschränkten parallelen Anwendbarkeit der Kontrollmechanismen auch an dieser Stelle der Vorzug zu geben ist. Im Rahmen der kartellrechtlichen Überprüfung „sonstiger Geschäftsbedingungen" (§ 19 Abs. 2 Nr. 2 Alt. 2 GWB) könnte sich ein marktstarkes Unternehmen auf das Prinzip der *„Gesamtbetrachtung des Leistungsbündels"* stützen. Eine ungünstige Klausel kann danach durch einen günstigen sonstigen Vertragsteil ausgeglichen werden.[623] Dabei offenbart sich eine nicht ohne weiteres zu rechtfertigende Absenkung des rechtlichen Kontrollmaßstabs. Wäre der Anwendungsbereich des § 19 GWB nicht eröffnet, die einzelne Klausel also am Maßstab der §§ 307 ff. BGB zu überprüfen, könnte die Unwirksamkeit jeder konkreten Vereinbarung festgestellt werden. Zur Verdeutlichung wird auf die Rechtsprechung zu einseitigen Preisanpassungsbefugnissen der Verwender intransparenter Klauseln verwiesen. Unter Ablehnung einer geltungserhaltenden Reduktion auf das gerade noch zulässige Maß unterliegen intransparente Klauseln der vollständigen Unwirksamkeitsfolge des § 307 Abs. 1 S. 2 und S. 1 BGB und lassen den Anknüpfungspunkt eines Preisanpassungsrechts des Verwenders entfallen.[624] Wird hingegen nur der Rahmen des kartellrechtlich Zulässigen gewahrt, könnten marktbeherrschende Unternehmen bei unterstellter Verdrängungswirkung kartellrechtlicher Vorschriften uneingeschränkten Gebrauch des eingeräumten Preiserhöhungsrechts machen. Vertragsrechtlich würde marktbeherrschenden Unternehmen folglich ein weiterer Spielraum als nicht marktbeherrschenden Wettbewerbern eingeräumt. Ein solcher Zweck ist dem GWB fremd und ließe sich auch mit dem Willen des

---

622 Vgl. *Knöpfle/Leo*, in: GemeinschaftsKomm Kartellrecht, 4. Lfg. 2001, § 19, Rn. 2185; *Kordel*, ZWeR 2005, 359, 370 f.; *Paul*, Gesetzesverstoß und Vertrag im Wettbewerbs- und Regulierungsrecht, 2009, S. 209.

623 Vgl. BGH NJW 1986, 846 – *Favorit*; *Kordel*, ZWeR 2005, 359, 371 f.; *Götting*, in: Loewenheim/Meessen/Riesenkampff, Kartellrecht, 2. Aufl. 2009, § 19, Rn. 81.

624 BGH BB 2008, 1360, 1363; NZM 2011, 331, 333; OLG Oldenburg NJOZ 2009, 26, 38; *Markert*, ZNER 2008, 44, 45; *Zabel*, KommJur 2011, 289, 293; *Graf von Westphalen*, NJW 2011, 2098, 2101 f.

Gesetzgebers zur Intensivierung der privatrechtlichen Kartellrechtsdurchsetzung nicht vereinbaren.

cc) Sittenwidrigkeitskontrolle gemäß § 138 BGB

Einer Absenkung des rechtsgeschäftlichen Kontrollmaßstabs in Wettbewerbsverhältnissen ist auch mit Blick auf die Wirksamkeitskontrolle sittenwidriger Rechtsgeschäfte entgegenzutreten. Ein Rechtsgeschäft, das gegen die guten Sitten verstößt, ist nichtig (§ 138 Abs. 1 BGB), und zwar insbesondere, wenn durch das Rechtsgeschäft, jemand unter Ausbeutung der Zwangslage, der Unerfahrenheit, des Mangels an Urteilsvermögen oder der erheblichen Willensschwäche eines anderen sich oder einem Dritten für eine Leistung Vermögensvorteile versprechen oder gewähren lässt, die in einem auffälligen Missverhältnis zu der Leistung stehen (§ 138 Abs. 2 BGB). Der Feststellung der Sittenwidrigkeit eines Rechtsgeschäfts geht eine umfassende Interessenabwägung voraus.[625] Vor dem Hintergrund der an anderer Stelle zu besprechenden Doppelwirkungen im deutschen Zivilrecht[626] tritt die Sittenwidrigkeitsüberprüfung allgemeiner Geschäftsbedingungen neben die Anwendung der §§ 307 ff. BGB.[627] Im Übrigen unterliegen Preisvereinbarungen (§ 307 Abs. 3 S. 1 BGB) und insbesondere Gesellschaftsverträge (§ 310 Abs. 4 S. 1 BGB) keiner AGB-Inhaltskontrolle, so dass sich der einschlägige Kontrollmaßstab auch in diesem Bereich aus § 138 BGB ergeben kann.[628] Obwohl die Unbilligkeit einer Preisvereinbarung praktisch nur in seltenen Fällen bejaht wird, nämlich nur bei gröbster Verletzung der vertraglichen Äquivalenzstruktur,[629] ändert dies nichts daran, dass der Gegenstand rechtsgeschäftlicher Vereinbarungen dem

---

625 Vgl. zu § 826 BGB BGHZ 38, 391, 395 – *Industrieböden*; *Boemke*, JuS 2001, 444, 446; *Sack/Fischinger*, in: Staudinger, BGB, AT 4a (§§ 134-138), Neubearb. 2011, § 138, Rn. 50.

626 Unten Teil 2, B.IV.4.a).

627 Vgl. BGHZ 130, 331; *Dörner*, in: Schulze, BGB, 8. Aufl. 2014, § 138, Rn. 19; a.A. *Ellenberger*, in: Palandt, BGB, 74. Aufl. 2015, § 138, Rn. 16; *Armbrüster*, in: MünchKomm BGB, Bd. 1, 7. Aufl. 2015, § 138, Rn. 5, nach denen § 138 BGB für AGB nur subsidiär Geltung beansprucht.

628 Oben Teil 2, A.III.2.a).

629 BGHZ 104, 102, 105 = ZIP 1988, 630; 110, 336, 338 = ZIP 1990, 499; *Säcker*, ZWeR 2008, 348, 352. Bankenkreditverträge mit Privatkunden, deren Zinssatz doppelt so hoch ist wie der jeweilige Marktzins, erfüllen demnach den Sittenwidrigkeitstatbestand.

Grunde nach auf sein Vereinbarkeit mit den guten Sitten zu überprüfen ist.

(1) Grundsatz paralleler Anwendbarkeit

Die parallele Anwendbarkeit der allgemeinzivilrechtlichen Sittenwidrigkeitsklausel und den relevanten GWB-Vorschriften ist zu befürworten.[630] Ausschlaggebend hierfür ist die fehlende Schutzzweckkonvergenz der Normen.[631] Im Bereich des Kartellverbots verstößt bereits die kartellrechtlich sanktionsfähige Absprache an sich gegen die guten Sitten. Der Tatbestand des § 138 Abs. 1 BGB ist erfüllt.[632] Diese Sicht bestätigt sich erneut mit Blick auf die Vorstellungen der Verfasser des Bürgerlichen Gesetzbuchs.[633] Mag auch den Antrag zur Wiederaufnahme der *ordre public*-Klausel in § 138 BGB abgelehnt worden sein, sollte jeder die Gewerbefreiheit beeinträchtigende Vertrag als Verstoß gegen die öffentliche Ordnung i.S.v. § 138 nichtig sein. Klauseln, die das berechtigte wirtschaftliche Interesse überschreiten, sollten mit den guten Sitten nicht im Einklang stehen.[634] Ohne weiteres sind hierunter auch Kartellvereinbarungen zu fassen, nicht zuletzt mit Blick auf die in ihrer Freiheit beschränkten Kartellmitglieder selbst.[635] Nicht nur die Wertungen der kartellrechtlichen Verbotsgesetze legen es nahe, wettbewerbsbeschränkende Vereinbarungen als sittenwidrig zu beurteilen. Denn Kartellvereinbarungen, die von keinem Freistellungstatbestand erfasst sind, widersprechen dem Anstandsgefühl aller billig und gerecht

630 Vgl. BGH NJW 1979, 1605, 1606; NJW-RR 1989, 900; NJW 1994, 384, 386; *Ulmer*, NJW 1979, 1585, 1586; *Sack/Fischinger*, in: Staudinger, BGB, AT 4a (§§ 134-138), Neubearb. 2011, § 138, Rn. 195, 351.

631 Vgl. BGH NJW 1994, 384, 386.

632 Vgl. BGHZ 68, 6, 9 – *Fertigbeton I*; 120, 161, 166 = NJW 1993, 1710 – *Taxigemeinschaft*; zu den kartellrechtlichen Grenzen von Wettbewerbsverboten BGH NJW-RR 2010, 615; *Deringer*, NJW 1956, 1714; *Mailänder*, Privatrechtliche Folgen unerlaubter Kartellpraxis, 1964, S. 155; *Paul*, Gesetzesverstoß und Vertrag im Wettbewerbs- und Regulierungsrecht, 2009, S. 189.

633 Oben Teil 2, B.III.1.

634 Vgl. Bericht der Reichstags-Kommission, 1896, S. 41 f.; *Simitis*, Gute Sitten und ordre public, 1960, S. 168 ff.; *Schricker*, Gesetzesverletzung und Sittenverstoß, 1970, S. 188 ff.

635 Vgl. zu dieser *„Innenbetrachtung"* *Schmidt*, AcP 206 (2006), 169, 178 ff. Auch die Einbeziehung der Marktgegenseite ist dieser Erkenntnis nicht abträglich.

denkenden Marktteilnehmer.[636] Die Erkenntnis steht also ebenfalls im Einklang mit dem Willen des historischen Gesetzgebers.

Für eine Übertragung dieser Grundsätze auf die kartellrechtliche Missbrauchsaufsicht spricht nicht allein die insoweit bestehende konzeptionelle Äquivalenz von § 138 Abs. 2 BGB zu den Missbrauchstatbeständen, als auch der Bewucherte einen der normierten Schwächezustände verwirklicht haben muss. Insofern besteht mithin ein gewisses Gefälle wirtschaftlichen Gewichts zwischen den Vertragsparteien, dessen Korrektur normativ veranlasst wird.[637] Der Rekurs auf § 138 BGB ist nicht aufgrund des Gleichlaufs seiner Rechtsfolgen mit dem Verstoß gegen ein kartellrechtliches Verbotsgesetz ausgeschlossen. Die Ausgestaltung von § 19 GWB als unmittelbar geltendes Verbotsgesetz hat allein zur Folge, dass die Konkurrenzfrage ihre praktische Bedeutung weitgehend verloren hat[638] und § 138 BGB nur noch ausnahmsweise zur Anwendung gelangen soll.[639] Die nachlassende praktische Bedeutung kann dem dogmatischen Lösungsansatz an sich die Legitimation aber nicht entziehen. Auch der zu § 22 Abs. 5 GWB a.F. vorgebrachte Einwand, die Nichtigkeitsfolge des § 138 BGB stehe dem Erfordernis einer kartellbehördlichen Entscheidung entgegen, greift aufgrund des Verbotsgesetzcharakters der Vorschrift nicht mehr.[640] Die wettbewerbsbeschränkende Wirkung der missbräuchlichen Ausnutzung von Marktmacht widerspricht dem Anstandsgefühl billig und gerecht denkender Marktteilnehmer und begründet folglich auch die Sittenwidrigkeit i.S.v. § 138

636 Vgl. zum Verhältnis von § 134 BGB und § 138 BGB *Sack*, WRP 1985, 1, 5 f.; *Armbrüster*, in: BGB MünchKomm, Bd. 1, 6. Aufl. 2012, § 134, Rn. 4; zum Vorrang des Art. 101 Abs. 2 AEUV gegenüber § 138 BGB *Sack/Fischinger*, in: Staudinger, BGB, AT 4a (§§ 134-138), Neubearb. 2011, § 138, Rn. 196.

637 Vgl. BGH BB 1971, 1177 f.

638 Vgl. *Möschel*, in: Immenga/Mestmäcker, GWB, 5. Aufl. 2014, § 19, Rn. 248; zum früheren Streit *Mestmäcker*, AcP 168 (1968), 235, 253 ff.; *Möschel*, Der Oligopolmissbrauch, 1974, S. 211; *ders.*, in: Immenga/Mestmäcker, GWB, 2. Aufl. 1992, § 22, Rn. 200.

639 Vgl. *Nothdurft*, in: Langen/Bunte, Deutsches Kartellrecht, 12. Aufl. 2014, § 19, Rn. 374; *Wolf*, in: MünchKomm GWB, 2. Aufl. 2015, § 19, Rn. 20; a.A. noch *Säcker*, in: MünchKomm GWB, 2008, § 19, Rn. 1.

640 Vgl. zuvor *Möschel*, in: Immenga/Mestmäcker, GWB, 2. Aufl. 1992, § 22, Rn. 200 m.w.N. Die Sittenwidrigkeit verbotener Kartellierungen ergibt sich i.Ü. aus dem Zusammenspiel von Art. 101 Abs. 1 und Abs. 3 AEUV bzw. § 1 und 2 GWB. Der Verstoß gegen Art. 101 Abs. 1 AEUV bzw. § 1 GWB allein begründet die Sittenwidrigkeit noch nicht. Der Sittenverstoß lässt sich erst mit Blick auf die ggf. rechtfertigenden Umstände des Art. 101 Abs. 3 AEUV bzw. § 2 GWB feststellen; weiterführend *Säcker*, N&R 2004, 46, 51.

BGB.[641] Entgegen einer in der Rechtsprechung[642] zum Teil vertretenen Auffassung setzt § 138 Abs. 1 BGB darüber hinaus keinen vorwerfbaren Moralverstoß voraus.[643] Vielmehr genügt ein Verstoß gegen die öffentliche Wettbewerbsordnung. Dieser ist in jedem Vertrag zu ersehen, der unter missbräuchlicher Ausnutzung von Marktmacht zustande kam. Bereits das Reichsgericht erkannte, dass es sittenwidrig ist, wenn der eine Monopolstellung innehabende Vertragspartner diese Position

> „dazu missbraucht, [...] dem allgemeinen Verkehr unbillige, unverhältnismäßige Opfer aufzuerlegen, unbillige und unverhältnismäßige Bedingungen vorzuschreiben."[644]

Gleichwohl setzt das Sittenwidrigkeitsurteil ebenso wenig eine Monopolstellung voraus wie eine marktstarke Position als solche den Verstoß gegen die guten Sitten begründen kann.[645]

(2) Kein unmittelbarer Rückgriff auf kartellrechtliche Wertungen

In diesen Zusammenhang gehört auch die Erkenntnis, dass im Rahmen der Sittenwidrigkeitsprüfung auf kartellrechtliche Wertungen nicht unmittelbar zurückgegriffen wird. Der Feststellung der Sittenwidrigkeit eines Rechtsgeschäfts geht eine umfassende Interessenabwägung voraus. In der seltenen Rechtsprechung zur Nichtigerklärung sittenwidriger Preisvereinbarungen ist ein unmittelbarer Rückgriff auf Wertungen des Kartellrechts indes nicht ersichtlich.[646] Einer solchen wettbewerbsbezogenen Auslegung bedarf § 138 BGB mit Blick auf seine vom historischen Gesetzgeber des

---

641 Vgl. BGH NJW 1976, 710, 711; OLG Celle WuW/E OLG 5491, 5492 f. – *Rückübertragung von Zuckerrübenlieferrechten;* OLG Dresden WuW/E DE-R 169, 173 – *Elbauenwasser*; *Koch*, Schadensersatz bei unerlaubten wettbewerbsbeschränkenden Handlungen, 1968, S. 131 f.; *Paul*, Gesetzesverstoß und Vertrag im Wettbewerbs- und Regulierungsrecht, 2009, S. 192; *Armbrüster*, in: MünchKomm BGB, 6. Aufl. 2012, § 138, Rn. 87.

642 Vgl. RGZ 150, 1, 5; BGH WM 1976, 181, 182; BGHZ 160, 8, 14 = NJW 2004, 2671, 2673; BGH NJW 2010, 363; offengelassen in BGH NJW-RR 2012, 18.

643 Vgl. BGH GRUR 1972, 718, 719; NJW 1981, 2184 2186; *Medicus*, BGB AT, 9. Aufl. 2006, § 46, Rn. 689 f.; *Sack/Fischinger*, in: Staudinger, BGB, AT 4a (§§ 134-138), Neubearb. 2011, § 138, Rn. 63; *Armbrüster*, in: MünchKomm BGB, Bd. 1, 7. Aufl. 2015, § 138, Rn. 129 ff.

644 RGZ 48, 114, 117; 62, 264, 266.

645 Vgl. RGZ 79, 225, 229; 115, 218, 220; BGH MDR 1970, 497.

646 Vgl. *Säcker*, ZWeR 2008, 348, 352.

BGB intendierte Funktion auch nicht. Danach sollte, wie ausgeführt, jeder die Gewerbefreiheit beeinträchtigende Vertrag bereits nichtig sein.[647] In ihrer konkreten Gestalt nimmt die Sittenwidrigkeitskontrolle die originär sozialstaatsverpflichtete Aufgabe des Privatrechts wahr, nämlich zur Gewährleistung der Funktionsbedingungen der Privatautonomie. Im Zivilrecht entfaltet § 138 BGB neben dieser allgemein sozialethischen, die Interessen aller Beteiligten berücksichtigenden Funktion auch eine wirtschaftsethische Korrekturfunktion,[648] angesichts derer der Rückgriff auf die Sittenwidrigkeitsklausel keiner wettbewerbsbezogenen Aufladung bedarf. Die Folgen wettbewerbsbeschränkender und nicht zu rechtfertigender privatrechtlicher Verträge muss das Wettbewerbsrecht ebenso wenig hinnehmen wie die an den Grenzen privater Rechtsgestaltung zum Maßstab erhobenen billig und gerecht denkenden Marktbeteiligten. Im Anwendungsbereich spezifischen Kartellrechts aht somit auch nichts anderes zu gelten als bei Nichterreichen seiner Aufgreifschwellen.

dd) Treuwidrigkeitskontrolle gemäß § 242 BGB

Eine Einschränkung des vertraglich begründeten Schutzes der Vertragspartner marktstarker Unternehmen durch einen Vorrang der kartellrechtlichen Missbrauchsaufsicht ist auch hinsichtlich § 242 BGB zu vermeiden, soweit dieser wie aufgezeigt zur rechtsgeschäftlichen Inhaltskontrolle herangezogen wird. Hinzuweisen ist auf die konzeptionelle Äquivalenz der am Maßstab von Treu und Glauben erfolgenden Ausübungskontrolle nach Vertragsschluss[649] zu den spezifisch kartellrechtlichen Missbrauchstatbeständen, die den Blick ebenso auf Verträge richten, die von einem strukturellen Ungleichgewicht der Vertragsparteien gekennzeichnet sind. Festzustellen ist insbesondere, dass mit Blick auf die ähnlich gelagerten Abgrenzungsfragen im Zusammenhang mit der Billigkeitskontrolle einseitiger Leistungsbestimmung (§ 315 BGB), der AGB-Inhaltskontrolle (§§ 307 ff. BGB) sowie der Sittenwidrigkeitskontrolle (§ 138 BGB), auch hinsichtlich der Vereinbarkeit mit Treu und Glauben die GWB-Verbotsgesetzeigenschaft den Anknüpfungspunkt für eine weitergehende rechtsgeschäftliche

647 Oben Teil 2, B.III.1.

648 Vgl. BGHZ 19, 12, 18; BGH WM 1959, 406, 408; *Schricker*, Gesetzesverletzung und Sittenverstoß, 1970, S. 210 ff.; *Säcker*, ZWeR 2008, 348, 358; *Armbrüster*, in: MünchKomm BGB, Bd. 1, 7. Aufl. 2015, § 138, Rn. 11 ff., insbesonder Rn. 15.

649 Oben Teil 2, A.III.2.; A.VI.2.c).

Inhaltskontrolle nicht entfallen lässt.[650] Zwar geht auch der Feststellung eines rechtsmissbräuchlichen Verhaltens eine umfassende Gesamtabwägung voraus. Jedoch unterscheidet sich diese hinsichtlich ihres Prüfungsmaßstabes von der im Rahmen des § 19 Abs. 2 Nr. 2 Alt. 2 GWB gebotenen Gesamtbetrachtung.[651] Die Wirksamkeit des ggf. kartellrechtswidrigen Rechtsgeschäfts orientiert sich an den Ordnungsprinzipien der Wettbewerbswirtschaft. Auch wenn der Anwendungsbereich von Treu und Glauben mit Blick auf den Immanenzgedanken weit über einen rechtsgeschäftlichen Kontrollmaßstab hinausgeht, gilt für § 242 BGB ebenso das Prinzip individueller Vertragsgerechtigkeit, soweit er seiner gesetzestechnischen Verortung entsprechend zu einer solchen Inhaltskontrolle herangezogen wird. Ein Anwendungsbereich verbleibt hierfür angesichts der vorrangigen Prüfung am Maßstab spezifischen AGB-Rechts insbesondere bei Hauptleistungspflichten (§ 307 Abs. 3 BGB) und Gesellschaftsverträgen von Publikumsgesellschaften (§ 310 Abs. 4 BGB).[652] Nähme man einen Vorrang kartellrechtlicher Haftungsnormen im Sinne der Verdrängungslehre auch gegenüber § 242 BGB an, würde dies wiederum in nicht zu rechtfertigenden Weise den Schutz des Vertragspartners eines marktstarken Unternehmens beschneiden. Verwiesen sei wiederum auf die kartellrechtliche Überprüfung „sonstiger Geschäftsbedingungen" (§ 19 Abs. 2 Nr. 2 Alt. 2 GWB). Das marktstarke Unternehmen könnte sich auf eine *„Gesamtbetrachtung des Leistungsbündels"* stützen, wobei eine ungünstige Klausel einer Kompensation durch einen günstigen sonstigen Vertragsteil offensteht.[653] Bliebe die Möglichkeit des Rückgriffs auf § 19 GWB verwehrt, wäre jede einzelne Klausel, die einer Inhalts- und Wirksamkeitskontrolle nach Treu und Glauben offensteht, am Maßstab von § 242 BGB zu überprüfen. Die Sperrwirkung der GWB-Tatbestände würde marktstarken Unternehmen einen weiteren vertragsrechtlichen Spielraum eröffnen, was wiederum keinem erkennbaren Zweck des Kartellrechts entspräche. Die GWB-Normen richten sich gegen wettbewerbsbeschränkende Verhaltensweisen und zielen darüber hinaus nicht auf eine Liberalisierung des Vertragsrechts ab. Einer Absenkung des rechtsgeschäftlichen Kontrollmaßstabs in Wettbewerbsverhältnissen ist daher auch mit Blick auf die Wirksamkeitskontrolle treuwidriger Rechtsgeschäfte entgegenzutreten.

---

650 Vgl. *Wielsch*, JZ 2008, 68, 70.

651 Vgl. bereits oben Teil 2, B.IV.3.b)bb).

652 Oben Teil 2, A.III.2.

653 Vgl. BGH NJW 1986, 846 – *Favorit*; *Kordel*, ZWeR 2005, 359, 371 f.; *Götting*, in: Loewenheim/Meessen/Riesenkampff, Kartellrecht, 2. Aufl. 2009, § 19, Rn. 81.

c) Ausübung einseitiger privater Rechtsmacht

Die vorstehende Ausführungen haben gezeigt, weshalb ein Vorrang der rechtsgeschäftlichen Wirksamkeitskontrolle am Maßstab der GWB-Verbotsgesetze gegenüber allgemeinzivilrechtlichen Kontrollmechanismen wie §§ 315, 307 ff., 138 und 242 BGB abzulehnen ist. Unterstellt man eine solche Ausschließlichkeit kartellrechtlicher Normen, die sodann den Rückgriff auf die genannten Normen versperren, hätte dies in Ermangelung konvergierender Anwendungsbereiche der Generalklauseln einen abgesenkten Kontrollmaßstab für wettbewerblich relevante Rechtsgeschäfte zur Folge. Anders als im Rahmen der Inhaltskontrolle allgemeiner Geschäftsbedingungen ist der umfassende Anwendungsbereich von § 242 BGB dadurch gekennzeichnet, dass auch die Ausübung einseitiger privater Rechtsmacht die Unvereinbarkeit mit Treu und Glauben begründen kann. Missbräuchlich in diesem Sinne kann die Geltendmachung einer vertraglich erwachsenen Rechtsposition ebenso wie die Anspruchsstellung sein, die auf ein absolutes Recht rekurriert, dessen Ausschlussfunktion dem Grunde nach gegenüber jedermann wirkt. Abzustellen ist gleichermaßen auf den gewährten Schutzumfang des in Frage stehenden Rechts. Hinsichtlich der Erkenntnisse zur Normenkonkurrenz von Kartellrecht und Privatrecht gilt insoweit freilich nichts anderes. Zum einen unterscheiden auch die normativen Grundlagen der kartellrechtlichen Missbrauchsaufsicht nicht danach, ob missbräuchliche Verhaltensweisen im Rahmen rechtsgeschäftlicher Beziehungen oder in Ausübung außervertraglicher Rechtspositionen begründet liegen. Verwiesen wird in diesem Zusammenhang insbesondere auf Fallgestaltungen der missbräuchlichen Lizenzverweigerung an Immaterialgüterrechten.[654] Darüber hinaus beanspruchen die gefundenen Argumente in der Sache ebenso umfassend Geltung, soweit sie das Bestehen einer rechtsgeschäftlichen Verbindung der Parteien nicht voraussetzen. Der aufgezeigte Kontrollmaßstab der einschlägigen GWB-Vorschriften sowie des § 242 BGB ist jeweils unverändert auch an die einseitige Ausübung privater Rechtsmacht in diesem Sinne anzulegen. Die Besserstellung entsprechend marktmächtiger Unternehmen ist mithin gleichermaßen abzulehnen und stünde dem verlautbarten Zweck des GWB ebenso diametral entgegen.

654 Oben Teil 1, B.I.2.c).

4. Kein Entgegenstehen der Verbotsgesetzeigenschaft

Die GWB-Vorschriften, insbesondere die Regelung der kartellrechtlichen Missbrauchsaufsicht, sind als Verbotsgesetze ausgestaltet. Verstößt ein Rechtsgeschäft gegen ein solches Verbot, ist es grundsätzlich nichtig (§ 134 BGB). Rechtsgeschäfte, die gegen das Missbrauchsverbot verstoßen, sind alledering nur teilnichtig, nämlich soweit der Missbrauchsvorwurf reicht. Befürworter einer Verdrängungswirkung kartellrechtlicher Vorschriften vertreten angesichts der Nichtigkeitsfolge, dass der Anknüpfungspunkt für eine weitergehende vertragsrechtliche Inhaltskontrolle anhand allgemeinzivilrechtlicher Normen entfällt, missbrauchsverbotswidrigen Rechtsgeschäften mithin die Grundlage einer zusätzlichen Korrektur entzogen ist.[655]

a) Doppelwirkungen im deutschen Privatrecht

Dem ist entgegenzutreten. Der Verbotsgesetzcharakter einer kartellrechtlichen Norm kann einen Vorrang nach diesem Verständnis insbesondere mit Blick auf die Lehre zu Doppelwirkungen im deutschen Zivilrecht nicht rechtfertigen.[656] Ausgangspunkt dieses noch zu generalisierenden Gedankens soll ein gemäß der allgemeinen Anfechtungsgründe anfechtbares (§§ 119 Abs. 1, 2 und 123 Abs. 1 BGB) und angefochtenes Rechtsgeschäft[657] sein, das als von Beginn an nichtig anzusehen ist (§ 142 Abs. 1 BGB). In diesem Fall ist weitgehend anerkannt, dass eine Anfechtung auch dann nicht ins Leere geht, wenn das Rechtsgeschäft bereits aufgrund eines anderen Nichtigkeitsgrundes unwirksam ist.[658] Begrifflich mag dieser Ansatz zwar zweifelhaft sein. Aufgrund des Schutzzwecks der Anfechtung sowie der Parteiinteressen ist er aber gerechtfertigt. Ist nämlich der Nachweis eines Anfechtungsgrundes leichter zu erbringen als der anderweitige Nichtigkeitsgrund, ist kein Grund ersichtlich, weshalb dem grundsätzlich An-

---

655 Vgl. *Kühne*, RdE 2005, 241, 248; *ders.*, NJW 2006, 654, 655; *Roth/Schubert*, in: MünchKomm BGB, Bd. 2, 6. Aufl. 2012, § 242 BGB, Rn. 452.

656 Grundlegend *Kipp*, in: FS v. Martitz, 1911, 211 ff.

657 Vgl. zur Anfechtbarkeit einer Willenserklärung bzw. des Rechtsgeschäfts den Wortlaut des § 119 Abs. 1 BGB bzw. § 142 Abs. 1 BGB.

658 Vgl. BGH LM § 142, Nr. 2; JZ 1955, 500; *Kipp*, in: FS v. Martitz, 1911, 211, 224 ff.; *Ellenberger*, in: Palandt, BGB, 74. Aufl. 2015, Überbl. v. § 104, Rn. 35; *Würdinger*, JuS 2011, 769, 771; *Busche*, in: MünchKomm BGB, Bd. 1, 7. Aufl. 2015, § 142, Rn. 12; krit. *Medicus*, BGB AT, 9. Aufl. 2009, § 47, Rn. 728 ff.

fechtungsberechtigten dieses Recht genommen werden soll.[659] Daran ändert auch nichts, dass die Nichtigkeit infolge Anfechtung die aktive Ausübung eines Gestaltungsrechts erfordert, ein abweichender Nichtigkeitsgrund die Unwirksamkeit des Rechtsgeschäfts aber *ipso iure* herbeiführt. Der verfassungsmäßig verbürgte Rechtsschutz des Anfechtungsberechtigten (Art. 19 Abs. 4 GG) würde verkürzt. Denn die Wirksamkeit des in Frage stehenden Rechtsgeschäfts wäre in zweifacher Hinsicht nicht hinzunehmen. Liegt allein der Anfechtungsgrund und kein darüber hinaus gehender Nichtigkeitsgrund vor, wäre dieses zwar noch auszuüben, es stünde dem Berechtigten aber ohne Zweifel zu. Verstößt ein Rechtsgeschäft indes gegen ein gesetzliches Verbot, ohne dass eine Partei zur Anfechtung berechtigt ist, bestünden an seiner Unwirksamkeit ebenfalls keine Zweifel.

Darüber hinaus erfordert die Nichtigkeitssanktion des § 134 BGB regelmäßig einen Verstoß gegen ein gesetzliches Verbot, das sich gegen sämtliche beteiligte Parteien richtet. Die Anfechtbarkeit hingegen, insbesondere gemäß § 119 Abs. 1 und 2 BGB, setzt einen in der Sphäre des Berechtigten liegenden Irrtum voraus, der wiederum die sich ggf. anschließende Regresspflicht des Anfechtenden (§ 122 Abs. 2 BGB) rechtfertigt. Anders als ein Verbotsgesetzverstoß vermag auch allein die Anfechtung die Gutgläubigkeit desjenigen zu beseitigen, der die Anfechtbarkeit kannte oder kennen musste (§ 142 Abs. 2 BGB). Dabei korrespondiert die letztlich zu befürwortende sog. Doppelnichtigkeit von Rechtsgeschäften gewissermaßen mit dem Grundsatz der Anspruchskonkurrenz des Aktivlegitimierten: Soweit der Gläubiger frei ist, aus einer Mehrzahl verwirklichter Anspruchsgrundlagen aus der für ihn günstigsten vorzugehen, ist es der Partei, die sich auf die Nichtigkeit des Rechtsgeschäft beruft, auch zu gestatten, sich auf den aus ihrer Sicht günstigsten Nichtigkeitsgrund zu berufen.

b) Kein genereller Vorrang kartellrechtlicher Verbotsgesetze gegenüber rechtgeschäftlicher Inhaltskontrolle

Vor diesem Hintergrund ist auch ein Vorrang kartellrechtlicher Verbotsgesetze gegenüber allgemeinzivilrechtlichen Generalklauseln nicht darstellbar.[660] Allgemeine Geschäftsbedingungen, die den Vertragspartner des Ver-

659 Vgl. BGH JZ 1955, 500.

660 I.E. ebenso unvertretbar wäre die Annahme eines Vorrangs der rechtgeschäftlichen Inhaltskontrolle gegenüber der Nichtigkeitssanktion wegen Verbotsgesetzverstoßes; vgl. *Knöpfle/Leo*, in: GemeinschaftsKomm Kartellrecht, 4. Lfg. 2001,

wenders nach den Geboten von Treu und Glauben unangemessen benachteiligen, sind unwirksam (§ 307 Abs. 1 BGB), also nichtig.[661] In Bezug auf § 315 BGB ist jedenfalls von einer Unverbindlichkeit der unbilligen Leistungsbestimmung auszugehen, da der Schuldner die unbillige Leistung ohne weiteres, d.h. insbesondere auch ohne vorherige gerichtliche Entscheidung, verweigern kann. Denn es es wird von Beginn an nur die billige Leistung geschuldet.[662] Ein Verstoß gegen die guten Sitten kann zutreffend allein die Nichtigkeit des Rechtsgeschäfts zur Folge haben.[663] Dies ergibt sich aus dem Wortlaut des § 138 BGB, der nicht unter dem Vorbehalt steht, dass sich aus den verletzten Grundsätzen eine andere Sanktion als die Nichtigkeit ergeben könne. Zudem ist jedenfalls eine umfassende Gültigkeit des Rechtsgeschäfts insoweit nicht annehmbar, als der Grund der Sittenwidrigkeit die Regelung unerträglich machen muss.[664] Ein normativer Anhaltspunkt dafür, dass die auf einen Verbotsgesetzverstoß zurückzuführende Nichtigkeit eines Rechtsgeschäfts seiner anderweitigen Nichtigkeit bzw. Unverbindlichkeit aufgrund der §§ 307 ff. BGB, § 315 BGB oder § 138 BGB entgegensteht, mithin einer rechtsgeschäftlichen Inhaltskontrolle am Maßstab dieser Normen der Anknüpfungspunkt entzogen sein soll, findet sich nicht. Dabei hat das entscheidende Gericht die Wirksamkeits- bzw. Verbindlichkeitskontrolle von Amts wegen vorzunehmen, ohne dass es – anders als im Rahmen der Anfechtung (§ 143 Abs. 1 BGB) – vorab der Ausübung eines Gestaltungsrechts bedarf.

Sowohl hinsichtlich der Inhaltskontrolle allgemeiner Geschäftsbedingungen als auch der Billigkeitskontrolle einseitiger Leistungsbestimmungsrechte spricht zudem die angeordnete Beweislastverteilung gegen eine Verdrängungswirkung der kartellrechtlichen Regelungen, die andernfalls nämlich die Rechtsschutzgarantie des Betroffenen beschneiden würde. Auch dieser Gedanke ähnelt in diesem Punkt der Normkonkurrenzfrage

---

§ 19, Rn. 2185; *Paul*, Gesetzesverstoß und Vertrag im Wettbewerbs- und Regulierungsrecht, 2009, S. 213.

661 *Grüneberg*, in Palandt, BGB, 74. Aufl. 2015, § 307, Rn. 1.

662 BGH NJW 1983, 1777, 1778; NJW 2003, 3131, 3132; *Kronke*, AcP 183 (1983), 113, 143 f.

663 Vgl. BGH NJW 1958, 1772; *Honsell*, JZ 1975, 439 f.; *Armbrüster*, in: MünchKomm BGB, Bd. 1, 7. Aufl. 2015, § 138, Rn. 157; a.A. *Lindacher*, AcP 173 (1973), 125, 131; *Hager*, Gesetzes- und sittenkonforme Auslegung und Aufrechterhaltung von Rechtsgeschäften, 1983, S. 87 ff., 145 ff.; *Damm*, JZ 1986, 913, 919; *Sack/Fischinger*, in: Staudinger, BGB, AT 4a (§§ 134-138), Neubearb. 2011, § 138, Rn. 34, 95, die für eine Übertragung des Vorbehalts in § 134 BGB auf § 138 BGB plädieren.

664 *Armbrüster*, in: MünchKomm BGB, Bd. 1, 7. Aufl. 2015, § 138, Rn. 157.

von § 142 Abs. 1 BGB und § 134 BGB. Im Rahmen der §§ 1, 19 und 33 f. GWB wie auch hinsichtlich der Art. 101 und 102 AEUV muss derjenige, der sich auf die Kartellrechtswidrigkeit des Marktverhaltens bzw. die Nichtigkeit der Abrede beruft, den Nachweis eines Verstoßes gegen das Kartellverbot bzw. des Missbrauchs einer marktbeherrschenden Stellung erbringen (vgl. Art. 2 S. 1 VO 1/2003).[665] Daran ändert im Rahmen sog. *follow on*-Klagen auch die Tatbestandswirkung des § 33b GWB nichts, die dem Folgevertragspartner das Abwarten einer bestands- bzw. rechtskräftigen Behörden- bzw. Gerichtsentscheidung aufbürdet. Für eine Inhaltskontrolle am Maßstab der §§ 307 ff. BGB genügt es demgegenüber, wenn die sich auf die Unwirksamkeit berufende Partei den Nachweis erbringen kann, dass vom Verwender gestellte AGB vorliegen. *Prima facie* ist dabei davon auszugehen, dass die Klauseln allgemeine Geschäftsbedingungen i.S.v. § 305 Abs. 1 BGB darstellen, soweit ein gedruckter oder sonst vervielfältigter Text des anderen Teils verwendet wurde oder wenn die Fassung der Klauseln auf die Absicht einer mehrfachen Verwendung schließen lässt.[666] Verbrauchern (§ 13 BGB) kommt darüber hinaus die Vermutung des § 310 Abs. 3, Nr. 1 BGB zugute. Im Rahmen der Billigkeitsprüfung gemäß § 315 Abs. 3 BGB trägt wiederum die bestimmungsberechtigte Vertragspartei die Darlegungslast für die Billigkeit der geforderten Leistung.[667] Für die objektiven und subjektiven Voraussetzungen der Sittenwidrigkeit trägt entsprechend der allgemeinen Regeln derjenige die Darlegungs- und Beweislast, der sich auf die Sittenwidrigkeit des Rechtsgeschäfts beruft.[668] Im Rahmen des Nachweises der Unwirksamkeit allgemeiner Geschäftsbedingungen sowie der Unverbindlichkeit einer unbilligen einseitigen Leistungsbestimmung wurden dem Betroffenen mithin deutliche Erleichterungen der Darlegungs- und Beweislast verliehen, die von den allgemeinen, zum Nachweis eines Verstoßes gegen kartellrechtliche Vorschriften zugrunde zu legenden Regeln stark abweichen. Wenngleich anzuerkennen ist, dass die Beweislastverteilung als prozessualer Aspekt die materielle Frage der verdrängenden

665 Vgl. *Emmerich*, in: Immenga/Mestmäcker, GWB, 5. Aufl. 2014, § 33, Rn. 86; zu §§ 1, 19, 33 GWB *Nordemann*, in: Loewenheim/Meessen/Riesenkampff, Kartellrecht, 2. Aufl. 2009, § 1, Rn. 261.

666 BGHZ 118, 238; BGH NJW 2004, 502.

667 Vgl. BGH NJW 2003, 1449, 1450; NJW 2003, 3131, 3132; RdE 2006, 81, 83 – *Stromnetznutzungsentgelt I*.

668 Vgl. BGHZ 53, 369, 379 f. = NJW 1970, 1273, 1275; BGH NJW 1974, 1821; BGHZ 95, 81, 85; BGH NJW 1979, 2089; NJW 1995, 1429; *Ellenberger*, in: Palandt, BGB, 74. Aufl. 2015, § 138, Rn. 23; Ausnahmen bei *Sack/Fischinger*, in: Staudinger, BGB, AT 4a (§§ 134-138), Neubearb. 2011, § 138, Rn. 89 f. m.w.N.

Normkonkurrenz nur schwerlich entscheiden kann, würde ein kumulativer Verstoß der in Frage stehenden Klausel gegen Kartellrecht einerseits sowie das Benachteiligungsverbot der §§ 307 ff. BGB bzw. Unbilligkeit der Leistungsbestimmung andererseits im Rahmen einer unterstellten Verdrängungswirkung der GWB-Normen zum Nachteil des Betroffenen gereichen. Dies würde dem Zweck der Kartellrechtssätze, deren private Durchsetzung nach dem klaren gesetzgeberischen Willen zuletzt forciert wurde, diametral entgegenstehen.

c) Kein Vorrang kartellrechtlicher Verbotsgesetze vor rechtsgeschäftlicher Inhaltskontrolle gemäß § 242 BGB

Diesen Feststellungen beanspruchen auch für § 242 BGB Geltung. Vorbehaltlich weiterführender Schutzzweckerwägungen ist ein genereller Vorrang kartellrechtlicher Vorschriften auch gegenüber dem allgemeinen Gebot von Treu und Glauben abzulehnen. Die unzulässige Rechtsausübung hat zur Folge, dass die einem Recht dem Grunde nach zukommenden Rechtsfolgen keine Wirkung beanspruchen können, Ansprüche mithin nicht geltend gemacht werden können, gegnerischen Rechten nicht stattgegeben wird. Wird § 242 BGB als Maßstab rechtgeschäftlicher Inhaltskontrolle herangezogen, gelten die gemachten Ausführungen unmittelbar, soweit – über eine bloße Ausübungskontrolle hinaus – die Unvereinbarkeit mit Treu und Glauben ggf. unter Reduktion des Vertrages auf dessen akzeptablen Anwendungsbereich die zumindest teilweise Unwirksamkeit eines Vertrages begründen kann.[669] Eingang in die umfassende Interessenabwägung finden neben objektiven auch subjektive Merkmale und öffentliche Interessen, die abhängig von ihrer jeweiligen Gewichtung in unterschiedlichem Umfang an der Begründung der Nichtigkeitsfolge teilhaben. Die Kumulation von Nichtigkeitsgründen infolge GWB-Verbotsgesetzverstoßes einerseits und Unvereinbarkeit mit Treu und Glauben andererseits kann vor diesem Hintergrund eine Verdrängung der allgemeinzivilrechtlichen Norm, mithin die Nichtberücksichtigung über wettbewerbsrelevante Gesichtspunkte hinausgehender Umstände nicht rechtfertigen. Zwar trägt grundsätzlich derjenige, der sich auf § 242 BGB beruft, die Beweislast hinsichtlich der Voraussetzungen für die Anwendbarkeit der Vorschrift. Dennoch sind Konstellationen vorstellbar, in denen es ungleich leichter ist, das

---

669 Vgl. *Fastrich*, Richterliche Inhaltskontrolle im Privatrecht, 1992, S. 326 ff.; *Roth/ Schubert*, in: MünchKomm BGB, Bd. 2, 6. Aufl. 2012, § 242, Rn. 437.

eine Unvereinbarkeit mit Treu und Glauben begründende Abwägungsmaterial darzulegen als die Kartellrechtswidrigkeit des Rechtsgeschäfts, d.h. den Verstoß des Vertragspartners gegen ein GWB-Verbotsgesetz nachzuweisen. Unterstellt man an dieser Stelle eine entsprechende Verdrängungswirkung der spezifisch kartellrechtlichen Regelungen, würde die verfassungsrechtlich verbürgte Rechtsschutzgarantie des Betroffenen (Art. 19 Abs. 4 GG) in wiederum nicht gerechtfertigter Weise beschnitten. Der Ansatz, die GWB-Verbotswidrigkeit entziehe einer Inhaltskontrolle am Maßstab von Treu und Glauben den Anknüpfungspunkt, ist daher nicht haltbar.

5. Keine entgegenstehende gesetzgeberische Intention

Auch der erkennbaren *ratio legis* einschlägiger GWB-Normen kann keine Intention zur Verdrängung allgemeinzivilrechtlicher Generalklauseln entnommen werden. Dies gilt gleichermaßen vor dem Hintergrund der Ausführungen zur Verbotsgesetzeigenschaft der Regelungen wie mit Blick auf die übrigen zivilrechtlichen Rechtsfolgen kartellrechtswidriger Verhaltensweisen, die einen erkennbaren Anhaltspunkt für ihre Ausschließlichkeit – anders etwa als im Bereich des Lauterkeitsrechts – nicht aufweisen.[670] Zwar kann die Gesetzesbegründung zur Norminterpretation herangezogen werden und den gesetzlichen Tatbeständen Anwendungsmöglichkeiten über ihren normativen Anwendungsbereich hinaus verschaffen. Die Gesetzesbegründung des GWB eröffnet aber keine Möglichkeit hierzu. Im Gegenteil spricht die jedenfalls in den Gesetzgebungsmaterialien erkennbare Absicht einer Intensivierung der privaten Kartellrechtsdurchsetzung vor dem Hintergrund der Ausführungen zur Ablehnung eines generellen Vorrangs der GWB-Vorschriften gegen eine solche Exklusivität.[671] Der Wille zur Erweiterung der privatrechtlichen Schutzinstrumente des Kartellrechts wäre mit der gleichsam drohenden Beschneidung des Rechtsschutz im Rahmen allgemeinzivilrechtlicher Generalklauseln wie §§ 138, 307 ff., 315 und 242 BGB nicht vereinbar.

---

670 Vgl. BT-Drucks. 15/1487, S. 22; *Alexander*, GRUR Int. 2005, 809, 813; *Schmidt*, JZ 2007, 78, 83; *Paul*, Gesetzesverstoß und Vertrag, 2009, S. 214; a.A. aber *Säcker*, WRP 2004, 1199, 1219 f.; *Sack*, GRUR 2004, 625, 629 f.

671 Oben Teil 2, B.IV.1.

6. Kein Entgegenstehen zivilprozessualer Spezialzuständigkeiten

Eine Verdrängungswirkung spezifisch kartellrechtlicher Regelungen gegenüber diesen Rechtssätzen des allgemeinen Privatrechts lässt sich ebenso wenig mit Blick auf die Einführung zivilprozessualer Spezialzuständigkeiten begründen. Derlei Sonderregeln für bürgerliche Rechtsstreitigkeiten (§ 13 GVG) mit kartellrechtlichem Bezug enthalten die §§ 87 bis 89e GWB, die angesichts ihrer Zweckrichtung einer parallelen Anwendbarkeit der in Frage stehenden Normen nicht entgegengesetzt werden können.

a) Ausschließliche Zuständigkeit und Zuständigkeitskonzentration gemäß §§ 87 ff. GWB

Kartellrechtliche Streitigkeiten im Sinne der § 87 S. 1 und 2 GWB begründen die ausschließliche sachliche Zuständigkeit der Landgerichte (§ 95 GWB). Auf der Grundlage von § 89 Abs. 1 S. 1 GWB haben verschiedene Bundesländer eine weitergehende Zuständigkeitskonzentration durch Rechtsverordnung veranlasst und die Zuständigkeit eines Landgerichts für die Bezirke mehrerer Landgerichte begründet.[672] § 87 S. 1 GWB erfasst Rechtsstreitigkeiten, deren Hauptgegenstand die Anwendung der Vorschriften des GWB, der Art. 101 und 102 AEUV bzw. der inhaltsgleichen Art. 53 und 54 des EWR-Abkommens, betrifft, d.h. – nicht notwendigerweise ausschließlich – aus §§ 33, 33a GWB abgeleitete Unterlassungs- und Schadensersatzansprüche.[673] Bürgerliche Rechtsstreitigkeiten, die von der Entscheidung einer kartellrechtlichen Vorfrage abhängen, sind ebenfalls der ausschließlichen Zuständigkeit der Landgerichte zugewiesen (§ 87 S. 2 GWB).[674] Diese erstinstanzliche Konzentration kartellrechtlich relevanter Streitigkeiten bei den Landgerichten soll gemäß der verlautbarten *ratio legis* der Wahrung der Rechtseinheitlichkeit dienen und weist Gerichten eine spezifische Entscheidungskompetenz zu, die in der Rechtsmaterie beson-

---

672 In Bayern etwa ist das LG München I für den OLG-Bezirk München, in Sachsen das LG Leipzig in den Bezirken aller sächsischen Landgerichte ausschließlich sachlich zuständig.

673 Vgl. *Dicks*, in: Loewenheim/Meessen/Riesenkampff, Kartellrecht, 2. Aufl. 2009, § 87, Rn. 15 f.

674 Bei Nicht-Kartellgerichten anhängige Rechtsstreitigkeiten, die nach § 87 S. 2 GWB der Gesamtzuständigkeit der Kartellgerichte unterfallen, sind auf Antrag zu verweisen bzw. bei fehlendem Verweisungsantrag als unzulässig abzuweisen; vgl. BGH WuW/E DE-R 485 – *Aussetzungszwang*.

ders erfahren und sachkundig sind.[675] Dasselbe gilt für die Bildung von Kartellsenaten bei den Oberlandesgerichten (§ 91 GWB) und beim BGH (§ 94 GWB). Kartellrechtliche Vorfragen haben dabei typischerweise Einwendungen des Beklagten zum Gegenstand und müssen sich in der Weise stellen, dass die Entscheidung des Rechtsstreits ganz oder teilweise von einer nach dem GWB zu treffenden Entscheidung oder der Anwendbarkeit der Art. 101, 102 AEUV abhängt. Mit Blick auf § 134 BGB dürfte der Hauptanwendungsfall die inzidente Wirksamkeitskontrolle der streitgegenständlichen Vereinbarung sein.[676] Etwas anderes soll außerhalb des Anwendungsbereichs dieser Normen gelten. Rechtsfragen, deren Beantwortung sich demnach nicht nach dem GWB oder dem europäischen Kartellrecht, sondern insbesondere nach §§ 138, 242 und 826 BGB richten, begründen die ausschließliche Zuständigkeit der Landgerichte weder nach § 87 S. 1 GWB noch § 87 S. 2 GWB.[677] Soweit kartellrechtsähnliche Wertungen gleichwohl Eingang in die Bewertung der Vereinbarkeit eines wettbewerbsrelevanten Verhaltens mit dem Gebot von Treu und Glauben finden sollen, stellt sich die Frage nach der Konformität dieses Ansatzes mit den zivilprozessualen Spezialzuständigkeiten des Kartellrechts.

b) Keine Umgehung des Normzwecks der §§ 87 ff. GWB

Ein Rückgriff auf § 242 BGB könnte in dieser Konstellation die Spezialzuständigkeiten als spezifisch kartellrechtliche Rechtsschutzausgestaltung insoweit unterlaufen, als er dem verfolgten Zweck einer Wahrung der Rechtseinheitlichkeit widerspräche. So wurde im Zusammenhang mit § 315 BGB bzw. den §§ 307 ff. BGB bereits befürchtet, überindividuelle Belange der Kartellrechtspflege werden nicht mehr gewahrt.[678] Von vornherein von der vorliegenden Problematik zu unterscheiden sind aber solche Fälle, in denen sich das Begehren der betroffenen Partei in entscheidungs-

---

675 Vgl. BT-Drucks. 13/9720, S. 68; *Dicks*, in: Loewenheim/Meessen/Riesenkampff, Kartellrecht, 2. Aufl. 2009, § 87, Rn. 1; *Bornkamm*, in: Langen/Bunte, Deutsches Kartellrecht, 12. Aufl. 2014, Vorbem. zu § 87 GWB, Rn. 2 f.

676 Vgl. BGH NJW 1984, 1464 – *Stangenlademagazine*; KG GRUR-RR 2010, 120 – *Entgelt für Nutzung von Bahnhöfen*; OLG München NJOZ 2011, 1800 – *Taxi-Vermittlungszentrale*; *Schmidt*, in: Immenga/Mestmäcker, GWB, 5. Aufl. 2014, § 87, Rn. 25.

677 Vgl. OLG Nürnberg WuW/E OLG 581 – *Treppe*; *Schmidt*, in: Immenga/Mestmäcker, GWB, 5. Aufl. 2014, § 87, Rn. 25.

678 Vgl. *Kühne*, RdE 2005, 241, 248.

erheblicher Weise zumindest auch auf spezifische Kartellrechtsnormen stützt. Ergibt sich die relevante Einwendung nicht allein aus § 242 BGB, sondern jedenfalls auch aus der Verletzung eines kartellrechtlichen Verbotsgesetzes (§ 134 BGB), hängt die Entscheidung des Rechtsstreits zumindest teilweise von der Prüfung kartellrechtlicher Normen ab. Die ausschließliche und streitwertunabhängige, erstinstanzliche Zuständigkeit der Landgerichte wäre eröffnet (§ 87 S. 2 GWB). Zur Begründung der Spezialzuständigkeit bedarf es allein des Vortrags konkreter Tatsachen, aus welchen sich eine kartellrechtliche Rechtsbeziehung oder Rechtsfolge ergibt.[679] Demgegenüber verbleibt es bei der Berücksichtigung kartellrechtsähnlicher Wertungen als solchen bei der Anwendbarkeit der allgemeine Zuständigkeitsregel des § 1 ZPO i.V.m. §§ 23 ff. und 71 ff. GVG, soweit die Einwendung des Betroffenen ausschließlich auf § 242 BGB gestützt wird und der Betroffene keine konkreten Tatsachen zur Begründung der Zuständigkeit der Kartellgerichte vorträgt. Eine nach dem aufgezeigten Verständnis kartellrechtliche Vorfrage wäre mithin nicht entscheidungserheblich, da das Gericht dem Parteibegehren auch durch eine Prüfung der Voraussetzungen von § 242 BGB entsprechen kann, ohne dass es zugleich die Voraussetzung eines ggf. gleichsam verwirklichten Marktmachtmissbrauchs zu prüfen hätte.[680]

Den Prozessparteien wird zudem nicht die Möglichkeit eröffnet, zwischen der erstinstanzlichen Spezialzuständigkeit des Kartellgerichts und der allgemeinen, streitwertabhängigen Zuständigkeit des Amts- oder Landgerichts zu wählen, da allein die Entscheidungserheblichkeit der kartellrechtlichen Vorfrage die Spezialzuständigkeit begründet. Entscheidend sind dabei Umfang der vorgetragenen Tatsachen und Entscheidungserheblichkeit der Vorfrage. Ergibt sich die Einwendung zumindest auch aus § 242 BGB, bleibt es trotz ggf. bestehender Kartellrechtswidrigkeit der Abrede bei der allgemeinen sachlichen Gerichtszuständigkeit. Eine Umgehung des Normzwecks der §§ 87 ff. GWB ist hierin nicht zu ersehen. Die kartellrechtliche Vorfrage ist in solch einem Fall nicht entscheidungserheblich, eine Zuweisung an das Kartellgericht *de lege lata* nicht vorgesehen, so

---

679 Vgl. BGHZ 102, 280, 284 – *Rollstühle*.

680 Vgl. *Keßler*, in: MünchKomm GWB, 2. Aufl. 2015, § 87, Rn. 4 f., 20 ff.; *Paul*, Gesetzesverstoß und Vertrag im Wettbewerbs- und Regulierungsrecht, 2009, S. 215, die feststellt, dass sich hieran auch wegen der deckungsgleichen Auslegung der Maßstäbe der „Unbilligkeit" (§ 315 Abs. 3 BGB) und „Missbräuchlichkeit" (§ 19 GWB) nichts ändert.

dass die allgemeinen Vorschriften anzuwenden sind.[681] Soweit auch in den Fällen einer Integration kartellrechtsähnlicher Wertungen in allgemeinzivilrechtliche Generalklauseln die Zuständigkeit spezieller Spruchkörper begründet sein soll, wäre *de lege ferenda* eine entsprechende Anpassung der §§ 87 ff. GWB zu erwägen.

V. Zwischenergebnis

Diese Ausführungen haben einen Überblick zur Integration kartellrechtlicher Wertungen in das Privatrecht verschafft. Im Ergebnis ist zwar nicht dem Grunde nach, aber doch hinsichtlich der Bedeutung des Rechtsmissbrauchseinwands als Ausformung des allgemeinzivilrechtlichen Gebotes von Treu und Glauben in wettbewerblich relevanten Sachverhaltskonstellationen der Auffassung entgegenzutreten, wonach sich das Privatrecht im Zuge eines Übermaßes an staatlicher Reglementierung auf dem Rückzug befinde[682]. Die Feststellung mag in verschiedenen Bereichen des geltenden Rechts nicht ohne weiteres zurückzuweisen sein. Zu denken ist etwa an die oftmals beklagte Überreglementierung im europäischen Recht.[683] Zudem wird konstatiert, dass die Trennung von Privatrecht und öffentlichen Recht insoweit mehr und mehr ignoriert werde, als das Privatrecht mit systemfremden Elementen angereichert wird.[684] Es ist aber schon an dieser Stelle festzuhalten – wenngleich vorbehaltlich einer von Schutzzweckerwägungen getragenen Untersuchung der Vereinbarkeit kartellrechtsähnlicher Wertungen mit dem Normgefüge des § 242 BGB sowie der Legitimation der spezifischen Aufgreifschwellen der Missbrauchsaufsicht – dass eine ausschließliche Zuweisung der Kontrolle privater Rechtsmacht an das Kartellrecht selbstverständlich entgegenzutreten ist.

---

681 *Bornkamm*, in: Langen/Bunte, Deutsches Kartellrecht, 12. Aufl. 2014, § 87 GWB, Rn. 13 ff.

682 Vgl. *Coing/Honsell*, in: Staudinger, BGB, Eckpfeiler des Zivilrechts, Neubearb. 2011, B. Einl. zum BGB, Rn. 44.

683 Vgl. etwa *Hailbronner*, NZA 2006, 811, 815; *Gsell/Schellhase*, JZ 2009, 20, 28. „*Die EU, die beinahe täglich das Amtsblatt L mit Rechtsvorschriften herausgibt, produziert ihre Gesetze so fehlerhaft, dass pro Woche bis zu 10 Berichtigungen notwendig werden*"; vgl. *Coing/Honsell*, in: Staudinger, BGB, Eckpfeiler des Zivilrechts, Neubearb. 2011, B. Einl. zum BGB, Rn. 44.

684 *Coing/Honsell*, in: Staudinger, BGB, Eckpfeiler des Zivilrechts, Neubearb. 2011, B. Einl. zum BGB, Rn. 44.

Die Annahme einer solchen Ausschließlichkeit widerspricht grundsätzlich der Erkenntnis, dass dem Ordnungsprinzip Wettbewerb kein genereller Vorrang gegenüber anderen, insbesondere höherrangigen, Wertentscheidungen des Gesetzgebers verliehen ist. Die zunehmende Intensivierung der Mittel privater Kartellrechtsdurchsetzung spricht ebenso gegen eine Sperrwirkung wie die Interdependenz von Kartellrecht und Privatrecht. Hingewiesen wurde auf die ungestörte Vertragsparität als institutionelle Voraussetzung der Privatautonomie und das an der Außenwirkung wettbewerbsbeschränkender Verhaltensweisen orientierte Korrekturbedürfnis der dezentralisierten Interessenbewertung im Privatrecht. Dabei darf die privatrechtstypische Innenbetrachtung nicht durch ein Zurücktreten der Generalklauseln systemfremd zum Werkzeug des Wirtschaftsrechts werden. Nichtsdestotrotz ist es die Besonderheit von Generalklauseln wie § 242 BGB, dass über sie Wertungen Eingang in Privatrechtsverhältnisse finden, mittels derer die gebotene Korrektur der Werterelativität des Privatrechts herbeigeführt werden kann. Auch die Betrachtung der Normenkonkurrenz von Kartellrecht und Privatrecht gab angesichts der Gefahr erheblicher Regelungslücken keinen Anlass, spezifisch kartellrechtlichen Regelungen einen generellen Vorrang einzuräumen. Das Ziel einer widerspruchsfreien Einfügung des Kartellrechts in die deutsche Rechtsordnung widersetzt sich einer Verdrängung allgemeinzivilrechtlicher Generalklauseln im Nichtanwendungsbereich des kartellrechtlichen Missbrauchsverbots. Als Grenze dieser bisher zu befürwortenden Berücksichtigungsfähigkeit kartellrechtsähnlicher Wertungen in § 242 BGB unterhalb kartellrechtlicher Aufgreifschwellen wurde ein allgemeines Umgehungsverbot erkannt, das dem Schutz spezifischer Wertungsprärogativen des (GWB-) Gesetzgebers dient.

Divergenzen in den jeweiligen Anwendungsbereichen und anzulegenden Kontrollmaßstäben führten zur Ablehnung einer Verdrängungswirkung der einschlägigen GWB-Vorschriften im Bereich der rechtsgeschäftlichen Wirksamkeitskontrolle, die einen Rückgriff auf §§ 315, 307 ff., 138 und 242 BGB versperren würde. Nachdem sodann die Übertragbarkeit der gefundenen Argumente auf die Kontrolle der einseitigen Ausübung privater Rechtsmacht festgestellt wurde, ist hier darauf hinzuweisen, dass der Geltungsbereich von Treu und Glauben angesichts des aufgezeigten Immanenzgedankens sowie der Befürwortung eines verbleibenden rechtsgeschäftlichen Kontrollmöglichkeit *a fortiori* auch unterhalb der kartellrechtlichen Aufgreifschwellen – aber vorbehaltlich des zu wahrenden allgemeinen Umgehungsverbotes sowie der nachfolgenden Untersuchung der Vereinbarkeit dieser Erkenntnis mit dem Normgefüge des § 242 BGB – unangetastet bleibt.

C. *Vereinbarkeit der Berücksichtigung kartellrechtsähnlicher Wertungen mit dem Normgefüge des § 242 BGB*

I. Schutzzweckerwägungen

Nachdem die Wege einer widerspruchsfreien Integration kartellrechtlicher Wertungen in das Privatrecht und die Notwendigkeit allgemeinzivilrechtlicher Kontrollmaßstäbe aufgezeigt wurden, richtet sich der Blick der Untersuchung auf Schutzzweckerwägungen zu § 242 BGB bzw. die Frage inwieweit die Berücksichtigung kartellrechtsähnlicher Wertungen mit dem Normgefüge des § 242 BGB vereinbar ist. Der Zweck als „*Schöpfer des gesamten Rechts*"[685] soll hinterfragt werden. Fraglich ist, ob die Berücksichtigung kartellrechtsähnlicher Wertungen im Rahmen des Gebotes von Treu und Glauben generalisierenden Wertentscheidungen des GWB-Gesetzgebers widerspricht bzw. ob § 242 BGB über seinen – besonders weiten – Anwendungsbereich hinaus zweckentfremdet zur Bekämpfung machtbedingter Wettbewerbsstörungen[686] instrumentalisiert würde.

Sein Schutzzweck wurde § 242 BGB vor seinem historischen Hintergrund in ständiger Fortentwicklung durch die Rechtsprechung verliehen, allen voran die Beschränkungs-, Korrektur- und Rechtsfortbildungsfunktion.[687] Der Rückgriff auf § 242 BGB ist vor allem dann statthaft, wenn die Rechtsfortbildung an allgemeine gesetzliche Grundwertungen und Rechtsprinzipien anknüpft. Es wird zu hinterfragen sein, inwieweit der Rechtsmissbrauchseinwand im Anwendungsbereich des Missbrauchsverbots – dessen Verbotsgesetzeigenschaft i.S.v. § 134 BGB insbesondere der rechtsgeschäftlichen Inhaltskontrolle nach § 242 BGB nicht entgegensteht[688] – und auch unterhalb der spezifisch kartellrechtlichen Aufgreifschwellen eine verhaltenssteuernde Wirkung entfalten kann.[689] Bevor der Meinungsstand zum Schutzobjekt sowie zur Wettbewerbskonzeption des GWB dargestellt

---

685 *V. Jhering*, Der Zweck im Recht, Bd. 1, 1877, S. 344.

686 Vgl. zum Begriff der machtbedingten Wettbewerbsstörung *Baudenbacher*, GRUR 1981, 19 ff.

687 Oben Teil 2, A.III.

688 Oben Teil 2, B.IV.4.

689 Vgl. die strukturell ähnlich gelagerte Problematik zu § 393 BGB bei *Franck*, BB 2009, 1935 ff.

werden soll, um tragfähige Schlüsse für eine ggf. bestehende Wertungskonvergenz mit § 242 BGB zu ziehen, soll die grundrechtliche Dimension von Treu und Glauben beleuchtet werden.

1. Wirtschaftspolitische Neutralität des Grundgesetzes

Die besondere Bedeutung des § 242 BGB als „*Einbruchstelle*" grundrechtlicher Wertungen wirft die Frage auf, ob die Berücksichtigung kartellrechtsähnlicher Wertungen, wenngleich nur mittelbar, mit der sog. wirtschaftspolitischen Neutralität des Grundgesetzes konfligiert. Ausgangspunkt dieser wirtschaftspolitischen Neutralität ist das Fehlen ausdrücklicher Bestimmungen zu einer „*Wirtschaftsverfassung*" im Grundgesetz.[690] Auch heute weitgehend anerkannt ist der Ansatz, dass sich das Grundgesetz nicht für eine bestimmte Wirtschaftsordnung oder Wirtschaftspolitik entschieden hat.[691] Dennoch ist dem Verständnis entgegenzutreten, das Grundgesetz sei auch insoweit neutralistisch, dass es auch dem einfachen Gesetzgeber die Verwirklichung bestimmter wirtschaftspolitischer Programme verwehre.[692] Eine solche Annahme stünde der Entwicklung eines modernen Wirtschaftsrechts diametral entgegen und würde den Handlungsspielraum des Gesetzgebers zu weitreichend einschränken, ohne dass die normhierarchisch relevanten Grenzen, d.h. das Grundgesetz selbst, Ansatzpunkte für eine solche Kompetenzbeschränkung vorsieht. Zutreffend ist daher das Verständnis, dass innerhalb der Grenzen des Grundgesetzes vielmehr ein weitgehender Gestaltungsspielraum des Gesetzgebers besteht.[693] Er kann sich für ein bestimmtes Wirtschaftssystem, das insbesondere kein sozialmarktwirtschaftliches sein muss,[694] entscheiden und Wirtschaftsgesetze erlassen, die diesem sachgemäß dienen.[695]

Für die Berücksichtigungsfähigkeit kartellrechtsähnlicher Wertungen bei der Bewertung der Treuwidrigkeit unternehmersicher Rechtsausübung

---

690 Vgl. *Krüger*, DVBl. 1951, 361, 368; zur These von der „*wirtschaftspolitischen Neutralität*" des UWG *Ulmer*, GRUR 1977, 565, 578; *Hirtz*, GRUR 1980, 93; *Merz*, Die Vorfeldthese, 1988, S. 244 ff.

691 Vgl. BVerfGE 4, 7, 17 – *Investitionshilfe*; 7, 377, 400 – *Apotheken*; *Köhler*, in: Köhler/Bornkamm, UWG, 33. Aufl. 2015, Einl., Rn. 1.43.

692 Vgl. *Krüger*, DVBl. 1951, 361, 363.

693 Vgl. *Rittner/Dreher*, Europäisches und deutsches Wirtschaftsrecht, 3. Aufl. 2007, S. 50 f.

694 BVerfGE 4, 7, 17; 39, 210, 225; 50, 290, 337 – *Mitbestimmung*.

695 *Köhler*, in: Köhler/Bornkamm, UWG, 33. Aufl. 2015, Einl., Rn. 1.43.

kann nichts anderes gelten. Die wirtschaftspolitische Neutralität des Grundgesetzes bedeutet nur, dass sich das Grundgesetz nicht für eine bestimmte Wirtschaftsordnung entschieden hat. Soweit der GWB-Gesetzgeber innerhalb der grundgesetzlichen Grenzen einen Gestaltungsspielraum zur Verfolgung einer bestimmten Wettbewerbskonzeption gewährt, ist selbstverständlich davon auszugehen, dass sich auch der Rückgriff auf die allgemeinzivilrechtliche Generalklausel des § 242 BGB angesichts der ihr verliehenen Korrektur- und Rechtsfortbildungsfunktion in jenen Grenzen zu bewegen hat, die das Grundgesetz aufstellt. Vielmehr noch hat der Staat die Aufgabe, die Rahmenbedingungen einer wettbewerblichen Grundrechtsausübung sicherzustellen.[696] Diese Selbstverständlichkeit kann letztlich nicht darüber hinwegtäuschen, dass die Berücksichtigung kartellrechtsähnlicher Wertungen in § 242 BGB mit der wirtschaftspolitischen Neutralität des Grundgesetzes nicht konfligiert.

2. Schutzobjekt und Wettbewerbskonzeption des GWB

aa) Teleologisch-funktionale Auslegung

Vor der Auseinandersetzung mit der Frage nach dem Schutzobjekt des GWB gewinnt die Auslegung der spezifischen Kartellrechtssätze Bedeutung. Dabei trittzunächst ein Mangel normativer Auslegungsregeln im Regelungsbereich des GWB zutage.[697] Wenngleich das konkret zu bewertende unternehmerische Verhalten regelmäßig privatrechtlicher Natur ist, und dies unabhängig davon, ob es wettbewerbsbeschränkendes oder rechtmäßiges Handeln im Wettbewerb ist, versperrt das ausdifferenzierte Rechtsfolgenregime des GWB eine generelle Einordnung des Kartellrechts in das Privatrecht bzw. das öffentliche Recht. Dennoch müssen sich allgemeine Auslegungsregeln auch für die Vorschriften des GWB finden lassen, denn eine unterschiedliche Handhabung in Abhängigkeit der jeweils zu beurteilenden Konstellation mit Blick auf die drohende Rechtsunsicherheit und

---

696 *Schliesky*, Öffentliches Wettbewerbsrecht, 1997, S. 192 f.

697 Anders etwa als das österreichische Kartellgesetz verweist das GWB i.Ü. auch nicht ausdrücklich auf eine vorzunehmende wirtschaftliche Betrachtungsweise; vgl. *Koppensteiner*, Österreichisches und europäisches Wettbewerbsrecht, 3. Aufl. 1997, S. 64 f.

die Einheit des (Kartell-) Rechts verbietet sich.[698] Es verbleibt daher bei der Anwendung des herkömmlichen Auslegungskanons des Rechts.[699] Angesichts des engen Zusammenhangs der GWB-Vorschriften zum Privatrecht hat sich eine auf den konkreten Normzweck bezogene, funktionale Auslegung durchgesetzt.[700] Obwoh die Vorschriften danach entsprechend ihrer *ratio legis* auszulegen sind, verbietet es sich trotz dieses besonders engen funktionalen und systematischen Zusammenhangs,[701] die GWB-Normen ohne weiteres wie Zivilgesetze auszulegen.[702] Eine funktionale Auslegung, die als Ergänzung der objektiv-teleologischen[703] Auslegung zu verstehen ist, erfordert in diesem Zusammenhang vielmehr das Einstellen der Norm in ein übergeordnetes Bezugssystem. Das ermöglicht in gewissem Umfang einen Rückgriff auf wirtschaftswissenschaftliche Erkenntnisse. Wenngleich eine wirtschaftliche Betrachtungsweise dabei zumindest für das Verständnis der zu bewertenden Sachverhalte unverzichtbar ist, kann eine konkret auf ihre Anwendbarkeit hin zu überprüfende GWB-Norm nämlich nicht als bloßes Instrument der herrschenden Wirtschaftskonzeption oder -politik ausgelegt werden.[704] Sie ist aber im Rahmen einer funktionalen Auslegung jedenfalls derart in den Kontext des übergeordneten Bezugssystems zu stellen, dass die anknüpfenden Rechtsfolgen zum Vollzug dieses übergeordneten Systems beitragen.[705] Jedenfalls insoweit ist der Rückgriff auf wirtschaftswissenschaftliche Erkenntnisse *„zur Erhellung des übergeordneten*

---

698 Vgl. *Möschel*, Recht der Wettbewerbsbeschränkungen, 1983, S. 79; *Immenga/Mestmäcker*, in: Immenga/Mestmäcker, GWB, 5. Aufl. 2014, Einl., Rn. 76; *Bechtold/Bosch*, GWB, 8. Aufl. 2015, Einf., Rn. 86.

699 So wurde etwa das im Regierungsentwurf zur 7. GWB-Novelle *expressis verbis* vorgesehene Gebot zur europafreundlichen Auslegung des GWB (§ 23 RegE) zwar nicht in das novellierte GWB übernommen. Dadurch ändert sich aber nichts an der Geltung dieses grundlegenden Prinzip europäischer Rechtsanwendung; vgl. *Dreher*, WuW 2005, 251.

700 *Schmidt*, Kartellverfahrensrecht, 1977, S. 5 f.; *Wohlmann*, in: FS Meier-Hayoz, 1982, 461; *Immenga/Mestmäcker*, in: Immenga/Mestmäcker, GWB, 5. Aufl. 2014, Einl., Rn. 73 ff., 92.

701 *Immenga/Mestmäcker*, in: Immenga/Mestmäcker, GWB, 5. Aufl. 2014, Einl., Rn. 73 f.

702 *Rittner/Dreher*, Europäisches und deutsches Wirtschaftsrecht, 3. Aufl. 2007, S. 364 f.; krit. *Maasch*, ZHR 150 (1986), 354; *Möschel*, Recht der Wettbewerbsbeschränkungen, 1983, S. 81.

703 *Larenz/Canaris*, Methodenlehre der Rechtswissenschaft, 3. Aufl. 1995, S. 153 ff.

704 *Rittner/Dreher*, Europäisches und deutsches Wirtschaftsrecht, 3. Aufl. 2007, S. 364 ff.

705 *Mestmäcker*, Der verwaltete Wettbewerb, 1984, S. 89, 93; *Immenga/Mestmäcker*, in: Immenga/Mestmäcker, GWB, 5. Aufl. 2014, Einl., Rn. 92.

Wettbewerbssystems" eröffnet.[706] Die funktionale Auslegung baut eine Brücke zwischen den beiden Extrempositionen einer vollständigen Autonomie des Rechts in jeglicher Unabhängigkeit der Wirtschaftswissenschaft[707] einerseits und einer spezifisch kartellrechtlichen Überlagerung rechtlicher Prinzipien durch ökonomische Lehren[708] andererseits.[709] Die funktionale Einbettung ökonomischer Erkenntnisse und Leitbilder in den Normzweck findet ihre Grenze dabei bereits in Art. 20 Abs. 3 GG.[710] Der Rechtsanwender kann sich über die unzureichende Berücksichtigung rechtspolitischer Erwägungen mithin nicht mittels einer Gesetzesauslegung hinwegsetzen, die mit der verlautbarten Einschätzungsprärogative des Gesetzgebers nicht im Einklang steht. Das gleiche gilt, wenn das zur Entscheidung berufene Gericht Zweifel an der Interessenabwägung des Gesetzgebers hegt.[711]

Mit der objektiv-teleologischen Auslegung teilt die funktionale Auslegung einen objektiv-geltungszeitlichen Ansatz, der vom subjektiven Willen des Gesetzgebers unabhängig ist.[712] Der Unterschied zwischen der gebotenen funktionalen Auslegung und der objektiv-teleologischen Auslegung besteht hingegen darin, dass sich letztere auf die „*Nahziele*" der Norm beschränkt, wohingegen die funktionale Auslegung den Schwerpunkt auf den „*Fernzwecken*" im Sinne der ökonomischen Folgen setzt.[713] Richtigerweise führt diese Erkenntnis zu dem Schluss, dass die funktionale Auslegung der kartellrechtlichen Tatbestandsmerkmale in Abhängigkeit vom Schutzobjekt des GWB und damit auch des bevorzugten Wettbewerbskonzepts steht.

---

706 *Pichler*, Das Verhältnis von Kartell- und Lauterkeitsrecht, 2009, S. 57.

707 Vgl. *Lukes*, in: FS Böhm, 1965, 199, 213 ff.; *Rittner/Dreher/Kulka*, Wettbewerbs- und Kartellrecht, 8. Aufl. 2014, S. 234 ff.

708 Vgl. *Schmidtchen*, in: Oberender, Effizienz und Wettbewerb, 2005, 173 ff.

709 Die Einbettung wirtschaftswissenschaftlicher Erkenntnisse erfährt in der Rechtsprechung des BGH gleichwohl eine gewisse Zurückhaltung, die wohl der bisweilen mangelnden Verwertbarkeit ökonomischer Theorien in der Rechtsanwendung geschuldet ist; vgl. *Christiansen*, WuW 2005, 285, 289 f.; *Immenga*, ZWeR 2006, 346, 363. In der Kartellrechtsprechung beschränkt sich der wirtschaftswissenschaftliche Einfluss auf die Erfassung der wettbewerbsrelevanten Wirtschaftsabläufe; vgl. *Börner*, in: FS Hartmann, 1976, 77, 85; *Möschel*, Recht der Wettbewerbsbeschränkungen, 1983, S. 81.

710 Vgl. auch unten Teil 2, C.II.3.

711 BGH WuW/E 795 – *Schallplatten*; *Bunte*, in: Langen/Bunte, Deutsches Kartellrecht, 12. Aufl. 2014, Einf., Rn. 70 ff.

712 *Pichler*, Das Verhältnis von Kartell- und Lauterkeitsrecht, 2009, S. 57.

713 *Merz*, Die Vorfeldthese, 1988, S. 62 f.; *Pichler*, Das Verhältnis von Kartell- und Lauterkeitsrecht, 2009, S. 57.

bb) Schutzobjekt

(1) Institutionen- und Individualschutz

Als Gesetz gegen Wettbewerbsbeschränkungen verfolgt das GWB den Schutz des Wettbewerbs vor Beschränkungen. Angesichts dieser begrifflichen Banalität verwundert es zunächst, dass sich an der Frage nach dem Schutzobjekt des GWB ein langwährender und bis dato nicht entschiedener Grundlagenstreit entfachte, der im Vorfeld der 7. GWB-Novelle aber abebbte. Die Kontroverse rankt sich um die Frage, ob das Kartellrecht einen primären Institutionenschutz oder Individualschutz bezweckt.[714] Ausgangspunkt des Streits war die vermeintliche Gegensätzlichkeit einerseits des Wettbewerbs als Institution bestehender Marktwirtschaft, den es zum Wohl der Allgemeinheit zu schützen gilt, sowie andererseits des Schutzes von Handlungsfreiheiten der einzelnen Rechtssubjekte.[715] Zum Teil wird die Debatte von der Auseinandersetzung über das Verhältnis der wirtschaftlichen Zielsetzung des Gesetzes zu seinen freiheitsschützenden und gesellschaftspolitischen Aufgaben flankiert.[716] Die sog. Schutzobjektdiskussion geht über die gesetzlich vorgesehene Anspruchsberechtigung einzelner Marktteilnehmer hinaus und thematisiert, ob diesen unmittelbar subjektive, mit Blick auf den verfassungsrechtlich verbürgten Rechtsschutzanspruch (Art. 19 Abs. 4 GG) erhebliche Rechte zukommen sollen oder der Schutz dieser Dritter nur reflexartig durch den Schutz des Wettbewerbs als Institution bedingt ist.[717]

Nach der amtlichen Begründung des GWB 1957 bezweckte das GWB den Schutz des freien Wettbewerbs in seinem Bestand gegen Beschränkungen.[718] Davon ausgehend ersieht die Rechtsprechung im Schutz des freien Wettbewerbs den „*Schutz des Wettbewerbs als Institution im Interesse der All-*

---

714 Vgl. *Schmidt*, Kartellverfahrensrecht, 1977, S. 63 ff.; *Zimmer*, in: Loewenheim/Messen/Riesenkampff, Kartellrecht, 2. Aufl. 2009, § 1, Rn. 14 ff.

715 Vgl. *Würdinger*, WuW 1953, 721, 726, 729; *Benisch*, WuW 1961, 764 ff.; *v. Gamm*, UWG, 1. Aufl. 1975, Rn. 4, nach dem das GWB den Schutz des Wettbewerbs als Institution der Marktwirtschaft bezwecke.

716 Vgl. *Immenga*, Politische Instrumentalisierung des Kartellrechts, 1976, S. 8 f.; *Möschel*, in: FS Pfeiffer, 1988, 707 ff.

717 *Schmidt*, Kartellverfahrensrecht, 1977, S. 62 ff; *Möschel*, Recht der Wettbewerbsbeschränkungen, 1983, S. 75 f.; *Emmerich*, Kartellrecht, 13. Aufl. 2014, § 4, Rn. 28 ff.

718 BT-Drucks. 1/1158, Anlage 1, S. 21.

gemeinheit",[719] während im Schrifttum Individualschutz und Institutionenschutz vielfach als nur verschiedene Aspekte desselben Schutzzwecks verstanden werden.[720] Eine trennscharfe Differenzierung zwischen institutionellem Wettbewerb auf der einen Seite und einem wettbewerbsimmanenten Verhaltenskodex auf der anderen Seite sei nur sprachlich möglich. Die Realität des Wettbewerbs verschließe sich nämlich einer Trennung des Wettbewerbs als Institution und der Regelung des Marktverhaltens.[721] Soweit das GWB seinem Grundsatz nach immer noch als „*kollektivinteressenorientiert-öffentlich-rechtlich*" begriffen werden mag, schütze es unbeachtet der Anspruchsberechtigung einer konkreten Schadensersatzpflicht gleichwohl Wettbewerber, ggf. auch Verbraucher, und diene (nur) primär der Sicherstellung von Existenz und Funktionsfähigkeit des Wettbewerbs als Institution.[722] Hierfür spricht seit der 7. GWB-Novelle zumindest auch das Ziel des GWB, eine möglichst lückenlose und effiziente Verhinderung von Wettbewerbsbeschränkungen herbeizuführen.[723] Institutionen- und Individualschutz ergänzen sich auch insoweit notwendigerweise, als sich der Schutz des GWB gegen von Marktteilnehmern verursachte Wettbewerbsbeschränkungen richtet,[724] der spiegelbildlich auch verfolgte Individualschutz folglich eine eigenständige Bedeutung erhält.[725] Hier ist wiederum darauf aufmerksam zu machen, dass die Frage nach der vermeintlichen Gegensätzlichkeit von Institutionen- und Individualschutz von jener Feststellung zu trennen ist, dass einzelne Marktteilnehmer die Verletzung zumindest auch wettbewerbsschützender Normen tatsächlich geltend machen können.[726]

---

719 BGH WuW/E BGH 1299, 1300 – *Strombezugspreis*.

720 *Koenigs*, GRUR 1958, 589; *ders*., NJW 1961, 1041; *Raiser*, in: Summum ius summa iniuria, 1963, 145, 149; *Hoppmann*, in: Schneider, Grundlagen der Wettbewerbspolitik, 1968, 9 ff., 21; *Sack*, in: Loewenheim/Messen/Riesenkampff, Kartellrecht, 2. Aufl. 2009, § 24, Rn. 27.

721 *Holtorf*, in: Gloy/Loschelder/Erdmann, Handbuch des Wettbewerbsrechts, 4. Aufl. 2010, § 16, Rn. 3.

722 *Lehmann*, GRUR 1977, 580, 586, der von einem „*makro-juristischen*" Schutz der Wettbewerbsordnung durch das GWB spricht, wohingegen dem UWG eine eher mikro-juristischer Schutzfunktion zukomme.

723 BT-Drucks. 15/3640, S. 73.

724 *Lehmann*, GRUR 1977, 580, 588,.

725 *Säcker*, Zielkonflikte und Koordinationsproblem im deutschen und europäischen Kartellrecht, 1971, S. 28 f.

726 Vgl. *Hoppmann*, in: Mestmäcker, Wettbewerb als Aufgabe, 1968, 61, 65; *Schmidt*, Kartellverfahrensrecht, 1977, S. 63 ff.; *Möschel*, Recht der Wettbewerbsbeschränkungen, 1983, S. 75 f.

Vorzugswürdig erscheint das Verständnis, das GWB schütze den Wettbewerb als Institution und nur um dieser Institution Willen auch die Wettbewerbsfreiheit einzelner Marktbeteiligter:

> „Der Schutz einzelner Rechtssubjekte erfolgt nur im Interesse der Wettbewerbsordnung und nicht im Interesse einer davon unabhängigen individuellen Interessenverfolgung."[727]

Zuzustimmen ist insoweit *Karsten Schmidt*, der gerade erst diese Betrachtung als Effektuierung des Kartellprivatrechts als Sanktionsrecht versteht.[728] Diese Sichtweise greift zurück auf die verlautbarte *ratio legis* und fügt sich mit Blick auf die nachfolgenden Ausführungen zur Bedeutung des kartellrechtlichen Unternehmensbegriffs sowie der Rolle sonstiger Marktteilnehmer zu einem stimmigen Gesamtbild, ohne sich gleichzeitig in Widerspruch zu den bestehenden Möglichkeiten kartellrechtlichen Individualschutzes zu setzen. Im Privatrecht erfüllt der Institutionenbegriff die zentrale Funktion, dem Schutz der gesellschaftlichen und sozialen Aspekte von Individuen durch Sicherung der konkreten Beziehungsformen zu dienen.[729] Diese Funktion tritt neben einen Individualschutz, der durch Verleihung subjektiver Rechte bewirkt wird. Auch insofern ist ein Gegensatz von Institutionen- und Individualschutz folglich abzulehnen:[730] Wenngleich der Institutionenbegriff nämlich juristisch unbestimmt und für die Verschleierung von Zweck-, Mittel- und Wirkungszusammenhängen anfällig ist, ist Gegenstand des wettbewerbsrechtlichen Institutionenbegriffs das Verhältnis individueller Wettbewerbsfreiheit zur rechtlichen Ordnung des Wettbewerbsprozesses, insbesondere das Verhältnis zu den Grenzen der individuellen Wettbewerbsfreiheit, d.h. den inhaltsgleichen Rechten anderer.[731] Die rechtserheblichen Maßstäbe des Institutionenbegriffs Wettbewerb lassen sich dabei allein dem Wettbewerbsprozess entnehmen. Denn dieser erwächst aus der Wahrnehmung individueller Handlungs- und Entscheidungsfreiheiten und ist nicht im Voraus anhand bestimmter Ergebnisse festlegbar oder seinem Zweck nach auf die Erlangung dieser Ergebnisse ausrichtbar.[732] Ein solches Verständnis der Institution Wettbewerb schließt beliebige gesetzgeberische oder kollektiv marktordnende Eingriffe in die-

---

727 *Busche*, Privatautonomie und Kontrahierungszwang, 1999, S. 319 f., 393.

728 *Schmidt*, AcP 206 (2006), 169, 188.

729 *Raiser*, in: Summum ius summa iniuria, 1963, 145, 148.

730 *Pichler*, Das Verhältnis von Kartell- und Lauterkeitsrecht, 2009, S. 66.

731 *Mestmäcker*, Der verwaltete Wettbewerb, 1984, S. 83.

732 *Möschel*, in: FS 500 Jahre Tübinger Juristenfakultät, 1977, 333, 337; *Mestmäcker*, Der verwaltete Wettbewerb, 1984, S. 80.

ser Hinsicht aus.[733] Da der Wettbewerbsprozess mithin die Maßstäbe des Institutionenschutzes vorgibt, ist es auch folgerichtig, festzustellen, dass die Institution des Wettbewerbs im Interesse des Einzelnen, seine individuelle Handlungs- und Entscheidungsfreiheit wahrnehmen zu können, geschützt wird.[734] Die Handlungs- und Entscheidungsfreiheit des einzelnen Marktteilnehmers wird dabei einerseits sowohl im Parallel- als auch im Austauschprozess geschützt. Andererseits findet diese Freiheit jedes Marktteilnehmers ihre Grenze in der gleichgarteten Freiheit jedes anderen Marktteilnehmers und der Dynamik, die diesem Prozess immanent ist.[735]

Diesem Verständnis folgend sind Unternehmen als Normadressaten des Kartellrechts Verantwortliche für die Freiheit des Wettbewerbs und zugleich potentielle Haftungsschuldner, denen wettbewerbsschützende Pflichten und Verbote auferlegt werden. Sie sind zugleich aber auch vor Diskriminierung, Behinderung oder Boykott ausdrücklich geschützte Rechtssubjekte (vgl. §§ 19, 20 und 21 GWB) und damit in zweifacher Hinsicht als Gewährträger des Wettbewerbs zu begreifen. Im Sinne des primär verfolgten Institutionenschutzes wirkt das Unternehmen im letztgenannten Zusammenhang, d.h. als Inhaber von Sanktionsrechten bei Wettbewerbsbeschränkungen, gewissermaßen als *„Handlanger des institutionellen Marktschutzes“*.[736] Soweit auch sonstige Marktteilnehmer, insbesondere Verbraucher, vom Schutzbereich der §§ 33, 33a GWB erfasst sind (§ 33 Abs. 3 GWB), geht dies wiederum auf die auf allen Wirtschaftsstufen zu gewährende Vertragsgerechtigkeit zurück und steht folglich im Zusammenhang mit den bereits gefassten Erkenntnissen zur wechselseitigen Abhängigkeit von Kartellrecht und Vertragsrecht.[737]

(2) Verbraucherschutz

Der Schutz des Verbrauchers wurde insbesondere im angelsächsischen Sprachraum in den Fokus der Kartellrechtsanwendung gerückt (*more eco-*

---

733 *Mestmäcker*, Der verwaltete Wettbewerb, 1984, S. 83.

734 *Möschel*, Recht der Wettbewerbsbeschränkungen, 1983, S. 46 f., 48 f.; *Mestmäcker*, Der verwaltete Wettbewerb, 1984, S. 83; *Merz*, Die Vorfeldthese, 1988, S. 206.

735 *Mestmäcker*, Der verwaltete Wettbewerb, 1984, S. 83; *Merz*, Die Vorfeldthese, 1988, S. 206.

736 *Schmidt*, AcP 206 (2006), 169, 189; *ders.*, ZWeR 2010, 15, 26 f.

737 *Schmidt*, AcP 206 (2006), 169, 189; zur Vertragsgerechtigkeit im System der Interdependenz von Kartellrecht und Privatrecht oben Teil 2, B.III.2.a).

nomic approach)[738] und auch die Europäische Kommission richtet ihr Handeln tendenziell am Konsumentenwohl aus. Der Verbraucherschutz, der zudem vom Verbraucherschutz im herkömmlichen Sinne zu unterscheiden ist, stellt aber nicht das einzige Objekt des europäischen Kartellrechts dar.[739] Das deutsche Kartellrecht verfolgt demgegenüber einen eher strukturorientierten Ansatz, der das Wohl des Verbrauchers aber ebenfalls im Blick hat:[740] Anders als im europäischen Kartellrecht, das die als Maximierung der Konsumentenwohlfahrt verstandene Effizienzsteigerung zur Maxime erhoben hat, ist Schutzgegenstand des nationalen Kartellrechts, wie aufgezeigt, der Wettbewerb als Institution. Wenngleich also Verbraucherpolitik Markt- und keine Sozialpolitik ist,[741] kann ein unmittelbarer Verbraucherschutz dabei auch nicht mit Blick auf die spezifisch kartellrechtlichen Anspruchsgrundlagen bejaht werden. Zwar ist jeder Betroffene i.S.v. § 33 Abs. 3 GWB unterlassungs-, beseitigungs- und schadensersatzanspruchsberechtigt gemäß §§ 33 Abs. 1, 33a Abs. 1 GWB. Eine Erweiterung der Aktivlegitimation auf Verbraucherschutzverbände fand indes erstmals im Zuge der 8. GWB-Novelle Eingang in das Gesetz (§ 33 Abs. 4 Nr. 2 lit. a GWB).[742] Der Eingriff nationaler Kartellbehörden stützt sich im Übrigen auf das Verbot von Verhaltensweisen und Strukturveränderungen, die der abstrakten Definition von Wettbewerbsfeindlichkeit unterliegen.[743] Den Nachweis konkret nachteiliger Marktfolgen des entsprechenden Verhaltens bedarf es anders als im Rahmen des im angelsächsischen Rechtsraum verfolgten konsumentenwohlfahrtsorientierten Ansatzes (*consumer welfare standard*) nicht.[744] Dennoch hat der Schutz des Wettbewerbs als Institution zur Folge, dass ein funktionierender Wettbewerb dem Verbraucher eine

---

738 Vgl. *BKartA*, Diskussionspapier AK Kartellrecht, 2004, S. 1; zum kanadischen Kartellrecht *Ross*, CJE 2004, 243 ff.; weiterführend *Mestmäcker/Schweitzer*, Europäisches Wettbewerbsrecht, 3. Aufl. 2014, § 3, Rn. 43 ff.; *Strohm*, in: Oberender, Effizienz und Wettbewerb, 2005, 113, 116; *Basedow*, WuW 2007, 712 ff.; *v. Weizsäcker*, WuW 2007, 1078 ff.; *Bechtold/Bosch*, GWB, 8. Aufl. 2015, Einf., Rn. 76 f.

739 Vgl. *EU-Kommission*, Leitlinien zur Bewertung horizontaler Zusammenschlüsse, 2004, S. 5; *EU-Kommission*, *EU-Kommission*, Diskussionspapier zur Anwendung des Art. 82 EG, 2005, Rn. 4, 18 ff.; *Bechtold/Bosch*, GWB, 8. Aufl. 2015, Einf., Rn. 49 ff.

740 Vgl. *BKartA*, Diskussionspapier AK Kartellrecht, 2004, S. 1 f.

741 Vgl. *Mankowski*, Beseitigungsrechte, 2003, S. 272.

742 Vgl. zuvor noch BT-Drucks. 15/3640, S. 11, 53.

743 *BKartA*, Diskussionspapier AK Kartellrecht, 2004, S. 2.

744 Vgl. *BKartA*, Diskussionspapier AK Kartellrecht, 2004, S. 2; *Weizsäcker*, WuW 2007, 1078 ff.; *Zäch*, IIC 2009, 623 ff.; zur Fusionskontrolle *Barth/Budde*, BB 2011, 1859 ff. und 1923 ff.

bessere, effizientere und preisgünstigere Versorgung ermöglicht. Letztlich ist der Verbraucherschutz zwar kein unmittelbares Schutzobjekt des GWB, der Schutz des Wettbewerbs als Institution kann aber folgerichtig auch als Grundlage und Voraussetzung des Verbraucherschutzes verstanden werden.[745]

Vor diesem Hintergrund kann zudem zutreffend eine Unterscheidung zwischen Normen des sog. konstitutiven und solchen des sog. kompensatorischen Verbraucherschutzrechtes vorgenommen werden.[746] Konstitutives Verbraucherschutzrecht schafft die Grundvoraussetzungen für selbstbestimmtes Handeln am Markt. Es gewährleistet die ungestörte Vertragsfreiheit als konstitutive Voraussetzung der Vertragsfreiheit. Dies rekurriert auf die Erkenntnisse zur wechselseitigen Abhängigkeit von Vertragsrecht und Kartellrecht.[747] Das Kartellrecht erfasst nach diesem Verständnis allein konstitutives Verbraucherschutzrecht. Das kompensatorische Verbraucherschutzrecht stellt demgegenüber Normen bereit, die einen Ausgleich in den Fällen besorgen sollen, in denen die idealerweise in einem störungsfreien Zusammenhang stehenden konstitutiven Elemente der Interdependenz von Vertrags- und Kartellrecht versagen. Dies betrifft insbesondere Konstellationen einer asymmetrischen Informationsverteilung bei Rechtsgeschäften von Verbrauchern und Unternehmern.[748]

(3) Mittelstandsschutz

Der Blick auf § 3 GWB legt den Gedanken nahe, besonderes Schutzobjekt des GWB seien auch kleine und mittlere Unternehmen. Vereinbarungen miteinander im Wettbewerb stehender Unternehmen zur Rationalisierung wirtschaftlicher Vorgänge erfüllen dann die Freistellungsvoraussetzungen i.S.v. § 2 Abs. 1 GWB, wenn durch diese der Wettbewerb auf dem Markt nicht wesentlich beeinträchtigt wird (§ 3 Abs. 1 Nr. 1 GWB) und die Vereinbarung dazu dient, die Wettbewerbsfähigkeit kleiner oder mittlerer Un-

---

745 *Drexl*, Die wirtschaftliche Selbstbestimmung des Verbrauchers, 1998, S. 23, 26. Wettbewerb sei des Verbrauchers *„bester Freund"*; vgl. auch *Gröner/Köhler*, Verbraucherschutzrecht in der Marktwirtschaft, 1987, S. 20.

746 Vgl. *Dauner-Lieb*, Verbraucherschutzrecht, 1983, S. 15 ff, 53 ff., 116 ff.; *Drexl*, Die wirtschaftliche Selbstbestimmung des Verbrauchers, 1998, S. 9, 288 f.; zustimmend *Glöckner*, Europäisches Lauterkeitsrecht, 2006, S. 152 f.

747 Oben Teil 2, B.III.3.a).

748 Beispielsweise §§ 305 ff., 312 ff., 491 ff. BGB sowie die spezifischen Rechtssätze des Produkthaftungsrechts.

ternehmen zu verbessern (§ 3 Abs. 1 Nr. 2 GWB). Mittelstandsfördernde Regelungen enthält das GWB zudem im Bereich des spezifischen Vergaberechts (vgl. § 97 Abs. 4 GWB). Dennoch ist anerkannt, dass dem GWB ein genereller Mittelstandsschutz ebenso fremd ist wie der Gedanke der Gegenmachtbildung. Gegenmachtbildung meint die Korrektur von Marktergebnissen durch bloße Zusammenfassung von Ressourcen oder sonstigen Verhaltenskoordinierungen, ohne zugleich eine echte Steigerung der Leistungs- und Wettbewerbsfähigkeit der einzelnen Marktteilnehmer herbeizuführen.[749] Diese unmittelbare Relativierung von Marktmacht spielt für § 3 GWB keine Rolle. Eine solche Prägung im Sinne eines Vorrangs bestimmter Unternehmensstrukturen kennt das GWB nicht.[750] Es ist nicht Aufgabe des Kartellrechts, wirtschaftlichen Entwicklungen entgegenzusteuern, die für bisherige Marktteilnehmer im Rahmen einer Wettbewerbsrechtsordnung, die dem freien Spiel der Marktkräfte im Rahmen der geltenden Rechtsordnung Raum gewährt, zurecht eine Bedrohung ihres Kundestamms bedeutet.[751] Maßgeblich und bei der Anwendung der Vorschrift zu berücksichtigen ist stattdessen das Prinzip der Leistungssteigerung in Gestalt eines strukturellen Nachteilsausgleichs.[752] Die Wettbewerbsfähigkeit kleiner und mittlerer Unternehmen soll insofern gefördert werden, als ihnen die gleichen unternehmerischen Möglichkeiten eröffnet werden, die anderen Unternehmen ohne weiteres aufgrund ihrer Größe offen stehen.[753] Wenngleich wettbewerbspolitisch nicht unumstritten,[754] unterfällt allein der Ausgleich von Größennachteilen kleinerer und mittlerer Unternehmen mithin dem Normzweck. Diese sollen ohne die Veränderung der Betriebsgröße, aber über die Möglichkeit der Kooperation bei der Wahr-

---

749 *Fuchs*, in: Immenga/Mestmäcker, GWB, 5. Aufl. 2014, § 3, Rn. 2 f.

750 Gleiches gilt für die Schutzrichtung des UWG; vgl. BGHZ 43, 278, 283 = GRUR 1965, 489, 491 – *Kleenex*; *Sosnitza*, in: MünchKomm UWG, Bd. 1, 2. Aufl. 2014, § 3, Rn. 65.

751 BGH GRUR 2004, 602, 604 – *20 Minuten Köln*; *Sosnitza*, in: Ohly/Sosnitza, UWG, 6. Aufl. 2014, § 3, Rn. 29.

752 *Fuchs*, in: Immenga/Mestmäcker, GWB, 5. Aufl. 2014, § 3, Rn. 2; *Bechtold/Bosch*, GWB, 8. Aufl. 2015, § 3, Rn. 1; krit. noch *Emmerich*, ZGR 1976, 167, 182.

753 *BKartA*, Tätigkeitsbericht 1974, S. IV.

754 Neben der Befürchtung erhöhter Marktzutrittsschranken werden im Schrifttum Bedenken dahingehend geäußert, ob die Bildung von Gruppen kleiner und mittlerer Unternehmen tatsächlich zu einem intensiveren Wettbewerbsverhältnis führt; vgl. *Herdzina*, Wettbewerbspolitik, 5. Aufl. 1999, S. 155; *Fuchs*, in: Immenga/Mestmäcker, GWB, 5. Aufl. 2014, § 3, Rn. 5; krit. bzgl. der systematischen Abweichung vom europäischen Kartellrecht auch *Schneider*, in: Langen/Bunte, Deutsches Kartellrecht, 12. Aufl. 2014, § 3, Rn. 4 f.

nehmung bestimmter Unternehmensfunktionen wie Forschung und Entwicklung, Produktion, Vertrieb und Werbung, Größenvorteile erzielen können, wie sie Wettbewerbern allein aufgrund ihrer Größe möglich sind.[755]

(4) 8. und 9. GWB-Novelle

Im Zuge der 7. GWB-Novelle waren keine Anhaltspunkte für eine Verschiebung des aufgezeigten Schutzzwecks ersichtlich. Wenngleich auch Hauptziel der Novelle die Angleichung des deutschen Kartellrechts an das europäische Kartellrecht war,[756] schlug sich der *more economic approach*, der seinerseits im europäischen Kartellrecht an Bedeutung gewonnen hatte, in nur geringem Maße und ohne Einfluss auf die Schutzkonzeption nieder.[757]

Im Zuge der 8. und 9. GWB-Novelle ist der *more economic approach* insbesondere im Bereich der Fusionskontrolle zum Zwecke einer weiteren Angleichung des deutschen Kartellrechts an das europäische Kartellrecht weiter integriert worden. Gemäß § 36 Abs. 1 GWB ist ein Zusammenschluss nunmehr dann zu untersagen, wenn es zu einer erheblichen Behinderung wirksamen Wettbewerbs kommt (*significant impediement of effective competition*, sog. SIEC-Test).[758] Die im nationalen und europäischen Kartellrecht zum Teil divergierenden Missbrauchsvorschriften wurden dem

755 *Salje*, Die mittelständische Kooperation zwischen Wettbewerbspolitik und Kartellrecht, 1981, S. 50; *Fuchs*, in: Immenga/Mestmäcker, GWB, 5. Aufl. 2014, § 3, Rn. 2.

756 BT-Dr. 15/3640, S. 21.

757 Vgl. *Pichler*, Das Verhältnis von Kartell- und Lauterkeitsrecht, 2009, S. 73 ff.

758 So schon im RegE 8. GWB-Novelle, 2011, S. 22, 27 ff.; vgl. auch *Barth/Budde*, BB 2011, 1859 ff. und 1923 ff.; *Höft/Esser*, NZKart 2013, 447. In diesem Zusammenhang ist festzuhalten, dass das Kartellrecht auch zukünftig nicht ausschließlich wirtschaftliche Ziele verfolgt, sondern immer auch Interessenabwägungen und Wertvorstellungen verkörpert, also stets „*prägende Gestaltungskraft*" gegenüber der Ökonomie bleiben wird; vgl. *Dreher*, WuW 2008, 23. Denoch ist festzustellen, dass das effizienzorientierte wettbewerbspolitische Leitbild das deutsche Kartellrecht weiter durchdringt und mit dem gleichsam auf unionsrechtlichen Grundlagen gewachsenen Verbraucherschutz korreliert. Die Auswirkungen eines neuen wettbewerbspolitischen Leitbildes bleiben nicht auf das novellierte Fachgesetz beschränkt, sondern werden auch den Sinngehalt zivilrechtlicher Begriffe durch die Anwendung kartellrechtlicher Vorschriften weiterhin verändern; vgl. bereits *Reinhart*, GRUR 1976, 517, 527. Auch unter diesem Gesichtspunkt wird zu verfolgen sein, wie die Rechtsprechung unbestimmte Rechtsbegriffe wie allen voran „Treu und Glauben" künftig ausfüllt.

Grunde nach beibehalten.[759] Qualifizierte Einrichtungen i.S.v. § 4 UKlaG, insbesondere Verbraucherschutzverbände, können nunmehr nach § 33 Abs. 4 Nr. 2 lit. a GWB Beseitigungs- und Unterlassungsansprüche geltend machen.

cc) Wettbewerbskonzeption

Den Erkenntnissen zum Schutzobjekt des GWB, das den Wettbewerb als Institution und um dieser Institution willen auch die Wettbewerbsfreiheit einzelner Marktbeteiligter erfasst, folgt die Frage nach dem Bedeutungsgehalt des freien Wettbewerbs. Eine umfassende Erörterung der Wettbewerbskonzeption kann im Rahmen dieser Untersuchung nicht geleistet werden, da sie den Umfang der Arbeit sprengen und dem Untersuchungszweck nicht dienen würde. Die Festlegung der zugrundeliegenden Wettbewerbskonzeption ist in dem nachfolgend dargestellten Maß nichtsdestotrotz von besonderer Relevanz für die Bedeutung des freien Wettbewerbs zur Erhaltung der Privatautonomie und demzufolge die funktionale Anwendung des § 242 BGB unterhalb spezifisch kartellrechtlicher Aufgreifschwellen.

Die Bestimmung des dem GWB zugrundeliegenden Wettbewerbsbegriffs bzw. der zugrundeliegenden Wettbewerbskonzeption orientiert sich zweckmäßigerweise an einer Gesamtbetrachtung der normativen Grundlagen und gesetzgeberischen Zielvorgaben des GWB. Wenngleich die Ökonomie bislang keine umfassende Wettbewerbslehre hervorgebracht hat, die sämtliche Aspekte des wirtschaftlichen Wettbewerbs vollumfänglich erfasst und diese modellhaft umschreiben könnte,[760] ist ein Blick auf die ursprünglich verfassten wettbewerbstheoretischen Konzeptionen dienlich. Ein verbindlicher Maßstab zur rechtlichen Bewertung kartellrechtlich relevanter Sachverhalte kann gerade unter Heranziehung einzelner wirtschaftswissenschaftlicher Theorien und Modelle erfolgen.[761] Obwohl vor diesem Hintergrund auch die Regierungsbegründung des GWB 1957 bewusst da-

---

759 So schon im RegE 8. GWB-Novelle, 2011, S. 29 ff.; vgl. i.Ü. *Podszun*, GWR 2013, 329, 331.

760 Vgl. *Leistner*, in: Gloy/Loschelder/Erdmann, Handbuch des Wettbewerbsrechts, 4. Aufl. 2010, § 4, Rn. 17, nach dessen Verständnis der Wettbewerb als dynamischer, offener Prozess ein einheitliches Wettbewerbsleitbild der Ökonomie wohl denklogisch ausschließt.

761 Vgl. zum Lauterkeitsrecht *Leistner*, in: Gloy/Loschelder/Erdmann, Handbuch des Wettbewerbsrechts, 4. Aufl. 2010, § 4, Rn. 18.

rauf hinweist, dass eine Definition des Wettbewerbs als Schutzobjekt des GWB nicht möglich sei,[762] ist bereits dort an einigen Stellen von *„vollständiger Konkurrenz“* die Rede, was auf ein freiheitsorientiertes Wettbewerbsverständnis hinweist.[763] Die Erhebung dieses freilich an das statische Gleichgewichtsmodell der vollständigen Konkurrenz[764] angelehnten Wettbewerbsbegriffs wurde aber dadurch relativiert, dass an anderen Stellen der Begründung sowie im Bericht des wirtschaftspolitischen Ausschusses der Wettbewerb als dynamischer Prozess verstanden wird.[765] Das GWB in seiner heutigen Fassung ist zudem nicht frei von ordnungspolitischen Leitbildern der ordoliberalen sog. Freiburger Schule, einer neoliberalen Gruppe, die sich um *Walter Eucken*[766] und *Franz Böhm*[767] bildete und als Kerngruppe des Ordoliberalismus gilt.[768] In aller Kürze: Die Freiburger Schule ergänzte den schon seit Anfang der dreißiger Jahre bekannten Versuch zur Findung eines Mittelwegs zwischen dem kapitalistischen *laissez faire*-Liberalismus und dem planwirtschaftlichen Kollektivismus um die Vorstellung einer Wirtschaftsordnung des Wettbewerbs.[769] Auch die freiheitsorientierte Ausrichtung der US-amerikanischen *antitrust*-Gesetzgebung ist nicht ohne Einfluss auf das GWB geblieben.[770]

Es stellt sich heraus, dass der GWB-Gesetzgeber ein freiheitsorientiertes Wettbewerbsverständnis verfolgt, das die wirtschaftlich erheblichen Handlungsfreiheiten von Rechtssubjekten garantieren soll.[771] Dies kam in der Regierungsbegründung zum GWB 1957 zum Ausdruck. Danach soll das GWB die

---

762 BT-Drucks. 1/1158, Anlage 1, S. 15; vgl. auch *Herdzina*, in: FS Benisch, 1989, 3, 10.

763 BT-Drucks. 1/1158, Anlage 1, S. 22; BT-Drucks. 2/3644, S. 7 f.

764 Vgl. *Knight*, Risk, Uncertainty and Profit, 1921, S. 51 ff.

765 BT-Drucks. 1/1158, Anlage 1, S. 22, 31; BT-Drucks. 2/3644, S. 8, 15.

766 *Eucken*, Die Grundlagen der Nationalökonomie, 8. Aufl. 1965.

767 *Böhm*, Die Ordnung der Wirtschaft als geschichtliche Aufgabe und rechtsschöpferische Leistung, 1937.

768 Vgl. *Siems*, ZRP 2002, 170 f.; *Götz*, WRP 2007, 741, 750 f.; *Meessen*, in: Loewenheim/Meessen/Riesenkampff, Kartellrecht, 2. Aufl. 2009, Einf. in das europäische und deutsche Kartellrecht, Rn. 71 ff.

769 Vgl. *Röpke*, Jenseits von Angebot und Nachfrage, 1958, S. 151. Die Wirtschaftsordnung sei *„eine unübertreffliche Lösung der beiden Kardinalprobleme des Wirtschaftssystems“*, nämlich des *„ständigen Antriebs zur Höchstleistung“* und der *„ständigen harmonischen Steuerung und Ordnung des Wirtschaftsprozesses“*.

770 Vgl. *Götz*, WRP 2007, 741 ff.

771 Vgl. *Zimmer*, in: Immenga/Mestmäcker, GWB, 5. Aufl. 2014, § 1, Rn. 113; *Bunte*, in: Langen/Bunte, Deutsches Kartellrecht, 12. Aufl. 2014, Einf., Rn. 9, 70 ff.

> „Freiheit des Wettbewerbs sicherstellen und wirtschaftliche Macht da beseitigen, wo sie die Wirksamkeit des Wettbewerbs und die ihm innewohnenden Tendenzen zur Leistungssteigerung beeinträchtigt."[772]

Die Erhaltung der Privatautonomie, deren institutionelle Voraussetzung in der vor allem nicht durch missbräuchliche Marktmachtausübung gestörten Vertragsparität zu sehen ist, wird unter den Bedingungen des freien Wettbewerbs als ordnende, die ungehinderte Entfaltung wettbewerblicher Prozesse mithin fördernde Kraft verstanden.[773] Indiziell wird hierfür zutreffend das Regel-Ausnahme-Verhältnis von Kartellverbot und seinen *per se*-Ausnahmen als Bestätigung der vorrangig verfolgten Wettbewerbsfreiheit angeführt.[774] Das grundsätzliche Kartellierungsverbot (§ 1 GWB) wird von Freistellungsregelungen (§ 2 f. GWB) nämlich nur ausnahmsweise durchbrochen. Hinzuweisen ist auf die dynamische Verweisung des § 2 Abs. 2 S. 1 GWB auf die jeweils gültigen Gruppenfreistellungsverordnungen.[775] In diesem Zusammenhang ist auch das *per se*-Verbot von Boykottaufrufen und sonstigem wettbewerbsbeschränkenden Verhalten (§ 21 GWB) anzuführen.[776]

Wenngleich sich der GWB-Gesetzgeber vereinzelt Zielkonflikten ausgesetzt sah und diese bisweilen auch zulasten der Wettbewerbsfreiheit entschied,[777] tritt die wohlfahrtsmaximierende Funktion des GWB gegenüber

---

772 BT-Drucks. 1/1158, Anlage 1, S. 21; vgl. auch *Herdzina*, in: FS Benisch, 1989, 3, 10.

773 *Hoppmann*, in: Mestmäcker, Wettbewerb als Aufgabe, 1968, 61, 98; *Möschel*, Recht der Wettbewerbsbeschränkungen, 1983, S. 74 ff.; *Zimmer*, in: Immenga/Mestmäcker, GWB, 5. Aufl. 2014, § 1, Rn. 113; *Bunte*, in: Langen/Bunte, Deutsches Kartellrecht, 12. Aufl. 2014, Einf., Rn. 9, 70 ff.

774 Die Nichtigkeitsfolge zielt auf den Schutz der wirtschaftlichen Handlungsfreiheit der nicht an der Kartellabsprache beteiligten Marktteilnehmer; vgl. *Möschel*, Recht der Wettbewerbsbeschränkungen, 1983, S. 74 f., 77; *Herdzina*, in: FS Benisch, 1989, 3, 13.

775 Es wird nicht nur auf die derzeit existierenden Gruppenfreistellungsverordnungen verwiesen, sondern nach allgemeiner Ansicht gleichfalls auf – möglicherweise unbekannten – noch in der Zukunft liegenden Gruppenfreistellungsverordnungen in ihrer jeweils aktuellen Fassung; vgl. BT-Drucks. 15/3640, S. 44; *Bechtold*, DB 2004, 235, 236; *Fuchs*, in: Immenga/Mestmäcker, GWB, 5. Aufl. 2014, § 2, Rn. 226.

776 *Herdzina*, in: FS Benisch, 1989, 3, 13.

777 Vgl. *Möschel*, Recht der Wettbewerbsbeschränkungen, 1983, S. 77.

der freiheitsgarantierenden Funktion indes in den Hintergrund.[778] In der Rechtsprechung werden die kartellrechtlichen Verbotsnormen unter Berücksichtigung der wettbewerbsfreiheitlichen Zielsetzung des GWB ausgelegt.[779] Dabei gleichen die Gerichte wettbewerbspolitische Versäumnisse des Gesetzgebers mit Hinweis auf die unklaren Zielvorgaben zwar nicht aus, betonen zuweilen aber den freiheitssichernden Charakter des GWB.[780] Der Grundsatz, der Schutz des Wettbewerbs als Institution sei identisch mit dem Schutz der auf Wettbewerbsfreiheit gegründeten Wettbewerbsordnung,[781] bewahrheitet sich auch mit Blick auf die Rechtssätze zur Missbrauchsaufsicht und zur Fusionskontrolle[782]. Die Marktbeherrschungsvermutung des § 18 Abs. 4 GWB beruhen insoweit auf der Einschätzungsprärogative des GWB-Gesetzgebers, als Beschränkungen der Wettbewerbsfreiheit erfahrungsgemäß umso wahrscheinlicher werden, je weniger ein sich ein Unternehmen des Bedingungen des freien Wettbewerbs zu stellen hat.[783]

b) Abstrakt vs. konkret wettbewerbsgefährdende Verhaltensweisen

Soweit kartellrechtsähnliche Wertungen Berücksichtigung in allgemeinzivilrechtlichen Generalklauseln wie § 242 BGB finden, ist auch fraglich, ob der Grundsatz von Treu und Glauben in Gestalt des Einwands unzulässiger

---

778 Vgl. demgegenüber zur Entwicklung des Kartellrechts in den USA *Fleischer*, Behinderungsmissbrauch durch Produktinnovation, 1997, S. 147; zu möglichen Zielkonflikten zwischen Wettbewerbsfreiheit und wohlfahrtstheoretisch begründeten ökonomischen Ergebnissen (sog. Dilemmathese) *Möschel*, Oligopolmissbrauch, 1974, S. 12 ff.; *Mestmäcker*, AcP 168 (1986), 235, 245.

779 Vgl. BGHZ 13, 33, 37 = WuW/E BGH 65, 68 – *Warenkredit*; 38, 90, 102 – *Grote-Revers*; BGH WuW/E BGH 1758, 1761 – *Schleifscheiben und Schleifkörper*; BGHZ 114, 218, 233 = WuW/E BGH 2707, 2716 – *Krankentransportunternehmen II*.

780 Vgl. *Möschel*, Recht der Wettbewerbsbeschränkungen, 1983, S. 79 f.; *Ruffner*, Neue Wettbewerbstheorie, 1990, S. 254 ff.

781 *Mestmäcker*, Der verwaltete Wettbewerb, 1984, S. 83.

782 Vgl. *Herdzina*, in: FS Benisch, 1989, 3, 13 f. Die Aufgreifschwellen des § 35 GWB beantworten Maß- und Gradfragen vorab; vgl. zu dieser Begrifflichkeit *Möschel*, in: Immenga/Mestmäcker, GWB, 5. Aufl. 2014, § 19, Rn. 19.

783 Vgl. *Herdzina*, in: FS Benisch, 1989, 3, 13 f., zu § 19 Abs. 3 GWB a.F. Einzig § 19 Abs. 2 Nr. 2 GWB weicht von diesem Konzept vorab bestimmter Maß- und Gradfragen ab, indem die Regelung insofern eine Ergebniskontrolle normiert, als das umstrittene Vergleichsmarktkonzept zur Anwendung kommt; vgl. zu § 19 Abs. 4 Nr. 2 GWB a.F. *Möschel*, in: Immenga/Mestmäcker, GWB, 5. Aufl. 2014, § 19, Rn. 151 m.w.N.

Rechtsausübung abstrakt oder konkret wettbewerbsgefährdende Verhaltensweisen erfasst und inwieweit sich eine Wertungskonvergenz der Generalklausel und der kartellrechtlichen Missbrauchsaufsicht zeigt. Zur Unterscheidung der Gefährdungstatbestände werden verschiedene Ansätze vertreten.[784] Zweckmäßig erscheint es, den Nachweis der Wahrscheinlichkeit nachteiliger Auswirkungen aufgrund der Art der in Frage stehenden Maßnahme sowie der Marktstellung des handelnden Unternehmens[785] oder die Prüfung der konkreten, wenngleich voraussichtlichen Auswirkungen auf die Marktstruktur zu verlangen.[786] Dies spräche für einen konkreten Gefährdungstatbestand.[787] Ein abstrakter Gefährdungstatbestand wäre demgegenüber anzunehmen, *„wenn der anhand der Leistungswidrigkeit zu ermittelnde Handlungsunwert ein sicheres Indiz für die Gefährdung des Wettbewerbs in seinem Bestand wäre.“*[788] Bereits an dieser Stelle ist darauf hinzuweisen, dass kartellrechtliche Tatbestände, sollen sie effektiv sein, den Eintritt negativer Folgen für den Bestand des Wettbewerbs regelmäßig nicht abwarten können.[789] Das Nachweiserfordernis einer konkreten Gefahr der Marktstrukturverschlechterung oder Marktbeeinträchtigung begründet damit ein zusätzliches Prognoserisiko sowie die Notwendigkeit einer umfassenden Analyse der Marktstrukturen, Marktbedingungen und Reaktionsmöglichkeiten der Wettbewerber im konkreten Einzelfall.[790]

aa) Konkrete Gefährdungstatbestände des GWB

Die Rechtssätze der kartellrechtlichen Missbrauchsaufsicht konstituieren konkrete Gefährdungstatbestände als Sonderregelungen für entsprechend marktmächtige Unternehmen.[791] Vorbehaltlich der Vorschriften zur Fusionskontrolle trifft das GWB keine eindeutige Entscheidung gegen das Entstehen von Marktmacht. Dabei erfordert die Eröffnung des Anwendungs-

---

784 Vgl. *Schricker*, GRUR 1980, 194, 199; *Mestmäcker*, Der verwaltete Wettbewerb, 1984, S. 72 ff.

785 *Ulmer*, GRUR 1977, 565, 576.

786 *Ulmer*, in: FG Kummer, 1980, 565, 582.

787 Vgl. *Ulmer*, in: FG Kummer, 1980, 565, 596.

788 *Mestmäcker*, Der verwaltete Wettbewerb, 1984, S. 74.

789 Vgl. *Ulmer*, GRUR 1977, 565, 576; *Möschel*, Recht der Wettbewerbsbeschränkungen, 1983, S. 328 f.

790 *Möschel*, Pressekonzentration und Wettbewerbsgesetz, 1978, S. 46.

791 Vgl. *Möschel*, Der Oligopolmissbrauch, 1974, S. 178; *Mestmäcker*, Der verwaltete Wettbewerb, 1984, S. 99 f.; *Merz*, Die Vorfeldthese, 1988, S. 236 f.

bereich der §§ 35 ff. GWB das Vorliegen eines Zusammenschlusstatbestandes. Die Entstehung einer marktbeherrschenden Stellung, die auf internes Unternehmenswachstum zurückzuführen ist, also insbesondere auf überlegene wirtschaftliche oder technische Leistungen, wird im Übrigen bewusst hingenommen. Darüber hinaus wird die wirtschaftliche Betätigungsfreiheit auch marktbeherrschender Unternehmen insoweit nicht beschränkt, als diese ihr Marktverhalten dem Grunde nach an ihren eigenen unternehmerischen Interessen ausrichten können. Obgleich marktmächtige Unternehmen mit jedem Tätigwerden auf dem Markt ihre Macht ausüben, ist ihnen wettbewerbliches Handeln ebenso wenig wie Unternehmen mit geringerer Marktmacht versagt.[792] Vor diesem Hintergrund erhellt sich, dass die Rechtssätze der Missbrauchsaufsicht nicht unternehmerisches Handeln insgesamt, sondern lediglich bestimmte, missbräuchliche Verhaltensweisen marktstarker Unternehmen erfassen.[793] Da ein eindeutiger Handlungsunwert des Marktverhaltens mächtiger Unternehmen jedoch nicht feststellbar ist und auch die Marktwirkung der konkreten Handlung nicht abgewartet werden kann, besteht das Erfordernis einer Prognose. Diese ist ihrerseits mit dem Risiko der Fehleinschätzung behaftet. Bestimmte Marktmachtschwellen erhöhen indes die Vorhersehbarkeit von Marktwirkungen – dies zwar ohne Fehleinschätzungen gänzlich ausschließen zu können, sie zeugen aber von der Erkenntnis, dass sich Unternehmen umso eher dem Wettbewerb entziehen können, je marktmächtiger sie sind.[794] Hiervon zeugt nicht zuletzt auch die im Rahmen der 8. GWB-Novelle erfolgte Anhebung der Einzelmarktbeherrschungsvermutung von mindestens einem Drittel (§ 19 Abs. 3 S. 1 GWB a.F.) auf nun 40 % (§ 18 Abs. 4 GWB), die mit neuen ökonomischen Erkenntnissen aus der Praxis des Bundeskartellamts begründet wurde.[795]

792 *Mestmäcker*, Das marktbeherrschende Unternehmen, 1959, S. 17; *ders.*, Der verwaltete Wettbewerb, 1984, S. 50; *Möschel*, Pressekonzentration und Wettbewerbsgesetz, 1978, S. 19, 94 f.

793 Vgl. *Möschel*, Der Oligopolmissbrauch, 1974, S. 178; *Mestmäcker*, Der verwaltete Wettbewerb, 1984, S. 99 f.

794 Vgl. *Möschel*, Der Oligopolmissbrauch, 1974, S. 178; *Mestmäcker*, Der verwaltete Wettbewerb, 1984, S. 74; *Merz*, Die Vorfeldthese, 1988, S. 237.

795 Vgl. RegE 8. GWB-Novelle, 2011, S. 27 f.

bb) Erfassung abstrakter und konkreter Gefährdungstatbestände von § 242 BGB

Anders verhält es sich im Rahmen der umfassenden Interessenabwägung, die dem Einwand einer unzulässigen Rechtsausübung vorausgeht. Denn es wird deutlich, dass mit Blick auf die allgemeinzivilrechtliche Generalklausel des § 242 BGB ein Argument nicht zum Tragen kommt, das in einem anderen Zusammenhang, nämlich der früheren Diskussion um die Heranziehung lauterkeitsrechtlicher Instrumente zur Erfassung von Marktstörungen im Vorfeld kartellrechtlich relevanter Marktpositionen (sog. Vorfeldthese)[796] herangezogen wurde. § 242 BGB kann in eigener Bewertung beiderlei wettbewerbsgefährdende Verhaltensweisen erfassen: abstrakte Gefährdungshandlungen, die das Urteil der Rechtsmissbräuchlichkeit unabhängig von der konkreten Marktsituation zu treffen vermögen, aber auch konkrete Gefährdungshandlungen, d.h. unternehmerisches Verhalten, das in Abhängigkeit der konkreten Marktsituation und Marktstellung des betroffenen Rechtssubjekts Wettbewerbsbeschränkungen herbeiführen kann.[797] Aufgezeigt wurde, dass die marktmachtabhängigen GWB-Tatbestände Wettbewerbsbeschränkungen durch marktstarke Unternehmen, die aufgrund ihrer Marktstellung die Aktionsspielräume anderer Marktteilnehmer einschränken können, als konkrete Gefährdungstatbestände erfassen. Der Feststellung solcher konkreter Gefährdungen geht zwingend eine konkrete Prognoseentscheidung voraus, die alle konkreten Marktumstände, insbesondere die Marktmacht des handelnden Unternehmens berücksichtigt.[798] Erleichterungen dieser Prognoseentscheidung, die dem Rechtsanwender hinsichtlich des Gefährdungspotentials marktmächtiger Unternehmen in der Marktbeherrschungsvermutung des § 18 Abs. 4 GWB gereicht werden und auf die Einschätzungsprärogative des GWB-Gesetzgebers zurückzuführen sind, sieht § 242 BGB nicht vor. Dies widerspräche Charakter und Funktion der Generalklausel. Dennoch steht die Erkenntnis der Berücksichtigungsfähigkeit konkreter Gefährdungshandlungen auch der Begründung der Unvereinbarkeit einer Handlung mit Treu und Glauben nicht im Wege. Inwieweit aber die unumgänglichen Marktabgrenzungen und Marktmachtfeststellungen auch bei hochkomplexen Sachverhalten sinnvollerweise den allgemeinen Zivilgerichten aufgebürdet

---

796 Unten Teil 2, C.III.1.c).

797 Anders im Rahmen der sog. Vorfeldthese; vgl. *Merz*, Die Vorfeldthese, 1988, S. 184.

798 *Merz*, Die Vorfeldthese, 1988, S. 289.

werden sollen, verbleibt eine vor allem rechtspolitische Frage, die ggf. eine gesetzgeberischen Nachbesserung insbesondere der §§ 87 ff. GWB begründet.[799] Zudem bleibt festzuhalten, dass bei der Bewertung konkreter Gefährdungshandlungen ein genereller Vorrang spezifisch kartellrechtlicher Vorschriften in Ermangelung einer Schutzzweckkonvergenz mit § 242 BGB abzulehnen ist, soweit insbesondere den grundrechtlichen Wertungen, denen das Gebot von Treu und Glauben Eingang in Privatrechtsverhältnisse verschafft, nicht widersprochen werden soll.[800] Die Berücksichtigungsfähigkeit konkreter Gefährdungssachverhalte findet ihre Grenze wiederum in einem allgemeinen Umgehungsverbot.[801]

Die Berücksichtigungsfähigkeit kartellrechtsähnlicher Wertungen im § 242 BGB erstreckt sich aber auch auf bloß abstrakte Gefährdungen der Wettbewerbsfreiheit. Grund hierfür ist die Vielzahl möglicher Wettbewerbsbeschränkungen, die im Rahmen der gebotenen Interessenabwägung die Treuwidrigkeit eines unternehmerischen Verhaltens begründen können, ohne dass es auf die konkrete Marktsituation und Marktstellung des handelnden Unternehmens ankäme. Spezifische Marktmachtschwellen enthält § 242 BGB ebenso wenig wie formalisierte Verbotstatbestände im Sinne von *per se*-Verboten. Die Treuwidrigkeit der betreffenden Verhaltensweise liegt im Falle eines Rechtsmissbrauchs darin, dass eine formal ordnungsmäßige Ausübung der Befugnis eines Rechtsinhaber aufgrund besonderer Umstände von der Rechtsordnung nicht akzeptiert werden kann, insbesondere mit Blick auf den Zweck der konkreten Rechtsausübung.[802] Richtet sich dieser Zweck auf eine wettbewerbsbeschränkende Wirkung, etwa in Gestalt einer fortschreitender Marktabschottung, verlässt die Rechtsausübung jedenfalls insoweit ihren von der Rechtsordnung gewährten Schutzbereich, als die Rechtsausübung bewusst zu Zwecken erfolgt, die von der ihr zugedachten Ausschlussfunktion nicht erfasst sind.[803] Dies ist insbesondere mit Blick auf die Berücksichtigungsfähigkeit subjektiver Elemente in der vorzunehmenden Interessenabwägung auch dann anzuerkennen, wenn die Marktstellung des handelnden Unternehmens keinen Anknüpfungspunkt für kartellrechtliche Sanktionen bietet.

---

799 Vgl. oben Teil 2, B.IV.6.; unten Teil 2, D.II.1.

800 Hierin unterscheidet sich die vorliegende Konkurrenzfrage von der lauterkeitsrechtlichen Sanktionierbarkeit marktmachtbedingter Wettbewerbsbeschränkungen im Vorfeld des kartellrechtlichen Missbrauchsverbots.

801 Oben Teil 2, B.IV.2.c).

802 Oben Teil 2, A.V.

803 Vgl. oben Teil 1, B.I.1.

cc) Schlussfolgerungen

Es zeigt sich, dass die GWB-Normen der Missbrauchsaufsicht konkrete Gefährdungstatbestände enthalten, die allgemeinzivilrechtliche Generalklausel des § 242 BGB hingegen auch abstrakt gefährdende Verhaltensweisen erfasst. Zur Bejahung der Unzulässigkeit einer Rechtsausübung ist jeweils im Einzelfall zu entscheiden, ob eine Handlung generell als eine treuwidrige Gefährdung der Wettbewerbsfreiheit zu bewerten ist. Unterhalb kartellrechtlicher Aufgreifschwellen kann diese Betrachtung unabhängig von den konkreten Marktumständen erfolgen. Eine Sperrwirkung der GWB-Vorschriften kann unterhalb dieser gesetzlichen Vorwertung des GWB-Gesetzgebers anhand von Marktmachtkriterien jedoch nicht begründet sein, da es hierfür angesichts der Funktionsanalyse von § 242 BGB an einer Wertungskonvergenz der beiden Regelungsmaterien fehlt. Das Gebot von Treu und Glauben als allen Rechten, Rechtslagen, Rechtsinstituten und Rechtsnormen immanente Inhaltsbegrenzung ist nicht unmittelbar auf den Schutz der Wettbewerbsfreiheit ausgerichtet. Eine Einschränkung erfährt die Möglichkeit des Rückgriffs auf Treu und Glauben aus Gesichtspunkten, die bereits im Zusammenhang mit einem allgemeinen Umgehungsverbot, dem die konkrete Rechtsanwendung nicht zuwiderlaufen darf, Erwähnung fanden.[804] Die Marktmachtschranken der Missbrauchsaufsicht verkörpern spezifische Wertentscheidungen des GWB-Gesetzgebers, unterhalb derer kein Raum mehr für eine Interessenabwägung besteht. Diese Wertungsprärogative darf auch nicht von der Rechtsprechung durch eigene Wertung unterlaufen werden.[805] Der Gesetzgeber kann die Abwägung, die den Marktmachtschranken zugrunde liegt, jederzeit abändern. Die bestehende gesetzliche Vorwertung entfaltet indes zutreffend eine Sperrwirkung gegenüber der Anwendung wertungskonvergierender Vorschriften im Vorfeld des relevanten Marktbeherrschungsgrades.[806] Die Begründung einer treuwidrigen, d.h. unzulässigen, Rechtsausübung widerspräche dieser Erkenntnis, würde die zugrundeliegende Interessenabwägung zum Zwecke des Schutzes der Wettbewerbsfreiheit funktionalisiert. Die Korrekturfunktion von Treu und Glauben ist einer abstrakten Gesetzesformulierung geschuldet, die um die Erfassung jedes Einzelfalls bemüht ist und insbesondere den Grundrechten als objektive Werteordnung umfassend Eingang in

---

804 Oben Teil 2, B.IV.2.c).

805 Vgl. *Mestmäcker*, Der verwaltete Wettbewerb, 1984, S. 96; *Lehmann*, WRP 1984, 179, 185; *ders.*, GRUR 1984, 313, 318; *Merz*, Die Vorfeldthese, 1988, S. 238.

806 Vgl. *Merz*, Die Vorfeldthese, 1988, S. 239 m.w.N.

das Privatrecht verschafft. Die Besonderheit des § 242 BGB liegt darin, dass er keine Rechtsnorm ist, unter deren Tatbestand sich ein Sachverhalt subsumieren ließe bzw. aus deren Rechtsfolgenaussage sich eindeutige Ergebnisse ableiten lassen. Anwendungsbereich und Wirkungskreis des Einwands der Rechtsmissbräuchlichkeit sind besonders weit gefasst und finden ihre Grenzen in der Unterlaufung besonderer Wertungsprärogativen des GWB-Gesetzgebers. Diesen vorweggenommenen Wertungen, hier der wettbewerbspolitisch relevanten Grenzziehung des GWB-Gesetzgebers in Gestalt der Marktmachtschranken, kann ein Vorrang im Sinne einer Sperrwirkung aber nur insoweit zugesprochen werden, als das Zurücktreten der Generalklausel nicht zulasten anderer spezifischer Vorstellungen des einfachen Gesetzgebers wirkt, insbesondere nicht den Wirkungskreis höherrangigen Rechts beschränkt. Dem korrigierenden Rückgriff auf § 242 BGB unterhalb kartellrechtlicher Aufgreifschwellen stehen die spezifischen Wertungen des GWB-Gesetzgebers nur entgegen, soweit Treu und Glauben einseitig zur Kontrolle wettbewerblichen Verhaltens herangezogen werden, gewissermaßen als *zielgerichtetes Marktstrukturinstrument* zur Verhinderung weiterer Vermachtung. § 242 BGB darf kein systemfremdes Monopolisierungsverbot begründen. Dies wäre insbesondere dann der Fall, wenn keine anderweitigen, insbesondere grundrechtlichen oder grundrechtsähnlichen Gesichtspunkte den Rückgriff auf die Generalklausel gebieten. Ein mittelbarer Bezug auf wettbewerbsschädliches unternehmerisches Handeln versperrt die Annahme einer Rechtsmissbräuchlichkeit deshalb dann nicht, wenn die Ausübung privater Rechtsmacht jenen dem Rechtsinhaber verfassungsrechtlich gewährten Schutzbereich verlässt.[807]

Dies ist im Zusammenhang mit der spiegelbildlichen Bestimmung der Treuwidrigkeit einseitiger Rechtsausübung zu sehen. Je eher sich die Ausübung privater Rechtsmacht als treuwidriger Missbrauch der betreffenden Rechtsposition erweist, desto eher ist der Rückgriff auf § 242 BGB – auch als Marktstrukturinstrument – zulässig. Die maßgebliche Grenze, jenseits derer originär marktstrukturelle und daher kartellrechtliche Erwägungen im Rahmen des Rückgriffs auf das Instrument des Rechtsmissbrauchs Berücksichtigung finden können, verläuft dort, wo es einer Korrektur einseitiger Rechtsausübung bedarf, die im wörtlichen Sinne einen *Missbrauch* der betreffenden Rechtsposition darstellt. Hierzu bedarf es in einem ersten Schritt der Bestimmung des persönlichen und sachlichen Schutzbereichs des in Rede stehenden Rechts. In einem zweiten Schritt ist die mit der Rechtsausübung verfolgte Intention des formal berechtigten Rechteinha-

---

807 Vgl. OLG Düsseldorf GRUR-RR 2010, 117, 118.

bers festzustellen. Schließlich ist zu prüfen, ob und inwieweit der dem betreffenden Recht und seinem Inhaber gewährte Schutzbereich diese Motive erfasst. Erweist es sich dabei – so wie in der *Flüssiggas*-Entscheidung des OLG Düsseldorf vom 15. Juli 2009 – dass die wahre Intention des Rechteinhabers vom Schutzbereich des betreffenden Rechts nicht abgedeckt ist, wird die Rechtsposition *missbraucht*. Auf § 242 BGB darf zur Korrektur dieses Verhaltens zurückgegriffen werden.

3. Präventive Verhaltenssteuerung im Vorfeld der GWB-Tatbestände

Die bisherigen Schutzzweckerwägungen lassen einen weitreichenden Anwendungsbereich von Treu und Glauben unterhalb kartellrechtlicher Aufgreifschwellen erkennen. In die gleiche Richtung zeigende Stimmen im Schrifttum, die sich mit der präventiven Verhaltenssteuerung im Kartellbußgeldrecht befassen, geben darüber hinaus Anlass, Stellung zur Frage nach der Reichweite einer präventiven Verhaltenssteuerung auch im Vorfeld der einschlägigen GWB-Tatbestände zu beziehen. Der Versuch einer abschließenden Auseinandersetzung mit dem Präventionsgedanken im Kartellrecht widerspräche dem Zweck dieser Untersuchung. Dennoch soll nachfolgend ein kurzer Überblick über die Bedeutung dieses Grundsatzes im Kartellrecht gegeben werden, ehe eine Konkordanz dieser Wertungen mit der Berücksichtigungsfähigkeit kartellrechtsähnlicher Wertungen in § 242 BGB festgestellt werden kann.

a) Präventive Verhaltenssteuerung im Kartellrecht

Die Debatte im Schrifttum um ein solches Präventionsanliegen, das von kompensatorischen und pönalen Zweckbestimmungen zu unterscheiden ist, nahm infolge des zuletzt entbrannten Streits um härtere Sanktionen im europäischen und deutschen Kartellrecht an Fahrt auf.[808] Anlass zur Kritik von verschiedenen Autoren aus Wissenschaft und Anwaltschaft gab die ver-

---

808 Vgl. *Schwarze/Bechtold/Bosch*, Rechtsstaatliche Defizite im Kartellrecht der Europäischen Gemeinschaft, 2008; *Schwarze*, WuW 2009, 6 ff.; *ders.*, EuR 2009, 171 ff.; *Ackermann*, ZWeR 2010, 329 ff.; *Bechtold/Bosch*, ZWeR 2011, 160 ff.; *Ackermann*, ZWeR 2012, 3 ff.

schärfte Kartellbußgeldpraxis der Kommission.[809] Im Vordergrund stehen dabei rechtsstaatliche Defizite der EU-kartellrechtlichen Bußgeldpraxis, insbesondere das Fehlen einer Bußgeldobergrenze und die Rechtsfigur der wirtschaftlichen Einheit zur Haftungszurechnung im Konzern.[810] Im Zusammenhang mit der Intensivierung der Bußgeldpraxis sah sich auch die zuletzt intensivierte private Kartellrechtsdurchsetzung zunehmender Kritik ausgesetzt.[811] Die vom GWB-Gesetzgeber umgesetzte Vorgabe des EuGH einer im Grunde jedermann zustehenden Anspruchsberechtigung im Kartellschadensersatzrecht gab Anlass zu einer – vor allem rechtspolitischen – Diskussion einer noch weitergehenden Ausweitung der Instrumente privater Kartellrechtsdurchsetzung, insbesondere in Gestalt einer kollektiven Rechtsverfolgung unter Verwendung sog. *opt out*-Mechanismen.[812]

aa) Meinungsstand

Der Bewertung einer präventiven Verhaltenskontrolle im Kartellrecht geht die Erkenntnis voraus, dass auch das spezifisch kartellrechtliche Haftungsrecht wie die allgemeindeliktsrechtlichen Regelungen zuvorderst den Ausgleich ungerechtfertigter Vermögensverschiebungen verfolgt, auch wenn auf der Hand liegt, dass nicht jeder Nachteil nach deliktsrechtlichen Zurechnungsgesichtspunkten ersatzfähig ist:[813]

---

809 Die verhängten Gesamtgeldbußen überstiegen zuletzt die Milliardenschwelle: Während die Gesamtgeldbuße im Aufzugs- und Fahrtreppenkartell noch EUR 992.312.200 (Entsch. v. 21.02.2007 – COMP/E-1/38.823) betrug, belief sie sich im Autoglaskartell auf EUR 1.282.896.000 (Entsch. v. 12.01.2008 – COMP/E 39.125) im „Gaskartell" (Entsch. v. 08.07.2009 – COMP/E 39.401) auf EUR 1.106.000.000 und Banken-Zinskartell (Entsch. v. 04.12.2013 – IP/13/1208) auf rund EUR 1,7 Mrd. Abzusehen ist, dass auch das Bundeskartellamt seine Bußgeldpraxis hieran orientiert. Hierzu befugt § 81 GWB in seiner aktuellen Fassung; vgl. zur Vereinbarkeit dieser Entwicklung mit dem deutschen Verfassungsrecht *Hassemer/Dallmeyer*, Gesetzliche Orientierung im deutschen Recht der Kartellbußen und das Grundgesetz, 2010.

810 Vgl. *Bechtold/Bosch*, ZWeR 2011, 160, 164 f., 166 ff.

811 Vgl. *Schmidt*, ZWeR 2010, 15, 30 ff.

812 Vgl. hierzu *Hess*, WuW 2010, 493; *DAI*, NZG 2011, 497 ff.; *Stadler*, VuR 2011, 79 f.; *Becker/Kammin*, EuZW 2011, 503, 508 f.

813 Vgl. *Wagner*, in: MünchKomm BGB, Bd. 5, 6. Aufl. 2013, Vor § 823, Rn. 38. Eine Unterscheidung zwischen solchen Schäden, die beim Geschädigten verbleiben sollen und solchen, für deren Ersatz der Schädiger aufkommen muss, kann der Ausgleichsgedanke nicht liefern. Der Ausgleich vollzieht sich grundsätzlich als Naturalrestitution (§ 249 Abs. 1 BGB), regelmäßig aber durch Zahlung einer

> „Im Vordergrund der Haftungsansprüche steht der Ausgleich für den materiellen Schaden und die erlittene Unbill."[814]

Wenngleich spezial- und generalpräventive Zwecke den Strafzwecken inhärent sind, ist eine Verhaltenssteuerung in diesem Sinne nicht exklusiv dem Strafrecht vorbehalten.[815] Die Generalprävention als Strafzweck sieht die Einwirkung auf die Allgemeinheit durch Abschreckung (sog. negative Generalprävention) oder Einübung von Rechtstreue im Sinne einer Stabilisierung des allgemeinen Wertbewusstseins durch eine gerechte Strafrechtspflege (sog. positive Generalprävention bzw. Integrationsprävention) vor.[816] Soweit die Strafzwecke nach diesem Verständnis präventive Elemente umfassen, kann eine Verhaltenssteuerung aber auch durch privatrechtliche Instrumente erfolgen.[817] Dabei sind Prävention und Pönalisierung nicht gleichzusetzen. Pönale Elemente sind dem deutschen Haftungssystem fremd.[818] Auch wenn zum Teil verlautbart wird, die Rechtsprechung habe *de facto* punitive Elemente in das Deliktsrecht eingeführt bzw. wiederbelebt,[819] lehnen Literatur und Rechtsprechung einen haftungsrechtlichen Strafzweck im Sinne des Begriffs *„punitive damages"* weitgehend ab.[820] Die

---

Geldsumme (§§ 249 Abs. 2 und 251 BGB). Nach diesem auch im europäischen Haftungsrecht anerkannten Grundsatz soll der Geschädigte nicht schlechter (aber auch nicht besser) gestellt werden als ohne das schädigende Verhalten; vgl. *Jansen*, JZ 2005, 160, 162.

814 *Deutsch*, Allgemeines Haftungsrecht, 2. Aufl. 1996, Rn. 17; vgl. auch *Larenz/Canaris*, Schuldrecht II/2: BT/2. Halbbd, 13. Aufl. 1994, S. 354; *Jansen*, Die Struktur des Haftungsrechts, 2003, S. 33 ff.

815 *Wagner*, AcP 206 (2006), 353, 360 ff.

816 Vgl. *Joecks*, in: MünchKomm StGB, Bd. 1, 2003, Einl., Rn. 64 ff. Auch eine spezialpräventive Wirkung kann in zwei Varianten zum Tragen kommen: Durch physischen Zwang im Sinne eines Wegsperren des Täters kann dieser an der Begehung weiterer Delikte gehindert werden (sog. negative Spezialprävention). Zugleich kann die Beeinflussung der kriminellen Neigungen des Täters durch Erziehung eine Veränderung des Täters herbeiführen (sog. positive Spezialprävention); vgl. *Joecks*, in: MünchKomm StGB, Bd. 1, 2003, Einl., Rn. 57 ff.

817 *Bodewig/Wandtke*, GRUR 2008, 220, 221; Ackermann, ZWeR 2010, 329, 332.

818 *Grüneberg*, in: Palandt, BGB, 74. Aufl. 2015, Vorb. § 249, Rn. 2.

819 Vgl. *Canaris*, in: FS Deutsch, 1999, 85, 107; *Dreier*, GRUR Int. 2004, 706, 708; *Ebert*, Pönale Elemente im deutschen Privatrecht, 2004, S. 497 ff.

820 Vgl. BGHZ 118, 312, 338 = NJW 1992, 3096; BGH NJW 2005, 215, 216; GRUR 2005, 179, 180 – *Tochter von Caroline v. Hannover*; *Wagner*, in: MünchKomm BGB, Bd. 5, 6. Aufl. 2013, Vor § 823, Rn. 42 ff.; ambivalent *Körner*, NJW 2000, 241, 244.

Depönalisierung des Zivilrechts gilt als rechtskulturelle Errungenschaft[821] und auch wenn Prävention und Bestrafung sich beispielsweise im Zusammenhang mit Persönlichkeitsrechtsverletzungen kaum voneinander trennen lassen,[822] wird deliktsrechtlichen Normen die Verfolgung pönaler Zwecke weitgehend abgesprochen.[823]

Eine neben die Ausgleichsfunktion tretende Präventivfunktion wird insbesondere § 33a GWB zugesprochen. Die Möglichkeit, einer Schadensersatzpflicht ausgesetzt zu sein, soll in Anbetracht der drohenden Kostenbelastung das Verhalten des potentiellen Schädigers ökonomisch steuern.[824] Diesem Grundsatz kommt im Kartellrecht eine noch größere Bedeutung zu als im allgemeinen Delikts- und Haftungsrecht, wo die Anerkennung und Stellung des Präventionsgedankens noch Diskussionsgegenstand im Schrifttum ist;[825] wenngleich sie bislang überwiegend als *„erwünschtes Nebenprodukt“* der Ausgleichsfunktion verstanden werden.[826] Denn ausweislich der Regierungsbegründung zur 7. GWB-Novelle tritt das in § 33a

821 Vgl. *Lange/Schiemann*, Handbuch des Schuldrechts, Schadensersatz, 3. Aufl. 2003, S. 12 f.; *Wagner*, Neue Perspektiven im Schadensersatzrecht, München 2006, A 14 m.w.N.; *ders.*, AcP 2006, 352, 452; *Franck*, BB 2009, 1935, 1936.

822 *Canaris*, in: FS Deutsch, 1999, 85, 106 f.; *Schäfer*, AcP 202 (2002), 397, 428.

823 Vgl. BGHZ 118, 312, 344; *Hager*, in: Staudinger, BGB, Recht der Schuldverhältnisse (§§ 823-825 BGB), 1999, Vorbem. zu §§ 823 ff., Rn. 11; *Wagner*, in: MünchKomm BGB, Bd. 5, 6. Aufl. 2013, Vor § 823, Rn. 44. In den Motiven des BGB wurde *„die Heranziehung moralisierender oder strafrechtlicher Gesichtspunkte“* in das private Deliktsrecht ausdrücklich abgelehnt; vgl. Motive, Bd. 2, 1888, S. 17 f.

824 *Kötz*, in: FS Steindorff, 1990, 643, 645 ff.; *Wagner*, VersR 1999, 1441, 1442 ff.; *Hager*, in: Staudinger, BGB, Recht der Schuldverhältnisse (§§ 823-825 BGB), 1999, Vorbem. zu §§ 823 ff. Rn. 10; *Löwe*, Der Gedanke der Prävention im deutschen Schadensersatzrecht, 2000; *Zimmer/Höft*, ZGR 2009, 662, 663; *Kötz/Wagner*, Deliktsrecht, 12. Aufl. 2013, D.II., Rn. 59 ff.; einschränkend *Jansen*, Die Struktur des Haftungsrechts, 2003, S. 151 f.

825 Vgl. *Schäfer/Ott*, Lehrbuch der ökonomischen Analyse des Zivilrechts, 5. Aufl. 2012, S. 150, 153; *Wagner*, in: Lorenz, Karlsruher Forum 2006, 5, 18; *ders.*, AcP 2006, 352, 451 f.; *Schaub*, GRUR 2005, 918, 919, die insbesondere auf §§ 97 Abs. 1 S. 2 UrhG, 42 Abs. 2 S. 2 DesignG sowie auf die Rechtsprechung verweist, die im Rahmen der objektiven Schadensberechnung *„immer weniger auf die Perspektive des Verletzten abstellt und die Gewinnherausgabe stärker auf die Regeln der Geschäftsführung ohne Auftrag stützt (am deutlichsten BGHZ 145, 366, 371 ff. = GRUR 2001, 329 – Gemeinkostenanteil)“*; zum Kartellrecht *Reich*, WuW 2008, 1046, 1048 ff.

826 Vgl. *Larenz*, Schuldrecht I, 12. Aufl. 1979, S. 351; *Lange/Schiemann*, Handbuch des Schuldrechts, Schadensersatz, 3. Aufl. 2003, S. 11; *Oetker*, in: MünchKomm BGB, Bd. 2, 4. Aufl. 2007, § 249, Rn. 9 m.w.N.

GWB enthaltene Element der Verhaltenssteuerung als Hauptzweck neben die Ausgleichsfunktion der Ersatzpflicht:

> „Der Schadensersatzanspruch nach § 33 Abs. 3 [jetzt § 33a Abs. 1] wird gegenüber dem geltenden Recht aufgewertet, um einen wirksamen Ausgleich für den Geschädigten sicherzustellen und zugleich den abschreckenden Effekt zu verstärken."[827]

Die Begründung führt in diesem Zusammenhang ausdrücklich an, dass sich im Zuge der Abschaffung des bis zur 7. GWB-Novelle geltenden Systems der Administrativfreistellung und seiner Ersetzung durch das System der Legalausnahme die behördliche Kontrolldichte gegenüber wettbewerbsbeschränkenden Vereinbarungen und Verhaltensweisen tendenziell vermindert hat, damit aber keine Einbuße an Wettbewerbsschutz verbunden sein soll:[828]

> „Zum Ausgleich werden neben den verwaltungsrechtlichen auch die zivilrechtlichen Sanktionen bei Kartellverstößen ausgeweitet. Damit soll ein effektives zivilrechtliches Sanktionssystem geschaffen werden, von dem eine zusätzliche spürbare Abschreckungswirkung ausgeht. Dies entspricht den Vorstellungen der [Europäischen] Kommission für eine verbesserte Effizienz des Wettbewerbsschutzes im neuen System der Legalausnahme."[829]

Kritische Stimmen äußern rechtsstaatliche[830] und dogmatische[831] Bedenken gegenüber der im Schrifttum zum Teil bereits dem Grunde nach abgelehnten kartellrechtlichen Verhaltenssteuerung.[832]

bb) Bewertung

Es ist nicht ohne weiteres davon auszugehen, dass ein möglichst hohes Maß an Abschreckung der Präventionsfunktion des Haftungsrechts erstre-

---

827 BT-Dr. 15/3640, S. 35.

828 BT-Dr. 15/3640, S. 35.

829 BT-Dr. 15/3640, S. 35.

830 Vgl. *Schwarze/Bechtold/Bosch*, Rechtsstaatliche Defizite im Kartellrecht der Europäischen Gemeinschaft, 2008, S. 7: *„Abschreckung und Generalprävention dürfen keine entscheidende Rolle bei der Festsetzung von Geldbußen spielen"*; ferner *Bechtold/Bosch*, ZWeR 2011, 160, 161 ff.

831 Vgl. *Kapp/Löwenkamp*, WuW 2010, 887, 889.

832 Vgl. *Schmidt*, ZWeR 2010, 15, 30 ff.; *Fuchs*, ZWeR 2011, 192, 204 f.

benswert ist.[833] Eine zu geringe Abschreckungswirkung trägt die offensichtliche Gefahr in sich, dass der Normadressat wegen des geringen Haftungsrisikos keine hinreichenden Anreize zu gesetzestreuem Verhalten hat, weshalb eine defizitäre Durchsetzung der materiellen Regelung zu befürchten stünde.[834] Andererseits birgt auch eine zu weit reichende Abschreckungswirkung des Haftungsrechts gewisse Risiken. Es besteht die Gefahr, dass wiederum die falschen Verhaltensanreize gesetzt werden, indem die ohnehin in die Rechte des Normadressaten eingreifende Regelung über die Intensität ihrer Durchsetzung die Handlungsfreiheit des Anspruchsverpflichteten über Gebühr einschränkt.[835] Gerade im Kartellrecht wird in diesem Zusammenhang die Abschreckungswirkung bereits *per se* durch eine gewisse systeminhärente Rechtsunsicherheit auf Seiten der Normadressaten verschärft.[836] Insbesondere seit Einführung des Systems der Legalausnahme müssen Unternehmen die Kartellrechtskonformität ihres Verhaltens eigenverantwortlich beurteilen. Es kann keine behördliche *ex ante*-Entscheidung über die Einhaltung der Freistellungskriterien (Art. 101 Abs. 3 AEUV, § 2 GWB) mehr eingeholt werden. Vor diesem Hintergrund hat sich die Abschreckungswirkung zwar am Maßstab der kartellrechtlichen Durchsetzungseffizienz zu orientieren. Sie hat aber zugleich auch angemessen, also verhältnismäßig zu sein.[837] Die Präventivfunktion des Kartellhaftungsrechts erfordert jedenfalls kein größtmögliches Maß an Abschreckung. Es schließt sich vielmehr die Folgefrage an, wann die erzielte abschreckende Wirkung eines Ersatzrechts schon bzw. noch „angemessen“ in diesem Sinne ist.

b) Rechtsbereichsübergreifender Präventionsgedanke

Präventive Verhaltenssteuerung ist jedenfalls nicht exklusiv dem Strafrecht zugewiesen[838] und verkörpert vor diesem Hintergrund auch keineswegs einen dem Kartellrecht fremden Sanktionszweck.[839] Der Präventionsge-

---

833 *Zimmer/Höft*, ZGR 2009, 662, 688 ff.
834 Vgl. *Zimmer/Höft*, ZGR 2009, 662, 688: *„underenforcement“*.
835 *Zimmer/Höft*, ZGR 2009, 662, 689.
836 *Säcker*, Die Einordnung der Verbandsklage in das System des Privatrechts, 2005, S. 2.
837 *Wagner*, Neue Perspektiven im Schadensersatzrecht, 2006, S. 20 ff.; *Kötz/Wagner*, Deliktsrecht, 12. Aufl. 2013, D.II., Rn. 56 ff.; *Zimmer/Höft*, ZGR 2009, 662, 688 f.
838 So auch *Bodewig/Wandtke*, GRUR 2008, 220, 221.
839 So insbesondere auch *Ackermann*, ZWeR 2010, 329, 332.

danke präsentiert sich mithin als rechtsbereichsübergreifendes Prinzip getreu dem Grundsatz, „*dass Vorbeugen besser ist als Heilen.*“[840] Im Haftungsrecht tritt dabei neben die Drohung mit der Schadensersatzpflicht als solcher die Aussicht auf zusätzliche Kosten der rechtlichen Auseinandersetzung, die den potentiellen Schädiger gleichsam von der schädigenden Handlung abhalten soll.[841] Von der Legitimation des Präventionsgedankens im Privatrecht zeugt auch die Auferlegung von Verkehrssicherungspflichten, die auf die Vermeidung eines Schadenseintritts abzielen und deren Verletzung eine ersatzpflichtbegründende Wirkung zukommt.[842] Weithin etabliert ist der Präventionsgedanke auch mit Blick auf Unterlassungsansprüche gemäß § 1004 Abs. 1 BGB bzw. spezifische Unterlassungsansprüche im Lauterkeits- und Immaterialgüterrecht (vgl. § 8 Abs. 1 UWG, §§ 14 Abs. 5 und 15 Abs. 4 MarkenG, § 42 Abs. 1 DesignG, § 139 Abs. 1 PatG).

c) Schlussfolgerungen

Die Verortung des Präventionsgedankens im Kartellbuß- und -haftungsrecht sowie der rechtsbereichsübergreifende Charakter präventiver Verhaltenssteuerung lassen in diesem Punkt eine Wertungskonvergenz spezifischen Kartelldeliktsrechts und allgemeinzivilrechtlicher Vorschriften, insbesondere § 242 BGB, erkennen. Offen bleiben kann die Frage, ob der einem System privater Kartellrechtsdurchsetzung inhärente Präventionsgedanke unter dem Gesichtspunkt der größtmöglichen Abschreckungswirkung die zielgerichtete Ausweitung der Berücksichtigungsfähigkeit kartellrechtsähnlicher Wertungen in allgemeinzivilrechtlichen Klauseln gebietet. Dem wäre mit Blick auf das Angemessenheitserfordernis tendenziell zu widersprechen. Die Präventionsfunktion, die der GWB-Gesetzgeber jedenfalls dem Kartellschadensersatzrecht zudachte, unterliegt gewissen Verhältnismäßigkeitserwägungen, die nicht überstrapaziert werden dürfen und auf andere Rechtsbereiche, die gleichsam eine Verhaltenssteuerung bewirken, übertragbar sein sollten. Im Sinne einer Angemessenheit des Rechtsfolgenregimes sollte ein Höchstmaß an Abschreckung nicht nur im Haftungsrecht, sondern generell nicht erstrebenswert sein, wenngleich nicht jeder weitere Regelungsbereich von vornherein die kartellrechtsspezifisch systeminhärente Rechtsunsicherheit auf Seiten der Normadressaten in sich

840 So auch *Bodewig/Wandtke*, GRUR 2008, 220, 221.
841 *Bodewig/Wandtke*, GRUR 2008, 220, 221.
842 Vgl. etwa *Wagner*, in: MünchKomm BGB, Bd. 5, 6. Aufl. 2013, § 823, Rn. 322.

trägt. Innerhalb der Grenzen der festgestellten Einschränkungen des Rückgriffs auf Treu und Glauben[843] kann auch der Präventionsgedanke die Anwendung von § 242 BGB unterhalb kartellrechtlicher Aufgreifschwellen gebieten. Von besonderer Bedeutung ist auch, dass der im Kartellhaftungsrecht veranlagte Präventionsgedanke nicht an die Marktbeherrschungsgrade der Missbrauchsaufsicht anknüpft, so dass ein Rückgriff auf die allgemeinzivilrechtliche Generalklausel insoweit auch nicht die ausgeübte Wertungsprärogative des GWB-Gesetzgebers unterläuft.

II. Kartellrechtliche und wettbewerbsökonomische Legitimation der Aufgreifschwellen in § 18 GWB

1. Historische Entwicklung

Vorläufer des heute unmittelbar geltenden Verbotes missbräuchlicher Ausnutzung einer marktbeherrschenden Stellung (§ 19 Abs. 1 GWB) ist § 22 GWB 1957, der einen Rechtssatz zur allgemeinen Missbrauchsaufsicht über marktbeherrschende Unternehmen durch die Kartellbehörden enthielt. Die Norm trat neben ein demgegenüber von Beginn an als Verbotsgesetz ausgestaltetes Diskriminierungs- und Behinderungsverbot (§ 26 Abs. 2 GWB 1957). Der materielle Anwendungsbereich der Norm war noch eng gefasst. In seiner anfänglichen Fassung erfasste er lediglich bestimmte vertragsbezogene Verhaltensweisen, insbesondere missbräuchliche Verhaltensweisen bei der Ausgestaltung von Geschäftsbedingungen bzw. beim Abschluss von Koppelungsverträgen. Unter dem zunehmenden Einfluss des europäischen Rechts wurde der Anwendungsbereich von § 22 GWB 1957 dann schrittweise erweitert.[844] Die Ausgestaltung von nunmehr § 19 GWB als seinerseits unmittelbar geltendes Verbot geht auf die 6. GWB-Novelle im Jahr 1998 zurück.[845] Fortan eröffneten Verstöße gegen das Missbrauchsverbot nicht nur kartellbehördliche Eingriffsbefugnisse und Sanktionen, sondern ebenso Möglichkeiten der privaten Kartellrechtsdurchsetzung.

---

843 Oben Teil 2, B.IV.2.c); C.I.2.b)cc).

844 Vgl. *Weyer*, in: FKomm KartellR, Lfg. 83 03/2015, § 19, Rn. 26 ff.; *Möschel*, in: Immenga/Mestmäcker, GWB, 5. Aufl. 2014, § 19, Rn. 2 ff.

845 Zugleich wurde § 19 Abs. 2 Nr. 4 GWB eingeführt. Die Regelbeispiele in § 19 Abs. 2 GWB gehen auf die 4. GWB-Novelle von 1980 zurück.

Besonderes Augenmerk verdient das wiederholte gesetzgeberische Absenken der Aufgreifschwellen. Bevor sich der Blick auf die Vorgängerregelungen der heutigen Missbrauchsaufsicht richtet, ist aber festzustellen, dass erst im Zuge der 8. GWB-Novelle die Einzelmarktbeherrschungsvermutung von mindestens einem Drittel (§ 19 Abs. 3 S. 1 GWB a.F.) auf 40 % angehoben wurde (§ 18 Abs. 4 GWB); ein Schritt, den der Gesetzgeber mit neuen ökonomischen Erkenntnissen aus der Praxis des Bundeskartellamts begründet.[846] Die ursprüngliche Fassung des § 22 GWB erfasste jedenfalls noch allein marktbeherrschende Unternehmen, d.h. solche im Sinne des heutigen § 18 Abs. 1 Nr. 1 und 2 GWB, sowie marktbeherrschende Oligopole, denen im Rahmen das Missbrauchsverbot auch nur einzelne konkrete Verhaltensweisen untersagt waren, bevor die Norm letztlich im Zuge der 1. GWB-Novelle 1965 zu einer Generalklausel erweitert wurde.[847] Die 2. GWB-Novelle erweiterte den Adressatenkreis 1973 bereits um jene Unternehmen mit einer überragenden Marktstellung gegenüber ihren Wettbewerbern. Die Neuerung entsprach dem heutigen § 18 Abs. 1 Nr. 3 GWB.[848] Eine Ergänzung des damaligen Äquivalents zu § 18 Abs. 1 Nr. 1 und 2 GWB um zwei vertikale Merkmale erfolgte im Zuge der 5. GWB-Novelle von 1989. Auch das heutige Diskriminierungsverbot sowie das Verbot unbilliger Behinderung haben eine eigenständige Bedeutung gegenüber § 19 Abs. 2 Nr. 1 GWB, nämlich unterhalb der Marktbeherrschungsschwelle.[849] § 20 Abs. 1 GWB erweitert den Adressatenkreis von § 19 Abs. 1 GWB auf marktschwache Unternehmen gegenüber von ihnen abhängigen Anbietern bzw. von Nachfragern (relative Marktmacht). Anders als im Anwendungsbereich von § 19 GWB ist ein relevanter Markt, auf dem der Normadressat eine entsprechend starke Stellung bekleidet, nicht Bezugspunkt möglicher Einflussnahmen, sondern das konkretes Verhältnis zu einem anderen Unternehmen.[850] Über diese Kenntnis täuscht auch § 20 Abs. 1 S. 1 GWB nicht hinweg, der dieses Verhältnis auf eine bestimmte Art von Waren oder gewerblichen Leistungen beschränkt, mithin das Erfordernis einer spezifischen Marktmacht nahelegt, da ein solches Verständ-

846 Vgl. RegE 8. GWB-Novelle, 2011, S. 27 f.

847 Vgl. *Emmerich*, Kartellrecht, 13. Aufl. 2014, § 27, Rn. 1 f. m.w.N.

848 Zudem wurden erstmals Marktbeherrschungsvermutungen in das Gesetz eingeführt (§ 19 Abs. 3 GWB a.F., jetzt § 18 Abs. 4 GWB).

849 Vgl. *Markert*, in: Immenga/Mestmäcker, GWB, 5. Aufl. 2014, § 20, Rn. 239.

850 Vgl. *Kouker*, Die Normadressaten des Diskriminierungsverbots (§ 26 Abs. 2 und 3 GWB), 1984, S. 86; *Kahlenberg*, in: Martinek/Semler/Habermeier/Flohr, Vertriebsrecht, 3. Aufl. 2010, § 39, Rn. 34 m.w.N.

nis im Widerspruch zum Wortlaut des § 20 Abs. 1 S. 1 GWB („soweit") stünde.[851]

2. Missbrauchsverbot

Wie eingangs festgestellt, wurde unter Bezugnahme auf die *„deutsche Klausel"* des Art. 3 Abs. 2 S. 2 VO 1/2003 auf eine Angleichung des GWB-Missbrauchsverbots an Art. 102 AEUV zuletzt auch im Rahmen der 8. und 9. GWB-Novelle bewusst verzichtet. Obwohl andere Mitgliedstaaten der EU ihre nationale Missbrauchsaufsicht dem EU-Recht freiwillig angeglichen haben, bestand hierzu auch keine unionsrechtliche Verpflichtung.[852] Den Mitgliedstaaten ist es weiterhin gestattet, in ihrem Hoheitsgebiet strengere nationale Vorschriften *„zur Unterbindung oder Ahndung einseitiger Handlungen"* von Unternehmen zu erlassen oder anzuwenden.[853] In der Regierungsbegründung heißt es hierzu:

> „Die deutschen Vorschriften über die kartellrechtliche Missbrauchsaufsicht sind gegenüber dem europäischen Recht oftmals ausdifferenzierter, ihr Anwendungsbereich ist auch weiter. Ihr Wegfall hätte somit einen erheblichen Verlust an Wettbewerbsschutz gegenüber missbräuchlichen Verhaltensweisen bedeutet. In anderen Mitgliedstaaten wird vielfach der gleiche Regelungszweck mit den Mitteln des allgemeinen Zivil- bzw. des Lauterkeitsrechts verfolgt. Die Beibehaltung der deutschen Vorschriften zur Missbrauchsaufsicht verhindert somit auch eine Ungleichbehandlung vergleichbarer Sachverhalte im europäischen Binnenmarkt."[854]

Die Frage nach der Europarechtskonformität einer Vorrangregel, nach der die strengeren §§ 19 f. GWB auch dann anwendbar sind, wenn gleichzeitig der Anwendungsbereich von Art. 101 AEUV eröffnet ist, soll in Ermangelung einer weitergehenden Relevanz für diese Untersuchung nur erwähnt sein.[855]

---

851 Vgl. *Markert*, in: Immenga/Mestmäcker, GWB, 5. Aufl. 2014, § 20, 278 f.; *Kahlenberg*, in: Martinek/Semler/Habermeier/Flohr, Vertriebsrecht, 3. Aufl. 2010, § 39, Rn. 34.

852 Vgl. *Woll*, Die Konvergenz der Kartellgesetze in Europa, 2002, S. 100 ff.

853 *Emmerich*, Kartellrecht, 13. Aufl. 2014, § 3, Rn. 66 ff. und § 27, Rn. 3.

854 BT-Drucks. 15/3640, S. 35.

855 Weiterführend *Wurmnest*, Marktmacht und Verdrängungsmissbrauch, 2010, S. 85.

Der verbotswidrige Missbrauch einer marktbeherrschenden Stellung (§ 19 GWB) konstituiert neben dem Verbot wettbewerbsbeschränkender Verträge (§ 1 GWB) und der Zusammenschlusskontrolle (§§ 35 ff. GWB) die „dritte Säule" des Gesetzes gegen Wettbewerbsbeschränkungen. Im Mittelpunkt des Tatbestandes stehen das Vorliegen einer marktbeherrschenden Stellung sowie der Missbrauch einer solchen Marktmacht.

a) Marktbeherrschende Stellung

Im Rahmen der legaldefinierten Marktbeherrschung (§ 18 Abs. 1 GWB) wird zwischen dem Fehlen von Wettbewerb (Nr. 1) oder wesentlichem Wettbewerb (Nr. 2) und einer überragenden Marktstellung (Nr. 3) differenziert. Anders als § 18 Abs. 1 GWB, der sich auf die Monopolmarktbeherrschung bezieht, beschreibt § 18 Abs. 5 GWB, unter welchen Voraussetzungen eine Oligopolmarktbeherrschung bzw. – im Anschluss an die Terminologie der Kommission – eine gemeinsame oder kollektive Marktbeherrschung anzunehmen ist.[856] Die Marktbeherrschungsdefinition gilt unterschiedslos für Nachfrage- wie Angebotsmacht.[857] Da das Gesetz in § 18 Abs. 1 GWB auf eine ganz bestimmte Art von Waren oder gewerblichen Leistungen „auf dem sachlich und räumlich relevanten Markt" abstellt, geht der Feststellung einer Marktbeherrschung die Abgrenzung des sachlich, örtlich und ggf. zeitlich relevanten Marktes voraus, auf deren Basis sodann der Beherrschungsgrad des Unternehmens anhand von Marktstruktur- (insbesondere Marktanteil, Finanzkraft und Marktzutrittsschranken) sowie Marktverhaltenstests festgestellt wird, die in § 18 Abs. 3 GWB ausdrücklich genannten sind.[858] Dem Marktanteil kommt im Rahmen der vorzunehmenden Gesamtabwägung besonders große Bedeutung zu. An dieser Stelle sieht das Gesetz das bereits vor seinem Inkrafttreten allgemein anerkannte Marktmachtkonzept vor, wonach sich wirtschaftliche Macht stets allein auf genau abgegrenzten Märkten bilden kann.[859] Anhand von

---

856 Vgl. *Emmerich*, Kartellrecht, 13. Aufl. 2014, § 27, Rn. 9; *Bergmann*, in: Loewenheim/Meessen/Riesenkampff, Kartellrecht, 2. Aufl. 2009, Art. 82 EGV, Rn. 121 f.; *Mäger*, in: Schulze/Zuleeg/Kadelbach, Europarecht, 3. Aufl. 2015, § 16, Rn. 255 ff.

857 *Götting*, in: Loewenheim/Meessen/Riesenkampff, Kartellrecht, 2. Aufl. 2009, § 19, Rn. 4.

858 *Möschel*, in: Immenga/Mestmäcker, GWB, 5. Aufl. 2014, § 19, Rn. 18.

859 Vgl. BT-Drucks. 15/3640, S. 29 f.; *Götting*, in: Loewenheim/Meessen/Riesenkampff, Kartellrecht, 2. Aufl. 2009, § 19, Rn. 10.

Marktanteilsschwellen geben § 18 Abs. 4 und 6 GWB dem Rechtsanwender sodann ein (widerlegbare; § 18 Abs. 7 GWB) Vermutungstatbestände für das Bestehen einer Monopol- bzw. Oligopolmarktbeherrschung an die Hand. Diese sollen jedoch nur dann zulasten des mutmaßlich marktbeherrschenden Unternehmens wirken, soweit infolge einer umfassenden Marktanalyse eine *non liquet*-Situation besteht. Im Verwaltungsverfahren, in dem die Kartellbehörden die formelle Beweislast zur Feststellung der materiellen Voraussetzungen der Marktbeherrschung tragen, trifft die materielle Beweislast das Unternehmen nur dann, wenn unter Ausschöpfung aller Erkenntnismittel und Würdigung sämtlicher Verfahrensergebnisse eine solche Unklarheit verbleibt. Das Unternehmen gilt dann als marktbeherrschend, wenn ihm der Gegenbeweis nicht gelingt.[860] In einem Bußgeldverfahren soll diese Vermutung als Ausdruck des Grundsatzes *in dubio pro reo* hingegen nicht eingreifen.[861] Anders als bei den Rechtssätzen der Zusammenschlusskontrolle, dem einzig verbliebenen Bereich, der methodisch noch ein auf Aufgreifschwellen geknüpftes Verbot mit Erlaubnisvorbehalt bereithält, stößt die Praktikabilität der Vermutungstatbestände für den Rechtsanwender insoweit an ihre Grenzen.

b) Missbrauch

Während § 19 Abs. 1 GWB ein allgemeines Verbot der missbräuchlichen Ausnutzung einer marktbeherrschenden Stellung durch ein oder mehrere Unternehmen aufstellt, konkretisiert § 19 Abs. 2 GWB diese Generalklausel durch eine nicht abschließende Anführung von Beispielstatbeständen. Der Missbrauchstatbestand ist dann erfüllt, wenn das Verhalten des betroffenen Unternehmens einen Fall des sog. Behinderungsmissbrauchs (Nr. 1), Ausbeutungsmissbrauchs (Nr. 2 und 3) bzw. eine Zugangsverweigerung i.S.v. Nr. 4 verwirklicht. Der Behinderungsmissbrauch liegt vor, wenn ein marktbeherrschendes Unternehmen als Anbieter oder Nachfrager einer bestimmten Art von Produkten die Wettbewerbsmöglichkeiten anderer Unternehmen in einer für den Wettbewerb auf dem Markt erheblichen Weise ohne sachlichen Grund beeinträchtigt. Marktbeherrschenden Unternehmen ist darüber hinaus die mittelbare oder unmittelbare unbillige Behinderung anderer Unternehmen verboten (§ 20 Abs. 1 GWB).

---

860 *Ittner*, Die Vermutungen des GWB, 1998, S. 53 ff.; *Wiedemann*, in: Wiedemann, Kartellrecht, 2. Aufl. 2008, § 23, Rn. 29.

861 Vgl. *Thomas*, WuW 2002, 470, 476; *Bechtold*, GWB, 6. Aufl. 2010, § 19, Rn. 54, 58.

Zur Annahme eines Behinderungsmissbrauchs genügt die *„objektive Eignung des wettbewerblichen Aktionsparameters zur Beeinträchtigung des Marktverhältnisse“*.[862] Auch der EuGH bestimmt den Missbrauchsbegriff in ständiger Rechtsprechung objektiv. Erfasst werden Verhaltensweisen marktbeherrschender Unternehmen,

> „die die Struktur eines Marktes beeinflussen können, auf dem der Wettbewerb gerade wegen der Anwesenheit des fraglichen Unternehmens bereits geschwächt ist, und die die Aufrechterhaltung des auf dem Markt noch bestehenden Wettbewerbs oder dessen Entwicklung durch den Einsatz von Mitteln behindern, die von den Mitteln eines normalen Produkt- oder Dienstleistungswettbewerbs auf der Grundlage der Leistungen der Wirtschaftsteilnehmer abweichen.“[863]

Der Feststellung einer unbilligen Behinderung (§ 20 Abs. 1 GWB) geht nach der Rechtsprechung des BGH eine Abwägung der Interessen der Beteiligten unter Berücksichtigung der Zielrichtung des GWB, also der Gewährleistung der Wettbewerbsfreiheit voraus.[864] Vor diesem Hintergrund ist nicht zu vernachlässigen, dass die Missbrauchsaufsicht ein marktbeherrschendes Unternehmen nicht daran hindern soll, seine Wettbewerbsinteressen wahrzunehmen.[865] Dies korrespondiert mit der gesetzgeberischen Entscheidung, allein das missbräuchliche Verhalten marktmächtiger Unternehmen einer Aufsicht zu unterstellen. Daher sind in diesem Abwägungsprozess auch die sachlichen Rechtfertigungsgründe des Marktbeherrschers zu berücksichtigen. Die Schutzrichtung des § 19 GWB erfasst im Übrigen alle Dritten im Einflussbereich marktbeherrschender Unternehmen. Daher unterfallen sämtliche Konkurrenten des jeweiligen Unternehmens auf dem beherrschten und auf dritten Märkten, auch die Unternehmen auf den vor- und nachgeordneten Wirtschaftsstufen und die Verbraucher ebenso dem persönlichen Schutzbereich der Norm. Soweit mithin ein Kausalzusammenhang zwischen der Beherrschung des Ausgangsmarktes und dem missbräuchlichen Verhalten auf den dritten Markt besteht, er-

862 KG WuW/E OLG 3124, 3129 – *Milchaustauschfuttermittel*.

863 EuGH, Slg. 1979, 461, Rn. 91 = WuW/E EWG/MUV 447 – *Hoffmann-La Roche*; Slg. 1991, I.3359, Rn. 69 = NJW 1992, 677 = EuZW 1992, 21 – *AKZO*; EuG, Slg. 2003, II-4653, Rn. 157 = WuW/E EU-R 765 – *Van den Bergh Foods*.

864 Vgl. BGHZ 38, 90, 102 – *Treuhandbüro*; 52, 65, 71 – *Sportartikelmesse*; 107, 273, 280 – *Staatslotterie*.

865 Vgl. *Mestmäcker*, Das marktbeherrschende Unternehmen, 1959, S. 18; *Möschel*, in: Immenga/Mestmäcker, GWB, 5. Aufl. 2014, § 19, Rn. 102 ff.

fasst § 19 GWB auch sog. Drittmarktbehinderungen.[866] Allein ein solches Normverständnis korrespondiert mit den geltenden Vorstellungen über die Funktionsbedingungen eines freien und fairen Wettbewerbs.[867]

3. Normative Überlegungen

Die spezifische Grundrechtsrelevanz der kartellrechtlichen Eingriffsverwaltung begründet die Notwendigkeit, ihre Aufgreifkriterien am Maßstab des Verfassungsrechts zu messen. Dies hat insbesondere mit Blick auf den Grundsatz vom Gesetzesvorbehalt (Art. 20 Abs. 3 GG) zu gelten, der vorgibt, in welchen Konstellationen die Verwaltung ihr Handeln auf eine parlamentsgesetzliche Grundlage stellen muss.[868] Gegenüber den Normadressaten bedarf es darüber hinaus ebenso absehbarer wie einschätzbarer Aufgreifkriterien, die dem allgemeinen rechtsstaatlichen Bestimmtheitsgebot Genüge tun. Anders als im Rahmen der Berücksichtigung kartellrechtsähnlicher Wertungen in allgemeinzivilrechtlichen Generalklauseln zieht eine Zuwiderhandlung gegen spezifisches Kartellrecht nicht allein zivilrechtliche Folgen nach sich, insbesondere in Gestalt der Nichtigkeit des betroffenen Rechtsgeschäfts sowie sekundärer Ersatzansprüche des kartellrechtlichen Haftungssystems. Sie kann auch einen Ordnungswidrigkeitstatbestand (§ 81 Abs. 2 Nr. 1 GWB) verwirklichen, also die Grundlage zum Erlass einer kartellbehördlichen Bußgeldentscheidung bereiten. Wenngleich diese Untersuchung die Problematik der verfassungsrechtlichen Anforderungen des Kartellbußgeldrechts nur streifen kann, zeigen sie doch die konzeptionellen Unterschiede zur Berücksichtigung kartellrechtsähnlicher Wertungen im Rahmen des Rechtsmissbrauchseinwandes.[869]

---

866 V.a. Fälle sog. Missbrauchstransfers werden hiervon erfasst; vgl. BGHZ 156, 379, 382 f. = GRUR 2004, 255; BGH GRUR 2004, 259 – *Strom und Telefon I und II*; *Stoll*, Drittmarktbehinderungen, 2002, S. 21 ff.; *Emmerich*, Kartellrecht, 13. Aufl. 2014, § 27, Rn. 8 m.w.N.

867 Vgl. *Emmerich*, Kartellrecht, 13. Aufl. 2014, § 27, Rn. 7.

868 Begrifflich meinen „Gesetzesvorbehalt" und „Vorbehalt des Gesetzes" insoweit das Gleiche, als exekutives Handeln jeweils auf der Grundlage eines Parlamentsgesetzes zu erfolgen hat; vgl. *Reimer*, in: Hoffmann-Riem/Schmidt-Aßmann/Voßkuhle, Grundlagen des Verwaltungsrechts, Bd. 1, 2006, § 9, Rn. 24 f.

869 Vgl. zu den verfassungsrechtlichen Anforderungen des Kartellbußgeldrechts *Schwarze/Bechtold/Bosch*, Rechtsstaatliche Defizite im Kartellrecht der Europäischen Gemeinschaft, 2008, S. 15 ff.; *Ackermann*, ZWeR 2010, 329 ff.; Bechtold/Bosch, ZWeR 2011, 160 ff.; *Ackermann*, ZWeR 2012, 3 ff.

a) Kartellbehördliche Eingriffsverwaltung

Das Betätigungsfeld der Kartellbehörden beschränkt sich auf die ihnen parlamentsgesetzlich zugewiesenen Befugnisse. Das Bundeskartellamt ist eine institutionell selbstständige Bundesoberbehörde (§ 51 Abs. 1 GWB), der ein eigener gesetzlich abgegrenzter Zuständigkeitsbereich zur Ausführung des GWB zugewiesen ist (§§ 32 ff., 54 ff. und 81 ff. GWB).[870] Institutionell nimmt das Bundeskartellamt Aufgaben der Wirtschaftsaufsicht wahr, weshalb seine Befugnisse den Maßstäben der Eingriffsverwaltung entsprechen müssen.[871] In Ausübung dieser Befugnisse ist die Behörde an die aufgezeigten allgemeinen Verfassungsgrundsätze gebunden, namentlich den Vorbehalt des Gesetzes sowie die spezifischen Grundrechtsgarantien.[872] Die gleichfalls zu wahrende Gesetzmäßigkeit der Verwaltung als allgemeines Verfassungsprinzip[873] soll in dieser Untersuchung außer Betracht bleiben.

b) Verfassungsrechtlicher Freiheitsschutz

Diese verfassungsrechtliche Relevanz des kartellbehördlichen Eingriffshandelns geht auf dieselben Erwägungen zurück, denen auch der einfache Gesetzgeber insbesondere bei Maßnahmen der Wirtschaftspolitik unterworfen ist.[874] Individualrechtlich findet der Schutz wirtschaftlichen Wettbewerbs in seiner Ausformung als kartellrechtlich bezweckter Institutionenschutz eine äquivalente Ausprägung in den verschiedenen tangierten Grundrechten. Allen voran ist in diesem Zusammenhang die Berufs- und Gewerbefreiheit (Art. 12 GG) zu nennen, die zugleich eine subjektiv-

---

870 Str. ist, ob das BKartA zusätzlich ein wettbewerbspolitisches Mandat wahrnimmt; vgl. *Müller/Giessler/Scholz*, GWB, Bd. 2, 1981, § 51, Rn. 3b; *Klaue*, in: Immenga/Mestmäcker, GWB, 5. Aufl. 2014, § 51, Rn. 2.

871 *Klaue*, in: Immenga/Mestmäcker, GWB, 5. Aufl. 2014, § 51, Rn. 1.

872 Nichts anderes gilt i.Ü. für die Kartellverfahren der Europäischen Kommission, in denen die Wahrung der europäischen Grundrechte zu den allgemeinen Grundsätzen des Unionsrechts zählen: Die GRCh vom 7. Dezember 2000 i.d.F. vom 12. Dezember 2007 ist wie EUV und AEUV europäisches Primärrecht (Art. 6 Abs. 1 EUV); vgl. EuGH Slg. 1989, 2919, Rn. 14 – *Hoechst*. Gleiches gilt für das Prinzip des Gesetzesvorbehalts bei belastenden Eingriffen der öffentlichen Verwaltung; vgl. EuGH Slg. 1989, 2919, Rn. 19 – *Hoechst*.

873 Vgl. *Dürig/Klein*, in: Maunz/Dürig, GG, Lfg. 58 04/2010, Art. 18, Rn. 105.

874 Vgl. *Di Fabio*, ZWeR 2007, 266 ff.; *Rittner/Dreher*, Europäisches und deutsches Wirtschaftsrecht, 3. Aufl. 2007, S. 52 f.

grundrechtliche und objektiv-rechtliche Wertentscheidung von besonderem Rang verkörpert.[875] Ferner sind die Eigentums- (Art. 14 Abs. 1 GG), die Vereinigungs- und die Koalitionsfreiheit (Art. 9 GG) sowie die daraus folgende Vertragsfreiheit als Ausformung der allgemeinen Handlungsfreiheit (Art. 2 Abs. 1 GG), verwaltungs- und prozessrechtliche Grundsätze neben strafprozessualen Positionen (die Unschuldsvermutung; der *nemo tenetur*-Grundsatz; der *ne bis in idem*-Grundsatz) anzuführen.[876] Über den unmittelbaren individualrechtlichen Anwendungsbereich dieser Normen hinaus zeigt sich die institutionelle Bedeutung der Wettbewerbsfreiheit in diesen subjektiven Rechten der Marktteilnehmer.[877]

c) Strafrechtsspezifische Garantien des Grundgesetzes im Kartellbußgeldrecht

aa) Gesetzesvorbehalt

Zwar findet sich der Grundsatz vom Vorbehalt des Gesetzes im Grundgesetz nicht *expressis verbis*, das BVerfG leitet ihn als denknotwendige Voraussetzung der Gesetzesbindung exekutiven Staatshandelns indes aus Art. 20 Abs. 3 GG ab.[878] Im Rahmen einer demokratisch-parlamentarischen Staatsverfassung hat die Entscheidung aller wesentlichen, insbesondere grundrechtsrelevanter, den Bürger unmittelbar treffender Fragen demnach durch Gesetz zu erfolgen.[879] Dabei steigt die inhaltliche Regelungsdichte des Gesetzes mit zunehmender Intensität des Grundrechtseingriffs. Die parlamentsgesetzliche Regelung muss inhaltlich umso detaillierter ausfallen, je

---

875 Vgl. *Scholz*, in: Maunz/Dürig, GG, Lfg. 47 06/2006, Art. 12, Rn. 4. Zwar führte das BVerfG aus, bei Art. 12 GG handele es sich *„nicht – wie etwa in Art. 151 Abs. 3 WRV – um die Proklamierung der ‚Gewerbefreiheit' als eines objektiven Prinzips der Gesellschafts- und Wirtschaftsordnung"*. Es hat aber stets anerkannt, dass Art. 12 GG auch die Gewerbefreiheit schützt; vgl. BVerfGE 7, 377, 397; 22, 380, 383; 30, 292, 312; 41, 205, 228; 50, 290, 362 f.; auch BGHZ 22, 167, 176; 70, 158, 168.

876 Vgl. *Weiß*, EuZW 2006, 263; zur Vereinbarkeit mit primärem Unionsrecht *Hertwig*, EuR 2011, 745 ff.

877 Vgl. i.E. auch *Dreher*, WuW 2008, 23, 24 f.

878 Vgl. BVerfGE 40, 237, 248 f.; *Hesse*, Grundzüge des Verfassungsrechts der BRD, 20 Aufl. 1999, Rn. 201.

879 BVerfGE 61, 260, 275; 77, 170, 230 f.; 79, 174, 195 f.; 80, 124, 132; 84, 212, 226; 95, 267, 307 f.; 108, 282, 311.

intensiver der Grundrechtseingriff ausfällt.[880] Wenngleich auch die denknotwendige Ableitung aus Art. 20 Abs. 3 GG in Teilen des Schrifttums auf Ablehnung stößt, ist der Grundsatz vom Vorbehalt des Gesetzes jedenfalls als

> „traditioneller Bestandteil des in Art. 20 Abs. 3 GG nur unvollkommen ausgedrückten Prinzips der Gesetzmäßigkeit der Verwaltung anzuerkennen".[881]

Mittelbar ergebe sich der Gesetzesvorbehalt im Übrigen aus dem in Art. 2 Abs. 1 GG und verschiedenen speziellen Grundrechten innewohnenden Schutz, der nur in gesetzlich legitimierten Einschränkungen seine Grenze findet, an die Grundrechtsfähigkeit[882] der Betroffenen aber nicht gekoppelt ist, sondern darüber hinaus wirkt.[883] Gegenüber dieser Pflicht zur Wahrung des Gesetzesvorbehalts bei Ausübung ihrer Befugnisse ist die hiervon unberührte verfassungsrechtliche Eigenständigkeit der Exekutive aber ebenfalls zu betonen.[884]

Im Unionsrecht findet der Gesetzesvorbehalt sein Pendant im Gesetzlichkeitsprinzip des Art. 7 Abs. 1 S. 1 EMRK sowie in Art. 49 Abs. 1 S. 1 GRCh.[885] Auch mit Blick auf diese Vorschriften darf ein Staat belastende Eingriffe der öffentlichen Verwaltung ebenso wie strafrechtliche Sanktionen einzig aufgrund eines Gesetzes erlassen.[886] An das Prinzip sind auch die Organe der Europäischen Union gebunden. Darüber hinaus unterliegt das (Kartell-) Ordnungswidrigkeitenrecht[887] als öffentliches Recht auch

---

880 Vgl. BVerfGE 8, 274, 325; *Ossenbühl*, in: Handbuch des Staatsrechts V, 3. Aufl. 2007, § 101, Rn. 29 f.; *Grzeszick*, in: Maunz/Dürig, GG, Lfg. 51 12/2007, Art. 20, Rn. 11.

881 *Sachs*, in: Stelkens/Bonk/Sachs, VwVfG, 8. Aufl. 2014, § 44, Rn. 46 f., den die Begründung des BVerfG insoweit nicht überzeugt, als das Gesetz auch ohne verfassungsrechtlichen Vorbehalt jedenfalls binde und allein durch seine Bindungskraft selbst den Gesetzesvorbehalt auslösen könne.

882 Für juristische Personen im verfassungsrechtlichen Sinne ist Art. 19 Abs. 3 GG zu beachten; vgl. zum untechnischen Gebrauch des Begriffs der juristischen Person *Remmert*, in: Maunz/Dürig, GG, Lfg. 55 05/2009, Art. 19, Rn. 37 ff.

883 *Sachs*, in: Stelkens/Bonk/Sachs, VwVfG, 8. Aufl. 2014, § 44, Rn. 47.

884 Vgl. BVerfGE 49, 89, 124 ff.; 68, 1, 108 ff.

885 Auch vor Rechtskrafterlangung der GRCh gehörte das Prinzip des Gesetzesvorbehalts für belastende Eingriffe der öffentlichen Verwaltung zu den allgemeingültigen Rechtsgrundsätzen; vgl. *Dieckmann*, in: Wiedemann, Kartellrecht, 2. Aufl. 2008, § 41, Rn. 6 m.w.N.

886 Der Verfahren der Europäischen Kommission ist ein Verwaltungs-, kein Gerichtsverfahren; vgl. EuGH Slg. 1970, 769, Rn. 23 – *Boehringer*.

887 Vgl. zum Strafcharakter von Geldbußen EGMR EuGRZ 1985, 1273 ff. – *Öztürk*.

dem Vorbehalt des Gesetzes, also dem Gesetzlichkeitsprinzip in seinen verschiedenen Ausprägungen, das auch das Bestimmtheitsgebot umfasst.[888]

bb) Bestimmtheitsgrundsatz

Eng verbunden mit dem Grundsatz vom Gesetzesvorbehalt ist der Bestimmtheitsgrundsatz, dem die Rechtsgrundlage, die zum Tätigwerden der Eingriffsverwaltung befähigt, ebenfalls gerecht werden muss. Während der Gesetzesvorbehalt vorgibt, welche Materie einer parlamentsgesetzlichen Rechtsgrundlage bedarf, ist der Bestimmtheitsgrundsatz dem Gesetzesvorbehalt insoweit übergeordnet, als sich sein Geltungsbereich nicht auf Ermächtigungsnormen beschränkt. Er beansprucht vielmehr für die Gesamtheit der Rechtsvorschriften Geltung.[889] Dennoch offenbaren Gesetzesvorbehalt und Bestimmtheitsgrundsatz Parallelen zu der spezifischen Grundrechtsrelevanz der betreffenden Rechtsgrundlage. Der Bestimmtheitsgrundsatz verlangt eine Vorhersehbarkeit des behördlichen Handelns für den Regelungsadressaten, also die einem Ober-/Unterordnungsverhältnis ausgesetzten Bürger, obgleich die Anforderungen an das Maß der Bestimmtheit vom Einzelfall abhängen, d.h. von der Eigenart des jeweiligen Rechtsgebietes. Bei Ermächtigungen zu begünstigenden Verwaltungsakten sind diese Anforderungen nach ständiger Rechtsprechung gleichwohl geringer als bei Ermächtigungen zu belastenden Verwaltungsakten.[890]

Gesteigerte Anforderungen nimmt das BVerfG demgegenüber bei strafrechtlich sanktionierten Verwaltungsvorschriften an.[891] Grundlage dafür bietet der grundgesetzlich inkorporierte *nulla poena sine lege*-Grundsatz (Art. 103 Abs. 2 GG). Eine Tat kann danach nur bestraft werden, soweit ihre Strafbarkeit gesetzlich bestimmt war, bevor sie begangen wurde.

> “Strafe als missbilligende hoheitliche Reaktion auf schuldhaftes kriminelles Unrecht muss in Art und Maß durch den parlamentarischen Gesetzgeber normativ bestimmt werden, die für eine Zuwiderhandlung

---

888 Vgl. *Soltész/Steinle/Bielesz*, EuZW 2003, 202, 205; *Dannecker/Biermann*, in: Immenga/Mestmäcker, EG-WettbR, 4. Aufl. 2007, Vorb. Art. 23 ff. VO 1/2003, Rn. 40.

889 BVerfGE 108, 186, 234 f. = NVwZ 2003, 1241; 111, 54, 82 = NJW 2005, 126.

890 Vgl. BVerfGE 8, 274, 325; 9, 137, 147; BVerwGE 77, 214, 219; *Stern*, Staatsrecht I, 2. Aufl. 1984, S. 807, 829 f.

891 Vgl. BVerfGE 75, 329, 342 ff.; 78, 374, 381 ff.; BVerfG NJW 1992, 107.

gegen eine Strafnorm drohende Sanktion muss für den Normadressaten vorhersehbar sein."[892]

Der Bedeutungsgehalt des Prinzips erschöpft sich nicht in dem damit zum Ausdruck kommenden Verbot gewohnheitsrechtlicher oder rückwirkender Strafbegründung, sondern umfasst ein für die gesamte Gesetzgebung geltendes Bestimmtheitsgebot.[893] Insbesondere mit Blick auf das Kartellbußgeldrecht ist hervorzuheben, dass sich der Anwendungsbereich des Bestimmtheitserfordernisses nicht auf Normen beschränkt, an deren Zuwiderhandlung strafrechtliche Sanktionen anknüpfen. Er erstreckt sich vielmehr auch auf das Ordnungswidrigkeitenrecht. Denn eine Handlung kann auch als Ordnungswidrigkeit nur geahndet werden, wenn die Möglichkeit der Ahndung gesetzlich bestimmt war, bevor die Handlung begangen wurde (§ 3 OWiG). Insbesondere im Rahmen von § 81 GWB, der Grundnorm des deutschen Kartellbußgeldrechts,[894] die in Abs. 2, Nr. 1 und Abs. 3, Nr. 1 und 2 auf die deutschen Vorschriften zur Missbrauchsaufsicht Bezug nimmt, ist es darüber hinaus gleichgültig, dass die bußgeldbedrohte Norm selbst dem Bestimmtheitsgebot nicht gerecht wird und nur die Voraussetzungen ihrer Verwirkung nennt. Das Bestimmtheitserfordernis erstreckt sich insoweit auf die Bezugsnorm.[895]

Eine gewisse Einschränkung des Bestimmtheitsgebotes ist praktischen Gesichtspunkten geschuldet. Generalklauseln, unbestimmten Rechtsbegriffen und Ermessensermächtigungen steht das Bestimmtheitsgebot dem Grunde nach nicht entgegen, soweit sichergestellt ist, dass das behördliche Handeln messbar, für den Bürger in gewissem Maße vorhersehbar und einer gerichtlichen Kontrolle nicht entzogen ist.[896] In Rechtsprechung und Schrifttum wird in diesem Zusammenhang betont, dass die Anforderungen nicht übersteigert werden dürfen Der abstrakt-generelle Charakter von Straf- (und letztlich Bußgeldvorschriften) muss notwendigerweise eine

---

892 BVerfGE 105, 135 = NJW 2002, 1779.

893 BVerfGE 14, 174, 185; 73, 206, 234.

894 Für Verweisungen auf Rechtsakte der EU (§ 81 Abs. 1 GWB) gelten i.Ü. dieselben Bestimmtheitsanforderungen wie für die Verweisung von Strafnormen auf Rechtsverordnungen; vgl. BVerfG NVwZ-RR 1992, 521, 522; *Nolte*, in: v. Mangoldt/Klein/Starck, GG, Bd. 3, 5. Aufl. 2005, Art. 103, Rn. 155.

895 BVerfG NJW 1987, 3175; *Tiedemann*, Tatbestandsfunktion im Nebenstrafrecht, 1969, S. 241 f. Anders etwa als die Verweisung einer sog. Blankettnorm auf Verwaltungsakte ist – wie im Fall der §§ 81, 19 ff. GWB – insbesondere der Verweis auf andere Regelungen eines Parlamentsgesetzes unproblematisch; vgl. *Schmidt-Aßmann*, in: Maunz/Dürig, GG, Lfg. 30 12/1992, Art. 103, Rn. 207.

896 BVerfGE 110, 33, 53 ff. = NJW 2004, 2213.

Vielzahl von Sachverhalten erfassen.[897] Der *„begrenzten sprachlichen Leistungsfähigkeit"*[898] dieser Vorschriften sind Zweifel über die Vereinbarkeit eines Verhaltens mit bestimmten Strafvorschriften geschuldet. Diese sind hinzunehmen, soweit der Gesetzgeber das Gesetz so genau formuliert, dass sich jedenfalls die Grenze des straffreien Raums zweifelsfrei aus dem Gesetzestext ergibt bzw. die Voraussetzungen der Strafbarkeit so genau umschrieben werden, dass anhand des Wortlauts Anwendungsbereich und Tragweite der Strafvorschriften erkennbar sind oder diese jedenfalls durch Auslegung ermittelt werden können.[899] Daher wird das Bestimmtheitsgebot auch gewahrt, soweit sich aufgrund einer gefestigten Rechtsprechung eine zuverlässige Grundlage für die Auslegung und Anwendung der entsprechenden Norm gewinnen lässt.[900] In der Gesetzesauslegung ist wiederum zu beachten, dass der mögliche Wortsinn der Norm die *„äußerste Grenze zulässiger richterlicher Interpretation"* und auch die Grenze einer verfassungskonformen Auslegung zulasten des Täters markiert. Gegenstand einer Auslegung kann nur der Gesetzestext sein.[901] Soweit dieses Verbot einer über den möglichen Wortsinn hinausgehenden Auslegung im konkreten Fall zu einer Strafbarkeitslücke führt, ist dies letztlich hinzunehmen.[902]

Gerade hinsichtlich der weit formulierten Normen der kartellrechtlichen Missbrauchsaufsicht offenbaren sich vor diesem Hintergrund Rechtssicherheitsbedenken. Nicht zuletzt müssen marktbeherrschende Unternehmen im Rahmen einer Selbsteinschätzung *ex ante* zumindest ansatzweise

897 Vgl. BVerfG NJW 1977, 1815; *Brockmeyer*, in: Schmidt-Bleibtreu/Klein, GG, 10. Aufl. 2004, Art. 103, Rn. 7; *Schulze-Fielitz*, in: Dreier, GG, Bd. 3, 2. Aufl. 2008, Art. 103, Rn. 35.

898 *Schmidt-Aßmann*, in: Maunz/Dürig, GG, Lfg. 30 12/1992, Art. 103, Rn. 185.

899 Vgl. BVerfGE 92, 1, 12 = NJW 1995, 1141; BVerfG NJW 2003, 1030 m.w.N. So sind etwa die gesetzlichen Strafbarkeitsvoraussetzungen sog. unechter Unterlassungsdelikte (§ 13 Abs. 1 StGB; vgl. BVerfG NJW 2003, 1030) ebenso unbeanstandet geblieben wie jene der strafbaren Beleidigung (§ 185 StGB; vgl. BVerfGE 96, 266, 290 ff. = NJW 1998, 3037). Einen ähnlich großzügigen Maßstab legt das BVerfG auch im Nebenstrafrecht an, soweit die entsprechende Strafbestimmung hinreichend deutlich erkennen lässt, welches Verhalten mit Strafe bedroht ist; vgl. BVerfGE 47, 109, 123 f.; BVerfG NJW 2006, 2684, 2685. Die Rechtsprechung des BVerfG dehnt das Bestimmtheitserfordernis i.Ü. auf die richterliche Gesetzesauslegung aus; vgl. BVerfGE 71, 108, 114 ff. = NJW 1986, 1671.

900 Vgl. BVerfGE 45, 363, 371 f. = NJW 1977, 1815.

901 BVerfG NJW 1995, 1141; BVerfGE 57, 250, 262; *Schmidt-Aßmann*, in: Maunz/Dürig, GG, Lfg. 30 12/1992, Art. 103, Rn. 225 ff.; *Kunig*, in: v. Münch/Kunig, GG, Bd. 2, 6. Aufl. 2012, Art. 103, Rn. 26.

902 BVerfGE 92, 1, 12 = NJW 1995, 1141, 1141 f.; BVerfG NJW 2006, 3050, 3051.

bestimmen können, ob die konkrete unternehmerische Verhaltensweise rechtmäßig ist. Dies kann aber nicht darüber hinwegtäuschen, dass die kartellrechtliche Missbrauchsaufsicht ob der Weite ihres zentralen Tatbestands den Normadressaten kein absolutes Maß an Rechtssicherheit bieten kann. Diese Erkenntnis liegt in der Komplexität entsprechender Missbrauchssachverhalte sowie in der Natur des Marktes begründet, der den Boden für immer neue Geschäftsmodelle der teilenehmende Wettbewerber bereitet. Das Recht hat mit diesem tatsächlichen Evolutionsprozess Schritt zu halten und zugleich den verfassungsrechtlichen Bestimmtheitsanforderungen gerecht zu werden.

cc) Auslegung kartellrechtlicher Tatbestände

Diese allgemeinen Grundsätze beanspruchen auch im Kartellrecht umfassend Geltung. Im Sinne seines auf die Regelung vielfältiger Sachverhalte ausgerichteten Schutzzwecks kommt der allgemeinen Auslegung kartellrechtlicher Vorschriften insoweit besondere Bedeutung zu, als mit Blick auf Art. 103 Abs. 2 GG eine für das Ordnungswidrigkeitenrecht spezifische Auslegungslehre schon dem Grunde nach und insbesondere im Kartellbußgeldrecht abzulehnen ist.[903] Ohne in dieser Untersuchung zugleich eine in jeder Hinsicht erschöpfende Darstellung der Thematik bieten zu können, soll hiernach die wirtschaftliche Betrachtungsweise spezifischer Kartellrechtsanwendung im Zusammenhang mit den vorab aufgezeigten verfassungsrechtlichen Anforderungen dargestellt werden. Daraus sollen Rückschlüsse für die Berücksichtigungsfähigkeit kartellrechtsähnlicher Wertungen in § 242 BGB unter dem Aspekt ihrer normativen, d.h. verfassungsrechtlichen Anforderungen gezogen werden.

(1) Recht und Ökonomie in der Kartellrechtsanwendung

Die Auslegung jener Verbotsnormen der kartellrechtlichen Missbrauchsaufsicht, auf die § 81 Abs. 2, Nr. 1 und Abs. 3 GWB Bezug nimmt, ist vor dem aufgezeigten verfassungsrechtlichen Hintergrund kritisch zu würdigen ist. Zwar ist der Blick dabei vorrangig auf Wortlaut und Grammatik

---

903 Vgl. *Rogall*, in: KarlsrKomm OWiG, 3. Aufl. 2005, § 3, Rn. 1 ff.; *Wrage-Moltkenthin/Bauer*, in: FKomm KartellR, Lfg. 85 11/2015, Vorbem. §§ 81-86 GWB, Rn. 26 f.;

der betreffenden Norm zu richten. Eine grammatische Auslegung kartellrechtlicher Normen führt aber schon aufgrund der Häufung unbestimmter Rechtsbegriffe oftmals zu keinem tragfähigen Ergebnis. Der Rechtsanwendung durch Kartellbehörden und Gerichte geht daher ganz maßgeblich die Heranziehung von Sinn und Zweck des in Frage stehenden Tatbestands voraus. Hinsichtlich der teleologischen Normauslegung ist insbesondere die – mit Blick auf straf- und ordnungswidrigkeitenrechtliche, formal-rechtsstaatliche Grundsätze nicht unbedenkliche – Möglichkeit zur wirtschaftlichen Betrachtungsweise als kartellrechtliche Auslegungsbesonderheit festzustellen.[904] So ist die Tatbestandsvoraussetzung einer „Marktbeherrschung" (§ 18 Abs. 1, 5 und 6 GWB) bzw. einer „überragenden Marktstellung" (§ 18 Abs. 1 Nr. 3 GWB) ebenso wirtschaftlich geprägt wie die vorausgehende Bestimmung des „sachlich und räumlich relevanten Marktes" (§ 18 Abs. 1 GWB). Wenngleich eine wirtschaftliche Betrachtungsweise – anders etwa als im österreichischen Kartellgesetz[905] – gesetzlich nicht verankert ist.[906] Inwieweit die Kartellrechtsmethodik eine Einbettung ökonomischer Erkenntnisse gestattet, geht über die Hinzuziehung bloßer ökonomischer Analyseinstrumente[907] hinaus. Die Frage ist Gegenstand einer fortwährenden Diskussion im Schrifttum, die im Rahmen dieser Untersuchung nur gestreift werden kann. Der *more economic approach* soll im europäischen Kartellrecht eine effiziente und ergebnisorientierte, mithin wirtschaftliche Betrachtungsweise der Kommission durch die Berücksichtigung ökonomischer Erkenntnisse und Zielstellungen sicherstellen.[908] Die nachfolgenden, lediglich überblickartigen Ausführungen zum Verhältnis von Ökonomie und Recht am Beispiel der Kartellrechtsanwen-

---

904 Vgl. *Möller*, Wirtschaftliche Betrachtungsweise im Privatrecht, 1997, S. 85 ff.; *Dannecker/Biermann*, in: Immenga/Mestmäcker, GWB, 5. Aufl. 2014, Vorb. § 81, Rn. 43 f.; *Bechtold/Bosch*, GWB, 8. Aufl. 2015, Einf., Rn. 86 ff.; krit. *Rinck/Schwark*, Wirtschaftsrecht, 6. Aufl. 1986, § 9, Rn. 225; *v. Gamm*, Kartellrecht, 2. Aufl. 1990, Einf. A, Rn. 18; zur wirtschaftlichen Betrachtungsweise ferner OLG Karlsruhe NJW 2004, 2243, 2244 f.

905 § 1 KartG: „Für die Beurteilung eines Sachverhalts nach den Abschnitten II bis IV ist in wirtschaftlicher Betrachtungsweise der wahre wirtschaftliche Gehalt und nicht die äußere Erscheinungsform des Sachverhalts maßgebend."

906 Vgl. zu den ökonomischen Grundlagen der Missbrauchsaufsicht *Wurmnest*, Marktmacht und Verdrängungsmissbrauch, 2010, S. 115 ff., 223.

907 Vgl. zur ökonomischen Analyse als anerkanntes Mittel rationalisierter (Kartell-) Rechtsanwendung *Zimmer*, WuW 2007, 1198, 1206 ff.; *Wurmnest*, Marktmacht und Verdrängungsmissbrauch, 2010, S. 12; *Schwalbe/Zimmer*, Kartellrecht und Ökonomie, 2. Aufl. 2011, S. 34 ff.

908 Mit Blick auf die 8. GWB-Novelle indes oben Teil 2, C.I.2.a)bb)(4).

dung haben daher einleitenden Charakter. Sie umreißen die erhebliche Bedeutung wirtschaftswissenschaftlicher Erkenntnisse für das Kartellrecht. Im Mittelpunkt der Debatte um die Beziehung von Ökonomie und Recht steht dabei das Dilemma um den Spagat zwischen der dem Recht eigenen Normabstraktheit und der auch ökonomisch erstrebenswerten Einzelfallgerechtigkeit. Während das Recht generelle Geltung beansprucht und somit denknotwendig weitestgehend abstrakt, also – dem Grunde nach – schlicht sein muss, versucht ein rein ökonomischer Ansatz, sämtlichen Komplexitäten einer Wettbewerbshandlung gerecht zu werden.[909] Dabei bedingen Recht und Ökonomie einander nicht. Die Überzeugungskraft des Rechts fußt auf seiner demokratischen Legitimation, allenfalls mittelbar auf der wirtschaftlichen Richtigkeit des zugrundeliegenden ökonomischen Ansatzes.[910] Der Wettbewerbsfreiheit nach dem Verständnis des GWB verbleibt stets der Charakter einer rechtlich gebundenen Freiheit.[911] Die Integration gesicherter ökonomischer Erkenntnisse in die Rechts-, insbesondere die Kartellrechtsanwendung, kann daher nur über ein rechtsförmliches Verfahren erfolgen. Zutreffend wird daher gefordert, einen allgemeingültigen Rahmen zu erarbeiten, der ökonomische und juristische Kriterien bei der Beurteilung des missbräuchlichen Einsatzes von Marktmacht zu einem stimmigen Ganzen zusammenführt, ohne dabei die institutionellen Voraussetzungen des Rechts außer Acht zu lassen.[912] Mit Blick auf die Berücksichtigungsfähigkeit ökonomischer Parameter bezieht sich die Ausgangsfrage nach einer angemessenen und gerechtfertigten Grenzziehung auf das Ergebnis eines normativen Interessenabwägungsvorgangs.[913] Der Ansatz fußt auf der Erkenntnis, dass sich praktisch sämtliches wettbewerblich erhebliches Verhalten auf die Interessen nicht nur unterschiedlicher Gruppen von Marktteilnehmern verschieden auswirken kann, sondern im Rahmen eines auf den Bestand des freien Wettbewerbs gerichteten Verständnisses der Schutzrichtung des Kartellrechts auch auf die Interessen der Allgemeinheit.

---

909 Vgl. i.E. auch *Dreher*, WuW 2008, 23.

910 Vgl. insgesamt *Zöpel*, Ökonomie und Recht, 1974; *Behrens*, Die ökonomischen Grundlagen des Rechts, 1986; *Eidenmüller*, Effizienz als Rechtsprinzip, 3. Aufl. 2005; *Schwarze*, Ökonomie und Recht im europäischen Wettbewerbsrecht, 2006; *Posner*, Economic Analysis of Law, 7. Aufl. 2007; *Baumann*, RNotZ 2007, 297 ff.

911 Vgl. *Leistner*, in: Gloy/Loschelder/Erdmann, Handbuch des Wettbewerbsrechts, 4. Aufl. 2010, § 4, Rn. 39; *Köhler*, in: Köhler/Bornkamm, UWG, 33. Aufl. 2015, Einl., Rn. 1.29 ff.

912 Vgl. *Wurmnest*, Marktmacht und Verdrängungsmissbrauch, 2010, S. 13.

913 Vgl. *Sosnitza*, in: MünchKomm UWG, Bd. 1, 2. Aufl. 2014, § 3, Rn. 66 f.

Diese Erkenntnisse stehen im unmittelbaren Zusammenhang mit der ebenso wettbewerbspolitisch geprägten Frage nach der Vorzugswürdigkeit eines allein auf die tatsächlichen Marktwirkungen abstellenden Kartellrechts im Sinne eines sog. *effects-based approach*. Dieser verzichtet im Bereich der Missbrauchsaufsicht auf das starre Aufgreifkriterium einer marktbeherrschenden Stellung.[914] Obwohl weitgehend anerkannt ist, dass die Missbrauchsaufsicht das Bestehen einer gewissen Marktmacht (vgl. §§ 18 Abs. 1, 5, 6 und 20 Abs. 1 GWB) voraussetzt,[915] sprechen sich Anhänger einer wirkungsbezogenen Auslegung des Kartellrechts für eine Zurückdrängung bis hin zu einer Aufgabe des Marktbeherrschungskriteriums aus.[916] Stattdessen soll der Nachweis einer nachteiligen Auswirkung auf den Wettbewerb genügen. Zweifel an dieser Auffassung sind insbesondere mit Blick auf die absehbaren Nachweisschwierigkeiten angebracht. Obwohl im Rahmen einer wirkungsbezogenen Analyse oftmals ähnliche marktstrukturelle Faktoren geprüft werden wie bei der Feststellung einer marktbeherrschenden Stellung, dürfte es betroffenen Unternehmen im Rahmen des tradierten Ansatzes einfacher möglich sein, die Kartellrechtskonformität des eigenen Verhaltens und damit die Eröffnung des Anwendungsbereich kartellbehördlicher Eingriffsverwaltung zu bestimmen.[917]

(2) Konfligierender Bestimmtheitsgrundsatz

Sehr weit formuliert ist § 19 Abs. 1 GWB als Grundtatbestand der kartellrechtlichen Missbrauchsaufsicht, auf den § 81 Abs. 2 Nr. 1 GWB Bezug nimmt. Dies gilt auch trotz und zugleich wegen der nicht abschließenden Konkretisierung in Betracht kommender Missbrauchshandlungen in § 19 Abs. 2 GWB. Mit Blick auf den Bestimmtheitsgrundsatz des Art. 103 Abs. 2 BGB ist daher Vorsicht geboten. Zugunsten einer Sanktionsvorhersehbarkeit für den Normadressaten ist nämlich zurecht zu fordern, dass über das Vorliegen der Ahndungsvoraussetzungen vernünftigerweise nicht mehr gestritten werden darf, wenn aufgrund einer Zuwiderhandlung ein Bußgeld

914 Weiterführend *Nothdurft*, in: Langen/Bunte, Deutsches Kartellrecht, 12. Aufl. 2014, Rn. 33, 200, 284.

915 Vgl. *Mestmäcker*, Der verwaltete Wettbewerb, 1984, S. 22 ff.; *Peeperkorn/Viertiö*, CPN 2009 Nr. 1, S. 17 ff.; *Hovenkamp*, Federal Antitrust Policy, 4. Aufl. 2011, S. 79 ff.; *Whish/Bailey*, Competition Law, 7. Aufl. 2012, S. 175 ff.

916 Vgl. *EAGCP*, CPI 2 (2006), 111, 121 ff.; *Friederiszick*, in: Schwarze, Recht und Ökonomie im Europäischen Wettbewerbsrecht, 2006, S. 29.

917 Vgl. *Wurmnest*, Marktmacht und Verdrängungsmissbrauch, 2010, S. 288 f., 290.

verhängt werden soll.[918] Die Tatbestandsmäßigkeit des Verhaltens muss vielmehr eindeutig gegeben sein.[919] Auch Stimmen im Schrifttum zufolge ist § 19 Abs. 1 GWB aufgrund seiner Unbestimmtheit in seiner „*Gesamtheit aus rechtsstaatlichen Gründen äußerst bedenklich*",[920] so dass in der Folge die Ahndung einer Zuwiderhandlung allenfalls bei solchen eindeutigen Verhaltensweisen in Betracht komme, „*die durch die Rechtspraxis hinreichend als Anwendungsfälle des Missbrauchs einer marktbeherrschenden Stellung konkretisiert wurden.*"[921] Das BVerfG fordert mit Blick auf den Bestimmtheitsgrundsatz eine enge Auslegung wirtschaftsrechtlicher Begriffe bei ihrer Verwendung im Straf- und folglich auch im Ordnungswidrigkeitenrecht.[922] Maßnahmen der Eingriffsverwaltung werden dieser Sichtweise nur dann gerecht, wenn – wie aufgezeigt – über das Vorliegen der Ahndungsvoraussetzungen vernünftigerweise nicht mehr gestritten werden darf.

d) Schlussfolgerungen

Gegenüber der teils methodisch, vor allem aber rechtspolitisch geführten Diskussion um die Ökonomisierung des Kartellrechts ist für diese Untersuchung nur ein Teilbereich der aufgeworfenen Grundsatzfragen von gesteigerter Relevanz. Die Zielsetzung, ökonomische Wertungen in die Rechtsgestaltung und Rechtsanwendung zu implementieren, steht jedenfalls unter der Prämisse, die durch die Rechtsordnung gesetzten Grenzen zu wahren. Soweit dieser Konformitätsanspruch auch insgesamt Geltung beansprucht, kommt ihm im Rahmen kartellbehördlicher Eingriffsverwaltung eine besondere Bedeutung zu. Die aufgezeigten Grundsätze des Gesetzesvorbehalts und Bestimmtheitsgebotes, die den verfassungsrechtlichen Rahmen des Straf- und Ordnungswidrigkeitenrechts bilden, drohen durch eine

918 Vgl. *Lenckner*, JuS 1968, 304, 308 ff.; *Dannecker/Biermann*, in: Immenga/Mestmäcker, GWB, 5. Aufl. 2014, Vorb. § 81, Rn. 57 und § 81, Rn. 86; *Tiedemann*, Wirtschaftsstrafrecht AT, 3. Aufl. 2010, § 6, Rn. 289a.

919 BGHSt 4, 24, 32 = NJW 1953, 473; *Tiedemann*, NJW 1980, 1557, 1559; *Achenbach*, in: FKomm KartellR, Lfg. 61 10/2006, Vorbem. § 81 GWB, Rn. 42.

920 *Rittner/Dreher/Kulka, Wettbewerbs- und Kartellrecht, 8. Aufl. 2014*, S. 173, 299 f.; anders aber *Raum*, in: Langen/Bunte, Deutsches Kartellrecht, 12. Aufl. 2014, § 81 GWB, Rn. 97 m.w.N.

921 Dabei soll – bei Wahrung der Wortlautgrenze – gleichwohl auf die Konkretisierung des europäischen Missbrauchsverbots durch die Kommission und den EuGH zurückgegriffen werden können; vgl. *Dannecker/Biermann*, in: Immenga/Mestmäcker, GWB, 5. Aufl. 2014, Vorb. § 81, Rn. 47 ff. und § 81, Rn. 86.

922 Vgl. BVerfGE 48, 48, 60 f. = NJW 1978, 1424.

wirtschaftliche Betrachtungsweise tendenziell unterlaufen zu werden.[923] Die wirtschaftliche, ergebnisorientierte Betrachtung neigt zur Verstärkung der rechtlichen Bedeutsamkeit von Entscheidungen, die durch eine normative Herangehensweise nicht oder nur schwer zu fassen sind.

Innerhalb der aufgezeigten Grenzen können ökonomische Wertungen auch im Rahmen der privaten Kartellrechtsdurchsetzung Berücksichtigung finden. Denn auch kartellrechtliche Schadensersatzansprüche knüpfen gleichermaßen an die spezifische Kartellrechtswidrigkeit des Marktverhaltens an wie entsprechende Maßnahmen der Eingriffsverwaltung. Und auch die Grenzen der Privatrechtsordnung haben sich im Sinne der aufgezeigten Normenhierarchie am Maßstab der geltenden Verfassungsordnung zu orientieren. Dennoch unterscheiden sich die verfassungsrechtlichen Anforderungen mit Blick auf das Bestimmtheitsgebot des Art. 103 Abs. 2 GG, das die Voraussetzungen der Verfassungsmäßigkeit kartellbehördlicher Rechtsgrundlagen und damit der unmittelbar grundrechtsrelevanten Eingriffsverwaltung vorgibt. Um die Grenzen sowohl des Gesetzesvorbehaltes als auch des Bestimmtheitsgebotes zu wahren, darf eine wirtschaftliche Betrachtungsweise daher den Wortsinn des bußgeldbewehrten Verbotstatbestandes nicht überschreiten.[924] Obwohl also das Ordnungsprinzip der Wettbewerbsfreiheit auch im Rahmen normativer und auch konkreter Interessenabwägungsvorgänge als Leitbild dienen kann, wettbewerbsökonomische Erkenntnisse auch als "*bereichs- und gruppenspezifische Analyse- und Folgenabschätzungsinstrumentarien*"[925] heranzuziehen sind, haben die rechtsstaatlichen Grenzen der Eingriffsverwaltung Bestand. Methodisch gilt im Übrigen dasselbe in Bezug auf eine teleologische Reduktion des bußgeldbewehrten Tatbestandes. Erscheint eine derartige Einschränkung mit Blick auf den Gesetzeszweck zwar als geboten, ist sie im Tatbestand aber nicht angelegt, sondern durch den Rechtsanwender vorzunehmen, verstößt die zu Lasten des Täters gehende Anwendung des Kartellbußgeld-

---

923 Vgl. *Dannecker/Biermann*, in: Immenga/Mestmäcker, GWB, 5. Aufl. 2014, Vorb. § 81, Rn. 44 f; *Leistner*, in: Gloy/Loschelder/Erdmann, Handbuch des Wettbewerbsrechts, 4. Aufl. 2010, § 4, Rn. 39, nach dem *„die Wettbewerbsfreiheit als Prinzip stets nur eine rechtlich gebundene Freiheit sein kann."*.

924 Vgl. *Faller*, DB 1972, 1757, 1759; *Dannecker/Biermann*, in: Immenga/Mestmäcker, GWB, 5. Aufl. 2014, Vorb. § 81, Rn. 45.

925 *Leistner*, in: Gloy/Loschelder/Erdmann, Handbuch des Wettbewerbsrechts, 4. Aufl. 2010, § 4, Rn. 41; vgl. zur Implementierung ökonomischer Forschungsansätze in die Lauterkeits- und Vertragsrechtsanwendung und der methodischen Rahmenbedingungen weiterführend *Leistner*, Richtiger Vertrag und lauterer Wettbewerb, 2007, S. 71 ff.

rechtes gegen Art. 103 Abs. 2 GG.[926] Vor diesem Hintergrund ist zunächst festzuhalten, dass die aufgezeigten verfassungsrechtlichen Prinzipien den Rechtsgrundlagen der kartellbehördlichen Eingriffsverwaltung erhebliche Grenzen setzen. Dem Gesetzesvorbehalt, und gleichermaßen den Bestimmtheitsanforderungen der konkreten Befugnisnorm zur straf- und ordnungswidrigkeitenrechtlichen Sanktionierung kartellrechtswidrigen Marktverhaltens, ist es geschuldet, dass bei der Implementierung wirtschaftlicher Wertungen insoweit Vorsicht geboten ist, als über den vertretbaren Wortlautsinn der GWB-Norm hinaus die Tatbestandsverwirklichung für den Rechtsanwender nicht absehbar ist. Das Gleiche hat zu gelten, soweit im Wege einer Analogiebildung oder teleologischen Reduktion diese verfassungsrechtlichen Grundsätze übergangen zu werden drohen.

Soweit hingegen die Anforderungen des Gesetzesvorbehalts und des Bestimmtheitsgrundsatzes von grundlegender Bedeutung für die Eingriffsverwaltung sind, lassen sich die gewonnenen Erkenntnisse im Anwendungsbereich spezifischen Kartellrechts zwar für die normativen Grundlagen der privaten Kartellrechtsdurchsetzung nicht fruchtbar machen. Wie angeführt, stützen sich diese auf ein und dieselben Verbotsnormen. Dennoch kann ein Rückschluss für die Berücksichtigung kartellrechtsähnlicher Wertungen in ausschließlich allgemeinzivilrechtlichen Generalklauseln gezogen werden. So wäre § 242 BGB trotz seines allumfassenden Anwendungsbereichs keine taugliche Rechtsgrundlage für belastende Maßnahmen der Hoheitsträger.[927] Seine als Generalklausel systembedingte Unbestimmtheit, deren Handhabbarkeit für den Rechtsanwender einer judikativen Konkretisierung und Ausgestaltung bedarf, steht dem Eingang kartellrechtsähnlicher Wertungen im originären Anwendungsbereich der Norm jedoch nicht entgegen. Gesetzesvorbehalt und Bestimmtheitsgrundsatz entfalten in diesem Zusammenhang keine Wirkung. Die rechtsfolgenpluralistischen GWB-Normen unterliegen einem strengeren Maßstab materieller Verfassungsmäßigkeit als die allgemeinzivilrechtliche Generalklausel.[928] Dies steht wiederum im Zusammenhang mit der Erkenntnis, dass die privatwirtschaftlichen Ordnungskräfte ihre eigenständige Funktion neben den staatlichen Ordnungskräften haben. Das gefundene Ergebnis ist auch

---

926 Vgl. *Canaris*, Die Feststellung von Lücken im Gesetz, 2. Aufl. 1983, S. 82 f.; *Rogall*, in: KarlsrKomm OWiG, 3. Aufl. 2005, § 3, Rn. 63;

927 Vgl. *Hamm*, NJW 2005, 1993.

928 Dies gilt auch ganz unabhängig von dem Bedeutungsgehalt, der z.T. der kartellbußgeldrechtlichen Präventionsfunktion beigemessen wird; vgl. oben Teil 2, C.I.3.

insofern nicht in sich widersprüchlich, als sich die Ordnungskräfte nicht ausschließen, sondern sich weitgehend ergänzen und gleichermaßen die Ordnungsfunktion des Rechts verwirklichen.[929]

4. Gesetzgeberische Intention

Die Rechtssätze der GWB-Missbrauchsaufsicht dienen zuvorderst dem strukturellen Ausgleich eines der deutschen Rechtsordnung – von wenigen Ausnahmen[930] abgesehen – fremden Systems zur Entflechtung von Großunternehmen.[931] Dieser Ausgleichsmechanismus ist abzugrenzen von einer Ermächtigung öffentlich-rechtlicher Hoheitsträger zur Marktregulierung, die der originären Entstehung einer marktbeherrschenden Stellung entgegentritt. Die Entstehung einer solchen marktbeherrschenden Stellung, die auf internes[932] Unternehmenswachstum zurückzuführen ist, also insbesondere auf überlegene wirtschaftliche oder technische Leistungen, wird in Übereinstimmung mit Art. 101 AEUV, aber abweichend von dem korrespondierenden US-amerikanischen Monopolisierungsverbot (*Sec. 2 Sherman Act*) bewusst hingenommen. Allein die Auswirkungen einer solchen

929 Oben Teil 2, B.III.4.

930 Das Energiewirtschaftsrecht enthält beschränkte Ausnahmen an Entflechtungsermächtigungen (vgl. §§ 6 ff. EnWG), ebenso das Aufsichtsrecht der Kreditinstitute und Versicherungen; vgl. zur Anteilseignerkontrolle nach KWG und VAG; *van de Sande*, Die im Banken- und Versicherungsaufsichtsrecht, 2003, S. 152, 189 ff. Entsprechende Regelungen finden sich im BörsG. Vgl. zum Referentenentwurf einer kartellrechtlichen Entflechtungsregelung auch *Bechtold*, BB 2010, 451 ff.

931 Wenngleich § 32 GWB a.F. im Anschluss an Art. 7 Abs. 1 S. 2 und 3 VO 1/2003 zu strukturellen Eingriffen wie Entflechtungsmaßnahmen ermächtigte, ergab sich daraus keine Befugnis der Kartellbehörden zur Entflechtung entsprechend marktstarker Unternehmer; vgl. BT-Drucks. 15/3640, S. 33; BGHZ 170, 299, 302 ff. = NJW 2007, 1823, 1824 ff. – *National Geographic II*; *Emmerich*, Kartellrecht, 13. Aufl. 2014, § 27, Rn. 4. Im Zuge der 8. GWB-Novelle wurden die Befugnisse der Kartellbehörden indes erweitert. Inzwischen sind auch strukturelle Abhilfemaßnahmen möglich, um Kartellrechtsverstößen effektiv zu begegnen (s. § 32 Abs. 2 GWB).

932 Die Entstehung oder Verstärkung einer marktbeherrschenden Stellung, die auf externes Unternehmenswachstum zurückgeht, unterfällt der Fusionskontrolle; vgl. § 37 GWB bzw. Art. 3 VO 1/2003.

Marktmacht unterliegen der Missbrauchsaufsicht.[933] Fälle reiner Größenmacht werden von § 19 GWB nicht erfasst.

> „Wenn eine freiheitliche Rechtsordnung schon darauf verzichtet, wirtschaftliche Machtpositionen wieder zu beseitigen, so muss sie zumindest dafür Sorge tragen, dass marktbeherrschende Unternehmen ihre Macht nicht durch übermäßige Eingriffe in die wirtschaftliche Bewegungsfreiheit Dritter missbrauchen können."[934]

Die Missbrauchsaufsicht stellt sich in den Dienst der allgemeinen Zielsetzung des GWB, einen weitestgehenden Wettbewerbsschutz auf allen Märkten zu ermöglichen, indem es sich gegen missbräuchliche Verhaltensweisen marktbeherrschender Unternehmen wendet, die als besonders gefährlich für die Wettbewerbsordnung gelten.[935] Hieraus und aus der Befürchtung eines Zielkonfliktes – Marktergebniskorrekturen könnten die Verfestigung einer marktbeherrschenden Stellung bewirken, indem z.B. Preisherabsetzungen (§ 19 Abs. 2 Nr. 2 GWB) zu einer Behinderung des Neuzugangs zum Markt bzw. der Expansion von Außenseitern können[936] – ergibt sich das nicht nur wettbewerbspolitisch, sondern auch normativ subsidiäre Verständnis des Missbrauchsaufsicht als *„ein letzter Notbehelf"* gegenüber einer Wettbewerbspolitik, die auf die Offenhaltung der Märkte abzielt.[937]

5. Schlussfolgerungen

Dem deutschen Kartellrecht sind Entflechtungsregelungen dem Grunde nach ebenso fremd wie eine *per se* Missbilligung einer aus eigener Kraft gewachsenen marktbeherrschenden oder marktstarken Stellung. Es weist keine Rechtsgrundlage auf, mittels derer die Kartellbehörden einer einmal entstandenen Marktmacht entgegenwirken könnten. Ebenso grundsätzlich

---

933 Vgl. *Möschel*, in: Immenga/Mestmäcker, GWB, 5. Aufl. 2014, § 19, Rn. 1; *Wiedemann*, in: Wiedemann, Kartellrecht, 2. Aufl. 2008, § 23, Rn. 1; *Götting*, in: Loewenheim/Meessen/Riesenkampff, Kartellrecht, 2. Aufl. 2009, § 19, Rn. 1.

934 *Emmerich*, Kartellrecht, 13. Aufl. 2014, § 27, Rn. 8.

935 Vgl. *Möschel*, in: Immenga/Mestmäcker, GWB, 5. Aufl. 2014, § 19, Rn. 5; *Emmerich*, Kartellrecht, 13. Aufl. 2014, § 27, Rn. 6.

936 Vgl. *Möschel*, in: Immenga/Mestmäcker, GWB, 5. Aufl. 2014, § 19, Rn. 12; *Wiedemann*, in: Wiedemann, Kartellrecht, 2. Aufl. 2008, § 23, Rn. 1.

937 Vgl. *Möschel*, in: Immenga/Mestmäcker, GWB, 5. Aufl. 2014, § 19, Rn. 12; *Wiedemann*, in: Wiedemann, Kartellrecht, 2. Aufl. 2008, § 23, Rn. 1; *Götting*, in: Loewenheim/Meessen/Riesenkampff, Kartellrecht, 2. Aufl. 2009, § 19, Rn. 2.

ist nur in Fällen des Missbrauchs einer marktbeherrschenden Stellung die Möglichkeit zum Rückgriff auf die entsprechenden Befugnisnormen der Kartellbehörden (§§ 19 ff. GWB) eröffnet, um einzig den negativen Auswirkungen einer einmal entstandener Marktmacht wirksam entgegenzutreten. Der Entscheidung des Gesetzgebers für ein Marktmachtkonzept folgt die Erkenntnis, den Missbrauch – wenngleich spezialgesetzlich nicht sanktioniert, beansprucht der Missbrauchsterminus auch ohne Vorliegen einer marktstarken Stellung Geltung – einer unter den Schwellen von Einzel- bzw. gemeinsamer Marktbeherrschung liegenden Marktstellung der kartellrechtlichen Missbrauchsaufsicht nicht zu unterwerfen, ihn kartellrechtsspezifisch mithin sanktionslos zu stellen. Sind die Aufgreifkriterien der Missbrauchsaufsicht nicht erfüllt, bleibt das Eingangstor zu den kartellrechtsspezifischen Sanktionen verschlossen, soweit das zu beanstandende Marktverhalten nicht von § 20 Abs. 1 GWB erfasst ist, der eine alleinige oder kollektive Marktbeherrschung nicht voraussetzt.[938] Wettbewerbsrelevantes Verhalten muss sich auch im Vorfeld einer marktbeherrschenden Stellung des Normadressaten an den ergänzenden Regelungen in § 20 Abs. 1 und 3 GWB messen lassen, die bestimmte missbräuchliche Verhaltensweisen marktstarker Unternehmen sanktionieren.[939] Dennoch ist festzuhalten, dass für marktbeherrschende Unternehmen dem Grunde nach strengere Maßstäbe gelten als für Unternehmen mit einer unterhalb dieser Schwelle liegenden Marktmacht.[940] Der *„safe harbour“* ist ihnen nicht eröffnet.

Vor dem Hintergrund der aufgezeigten kartellrechtlichen und wettbewerbsökonomischen Rechtfertigung der Aufgreifschwellen des § 18 GWB bleibt festzuhalten, dass die Berücksichtigungsfähigkeit kartellrechtsähnlicher Wertungen in den Anwendungsfällen allgemeinzivilrechtlicher Generalklauseln *ipso iure* nicht durch das Marktbeherrschungskriterium der spezifischen GWB-Tatbestände ausgeschlossen ist. Vor allem der Blick auf die verfassungsrechtlichen Anforderungen an Rechtsgrundlagen der Kartellbehörden, die als Eingriffsverwalter agieren, trägt diese Erkenntnis. Die Vorhersehbarkeit der Verwirklichung straf- und ordnungswidrigkeitenrechtlicher Tatbestände beherrscht die Bestimmtheitsanforderungen der konkre-

938 Oben Teil 2, C.II.1.a).

939 Um die Beibehaltung dieser Regelungen bestanden Auseinandersetzungen um Art. 3 Abs. 2 S. 2 VO 1/2003, vgl. BT-Drucks. 15/3640, S. 29 f.

940 So auch *Wiedemann*, in: Wiedemann, Kartellrecht, 2. Aufl. 2008, § 23, Rn. 1; *Götting*, in: Loewenheim/Meessen/Riesenkampff, Kartellrecht, 2. Aufl. 2009, § 19, Rn. 1.

ten Befugnisnorm. Die spezifisch kartellrechtliche Rechtsfolgenpluralität unterscheidet sich von der regelmäßig als Einwendung zu berücksichtigenden, allgemeinzivilrechtlichen Rechtsmissbräuchlichkeit i.S.v. § 242 BGB. Der Grundsatz von Treu und Glauben kann keine verfassungsmäßige Rechtsgrundlage der kartellbehördlichen Eingriffsverwaltung begründen. Mit dem Schutz der GWB-Normadressaten korrespondiert darüber hinaus die verlautbarte *ratio legis* der Rechtssätze. Die Handhabung der Vermutungsregel des § 18 Abs. 4 GWB durch die Rechtsprechung, ihre bindende Wirkung erst dann zu bejahen, wenn das Gericht eine marktbeherrschende Stellung des Unternehmens infolge der freien Würdigung des gesamten Verfahrensergebnisses weder ausschließen noch bejahen kann, unterstreicht die verfassungsrechtliche Relevanz der Aufgreifschwellen und gleichsam des Bestreben, eine praktikable Rechtsanwendung zu ermöglichen. Trotz ihrer Bestimmtheitsdefizite unterscheiden sich die einschlägigen GWB-Normen mithin in Anbetracht des anknüpfenden Rechtsfolgenregimes von der Berücksichtigung kartellrechtsähnlicher Wertungen im Rahmen von § 242 BGB. Diese Erkenntnis indiziert die methodische Statthaftigkeit einer solchen Handhabung mit Blick auf das nur bedingte Bedürfnis einer Aufhebung der Normkonkurrenz im zuvor skizzierten Sinne.[941]

III. Vergleichende Betrachtung der lauterkeitsrechtlichen Sanktionsfähigkeit marktmachtbedingter Wettbewerbsstörungen

Der Untersuchungsgegenstand erinnert an eine ähnlich gelagerte Abgrenzungsfrage, die einst Gegenstand lebhafter Diskussionen im juristischen Schrifttum war. Die Berücksichtigungsfähigkeit kartellrechtsähnlicher Wertungen im Rahmen des Rechtsmissbrauchseinwandes unterhalb kartellrechtlicher Aufgreifschwellen ist als Anwendung einer allgemeinzivilrechtlichen Vorschrift auf Handlungen von Unternehmen im Vorfeld der Marktbeherrschung zu verstehen. Der Rückriff auf § 242 BGB lehnt sich insoweit an eine zur Abgrenzung des Lauterkeitsrechts vom Kartellrecht geführte Diskussion an. Danach wird eine generelle Sperrwirkung kartellrechtlicher Normen gegenüber den UWG-Vorschriften verneint. Bestimmte als wettbewerbsschädlich empfundene Verhaltensweisen sollen gerade auch um Vorfeld der einschlägigen kartellrechtlichen Tatbestände im Interesse eines sog. Leistungswettbewerbs unterbinden werden können. Die

941 Oben Teil 2, A.VII.

nachfolgenden Ausführungen sollen die zu den Wechselbeziehungen von Lauterkeits- und Kartellrecht gefundenen Argumentationslinien skizzieren, deren systematische Übertragbarkeit auf den Untersuchungsgegenstand überprüft werden woll.[942]

1. Lauterkeitsrecht und Kartellrecht

Das Lauterkeitsrecht, wenngleich begrifflich zuweilen synonym als Wettbewerbsrecht bezeichnet, bildet gemeinsam mit den kartellrechtlichen Regelungen das Wettbewerbsrecht im weiten Sinne.[943] UWG und GWB sind zutreffend als sich überlagernde und einander ergänzende Regelungssysteme zu erfassen.[944] Dieses Verständnis geht auf den verfolgten Zweck der Regelungsmaterien zurück. So dient das Kartellrecht dem Schutz der Wettbewerbsfreiheit und soll wirtschaftlicher Macht dort entgegengesetzt werden, wo sie die Aufrechterhaltung wirksamen Wettbewerbs und die ihm innewohnenden Tendenzen zur Leistungssteigerung beeinträchtigt, wo eine bestmögliche Versorgung der Verbraucher also in Frage steht.[945] Wechselwirkungen sind auch dadurch bedingt, dass die lauterkeitsrechtlichen Marktverhaltensvorschriften eine Vielzahl an Wettbewerbsbeschränkungen begründen, die dennoch den Wertungen des GWB nicht *per se* widersprechen.[946] Obwohl für die Prüfung der Unlauterkeit eines Verhaltens nur dann Raum besteht, soweit auch eine geschäftliche Handlung i.S.v. § 2 Abs. 1 Nr. 1 UWG vorliegt, ist zur Klärung des Verhältnisses kartellrechtlicher und lauterkeitsrechtlicher Normen davon auszugehen, dass die nor-

---

942 Vgl. zum Verhältnis von Lauterkeitsrecht und Kartellrecht *Ulmer*, GRUR 1977, 565 ff.; *v. Gamm*, NJW 1980, 2489 ff.; *Wrage*, UWG-Sanktionen bei GWB-Verstößen, 1984; *Merz*, Die Vorfeldthese, 1988; *Jungk*, Die Ausübung wirtschaftlicher Macht als unlauterer Wettbewerb?, 1997; *Emmerich*, Unlauterer Wettbewerb, 9. Aufl. 2012, § 5, Rn. 33 ff.; *Köhler*, WRP 2005, 645 ff.; *Pichler*, Das Verhältnis von Kartell- und Lauterkeitsrecht, 2009; *Sosnitza*, in: Ohly/Sosnitza, UWG, 6. Aufl. 2014, Einf. A, Rn. 2, und § 3, Rn. 30 ff.

943 Oben Teil 1, C.II.

944 Vgl. *Köhler*, WRP 2005, 645, 646 ff.; *ders.*, in Köhler/Bornkamm, UWG, 33. Aufl. 2015, § 4, Rn. 12.2.

945 Vgl. BT-Drucks. 1/1158, Einl. A I; *Köhler*, in Köhler/Bornkamm, UWG, 33. Aufl. 2015, Einl., Rn. 6.1.

946 Vgl. *Nordemann*, in: Loewenheim/Meessen/Riesenkampff, Kartellrecht, 2. Aufl. 2009, § 1, Rn. 200. Die UWG-Novelle 2004 wurde i.Ü. mit dem Ziel der Konformität mit EU-Recht verabschiedet, um Verstöße gegen höherrangiges Recht zu vermeiden; vgl. BT-Drucks. 15/1487, S. 12.

mativen Grundlagen als solche hierfür keine Lösung bereitstellen, zumal nach der Rechtsprechung die Wertmaßstäbe der Unlauterkeit eines geschäftlichen Handlung sowie der Unbilligkeit einer Behinderungshandlung weitgehend identisch sind.[947] Es obliegt daher dem methodischen Meinungsbildungsprozess in Schrifttum und Rechtsprechung, Ansätze zur Bestimmung der Normenkonkurrenz zu entwickeln. Die Frage nach dem Verhältnis der Unlauterkeitstatbeständen und kartellrechtlichen Behinderungstatbeständen erwächst aus der beiden Materien übertragenen Aufgabe zur Marktverhaltens- und Marktstrukturkontrolle. Über die Marktverhaltenskontrolle hinaus ist auch das Lauterkeitsrecht im Rahmen des Unlauterkeitstatbestandes „allgemeine Marktbehinderung" (sog. Marktstörung) mit einer gewissen Marktstrukturkontrolle betraut. Mit Blick auf die unbillige Behinderung von Mitbewerbern weist das GWB demgegenüber spezielle Tatbestände auf, die an das Bestehen einer gewissen Marktmacht, aber auch an konkrete Verhaltensweisen anknüpfen. Vor diesem Hintergrund sind drei Varianten zur Aufhebung der Normkonkurrenz denkbar. Die parallele Anwendbarkeit lauterkeitsrechtlicher und kartellrechtlicher Vorschriften könnte einerseits angesichts ggf. verschiedener Schutzzwecke der Rechtsbereiche – soweit dies denn der Fall ist – abzulehnen sein. Andererseits vermag eine Schutzzweckkonvergenz die parallele Anwendbarkeit der Normen nicht ohne weiteres herbeizuführen. Inwieweit vermittelnd und bei wertender Betrachtung jeder der Regelungsmaterien ein eigener Anwendungsbereich verbleibt, ist noch festzustellen. Die Unterscheidung hat dabei maßgeblich auf die Reichweite des konkreten Normzwecks abzustellen. Bei der Benennung der materiellrechtlich Anspruchsberechtigten ist im Übrigen von Bedeutung, dass die Ahndung von Lauterkeitsrechtsverstößen zwar nicht ausschließlich der privaten Rechtsverfolgung zugewiesen ist, diese aber im Vordergrund steht, während das kartellrechtliche *pri-*

---

947 Vgl. BGH GRUR 1985, 883 – *Abwehrblatt I*; GRUR 1990, 685 – *Anzeigenpreis I*; WRP 1999, 105, 109 – *Schilderpräger im Landratsamt*; BGHZ 107, 40 – *Krankentransportbestellung*; *Köhler*, in: Köhler/Bornkamm, UWG, 33. Aufl., 2015, Einl., Rn. 6.17 und § 4, Rn. 10.18; krit. *Ulmer*, in: FS v. Gamm, 1990, 677, 691 ff. Die unterschiedliche Beurteilung des kartellrechtlichen Behinderungsverbots und § 4 Nr. 4 UWG soll daher nur bei Vorliegen besonderer Umstände gerechtfertigt sein; vgl. BGH GRUR 1986, 397 – *Abwehrblatt II*; BGHZ 56, 327, 336 f. – *Feld und Wald I*. Die Verhaltensanforderungen in §§ 19 f. GWB, deren Adressat nur konkret marktmächtige Unternehmen sind, können gleichwohl strenger sein als in § 4 Nr. 4 UWG, der sich an jedermann richtet; vgl. *Wolf*, WRP 1995, 543, 545.

vate enforcement nach wie vor eine eher untergeordnete Rolle spielt, die, wie dargestellt,[948] zuletzt gleichwohl eine Intensivierung erfuhr.

a) Trennungstheorie

Ihrem Zweck nach können die Anwendungsbereiche von Lauterkeitsrecht und Kartellrecht einem auf einen Beitrag *Würdingers* zum Schutzzweck eines Kartellgesetzes zurückgehenden Ansatz zufolge in zwei Stufen unterschieden werden.[949] Danach regelt das Kartellrecht das „Ob" des Wettbewerbs, während das Lauterkeitsrecht das „Wie" des Wettbewerbs zum Gegenstand hat, also die Verhaltensregeln im Wettbewerb aufstellt.[950] Die konsequente Anwendung dieser sog. Trennungstheorie hat zur Folge, dass kartellrechtliche Normen mit ihrer Zielsetzung, den Wettbewerb aus gesamtwirtschaftlichen Erwägungen heraus zu schützen, vom Lauterkeitsrecht, das auf den Individualschutz von Wettbewerbern abzielt, trennscharf abgegrenzt werden kann, indem der Schutz des Wettbewerbs als Institution von der Wahrung eines wettbewerbsimmanenten Verhaltenskodexes unterschieden wird.[951] Diese nach Individual- und Institutionenschutzgesichtspunkten unterscheidende Trennungstheorie fand zunächst auch die breite Zustimmung des Schrifttums.[952]

---

948 Oben Teil 2, B.III.2.a). Nach Einschätzung des BKartA bewegt sich die Anzahl privater Kartellrechtsklagen weiterhin auf einem hohen Niveau; vgl. *BKartA*, Tätigkeitsbericht 2013/2014, S. VIII; vgl. auch *Keßler*, WRP 2006, 1061, 1071; *Becker/Kammin*, EuZW 2011, 503, 508; zur prozessualen Bündelung von Schadensersatzklagen sowie zum Geschäftsmodell der CDC *Zimmer/Höft*, ZGR 2009, 662, 707 ff., 719 f., die vom *„Zwischenhändler als ‚private attorney general' im Kartellrecht"* sprechen.

949 Vgl. *Würdinger*, WuW 1953, 721, 730 ff.

950 Vgl. auch *Koenigs*, NJW 1961, 1041, 1048; *Fikentscher*, in: FS Hallstein, 1966, 127, 134 f.; *Holtorf*, in: Gloy/Loschelder/Erdmann, Handbuch des Wettbewerbsrechts, 4. Aufl. 2010, § 16, Rn. 3.

951 *Sosnitza*, in: MünchKomm UWG, Bd. 1, 2. Aufl. 2014, Grundl., Rn. 27 m.w.N.

952 Vgl. *Ballerstedt*, JZ 1956, 267, 271; *Fikentscher*, Wettbewerb und gewerblicher Rechtsschutz, 1958, S. 195 f.; *Knöpfle*, Die marktbezogene Unlauterkeit, 1983, S. 8 ff.

b) Parallele Anwendbarkeit

Mag die Schutzzweckunterscheidung auch dem Grunde nach zutreffend sein, greift der Ansatz einer stringenten Trennung von Institutionenschutz durch das Kartellrecht auf der einen Seite und der Regelungen des Marktverhaltens von Wettbewerbern untereinander durch das Lauterkeitsrecht auf der anderen Seite aber zu kurz und kann letztlich nicht aufrecht erhalten werden. In wirtschafts- wie gesellschaftspolitischer Hinsicht zielt der Schutzzweck des Kartellrechts auf die Freiheit des Wettbewerbs ab. Wirtschaftspolitisch richtet sich die Materie nach der Schaffung bzw. Aufrechterhaltung eines marktwirtschaftlich-wettbewerblichen Wirtschaftssystems. Sie wendet sich folglich gegen Beschränkungen der Wettbewerbsfreiheit, während in Ergänzung dieser ökonomischen Komponente in gesellschaftspolitischer Hinsicht eine freiheitliche Ordnung für alle Marktteilnehmer geschaffen und bewahrt werden soll. Insofern kann die Verwirklichung der grundgesetzlich garantierten allgemeinen Handlungsfreiheit (Art. 2 Abs. 1 GG) auch ökonomisch durch Gewährung eines Mindestmaßes an wirtschaftlicher Freiheit – mag dem Rückgriff auf Art. 2 Abs. 1 GG im Einzelfall auch die vorrangige Berufsfreiheit (Art. 12 Abs. 1 GG) im Wege stehen – gesehen werden: Die Möglichkeit der Teilnahme am Wettbewerb wird nämlich im Grundsatz jedem Wirtschaftssubjekt zugesprochen.[953] In diesem Zusammenhang sind auch GWB-Tatbestände zu sehen, die an das Bestehen einer gewissen Marktmacht des Normadressaten anknüpfen und damit entscheidend auf ein Marktstrukturelement, mithin auf eine Frage des „Ob" des Wettbewerbes abstellen.[954]

Die lauterkeitsrechtlichen Tatbestände hingegen rücken die Frage nach der Unlauterkeit geschäftlicher Handlungen in den Mittelpunkt. Wenngleich auch hierfür ein bestimmtes Verhalten der Marktteilnehmer maßgeblich ist, sind die betreffenden Tatbestände von GWB und UWG jeweils auch darüber hinausgehenden Wertungen zugänglich. So setzt das GWB marktmächtigen Unternehmen nicht allein auf Grund ihrer Marktmacht Grenzen, sondern nur soweit das zu beanstandende Marktverhalten auch missbräuchlich oder insbesondere unbillig ist. Die kartellrechtlichen, dem Grunde nach marktstrukturbezogenen Eingriffstatbestände bieten mithin regelmäßig Raum für eine wertende Betrachtung auch des konkreten Ver-

953 *Köhler*, in: Köhler/Bornkamm, UWG, 33. Aufl., 2015, Einl., Rn. 6.1.

954 Vgl. *Koenigs*, NJW 1961, 1041, 1048; *Fikentscher*, in: FS Hallstein, 1966, 127, 134 f.

haltens des Marktteilnehmers.[955] Die Eingriffstatbestände des UWG gehen auf der anderen Seite über die Prüfung der Unlauterkeit geschäftlicher Handlungen hinaus. Zwar untersagt das UWG jedes unlautere Verhalten, ohne dass es *qua* Gesetz auf die Marktmacht des betroffenen Unternehmens abstellt. Raum für eine marktstrukturbezogene Argumentation verbleibt aber etwa bei an sich als unlauter zu bewertenden Wettbewerbshandlungen mit Blick auf die konkreten Marktfolgen.[956]

Der Schutz des freien Wettbewerbs im kartellrechtlichen und der Schutz des lauteren Wettbewerbs im lauterkeitsrechtlichen Sinne formen letztlich Aufgabenbereiche, die nicht als Gegensätze, sondern als Teile einer in ihrem Sinnzusammenhang einheitlichen Gesamtordnung zu verstehen sind.[957] Zwar bestehen in ihren jeweiligen Wertungen und Anwendungsbereichen nicht zu leugnende Unterschiede. Eine trennscharfe Unterscheidung, die zur Ablehnung jeglicher wechselseitiger Abhängigkeit führen würde, geht aber zu weit: Weder können die Anforderungen an die Lauterkeit geschäftlicher Handlungen losgelöst von den Grundzielen des Kartellrechts – der Gewährleistung und Aufrechterhaltung eines funktionsfähigen Wettbewerbs – bestimmt werden. Noch darf die Wettbewerbsfreiheit mittels verschärfter wettbewerblicher Verhaltensregeln allzu weit eingeschränkt werden.[958] Lauterkeitsrecht und Kartellrecht stehen trotz ihrer dem Grunde nach verschiedenen Zielsetzungen in einem Funktionszusammenhang. Zutreffend kann davon gesprochen werden, dass UWG und GWB ein Verhältnis komplexer Wechselwirkungen eint, das pauschale Urteile ausschließt und in jedem der zahlreichen Konkurrenzfälle eine sorgfältige Abwägung der sich gegenüberstehenden Interessen und Wertungen erzwingt.[959] Die Normkomplexe ergänzen einander und sind jeweils für sich unter Vermeidung gegenseitiger Wertungswidersprüche auszulegen. Deshalb ist insbesondere bei Auslegung der lauterkeitsrechtlichen General- und Beispielstatbestände darauf zu achten, die freiheitssichernde Zielset-

955 *Holtorf*, in: Gloy/Loschelder/Erdmann, Handbuch des Wettbewerbsrechts, 4. Aufl. 2010, § 16, Rn. 3.

956 Vgl. *Koppensteiner*, WRP 2007, 475, 476 ff.

957 *Köhler*, WRP 2005, 645.

958 Vgl. *Pichler*, Das Verhältnis von Kartell- und Lauterkeitsrecht, 2009, S. 181 ff.; *Holtorf*, in: Gloy/Loschelder/Erdmann, Handbuch des Wettbewerbsrechts, 4. Aufl. 2010, § 16, Rn. 3; *Köhler*, in: Köhler/Bornkamm, UWG, 33. Aufl., 2015, Einl., Rn. 6.11.

959 Vgl. *Emmerich*, Unlauterer Wettbewerb, 9. Aufl. 2012, § 5, Rn. 34.

zung des Kartellrechts nicht zu beeinträchtigen.[960] Werden übersteigerte Anforderungen an die Lauterkeit einer Verhaltensweise gestellt, schränkt die Erweiterung der Unlauterkeitstatbestände den Bereich freier wirtschaftlicher Betätigung ein. Wird andererseits eine ungezügelte wirtschaftliche Betätigungsfreiheit propagiert, führt die Absenkung des Lauterkeitsmaßstabs zur Einengung des Verbotsbereichs unlauteren Wettbewerbs.[961] Gleichwohl ist die Anwendbarkeit der Unlauterkeitstatbestände nicht dadurch ausgeschlossen, dass die Tatbestände der entsprechenden GWB-Normen nicht vollständig erfüllt sind.[962] Ihnen kommt insofern ergänzende Bedeutung zu,[963] wenngleich die GWB-Wertungen, insbesondere die in den Aufgreifschwellen normierte Einschätzungsprärogative des GWB-Gesetzgebers, nicht durch eine extensive Auslegung der §§ 3 ff. UWG unterlaufen, gar konterkariert werden dürfen. Für die Wechselwirkung lauterkeits- und kartellrechtlicher Kontrollmaßstäbe gilt ferner: Wettbewerbsverstöße marktbeherrschender Unternehmen begründen nicht automatisch einen Verstoß gegen §§ 19, 20 GWB. Erforderlich ist vielmehr eine *„normative Kausalität“* zwischen marktbeherrschender Stellung und Missbrauchshandlung des konkreten Unternehmens.[964] Auf der anderen Seite kann ein Verstoß gegen § 19 GWB nicht ohne weiteres unter dem Gesichtspunkt des Rechtsbruchs (§ 3a UWG) die Unlauterkeit begründen.[965]

Trotz ihrer unterschiedlichen Zielrichtungen – gleichwohl in Anbetracht des gleichartigen wettbewerblichen Schutzgegenstandes – korrelieren Lauterkeitsrecht und Kartellrecht mit Blick auf die Verfolgung von bei-

960 Vgl. BGH GRUR, 2004, 602; 603 f. – *20 Minuten Köln*; *Köhler*, in: Köhler/Bornkamm, UWG, 33. Aufl. 2015, § 4, Rn. 12.2; a.A. *Lux*, Der Tatbestand der allgemeinen Marktbehinderung, 2006, S. 422 f.; *Pichler*, Das Verhältnis von Kartell- und Lauterkeitsrecht, 2009, S. 341 ff. Einem lauterkeitsrechtlichen Verbot darf insbesondere nicht die Wirkung zukommen, bestehende Marktzutrittschancen zu erhöhen, d.h. zu einer Marktabschottung beizutragen.

961 *Köhler*, in: Köhler/Bornkamm, UWG, 33. Aufl. 2015, Einl., Rn. 6.12.

962 Vgl. *Götting*, in: Loewenheim/Meessen/Riesenkampff, Kartellrecht, 2. Aufl. 2009, § 19, Rn. 108.

963 Relevant war dies insbesondere vor Einführung des § 20 Abs. 4 S. 2 GWB a.F. (jetzt § 20 Abs. 3 Nr. 2 GWB) bei schwerwiegenden Eingriffen in das Wettbewerbsgeschehen durch Preisunterbietung mit Vernichtungsabsicht und Gefährdung des Wettbewerbsbestandes, soweit die Marktanteilsschwellen der §§ 18, 20 GWB nicht erreicht waren; vgl. *Sosnitza*, in: Ohly/Sosnitza, UWG, 6. Aufl. 2014, Einf. D, Rn. 73 f. m.w.N.

964 Vgl. *Möschel*, in: Immenga/Mestmäcker, GWB, 5. Aufl. 2014, § 19, Rn. 230, 255; *Götting*, in: Loewenheim/Meessen/Riesenkampff, Kartellrecht, 2. Aufl. 2009, § 19, Rn. 61, 110.

965 Weiterführend unten Teil 2, C.III.1.d).

derlei Individual- und Kollektivinteressen. Die Gewährung kartellrechtlichen Individualschutzes zeigt sich an dem erweiterten Instrumentarium privater Kartellrechtsdurchsetzung. Im deutschen Kartellrecht steht hierfür die Zentralnorm des § 33 GWB. Für Art. 101 AEUV weist der EuGH in seiner Rechtsprechung auf eine solche Schutzrichtung hin.[966] Ferner weisen die Vorschriften über Wettbewerbsregeln (§§ 24 ff. GWB) auf eine gesetzgeberische Annäherung der Normkomplexe hin. Im Lauterkeitsrecht ist auf die zentrale Schutzzweckbestimmung des § 1 S. 1 UWG sowie die Regelung der Aktivlegitimation lauterkeitsrechtlicher Beseitigungs- und Unterlassungsansprüche (§ 8 Abs. 3 UWG) hinzuweisen. Gleichwohl verbürgt § 1 S. 2 UWG ausdrücklich das Kollektivinteresse an einem unverfälschten Wettbewerb. Im Sinne einer einheitlichen Wettbewerbsordnung ist vor diesem Hintergrund von einem Funktionszusammenhang von Lauterkeitsrecht und Kartellrecht auszugehen, der jedenfalls auch insofern besteht, als der Wettbewerb als Ordnungsprinzip einer marktwirtschaftlich orientierten Wirtschaftsordnung das Lauterkeitsprinzip nicht entbehren kann,[967] dieses daher zugleich aber auch der Annahme eines grenzenlosen Wettbewerbs entgegensteht.[968] Soweit infolge einer solchen Konvergenzverständnisses zutreffend von einem Komplementärverhältnis der Rechtsbereiche trotz ihrer unterschiedlichen Regelungsaufgaben auszugehen ist, da beide Regelungsmaterien den Schutz der Wettbewerbsordnung als einheitlich zu begreifendes System hinreichend freien Wettbewerbs bezwecken, kann jedenfalls auch diese Wettbewerbsfreiheit als übergreifendes Prinzip von Lauterkeitsrecht und Kartellrecht verstanden werden,[969] die *„vermeintliche Dichotomie"* zwischen Lauterkeits- und Freiheitsschutz[970] auf diesem Weg überwunden werden.

---

966 Vgl. EuGH Slg. 2001, 6297, Tz. 26 f. – *Courage*; Slg. 2006, 6619, Tz. 60 f. – *Manfredi*.

967 *Köhler*, in: Köhler/Bornkamm, UWG, 33. Aufl. 2015, Einl., Rn. 6.12.

968 So darf das Lauterkeitsrecht beispielsweise nicht zur Ausübung eines kartellrechtswidrigen Preisdrucks missbraucht werden.

969 Vgl. *Baudenbacher*, GRUR Int. 1981, 162, 163 f.; *Hefermehl*, GRUR Int. 1983, 507, 508; *Möschel*, Recht der Wettbewerbsbeschränkungen, 1983, S. 4 f.; *Merz*, Die Vorfeldthese, 1988, S. 197; zur materiellen Identität der lauterkeits- und kartellrechtlichen Schutzzwecke *Podszun*, in: Harte-Bavendamm/Henning-Bodewig, UWG, 3. Aufl. 2013, § 1, Rn. 61 ff.; *Merz*, Die Vorfeldthese, 1988, S. 197; *Pichler*, Das Verhältnis von Kartell- und Lauterkeitsrecht, 2008, S. 181.

970 *Möschel*, in: Immenga/Mestmäcker, GWB, 5. Aufl. 2014, § 19, Rn. 254.

c) Vorfeldthese

Zum Beleg dieser Konvergenz wurde zum Teil auf den sog. Leistungswettbewerb als ein dem GWB und UWG übergeordnetes Schutzgut zurückgegriffen. *Peter Ulmer* entwickelte unter dieser Prämisse eine These, wonach die Unlauterkeitstatbestände im Vorfeld der kartellrechtsrelevanten Marktbeherrschung zu Anwendung kommen sollen, soweit eine Verhaltensweise ohne Leistungsbezug unmittelbar oder mittelbar den Wettbewerbsbestand auf dem betroffenen Markt gefährdet.[971] Wenngleich für eine abschließende Erörterung der Problematik jenseits ihrer Relevanz für diese Untersuchung auf weiterführende Beiträge verwiesen werden muss,[972] darf dieser Ansatz hier nicht ausgespart verbleiben. Denn er zeigt methodische Anknüpfungspunkte für die Aufhebung der Normkonkurrenz von § 242 BGB und den Vorschriften der kartellrechtlichen Missbrauchsaufsicht auf, soweit deren spezifische Aufgreifkriterien nicht erfüllt sind.

Ausgangspunkt der Überlegungen zur Vorfeldthese bildete die Reichsgerichtsentscheidung vom 18. Dezember 1931,[973] in dem das Reichsgericht erstmals entscheidungserheblich auf den Begriff des *„Nichtleistungswettbewerbs"* abstellte. Die Unterscheidung von Leistungs-, Nichtleistungs- bzw. Behinderungswettbewerb sollte die nachfolgende Rechtsprechung kennzeichnen.[974] Der Begriff des Leistungswettbewerbs umschrieb einen unternehmerischen Wettbewerb, der sich auf sachliche Gesichtspunkte wie Qualität, Preiswürdigkeit und Service stützt und im Rahmen dessen die Schädigung des Konkurrenten nur mittelbare Folge des wettbewerblichen Handelns ist.[975] Nichtleistungswettbewerb sollte demgegenüber von der primären Schädigung eines Mitbewerbers geprägt sein, mithin von *„leistungsfremden"* Gesichtspunkten wie der gezielten Behinderung von Mitbewerbern, übertriebenem Anlocken, Kundentäuschung oder der unsachlichen Ausnutzung von Gefühlen und Vertrauen.[976] *Peter Ulmer* sah sich durch

---

971 Vgl. *Ulmer*, AfP 1975, 870, 885 ff.

972 Weiterführend *Ulmer*, GRUR 1977, 565, 577; *v. Gamm*, NJW 1980, 2489, 2491; *Knöpfle*, Die marktbezogene Unlauterkeit, 1983; *Merz*, Die Vorfeldthese, 1988; *Pichler*, Das Verhältnis von Kartell- und Lauterkeitsrecht, 2008, S. 169 ff.

973 RGZ 134, 342, 350 – *Benrather Tankstelle*.

974 Vgl. *Ohly*, in: Ohly/Sosnitza, UWG, 6. Aufl. 2014, Einf. A, Rn. 23 m.w.N.

975 *Scherer*, WRP 1996, 174, 176; *Ohly*, in: Ohly/Sosnitza, UWG, 6. Aufl. 2014, Einf. UWG, Rn. 23.

976 Vgl. BGH GRUR 1969, 287, 289 – *Stuttgarter Wochenblatt I*; GRUR 1999, 264, 266 – *Handy für 0,00 DM*; GRUR 2002, 360, 367 – *H. I. V. POSITIVE II*. Obwohl der Begriff in der modernen Rechtsprechung des BGH praktisch keine Rolle

diese in den Vordergrund rückende These des Leistungswettbewerbs motiviert, den Anwendungsbereich des § 1 UWG 1909 auf das Vorfeld der §§ 19, 20 GWB zu erweitern, indem er generalisierungsfähige Maßstäbe für gleichermaßen das kartellrechtliche Behinderungsverbot der §§ 26 Abs. 2, 22 Abs. 4 und 5 GWB a.F. sowie den Unlauterkeitstatbestand von § 1 UWG 1909 zu finden versuchte.[977] Auch andere Stimmen im Schrifttum begründeten Varianten der Vorfeldlehre, die sich ähnelten, aber jeweils nicht ganz entsprachen.[978] Den verschiedenen Akzentuierungen war der Zweck gemein, dass die Vorfeldthese der Ausübung einer Art präventiver lauterkeitsrechtlicher Marktstrukturkontrolle dienen sollte.[979] Dem nach dem aufgezeigten Verständnis auch institutionenschützende Charakter des UWG sollte bereits unterhalb der GWB-Marktmachtschwelle Geltung verschafft werden, soweit dem Verhalten marktstarker Unternehmen eine Tendenz zu missbräuchlichem oder diskriminierendem Verhalten innewohnt.[980]

Die Vorfeldthese konnte sich aber nicht durchsetzen, da sie sich im Kern auf ungesicherte Wertungsmaßstäbe stützt und vor allem spezifisch kartellrechtlichen Wertungen zuwiderläuft.[981] Zur Beurteilung der wettbewerbsbeschränkenden Ausübung besonderer Marktmacht sollen die GWB-Wertungen als abschließende Sondervorschriften den Rückgriff auf lauterkeitsrechtliche Auffangtatbestände versperren.[982] Die kartellrechtliche Verhaltenskontrolle in Gestalt des Behinderungsverbots etwa setzt das Bestehen einer bestimmten Marktmacht bereits voraus, das wiederum nicht durch eine extensive Auslegung der entsprechenden Unlauterkeitstatbestände (§ 4 Nr. 4 UWG) konterkariert werden darf, wenngleich dies mit Blick auf die strengen Anforderungen der Rechtsprechung an die Unlauterkeit von Preisunterbietungen weniger zu befürchten steht. Verlangt wird nämlich

---

mehr spielt, griff das BVerfG ihn zwischenzeitlich auf; vgl. BVerfG GRUR 2002, 455, 456 – *Tier- und Artenschutz*; WRP 2003, 69, 70 – *Juve Handbuch*.

977 *Ulmer*, GRUR 1977, 565, 577 ff.; zustimmend *Tilmann*, GRUR 1979, 825, 830; *Sambuc*, GRUR 1981, 796, 800; *Hefermehl*, GRUR Int. 1983, 507, 512.

978 Vgl. den Überblick bei *Merz*, Die Vorfeldthese, 1988, S. 34 ff.

979 Vgl. *Ulmer*, GRUR 1977, 565, 577 ff.; *Scherer*, WRP 1996, 174, 180; *Pichler*, Das Verhältnis von Kartell- und Lauterkeitsrecht, 2009, S. 169.

980 *Ulmer*, GRUR 1977, 565, 576.

981 Vgl. *Hirtz*, GRUR 1980, 93, 96; *Emmerich*, Unlauterer Wettbewerb, 9. Aufl. 2012, § 5, Rn. 35; *Sosnitza*, in: MünchKomm UWG, Bd. 1, 2. Aufl. 2014, Grundl., Rn. 33; *Köhler*, in: Köhler/Bornkamm, UWG, 33. Aufl. 2015, Einl., Rn. 6.17 und § 4, Rn. 10.188 ff., 12.14 ff.

982 Vgl. BGH GRUR 2004, 602, 603 – *20 Minuten Köln*; *Merz*, Die Vorfeldthese, 1988, S. 239; *Wolf*, WRP 1995, 543, 545; *Immenga*, NJW 1995, 1921; *Nordemann*, WRP 1996, 383; *ders.*, Wettbewerbs und Markenrecht, 11. Aufl. 2012, S. 35.

das Vorliegen einer Vernichtungsabsicht bzw. die Gefährdung des Wettbewerbsbestandes.[983] Zugleich entschärfte die Einführung von § 20 Abs. 3 GWB unter Absenkung der kartellrechtlichen Aufgreifschwellen diesen Streit um die Anwendbarkeit des Lauterkeitsrechts um Vorfeld kartellrechtlicher Marktmachttatbestände.[984] Ferner wird kritisiert, dass für die aufgezeigte Abgrenzung von leistungsgerechtem und leistungsfremdem Wettbewerbsverhalten keine sachgerechten und trennscharfen Abgrenzungskriterien gefunden werden können, weshalb umso mehr die Gefahr bestehe, den Begriff der Leistungsfremdheit zum Verbot unerwünschten Wettbewerbs zu missbrauchen.[985] Dem GWB lässt sich nämlich, wie aufgezeigt, kein einheitlicher Maßstab für die Bewertung unternehmerischen Handelns anhand seiner Eignung zur Entstehung von Marktmacht entnehmen. Die ist insbesondere auf die vorhandenen Durchbrechungen des Kartellverbots oder die Berücksichtigungsfähigkeit kompensierender Wettbewerbsvorteile in § 36 Abs. 1 GWB im Rahmen der Fusionskontrolle zurückzuführen.[986]

d) Probeabonnement-Entscheidung des BGH vom 7. Februar 2006

Spezifische Kartellrechtssätze begründen vor diesem Hintergrund kein Sonderrecht, das den Rückgriff auf lauterkeitsrechtliche Vorschriften dem Grunde nach versperren kann. Umgekehrt ist einem solchen Exklusivverhältnis auch des Lauterkeitsrechts gegenüber dem Kartellrecht entgegenzutreten und vielmehr die ergänzende Anwendbarkeit beider Regelungsbe-

---

983 Vgl. *Köhler*, in: Köhler/Bornkamm, UWG, 33. Aufl. 2015, Einl., Rn. 6.17 und § 4, Rn. 10.188 ff., 12.14 ff.

984 Vgl. *Götting*, in: Loewenheim/Meessen/Riesenkampff, Kartellrecht, 2. Aufl. 2009, § 19, Rn. 109; *Köhler*, in: Köhler/Bornkamm, UWG, 33. Aufl. 2015, § 4, Rn. 12.2; zum unzulässigen Verkauf unter Einstandspreis auch ohne Nachweis einer Verdrängungsabsicht oder nachhaltige Beeinflussung des Wettbewerbsbestandes BGH GRUR 2003, 363, 365 – *Wal*Mart*; *Lettl*, JZ 2003, 662.

985 Vgl. *Merz*, Die Vorfeldthese, 1988, S. 287; *Möschel*, in: Immenga/Mestmäcker, GWB, 5. Aufl. 2014, § 19, Rn. 262; *Markert*, in: Immenga/Mestmäcker, GWB, 5. Aufl. 2014, § 20, Rn. 243.

986 Vgl. *Möschel*, Pressekonzentration und Wettbewerbsgesetz, 1978, S. 131 ff.; *Mestmäcker*, Medienkonzentration und Meinungsvielfalt, 1978, S. 157 ff.; *v. Gamm*, NJW 1980, 2489, 2492; *Knöpfle*, Die marktbezogene Unlauterkeit, 1983, S. 150 ff.; *Mestmäcker*, Der verwaltete Wettbewerb, 1984, S. 143 ff.; *Merz*, Die Vorfeldthese, 1988, S. 183 ff.; *Möschel*, in: Immenga/Mestmäcker, GWB, 5. Aufl. 2014, § 19, Rn. 101 ff., 258 und § 20, Rn. 243.

reiche festzustellen.[987] Eine andere Frage betrifft eine auf die nicht deckungsgleichen Rechtsfolgensysteme zurückzuführende Notwendigkeit, die Anwendung der Rechtsgebiete aufeinander abzustimmen. Hierzu soll die *Probeabonnement*-Entscheidung des BGH vom 7. Februar 2006[988] zum Schnittbereich kartell- und lauterkeitsrechtlicher Marktverhaltensanforderungen dargestellt werden, die sodann fruchtbare Rückschlüsse für den Untersuchungsgegenstand zulässt. Unter Aufgabe seiner bis dahin geltenden Spruchpraxis bezog der BGH wegweisend Stellung zum Verhältnis der privaten Kartellrechtsdurchsetzung und Lauterkeitsrechtsverstößen. Der BGH hat dabei klar unterschieden zwischen Wettbewerbshandlungen, die allein eine kartellrechtliche Unzulässigkeit begründen und solchen, die dem Grunde nach gleichsam kartellrechtswidrig und unlauter sind.

aa) Abschließende Anspruchsberechtigung bei Kartellrechtsverstößen

Zu den Kernaussagen der *Probeabonnement*-Entscheidung zählt die Feststellung, dass die im Rahmen der 7. GWB-Novelle seinerzeit zum Ausdruck gekommene Absicht des Gesetzgebers, die spezifisch kartellrechtliche Anspruchsberechtigung abschließend zu regeln, einen Rückgriff auf das lauterkeitsrechtliche Haftungsregime grundsätzlich versperrt.[989] Im Zuge der Novelle wurden die Instrumente privater Kartellrechtsdurchsetzung, wie aufgezeigt, deutlich gestärkt.[990] Die zentralen kartellrechtlichen Haftungsnormen der §§ 33, 33a GWB verdrängen seither allgemeindeliktsrechtliche Schadensersatzansprüche infolge Schutzgesetzverletzung (§ 823 Abs. 2 BGB),[991] wobei das Schutzgesetzerfordernis zugunsten einer reinen Betroffenheitsregelung (§§ 33 Abs. 1, 33a Abs. 1GWB) aufgegeben wurde. Auch der Kreis der Anspruchsberechtigten kartellrechtlicher Beseitigungs- und Unterlassungsansprüche wurde erweitert und erfasste nun auch wirtschaft-

---

987 Vgl. *Nordemann*, in: Loewenheim/Meessen/Riesenkampff, Kartellrecht, 2. Aufl. 2009, § 1, Rn. 258 und § 30, Rn. 70.

988 BGH NJW 2006, 2627.

989 BGH NJW 2006, 2627; vgl. *Nordemann*, in: Loewenheim/Meessen/Riesenkampff, Kartellrecht, 2. Aufl. 2009, § 30, Rn. 70.

990 Oben Teil 2, B.II.3.a).

991 Oben Teil 2, B.II.3.b)aa)(2). Obsolet wurde nicht zuletzt die Frage, inwieweit Art. 81 EG (Art. 101 AEUV) ein Schutzgesetz i.S.v. § 823 Abs. 2 BGB (Art. 2 EGBGB) darstellte; vgl. *Emmerich*, in: Immenga/Mestmäcker, GWB, 5. Aufl. 2014, § 33, Rn. 113; *Topel*, in: Wiedemann, Handbuch des Kartellrechts, 2. Aufl. 2008, § 50, Rn. 78.

liche Verbände (§ 33 Abs. 4 Nr. 1 und 2 GWB). Der im anfänglichen Regierungsentwurf[992] noch vorgesehene und nach Auffassung der Monopolkommission[993] auch beizubehaltende Ansatz, die Aktivlegitimation auch auf Verbraucherverbände zu erweitern, um *„an das bewährte System des Rechtsschutzes im UWG"* anzuknüpfen, wurde nach dem Vorschlag des Vermittlungsausschusses seinerzeit noch gestrichen.[994]

Vor diesem Hintergrund entschied der BGH zugunsten einer grundsätzlichen Ausschließlichkeit der zivilrechtlichen Ansprüche, die Mitbewerber und Wettbewerbsverbände bei Verstößen gegen kartellrechtliche Verbotsnormen geltend machen können.[995] Dies werde in der nach dem 1. Juli 2005 geltenden Fassung des GWB besonders deutlich.[996] Soweit der Rechtsprechung des BGH zum alten Recht, d.h. vor Inkrafttreten der – inzwischen wiederum überholten – 7. GWB-Novelle, entnommen werden könne,

> „dass kartellrechtliche Verstöße unter dem Gesichtspunkt des Rechtsbruchs [(§ 3a UWG)] lauterkeitsrechtlich verfolgt werden können [...], hält der [BGH] an dieser Rechtsprechung nicht fest."[997]

Dabei stützt er sich ausdrücklich auf die erweiterte kartellrechtliche Anspruchsberechtigung (§ 33 Abs. 1, 3 GWB). Soweit nämlich jeder betroffener Mitbewerber oder sonstige Marktteilnehmer aktivlegitimiert ist, sei die Norm zwar in Teilen der lauterkeitsrechtlichen Anspruchsberechtigung in § 8 Abs. 3 UWG nachgebildet. Sie gehe aber einerseits über diese hinaus, bleibe andererseits aber hinter dieser zurück. Über § 8 Abs. 3 UWG geht die Anspruchsberechtigung des § 33 Abs. 1, 3 GWB insofern hinaus, als nicht nur der Mitbewerber, sondern auch der Marktteilnehmer auf der Marktgegenseite anspruchsberechtigt ist. Andererseits bleibt sie insoweit hinter ihr zurück, als Verbraucherverbände nicht anspruchsberechtigt sind. Der Gesetzgeber habe damit gleichermaßen eine Erweiterung und eine Be-

---

992 *Monopolkommission*, Sondergutachten 41/42, 2004, S. 48.

993 *Monopolkommission*, Sondergutachten 41/42, 2004, S. 48.

994 Dabei blieb es freilich nur mehr bis zur 8. GWB-Novelle, im Zuge derer insbesondere Verbraucherverbänden die Anspruchsberechtigung zuerkannt wurde (§ 33 Abs. 4 Nr. 2 lit. a) GWB); vgl. RegE 8. GWB-Novelle, 2011, S. 38, bzw. oben Teil 2, C.I.2.b)dd).

995 BGH NJW 2006, 2627, 2628; krit. hierzu *Nordemann*, in: Loewenheim/Meessen/Riesenkampff, Kartellrecht, 2. Aufl. 2009, § 1, Rn. 258 und § 30, Rn. 70.

996 BGH NJW 2006, 2627, 2628; vgl. *Köhler*, in Köhler/Bornkamm, UWG, 33. Aufl. 2015, § 4 UWG, Rn. 11.12.

997 BGH NJW 2006, 2627, 2628.

schränkung der Anspruchsberechtigung getroffen, die bewusst von der lauterkeitsrechtlichen Regelung abweiche, und dadurch deutlich gemacht, dass die zivilrechtliche Durchsetzung kartellrechtlicher Bestimmungen abschließend geregelt sei.[998] Die bis zur *Probeabonnement*-Entscheidung geltende Spruchpraxis des BGH, wonach solche kartellrechtswidrigen Verhaltensweisen lauterkeitsrechtlich ohne weiteres dem Anwendungsbereich von § 3a UWG unterfielen, wurde ausdrücklich aufgegeben.

bb) Unterscheidung privatrechtlicher und verwaltungsbehördlicher Kartellrechtsdurchsetzung

Der BGH lieferte eine für diese Untersuchung ebenso bedeutsame Erkenntnis, indem er die Rechtsfolgenpluralität der spezifischen Kartellrechtssätze hervorhob. Diese unterscheiden nämlich einerseits zwischen gemäß §§ 33, 33a GWB auch zivilrechtlich durchsetzbaren kartellrechtlichen Verboten (insbesondere §§ 1, 19 Abs. 1, 20, 21 GWB) und andererseits solchen (Missbrauchs-) Tatbeständen (etwa § 30 Abs. 3 GWB), die einzig eine Rechtsgrundlage für kartellbehördliches Eingreifen bereithalten.[999] In der *Probeabonnement*-Entscheidung kam es auch hierauf an. Das GWB gewährt dem preisgebundenen Unternehmen im Fall der missbräuchlichen Handhabung der Preisbindung keinen gesetzlichen Unterlassungs- oder Schadensersatzanspruch. In einem solchen Fall ist allein das Bundeskartellamt zum Einschreiten befugt. Der BGH befand, dass diese gesetzliche Differenzierung konterkariert würde, ließe man die lauterkeitsrechtliche Durchsetzung jener kartellrechtlichen Missbrauchstatbestände zu, die nicht als konkrete Verbotsnorm ausgestaltet sind, jedenfalls aber soweit die Verletzung kartellrechtlicher Verbote ungeachtet der Anspruchsberechtigung der §§ 33 Abs. 1, 33a Abs. 1 GWB stets auch einen lauterkeitsrechtlichen Unterlassungsanspruch unter dem Gesichtspunkt des Rechtsbruchs begründen soll.[1000] Die Unterscheidung, die der BGH mit Blick auf die Vorschrift des § 3a UWG, vornimmt, misst der Frage nach dem spezifisch kartellrechtlichen Rechtsfolgenregime mithin konkurrenzrechtliche Bedeutung bei.

---

998 BGH NJW 2006, 2627, 2628 f.
999 BGH NJW 2006, 2627, 2629.
1000 BGH NJW 2006, 2627, 2629.

cc) Einschränkung der grundsätzlichen Ausschließlichkeit von §§ 33, 34a GWB

In einer Hinsicht schränkte der BGH die in der *Probeabonnement*-Entscheidung gefundenen Erkenntnisse aber maßgeblich ein. Der dem Grunde nach anzuerkennende Vorrang der aufgrund von §§ 33, 34a GWB durchsetzbaren Ansprüche soll auf die Fälle beschränkt sein, *„in denen sich der Vorwurf der Unlauterkeit allein aus dem kartellrechtlichen Verstoß speist."*[1001] Lässt sich der Unlauterkeitsvorwurf demgegenüber auf eigenständige Unlauterkeitsumstände stützen, in den Fällen des Boykotts oder der unbilligen Behinderung insbesondere auf den Tatbestand der gezielten Behinderung (§ 4 Nr. 4 UWG), sollen die zivilrechtlichen Ansprüche, die sich einerseits aus der Kartellrechtswidrigkeit des konkreten Verhaltens, andererseits aus Zuwiderhandlungen gegen das Lauterkeitsrecht ergeben, gleichberechtigt nebeneinander stehen.[1002]

2. Schlussfolgerungen

Die *Probeabonnement*-Entscheidung geht im Ergebnis davon aus, dass die im GWB geregelten zivilrechtlichen Ansprüche bei einer als solcher kartellrechtswidrigen Verhaltensweise als abschließend anzusehen sind, eine weitergehende Haftung unter dem lauterkeitsrechtlichen Gesichtspunkt des Rechtsbruchs (§ 3a UWG) abzulehnen ist. Soweit sich die Unlauterkeit demgegenüber, wie insbesondere im Fall der gezielten Behinderung von Mitbewerbern (§ 4 Nr. 4 UWG), aus einem eigenständigen Unlauterkeitstatbestand ergibt, ist der parallele Rückgriff auf lauterkeits- und kartellrechtliche Ansprüche gestattet. Überträgt man diesen Gedankengang auf die allgemeinzivilrechtliche Generalklausel, bedeutet dies, dass die Rückgriffsmöglichkeit auf § 242 BGB jedenfalls dann nicht zu versagen ist, wenn eigenständige, d.h. nicht allein spezifisch kartellrechtliche Umstände den Vorwurf der Missbräuchlichkeit einer Rechtsausübung begründen, die typischerweise im Rahmen der gebotenen Interessenabwägung Berücksichtigung finden.[1003] Ein Widerspruch zu den verlautbarten Wertungen des

---

1001 BGH NJW 2006, 2627, 2629.

1002 BGH NJW 2006, 2627, 2629.

1003 Hinzuweisen ist wiederum auf den normhierarchischen Unterschied zwischen § 242 BGB und des in Betracht kommenden UWG-Tatbestandes. Während es sich bei letzterem um ein dem GWB hierarchisch gleichrangiges Fachgesetz

GWB ist anzunehmen, sofern die Treuwidrigkeit einzig mit der Kartellrechtswidrigkeit des in Frage stehenden unternehmerischen Verhaltens begründet wird. Diese Erkenntnis korrespondiert mit den Feststellungen, inwieweit die ausgeübte Wertungsprärogative des GWB-Gesetzgebers durch die Berücksichtigung kartellrechtsähnlicher Wertungen im Rahmen von § 242 BGB zu unterlaufen werden droht.[1004]

Der Ansatz steht zudem im Zusammenhang mit der verlautbarten Auffassung des europäischen Gesetzgebers in Erwägungsgrund 9 S. 3 und 5 zur VO 1/2003. Die Anwendung innerstaatliche Rechtsvorschriften soll dann nicht durch Art. 81 und 82 EG (Art. 101 und 102 AEUV) gesperrt sein, wenn die Rechtsvorschriften ein spezielles Ziel verfolgen, das die wettbewerblichen Wirkungen unternehmerischer Verhaltensweisen auf den Markt unberücksichtigt lässt. So verhält es sich mit § 242 BGB. Wenngleich sich die Marktwirkungen der in Frage stehenden Rechtsausübung als öffentliche Interessen im Rahmen der gebotenen Interessenabwägung niederschlagen können,[1005] täuscht dies nicht über die Erkenntnis hinweg, dass die Treuwidrigkeit eines Verhaltens auch unabhängig ihrer konkreten Marktwirkungen bzw. des Nachweises einer konkreten Gefahr solcher Marktwirkungen festgestellt werden kann.[1006] Trotz seiner kartellrechtlichen Unzulässigkeit kann das Verhalten jedoch als Ergebnis der gebotenen umfassenden Gesamtabwägung mit Treu und Glauben vereinbar sein. Mit anderen Worten vermag allein der GWB-Verstoß ebenso wenig die Treuwidrigkeit derselben Handlung zu begründen wie umgekehrt die Rechtsmissbräuchlichkeit als solche keine Verletzung der §§ 19 f. GWB, wobei letzteres nicht allein auf die Nichterfüllung der spezifisch kartellrechtlichen Aufgreifschwellen zurückzuführen ist. Dies rechtfertigt sich mit Blick auf die Zweckrichtung der Rechtsinstitute. Während der Rechtsmissbrauchseinwand auf eine verfassungsrechtliche Grundlage rekurriert und nach der dem Rechtsinhaber originär verliehenen Rechtsposition fragt, sanktionieren §§ 19 f. GWB Verhaltensweisen, die typischerweise nicht gewollte Beeinträchtigungen des Wettbewerbs auf dem konkreten Markt nach sich ziehen. Der Maßstab von Treu und Glauben gilt daher gleichermaßen für jedes handelnde Rechtssubjekt, d.h. unabhängig von der Markt-

---

handelt, beansprucht der Grundsatz von Treu und Glauben weit über den Wortlaut des § 242 BGB hinaus umfassend Geltung. Er konstituiert eine allen Rechten, Rechtslagen, Rechtsinstituten und Rechtsnormen immanente Inhaltsbegrenzung.

1004 Oben Teil 2, B.IV.2.c); C.I.2.b)cc).

1005 Oben Teil 2, A.IV.2.c).

1006 Oben Teil 2, C.I.2.b)bb).

stärke eines handelnden Unternehmens und abhängig der Marktwirkungen einzelner Verhaltensweisen.[1007] Die beiden Kernaussagen der Probeabonnement-Entscheidung bestätigen und ergänzen diese Erkenntnis.

aa) Privatrechtliche Anspruchsberechtigung nach GWB und BGB

Soweit der BGH in seiner *Probeabonnement*-Entscheidung ausdrücklich auf die erweiterte kartellrechtliche Anspruchsberechtigung gemäß §§ 33 Abs. 1, 33a Abs. 1 GWB hinweist und darauf abstellt, dass diese hinsichtlich des Schutzes der Marktgegenseite über § 8 Abs. 3 UWG hinausgeht, bezüglich einer Anspruchsberechtigung der Verbraucherverbände aber hinter dieser Norm zurückbleibt, ist auf den strukturellen Unterschied gegenüber dem Untersuchungsgegenstand hinzuweisen. In der *Probeabonnement*-Entscheidung war fraglich, ob der geltend gemachte Unterlassungsanspruch auf eine kartellrechtliche wie lauterkeitsrechtliche Anspruchsgrundlage gestützt werden kann. Die Bedeutung des § 242 BGB ist demgegenüber dadurch gekennzeichnet, dass die Vorschrift nur in Ausnahmefällen zur Anspruchsbegründung gereichen kann. Für diesen Untersuchungsgegenstand ist die Missbräuchlichkeit der konkreten Rechtsausübung von Interesse, die als Einwendung wirkt. Darüber hinaus bildet die Erkenntnis, der GWB-Gesetzgeber habe gleichermaßen durch die Erweiterung und Beschränkung der Aktivlegitimation, die bewusst von der Konkurrenznorm abweicht, die zivilrechtliche Durchsetzung kartellrechtlicher Bestimmungen abschließend geregelt, hier keine tragfähige Grundlage. Erneut ist auf das grundlegende Rangverhältnis von § 242 BGB und spezifisch kartellrechtlichen Normen zurückzugreifen. Anders als die entsprechenden lauterkeitsrechtlichen Vorschriften ist Treu und Glauben eine allen Rechten, Rechtslagen, Rechtsinstituten und Rechtsnormen immanente Inhaltsbegrenzung, die nicht unmittelbar auf den Schutz der Wettbewerbsfreiheit ausgerichtet ist. Die Korrektur- und Rechtsfortbildungsfunktion der allgemeinzivilrechtlichen Generalklausel kann durch die Anwendbarkeit einer weiteren einfachgesetzlichen Norm nur unter den genannten Voraussetzungen verdrängt werden: bei der Unterlaufung besonderer Wertungsprärogativen des GWB-Gesetzgebers. Einerseits kann kartellrechtlichen Normen daher nur insoweit eine Sperrwirkung zugesprochen werden, als das Zurücktreten der Generalklausel nicht zulasten anderer spezifischer Vorstellungen des einfachen Gesetzgebers wirkt, insbesondere aber nicht

1007 Oben Teil 2, C.I.2.b)bb).

den Wirkungskreis höherrangigen Rechts beschränkt. § 242 BGB darf kein systemfremdes Monopolisierungsverbot konstituieren.[1008] Andererseits und anders als mit Blick auf die im Rahmen der *Probeabonnement*-Entscheidung relevante Abgrenzungsfrage stellt sich vorliegend nicht die Frage nach dem abschließenden Charakter der kartelldeliktsrechtlichen Aktivlegitimation.

bb) Unterscheidung privatrechtlicher und verwaltungsbehördlicher Kartelldurchsetzung

Der BGH hob in der *Probeabonnement*-Entscheidung zudem die Rechtsfolgenpluralität der spezifischen Kartellrechtssätze hervor, die zwischen zivilrechtlich durchsetzbaren Verbotsnormen (insbesondere §§ 1, 19 Abs. 1, 20, 21 GWB) und solchen (Missbrauchs-) Tatbeständen (etwa § 30 Abs. 3 GWB) unterscheidet, die allein Rechtsgrundlage für kartellbehördliches Eingreifen sein können. Der vorliegende Untersuchungsgegenstand übersteigt die Frage nach Unterlassungs- oder Schadensersatzansprüchen bei missbräuchlicher Handhabung von Preisbindungsvorschriften. Auch in diesem Zusammenhang gilt aber, dass die Konterkarierung spezifischen Kartellrechts nur in jenen Fällen den Rückgriff auf § 242 BGB versperrt, in der die Unterlaufung besonderer Wertungsprärogativen des GWB-Gesetzgebers droht. Die Frage einer abschließenden Zuständigkeit der Kartellbehörden stellte sich für die der *Probeabonnement*-Entscheidung zugrundeliegende Konstellation, die besondere kartellrechtliche Preisbindungsregeln betraf. Die Grenzen des umfassenden Anwendungsbereichs von § 242 BGB vermag der Blick auf das kartellrechtliche Rechtsfolgenregime über das bisher aufgezeigte Maß hinaus indes nicht zu erweitern. Vorbehaltlich des Verbots der Umgehung spezifischer Wertungen des GWB-Gesetzgebers spricht die Rechtsfolgenpluralität vielmehr noch für die Möglichkeit des Rückgriffs auf Treu und Glauben, soweit die GWB-Aufgreifkriterien nicht erfüllt sind. Soweit § 242 BGB nicht zur Begründung eines systemfremden Monopolisierungsverbotes herangezogen wird, steht die Bejahung des Einwands der Rechtsmissbräuchlichkeit insbesondere keinen kartellbehördlichen Eingriffsbefugnissen entgegen. Angesichts des abweichenden Rechtsfolgenregimes ist die Berücksichtigungsfähigkeit kartellrechtsähnlicher

1008 Oben Teil 2, C.I.2.b)cc).

Wertungen in allgemeinzivilrechtlichen Generalklauseln unterhalb kartellrechtlicher Aufgreifschwellen zu befürworten.[1009]

IV. Zwischenergebnis

Zusammenfassend ist festzuhalten, dass angesichts der Funktionen, die Treu und Glauben im Rahmen der geltenden Rechtsordnung verliehen wurden, die wirtschaftspolitische Neutralität des Grundgesetzes der Berücksichtigung kartellrechtsähnlicher Wertungen bei der Anwendung von § 242 BGB nicht entgegensteht. Ein Blick auf Schutzzweck und Wettbewerbskonzeption zeigt, dass das GWB dem Grunde nach einer freiheitssichernden Konzeption folgt, in dessen Mittelpunkt die Erhaltung der ordnenden Kraft der Privatautonomie unter der für sie institutionellen Voraussetzung des freien Wettbewerbs steht. Insoweit besteht hinsichtlich des Gebotes von Treu und Glauben zwar keine Schutzzweckkonvergenz. Anders als das GWB ist § 242 BGB nicht dem unmittelbaren Schutz des Wettbewerbs als Institution und um dieser Institution willen auch der Wettbewerbsfreiheit einzelner Marktbeteiligter verpflichtet. Dies korrespondiert mit der Erkenntnis, dass die kartellrechtlichen Normadressaten und Anspruchsinhaber Gewährträger eines funktionsfähigen Wettbewerbs sind. Dennoch erhellt sich auch als Ergebnis der vorgenommenen Schutzzweckerwägungen eine konzeptionelle Äquivalenz bzw. ein systematischer Zusammenhang der Regelungsmaterien, der sich bereits im Rahmen der Feststellungen zur Interdependenz von Kartellrecht und Vertragsrecht offenbarte, insbesondere soweit die Korrektur- und Rechtsfortbildungsfunktionen des § 242 BGB zum Ausgleich struktureller Ungleichgewichte zwischen Vertragsparteien zum Tragen kommen. Der kartellrechtliche Institutionenschutz wahrt seinerseits die institutionelle Grundvoraussetzung der Vertragsfreiheit.[1010] Die Missbrauchsaufsicht erfasst zudem nur konkret wettbewerbsgefährdende Verhaltensweisen, während eine unzulässige Rechtsausübung den Rechtsmissbrauchseinwand auch unabhängig von der konkreten Marktmacht eines Unternehmens begründen kann.

Unverkennbar entschied sich der GWB-Gesetzgeber für ein Marktmachtkonzept, das der Erkenntnis folgt, den Missbrauch einer unter der Beherrschungsschwelle liegenden Marktstellung der kartellrechtlichen Missbrauchsaufsicht nicht zu unterwerfen, ihn dem Grunde nach kartell-

1009 Oben Teil 2, C.I.3.
1010 Oben Teil 2, B.III.2.a)cc).

rechtsspezifisch sanktionslos zu stellen. Die gesetzgeberische Wertung, das Verhalten marktbeherrschender Unternehmen strengeren Maßstäbe zu unterstellen, ist hinsichtlich des dargestellten allgemeinen Umgehungsverbots besonders zu achten. Es ist aber ebenso festzuhalten, dass die Berücksichtigungsfähigkeit wettbewerbsrelevanter Gesichtpunkte in § 242 BGB *ipso iure*, aber auch aus Wertungsgesichtspunkten nicht durch das Marktbeherrschungskriterium der GWB-Tatbestände ausgeschlossen ist. Die verfassungsrechtlichen Anforderungen an die Rechtsgrundlagen der kartellbehördlichen Eingriffsverwaltung, d.h. die Vorhersehbarkeit der Verwirklichung straf- und ordnungswidrigkeitenrechtlicher Tatbestände, bestimmen vielmehr die Bestimmtheitsanforderungen der einschlägigen Befugnisnorm. Die kartellrechtliche Rechtsfolgenpluralität unterscheidet sich vom privatrechtlich erheblichen Rechtsmissbrauchseinwand, der angesichts seiner deutlichen Bestimmtheitsdefizite nicht Grundlage belastender, verwaltungsbehördlicher Maßnahmen sein kann. Auf diese Unterscheidung rekurriert zudem die *Probeabonnement*-Entscheidung des BGH, deren Aussagen zur Unterscheidung privatrechtlicher und verwaltungsbehördlicher Kartellrechtsdurchsetzung sowie zur abschließenden Anspruchsberechtigung bei Kartellrechtsverstößen von besonderer mittelbarer Bedeutung für diese Untersuchung sind. Die zutreffende Ablehnung der Vorfeldthese zum Konkurrenzverhältnis von Lauterkeits- und Kartellrecht ist andererseits nicht ohne weiteres übertragbar. Dem stehen bereits Gesichtspunkte der abweichend zu beurteilenden Normhierarchie sowie der fehlenden Schutzzweckkonvergenz in der hier untersuchten Frage entgegen.

D. Rechtspolitische Bewertung

Der Anwendungsbereich von § 242 BGB als *„Einbruchstelle"* für kartellrechtsähnliche Wertungen in das Zivilrecht erweitert die privatrechtlichen Durchsetzungsinstrumente des Kartellrechts insoweit, als die GWB-Vorschriften unterhalb ihrer Aufgreifschwellen in dem dargelegten Umfang keine Verdrängungswirkung entfalten. Die zunehmende *„Privatisierung"* des Kartellrechtsvollzugs ist in anderem Zusammenhang fortwährend Gegenstand umfassender Erörterungen im Schrifttum[1011] und gesetzgeberi-

---

1011 Vgl. nur *Glöckner*, WRP 2007, 490 ff.; *Ritter*, WuW 2008, 762 ff.; *Zimmer/Höft*, ZGR 2009, 662 ff.; *Bergmann/Fiedler*, BB 2012, 206 ff; *Basedow/Terhechte/Tichy*, Private Enforcement of Competition Law, 2011.

scher Aktivität,[1012] wenngleich auch insbesondere kartellrechtliche Schadensersatzklagen trotz ihrer zunehmenden Relevanz noch nicht die Bedeutung haben, welche die Masse an Publikationen hierzu vermuten ließe. Die Ausweitung der privatrechtlichen Durchsetzungsinstrumente, die den Anwendungsbereich kartellbehördlicher Befugnisse gleichwohl nicht beschneiden, mündet folgerichtig in eine Dezentralisierung des Kartellrechtsvollzugs, mithin eine Stärkung seiner Schlagkraft. Die damit zugleich fortschreitende institutionelle Parallelzuständigkeit von Kommission, den mitgliedstaatlichen Kartellbehörden und zunehmend auch der mitgliedstaatlichen Gerichte verspricht dabei nicht nur Vorteile für den Rechtsanwender. Vor diesem Hintergrund hat die Ausgangsfrage nach der Bedeutung des § 242 BGB unterhalb kartellrechtlicher Aufgreifschwellen auch eine rechtspolitische Dimension.

I. Chancen

1. Entbürokratisierung und Dezentralisierung des Kartellrechtsvollzugs

Der Einfluss kartellrechtsähnlicher Wertungen auf die Anwendung allgemeinzivilrechtlicher Generalklauseln schützt den Wettbewerb als wesentliches Prinzip der Marktwirtschaft, ohne dass es eines weiterführenden kartellbehördlichen Verfahrens bedarf. Gleichwohl werden die Eingriffsbefugnisse der Behörden bei Vorliegen ihrer Anwendungsvoraussetzungen dadurch nicht beschnitten, sondern durch Mittel der privaten Kartellrechtsdurchsetzung nur ergänzt. Soweit vor diesem Hintergrund, wie dargelegt, auch keine Umgehung spezifisch kartellrechtlicher Wertungen zu befürchten steht, stellt dieser Weg eine zu begrüßende Form der weiteren Entbürokratisierung des Kartellrechtsvollzugs dar, dies jedenfalls insofern, als kartellrechtsähnliche Wertungen Berücksichtigung finden. Obgleich das Verwaltungsverfahren von der Zielstellung einer möglichst wirksamen Überwachung bei möglichst einfacher Verwaltungskontrolle geprägt ist,[1013] darf die zum Teil erhebliche Bußgeldverfahrensdauer nämlich nicht außer Acht bleiben. Als Beispiel sei hier der Fall *British Airways* erwähnt, dessen Kartellverfahren 1993 in der Beschwerde eines Wettbewerbers seinen Beginn

1012 Vgl. BKartA, Diskussionspapier Private Kartellrechtsdurchsetzung, 2005; EU-Kommission, Weißbuch, 2008, S. 165.

1013 Vgl. Erwägungsgründe Nr. 1, 3 der VO 1/2003; *EU-Kommission*, Weißbuch, 2008, Rn. 55.

fand.[1014] Auf die Entscheidung der Kommission[1015] im Jahr 1999 folgte ein abschließendes Urteil des EuGH[1016] erst im Jahr 2007. Zwar kann sich auch die Dauer von Zivilverfahren, deren Streitgegenstand im dargestellten Umfang die Auseinandersetzung mit § 242 BGB betrifft, über Jahre erstrecken.[1017] Jedoch geht diesen zivilgerichtlichen Verfahren nicht zwingend ein kartellbehördliches Verwaltungsverfahren voraus. Demgegenüber geht eine Befürchtung fehl, im Zuge der zunehmenden Entbürokratisierung des Kartellrechtsvollzugs erleide insbesondere das Bundeskartellamt als wichtigste Kartellbehörde einen zunehmenden Bedeutungsverlust. Tritt doch ein verstärktes *private enforcement* nur neben die kartellbehördlichen Befugnisse, ergänzt diese und verdrängt sie nicht. Die institutionellen Vorteile der Vollzugsbehörden, allen voran die

> „Effizienz, die große kartellrechtliche und wettbewerbsökonomische Erfahrung seiner Mitarbeiter, die genaue Kenntnis von Branchen und Akteuren in Deutschland und die Unabhängigkeit"

des Bundeskartellamtes, verbleiben auch angesichts dieser Entwicklung unbestritten und unangetastet.[1018] Eine *„Marginalisierung des wichtigsten Fürsprechers des Wettbewerbsprinzips in Deutschlands"*[1019] droht noch eher an anderer Stelle, nämlich die Dominanz des europäischen Kartellrechts in den Bereichen des Kartellverbots, der Missbrauchsaufsicht sowie der Fusionskontrolle.[1020]

Die Dezentralisierung des Kartellrechtsvollzugs, d.h. die Verlagerung der Anwendung materiellen Kartellrechts zunehmend auch in den Fokus zivilgerichtlicher Entscheidungen mit der Folge eines Direktvollzugs des Kartellrechts durch die Zivilgerichte dergestalt, dass die kartellbehördlichen

1014 Vgl. zur Verfahrensdauer in *British Airways* auch *Podszun*, WRP 2009, 509, 517.

1015 EU-Kommission, Entsch. v. 14.07.1999 – COMP/E IV/34.780 – *British Airways*.

1016 EuGH Slg. 2007, I-2373 = WuW 2007, 821 – *British Airways*.

1017 Vgl. zur (über-) langen Verfahrensdauer BVerfG NJW 2001, 214; NJW 2008, 503; NJW 2010, 1192; *Lansnicker/Schwirtzek*, NJW 2001, 1969 ff.

1018 Vgl. *Podszun*, ZRP 2007, 269, 270.

1019 Vgl. *Podszun*, ZRP 2007, 269, 270, der darin zugleich ein Rückschlag für den Leistungswettbewerb erkennt.

1020 In allen drei Bereichen unterfallen die – vereinfacht – ihrem Umfang nach bedeutsamen Fällen der Zuständigkeit der Kommission; vgl. *Rittner/Dreher*, Europäisches und deutsches Wirtschaftsrecht, 3. Aufl. 2007, S. 410 ff.; *Meessen*, in: Loewenheim/Meessen/Riesenkampff, Kartellrecht, 2. Aufl. 2009, Einf. in das europäische und deutsche Kartellrecht, Rn. 82 ff. Die Kommission ist im Einzelfall sogar berechtigt, der nationalen Wettbewerbsbehörde das Verfahren zu entziehen (Art. 11 Abs. 6 VO 1/2003).

Befugnisse wiederum ergänzt und nicht verdrängt werden, ist keine neue Erscheinung. Allen voran die Ausgestaltung der GWB-Vorschriften als Verbotsgesetzeigenschaft befeuerte diese Entwicklung. Der Missbrauch einer marktbeherrschenden Stellung gemäß § 19 Abs. 1 und 2 GWB wurde im Zuge der 6. GWB-Novelle als allgemeiner Verbotstatbestand der Regelung des § 134 BGB unterstellt. Fortan entfiel die Notwendigkeit eines besonderen Missbrauchsverfahrens (§ 22 Abs. 5 GWB. a.F.), wonach die Kartellbehörde kartellrechtswidrige Verträge für unwirksam erklären konnte, zugunsten einer unmittelbaren Geltendmachung der Nichtigkeitsfolge im Zivilverfahren. In seiner Bedeutung für die praktische Kartellrechtsdurchsetzung überragt dieser sog. defensive, d.h. der auf die Herleitung von Einwendungen gegen Vertragspflichten abzielende, private Kartellrechtsvollzug Privatklagen, die auf Unterlassung, Beseitigung und Schadensersatz gerichtet sind, deutlich.[1021] Obwohl § 242 BGB ausnahmsweise auch eine anspruchsbegründende Wirkung zukommt, liegt seine große praktische Relevanz in der Bedeutung als Einwendung. Fließen in dem gebotenen Umfang kartellrechtsähnliche Wertungen in die gebotene Interessenabwägung ein, fördert diese Entwicklung die Dezentralisierung des Kartellrechtsvollzugs und ist insofern zu begrüßen.

2. Stärkung der Schlagkraft des Kartellrechts

Aufgrund der fortschreitenden Parallelzuständigkeit von Kartellbehörden und Zivilgerichten bedeutet die Ausweitung des privatrechtlichen Kartellrechtsvollzugs in Gestalt der Berücksichtigung kartellrechtsähnlicher Wertungen in § 242 BGB wettbewerbspolitisch keine Aufweichung oder Schwächung der Schlagkraft des Kartellrechts. Vielmehr wird diese durch die Kumulierung der Durchsetzungsinstrumente noch gestärkt. Können Verfügungen der Eingriffsverwaltung unter Wahrung rechtsstaatlicher Grundsätze nur ergehen, soweit ein missbräuchliches Verhalten einzig besonders marktstarker Unternehmen sanktioniert wird, kann in Zivilverfahren kartellrechtsähnlichen Wertungen auch unterhalb dieser Aufgreif-

1021 Vgl. *EU-Kommission*, Bekanntmachung über die Zusammenarbeit mit den nationalen Gerichten, 1993, Tz. 17; *Schmidt*, in: Immenga/Mestmäcker, EG-WettbR, Teil 2, 4. Aufl. 2007, VO 1/2003 Anhang 2, Rn. 1; zur wachsenden Bedeutung kartellrechtlicher Schadensersatzklagen ferner KG WuW/E DE-R 2773 – *Berliner Transportbeton*, LG München WuE/E DE-R 3247 – *Gesamtschuldnerinnenausgleich*; LG Dortmund Az. 13 O 23/09 – *Wasserstoffperoxid*.

schwellen Geltung verschafft werden. Demgegenüber bleibt den Kartellbehörden die Einleitung eines Verwaltungsverfahrens unbenommen, soweit die relevanten Aufgreifkriterien erfüllt sind. Vorbehaltlich der noch darzulegenden Bedenken mit Blick auf die den Unternehmen aufgebürdete Rechtsunsicherheit wird die Schlagkraft des Kartellrechts mithin gestärkt. Es hätte einen gegenteiligen Effekt, würde man die Berücksichtigung marktstruktureller Gesichtspunkte im Rahmen von § 242 BGB aufgrund einer vermeintlichen Verdrängungswirkung der GWB-Vorschriften ablehnen. Zivilgerichte können insbesondere im einstweiligen Rechtsschutzverfahren regelmäßig bedeutend schneller Entscheidungen zu wettbewerblich relevanten Fallkonstellationen herbeiführen als Kartellbehörden in sich oftmals über viele Jahre erstreckenden Verwaltungsverfahren.

Diese Erkenntnis der Stärkung des Kartellrechtsvollzugs hält auch in Anbetracht der ordnungspolitischen Aufgabe des Kartellrechts Bestand. Wenn nämlich die kartellbehördliche Eingriffsverwaltung als klassisches Wirtschaftsverwaltungsrecht immer mehr von einem privatrechtlichen Durchsetzungsinstrumentarium flankiert wird, wirft das zugleich die grundsätzliche Frage auf, inwieweit das vor den Zivilgerichten durchgesetzte Privatrecht der ordnungspolitischen Aufgabe des Kartellrechts gerecht werden kann. In den Grenzen des hiesigen Untersuchungsgegenstandes und vorbehaltlich der noch zu erwägenden Gefahr eines Missbrauchs der Zivilgerichtsbarkeit zu Wettbewerbszwecken ruft dieser Gedanke freilich nur begrenzt Bedenken hervor. Ein Rückzug der Eingriffsverwaltung geschieht anders etwa als im Bereich von *Public Private Partnerships* nicht durch eine Verdrängung vormals staats- und verwaltungsrechtlich geprägter Bereich durch privatrechtliche Instrumente. Die Erweiterung wettbewerbsschützender Durchsetzungsinstrumente auf eine Berücksichtigung kartellrechtsähnlicher Wertungen im Rahmen von § 242 BGB erfolgt gerade kumulativ und tritt ohne Verdrängungswirkung neben die kartellbehördlichen Befugnisse, vergleichbar der Ausweitung der Anspruchsberechtigung gemäß § 33 GWB im Zuge der 7. und 8. GWB-Novelle.

II. Risiken

1. „Überforderung“ der Zivilgerichte

Im Zuge dieser fortlaufenden Dezentralisierung des Kartellrechts steht nun zu befürchten, dass wirtschaftlich komplexe Fragen die Zivilgerichte überfordern könnten. Die Bedeutung des Zivilrichters im System der kartellrechtlichen Durchsetzungsinstrumentarien war noch im Vorfeld der 7. GWB-Novelle insbesondere durch das bis dahin geltende Freistellungsmonopol der Kommission (vgl. Art. 9 Abs. 1 VO EWG/17/62) beschnitten. Darüber hinaus beschränkte sich die privatrechtliche Kartellrechtsdurchsetzung im Allgemeinen auf die Verfolgung defensiver Strategien, d.h. insbesondere auf Konstellationen, in denen sich ein Vertragspartner aufgrund ihrer kartellrechtlichen Unzulässigkeit von einer Vereinbarung lösen wollte. Die Überführung der grundsätzlichen Anmelde- und Genehmigungspflicht für wettbewerbsbeschränkende Vereinbarungen in ein System der Legalausnahme und die Erweiterung des zivilrechtlichen Sanktionskatalogs ließen die Zivilgerichte demgegenüber mehr und mehr in den Vordergrund rücken.[1022] Dabei beschränkt sich ihre Prüfungskompetenz nicht auf das GWB. Das nationale Zivilgericht wendet unmittelbar[1023] wie mittelbar[1024] auch europäisches Kartellrecht an, da die primärrechtlichen Normen Private unmittelbar berechtigen und sogar verpflichten, und wurde insoweit in gewissem Umfang zu einer Art Gemeinschafts- bzw. Unionsgericht.[1025]

Vor diesem Hintergrund sind Bedenken gegenüber einer fortschreitenden Dezentralisierung des Kartellrechts, einer in ihrer Bedeutung weiter zunehmenden privatrechtlichen Kartellrechtsdurchsetzung und auch der Einführung kartellrechtsähnlicher Wertungen in allgemeinzivilrechtliche Klauseln vor den Zivilgerichten nicht ohne weiteres auszuräumen. Wird über die Einwendung der unzulässigen Rechtsausübung befunden, kann – regelmäßig in Abhängigkeit des Streitwertes, ggf. aber hiervon unabhängig (§ 23 Nr. 1 und 2 GVG) – auch der Einzelrichter des Amtsgerichts (§ 22 Abs. 1 GVG) zur Entscheidung über § 242 BGB berufen sein. In dessen aufgezeigten Grenzen sind ggf. komplexe wirtschaftliche Sachverhalte zu berücksichtigen. Dies ist angesichts der gesetzgeberischen Intention in § 87 GWB bemerkenswert. Die Nachfolgeregelung des zur Wahrung der Rechtseinheitlichkeit[1026] geschaffenen § 96 GWB a.F. wird von der Möglichkeit einer weiteren Zuständigkeitskonzentration nach § 89 Abs. 1 S. 1

1022 Vgl. *Bornkamm*, Die Rolle des Zivilrichters bei der Durchsetzung des Kartellrechts, 2003, S. 3; *Hempel*, WuW 2004, 362, 365 f.; *Lange*, in: Lange, Handbuch Kartellrecht, 2. Aufl. 2006, Rn. 742; auch BT-Drucks. 15/3640, S. 21.

1023 Vgl. insbesondere § 33 Abs. 1 S. 1 GWB.

1024 Vgl. insbesondere § 2 Abs. 2 S. 2 GWB.

1025 In Anlehnung an die Funktion der nationalen Gerichte, die als Unionsmarkengerichte über unionsmarkenrechtliche Sachverhalte entscheiden; vgl. Art. 123, 124 UMV.

1026 BT-Drucks. 15/3640, S. 68.

GWB flankiert.[1027] Die damit einhergehenden – gewiss auch fiskalisch – positiven Bündelungseffekte in Gestalt einer Kompetenz- und Mittelkonzentration kommen im Rahmen eines amtsgerichtlichen Verfahrens indes nicht zum Tragen. Das gleiche gilt für die erst- und rechtsmittelinstanzliche Zuständigkeit des Landgerichts (§§ 23 Nr. 1, 71 GVG) außerhalb des Anwendungsbereichs von § 87 S. 1 und 2 GWB. Insofern ist fraglich, ob ein Rückgriff auf § 242 BGB hinreichend justiziabel ist, soweit dieser in wettbewerblich relevanten Rechtsstreitigkeiten unter Wahrung der aufgezeigten Grenzen auch methodisch geboten erscheint. Richtig ist nämlich, dass die Eignung einer Regelung für ihren Direktvollzug *ex lege* grundsätzlich vom Bestimmtheitsgrad ihres Tatbestandes abhängt.[1028] Bedenken können dabei mit Blick auf die Ermittlung der zugrundeliegenden Tatsachen und die richterliche Rechtsanwendung bestehen.

a) Tatsachenermittlung

Im Zivilprozess herrscht die Dispositionsmaxime, d.h. die Herrschaft über das Verfahren, mithin die Verfügungsfreiheit über den Streitgegenstand, liegt in den Händen der Prozessparteien. Sie bestimmen über Einleitung, Inhalt, Gang und Beendigung des Verfahrens. Eine nur einseitige Änderung des zum Verfahrensbeginn einmal festgelegten Streitgegenstandes kommt grundsätzlich nicht in Betracht.[1029] Die der Entscheidung zugrundeliegenden Tatsachen unterliegen darüber hinaus dem Beibringungsgrundsatz, wonach das Zivilgericht allein auf die Beweismittel zurückgreifen darf, die von den Parteien angeboten werden.[1030] Welche der Parteien anspruchsbegründende bzw. -abwehrende Tatsachen beizubringen hat, entscheidet sich im Rahmen der Beweislastverteilung. Hierin liegt ein wesent-

---

1027 Z.T. wird mit Blick auf § 89 Abs. 1 GWB eine weitergehende, nämlich länderübergreifende Zuständigkeitskonzentration propagiert; vgl. *Wurmnest*, Marktmacht und Verdrängungsmissbrauch, 2010, S. 263 f.

1028 Vgl. *Schmidt*, BB 2003, 1237, 1240.

1029 H.M.; vgl. *Rauscher*, in: MünchKomm ZPO, Bd. 1, 4. Aufl. 2013, Einl., Rn. 290; *Musielak*, in: Musielak/Voit, ZPO, 12. Aufl. 2015, Einl., Rn. 35, der die Dispositionsmaxime zutreffend als *„konsequente Übertragung des im materiellen Recht geltenden Grundsatzes der Privatautonomie auf den Zivilprozess"* versteht.

1030 Ausnahmen bilden die Anordnung der Vorlage von Urkunden, auf die sich eine Partei bezogen hat (§ 142 ZPO), die Augenscheineinnahme, die Einholung eines Sachverständigengutachtens (§ 144 ZPO) sowie die ergänzende Vernehmung einer Partei (§ 448 ZPO); vgl. *Saenger* in: Saenger, ZPO, 6. Aufl. 2015, Einf., Rn. 64.

licher Unterschied zum Verwaltungsverfahren als Amtsverfahren der Kartellbehörden. Dort herrschen die Offizialmaxime und das Opportunitätsprinzip. Die Behörde entscheidet nach pflichtgemäßem Ermessen, ob und wann sie ein Verwaltungsverfahren durchführt (§ 22 S. 1 VwVfG bzw. §§ 54 Abs. 1 S. 1, 57 Abs. 1 GWB). Dem kartellrechtlichen Verwaltungsverfahren schließt sich ggf. ein Beschwerdeverfahren an, in dem der Amtsermittlungsgrundsatz, der das Zusammentragen des Tatsachenmaterials als eine von Amts wegen zu erfüllende Aufgabe zuweist, gleichermaßen gilt (§ 70 Abs. 1 GWB).

Die Dispositionsmaxime mag ihre Rechtfertigung in der Verfolgung der parteieigenen wirtschaftlichen Interessen haben. Der im Zivilverfahren herrschende Beibringungsgrundsatz ist der funktionalen Konzeption des Wettbewerbsrechts aber insoweit nicht gewachsen, als in zweierlei Hinsicht die Gefahr besteht, dass beigebrachtes und der Entscheidung zugrunde gelegtes Material selbst unvollständig ist.[1031] Zu befürchten steht einerseits, dass der Kläger ggf. nicht alle zur Entscheidung erforderlichen Tatsachen darlegt und beweist, die unsubstantiierte Klage folglich abgewiesen wird, obwohl eine Wettbewerbsstörung tatsächlich gegeben ist. Andererseits kann es trotz Fehlens einer solchen Wettbewerbsbeschränkung zu einer antragsgemäßen Verurteilung kommen, wenn allein der Beklagte die zur Verteidigung erforderlichen Tatsachen nur unzureichend darlegt. Diese Fälle scheinen jedoch praktisch nicht sehr wahrscheinlich zu sein. Es mutet unverhältnismäßig an, auch die Fälle nachgewiesener Wettbewerbsstörungen ohne zivilrechtliche Sanktion ungeahndet zu lassen.[1032] Eine gewisse Einschränkung erfährt die Befürchtung mit Blick auf die von der Rechtsprechung in einer Reihe von Konstellationen entwickelten Grundsätze zur sog. sekundären Darlegungslast. Der Prozessgegner darf den Vortrag der beweisbelasteten Partei nicht einfach bestreiten, sondern ist im Rahmen des Zumutbaren gehalten, die für das Gegenteil sprechenden Tatsachen vorzubringen.[1033] Allen darüber hinausgehenden Beweisschwierigkeiten hat die beweisbelastete Partei mit den ihr im Rahmen der Beweisaufnahme zur Verfügung stehenden Mitteln (§§ 355 ff. ZPO) zu begegnen.

1031 Gleichwohl kann die Anwendung europäischen Kartellrechts durch nationale Zivilgerichte von Amts wegen unterbleiben, soweit diese eine nach nationalem Verfahrensrecht nicht statthafte Amtsermittlung erfordert; vgl. EuGH Slg. 1995 I-4705, Rn. 13, 22; *Pühs*, Der Vollzug von Gemeinschaftsrecht, 1997, S. 351 ff.

1032 Vgl. *Baudenbacher*, GRUR 1981, 19, 27.

1033 Vgl. BGH NJW 1987, 2008; NJW 1999, 579; NJW 2007, 2549, 2553; NJW 2008, 982, 984; *Prütting*, in: MünchKomm ZPO, Bd. 1, 4. Aufl. 2013, § 286 ZPO, Rn. 103; *Bornkamm*, GRUR 2010, 501, 503.

Eine der Regelung in § 33b GWB vergleichbare Verfahrens- und Nachweiserleichterung steht ihr für § 242 BGB nicht zur Verfügung.[1034] Eine zuverlässige Beurteilung des Marktgeschehens und der Marktverhältnisse kann dann in Zweifel gezogen werden.[1035] Auch wenn die zivilistische Rechtsprechung um eine möglichst vollständige Offenlegung der Marktverhältnisse bemüht sein wird, kann nicht erwartet werden, dass der gleiche Aufwand wir im kartellbehördlichen Verfahren betrieben wird.[1036] Es besteht die Gefahr einer nur subjektiven Einschätzung der Marktentwicklung.[1037]

Die Stärkung der privatrechtlichen Kartelldurchsetzung konfligiert darüber hinaus mit dem insbesondere im europäischen Kartellrecht verfolgten *more economic approach*, der im Zuge der 8. GWB-Novelle auch in das deutsche Kartellrecht weiteren Eingang gefunden hat.[1038] Soweit im Anwendungsbereich des Kartellverbots sowie in Art. 102 AEUV Marktstrukturen und -wirkungen entscheidungserheblich sind, können diese im Rahmen eines Verwaltungsverfahrens der Kommission bzw. der nationalen Wettbewerbsbehörde ggf. leichter zu ermitteln, im Rahmen einer zivilgerichtlichen Auseinandersetzung, insbesondere im Rahmen der nach § 242 BGB gebotenen Interessenabwägung aber nur schwer darzulegen sein. Der auf die tatsächlichen Marktwirkungen abstellende *more economic approach* führt insofern zu einem Verlust an Kontur, als er sich weniger an der normbasierten Rechtsanwendung orientiert, denn auf das Verhalten Dritter abstellt. Gleichwohl können etwa die im Rahmen von Art. 101 Abs. 3 AEUV einer Partei aufgebürdeten Lasten als angemessen verstanden werden, ist es doch regelmäßig der Lieferant, der die Freistellung für sich in

---

1034 Im Rahmen von Unterlassungsklagen oder für auf Erfüllung gerichtete Klagen aus einem kartellrechtswidrigen, also nichtigen Vertrag folgt die Bindungswirkung einer Entscheidung der Kommission aus Art. 16 VO 1/2003, die Tatbestandswirkung einer Entscheidung der nationalen Kartellbehörde aus ihrer Bestandskraft; vgl. *Bornkamm*, in: Langen/Bunte, Deutsches Kartellrecht, 12. Aufl. 2014, § 33, Rn. 161 ff.

1035 Vgl. zur parallelen Anwendbarkeit von UWG und GWB BGH GRUR 1992, 191, 194 – *Amtsanzeiger*, sowie oben Teil 2, C.III.1.b).

1036 Vgl. BGHZ 81, 291, 295 – *Bäckerfachzeitschrift*; BGH NJW 1984, 1116.

1037 Vgl. BGH GRUR 1991, 616 – *Motorboot-Fachzeitschrift*; *Rohnke*, GRUR 1991, 767.

1038 Oben Teil 2, C.I.2.b)dd). Im Bereich der Fusionskontrolle soll nicht mehr die Begründung oder Verstärkung einer marktbeherrschenden Stellung, sondern die „erhebliche Behinderung wirksamen Wettbewerbs" maßgebendes Kriterium für die Untersagung eines Zusammenschlusses sein. Gruppenfreistellungsverordnungen stellen i.Ü. verstärkt auf Marktanteilsschwellen ab; vgl. Art. 3 VO EG/772/2004; Art. 3 VO EU/330/2010.

Anspruch nimmt.[1039] Der ihn treffenden Darlegungs- und Beweislast (Art. 2 S. 2 VO 1/2003) kann er ohne weiteres nachkommen. Etwas anderes gilt freilich für den regelmäßig vom Beklagten vorgebrachten Nichtigkeitseinwand wegen Missbrauchs einer marktbeherrschenden Stellung bzw. äquivalent die auf Rechtsmissbräuchlichkeit gestützte Verteidigung im Vorfeld entsprechender Kartellrechtsverstöße. Auch in diesem Zusammenhang sollte der sich auf die Einwendung stützenden Partei anders als im Verwaltungsverfahren, dessen Gegenstand sie nicht in den Händen hält, das zur Verfolgung ihrer eigenen wirtschaftlichen Interessen bestehende Prognose- und Kostenrisiko aufzuerlegen sein. Die Beanstandung dieser Last stünde dem Wesensgehalt des Beibringungsgrundsatzes diametral entgegen.

Geltung beansprucht der Beibringungsgrundsatz auch in den von § 87 S. 1 und 2 GWB erfassten „Kartell-Zivilprozessen". Soweit auch in diesem Zusammenhang die verfahrensrechtlichen Besonderheiten des Zivilprozesses gewisse *„unübersehbare faktische Grenzen"* jeder privaten Rechtsdurchsetzung gegen wirtschaftliche Macht aufzeigen, unterstreicht dies die Notwendigkeit der öffentlich-rechtlichen Kartellaufsicht neben dem Zivilprozess.[1040] Die zu begrüßende Mehrgleisigkeit des kartellrechtlichen Sanktionssystems bleibt jedenfalls unberührt. Es wäre vor diesem Hintergrund unverständlich, alle sonstigen wettbewerbsverletzenden Sachverhalte, denen in dem aufgezeigten Rahmen § 242 BGB entgegnet werden kann, ungeahndet zu lassen. Dies gilt insbesondere mit Blick auf die gegenüber der kartellrechtlichen Missbrauchsaufsicht verschiedenen Anforderungen an den Nachweis einer beabsichtigten Wettbewerbsverletzung im Rahmen der gebotenen Gesamtabwägung des § 242 BGB, welche auch die Berücksichtigung subjektiver Elemente erlaubt.[1041] Soweit aus Billigkeitserwägungen trotz allem Bedenken dagegen bestehen, verbleibt die Möglichkeit, der regelmäßig darlegungs- und beweispflichtigen Beklagtenpartei *de lege ferenda* eine in sämtlichen „Kartell-Zivilprozessen" Geltung beanspruchende verfahrensrechtliche Erleichterung an die Hand zu geben.

1039 Vgl. *Bornkamm*, Die Rolle des Zivilrichters bei der Durchsetzung des Kartellrechts, 2003, S. 12, 14.

1040 Vgl. *Stockmann/Schmidt*, in: Immenga/Mestmäcker, GWB, 5. Aufl. 2014, Vorbem. § 87, Rn. 1.

1041 Während ein subjektives Werturteil Eingang in die Gesamtabwägung des § 242 BGB finden kann, sieht der BGH im kartellrechtlichen Missbrauch ein am Prinzip der Wettbewerbsfreiheit orientiertes, von einer subjektiven Vorwerfbarkeit losgelöstes Unwerturteil; oben Teil 2, A.IV.2.b).

b) Rechtsanwendung

Die Bewertung, ob die Missbräuchlichkeit einer Rechtsausübung auf marktstrukturbezogene Gesichtspunkte gestützt werden kann, verbleibt eine vom Gericht zu beantwortende Rechtsfrage. Insoweit gilt der Grundsatz *iura novit curia*. Die zentrale Frage, mit der sich die Zivilgerichte in diesem Zusammenhang auseinanderzusetzen haben, bezieht sich auf die Prognostizierbarkeit von Wettbewerbsergebnissen des beanstandeten marktrelevanten Verhaltens.[1042] Es tut sich die von der zutreffenden Tatsachenermittlung nur schwer zu trennende Frage danach auf, ob die gegenwärtig den Zivilgerichten zur Verfügung stehenden Mittel diesen Anforderungen genügen. Soweit dies in der Vergangenheit in der Literatur bezweifelt wurde,[1043] ist zunächst festzustellen, dass den Zivilgerichten im Anwendungsbereich des GWB diese Prognosefragen dem Grunde nach von jeher zugetraut werden, auch wenn die §§ 87 bis 89e GWB Sonderregeln für bürgerliche Rechtsstreitigkeiten (§ 13 GVG) mit kartellrechtlichem Bezug enthalten.[1044] Dem Trend hin zur privaten Kartellrechtsdurchsetzung lässt sich aber entgegenhalten, dass sich Schadensersatzforderungen, die im Wege sog. *follow-on*-Klagen geltend gemacht werden, regelmäßig auf vorab ergangene Entscheidungen der Kartellbehörden stützen (§ 33b GWB).[1045] Darüber hinaus kann – insbesondere im Rahmen kurzfristiger Entscheidungen im einstweiligen Rechtsschutz – den Zivilgerichten die Möglichkeit zur Durchführung im Kartellrecht üblicher umfassender Marktanaly-

---

1042 Vgl. *Baudenbacher*, GRUR 1981, 19, 27.

1043 Vgl. *Steindorff*, in: FS Raiser, 1974, 621, 639; *Loewenheim*, GRUR 1976, 224, 228; *Baudenbacher*, GRUR 1981, 19, 27.

1044 Bürgerliche Rechtsstreitigkeiten i.S.v. § 13 GVG, die insbesondere die Vorschriften des GWB bzw. die Art. 101 und 102 AEUV betreffen, werden ohne Rücksicht auf den Streitwert der ausschließlichen sachlichen Zuständigkeit des Landgerichts zugewiesen (§ 87 S. 1 GWB); vgl. *Schmidt*, in: Immenga/Mestmäcker, GWB, 5. Aufl. 2014, § 87, Rn. 3 ff., sowie oben Teil 2, B.IV.6.a).

1045 Vgl. *Podszun*, WRP 2009, 509, 512. Die Nutzbarmachung der Erkenntnisse aus dem Verwaltungsverfahren begegnet insoweit keinen rechtsstaatlichen Bedenken, als der Belastete im Verwaltungsverfahren Gelegenheit zur Verteidigung hatte und die Möglichkeit bestand, den behördlichen Verwaltungsakt einer gerichtlichen Kontrolle zu unterziehen. § 33b GWB enthält i.Ü. keine Regelung für Unterlassungsklagen oder auf Erfüllung gerichtete Klagen aus kartellrechtswidrigen Verträgen. Die Bindungswirkung einer Kommissionsentscheidung ergibt sich aus Art. 16 VO 1/2003, die Tatbestandswirkung einer Entscheidung der nationalen Kartellbehörde unabhängig von § 33 Abs. 4 GWB; vgl. *Bornkamm*, in: Langen/Bunte, Deutsches Kartellrecht, 12. Aufl. 2014, § 33, Rn. 168.

sen,[1046] mithin ein ökonomischer Sachverstand, der bei Kartellbehörden vorhanden ist, jedenfalls in Teilen vertretbarerweise abgesprochen werden.[1047] Wenngleich die Annahme, auf der Grundlage von Dispositionsmaxime und Beibringungsgrundsatz seien die für die Entscheidung des Prozesses wesentlichen Tatsachen nicht ermittelbar,[1048] wohl zu weit geht, stellt sich die Prognostizierbarkeit und Einbeziehung ökonomischer Folgen für den Zivilrichter doch schwieriger dar als für eine mit sämtlichen relevanten Informationen ausgestattete Kartellbehörde.[1049] Vor diesem Hintergrund obliegt es dem Gesetzgeber, Möglichkeiten zur Mehrung des wettbewerbsökonomischen Sachverstandes bei den Zivilgerichten zu finden.[1050]

Es darf nicht unerwähnt bleiben, dass eine grundsätzliche Vorfragenkompetenz des Zivilrichters in Bezug auf zivilrechtsfremde Materien dem deutschen Gerichtsverfahrensrecht inhärent ist (§ 17 Abs. 2 S. 1 GVG). Das Gericht des zulässigen Rechtsweges entscheidet den Rechtsstreit umfassend unter allen in Betracht kommenden rechtlichen Gesichtspunkten, als *„der zu ihm beschrittene Rechtsweg für einen Klagegrund zulässig ist.“*[1051] Es liegt in der Natur dieser rechtswegüberschreitend wahrnehmbaren Sach- und Entscheidungskompetenz[1052] des Gerichts, dass ein- und dasselbe Gericht mit im konkreten Fall ggf. nur eingeschränktem Kenntnisstand über ihm in der Sache fremde Rechtsverhältnisse zu entscheiden hat. Dies gilt insbesondere bei einem fehlerhaften, d.h. gesetzeswidrigen, aber rechtskräftigen und daher bindenden Verweisungsbeschluss (§ 17a Abs. 1 GVG).[1053] Wenngleich sich auch aus § 17 Abs. 2 S. 1 GVG kein einheitlicher, rechtswegübergreifender Gerichtsstand des Sachzusammenhangs begründen lässt, ist es nur folgerichtig, dass ordentliche Gerichte auch in ihnen regelmäßig fernliegende Rechtsbereichen entscheiden,[1054] beispiels-

---

1046 Vgl. *Ohly*, WRP 2008, 177, 179.

1047 Vgl. *Podszun*, WRP 2009, 509, 512.

1048 *Mestmäcker*, EuZW 1999, 523, 528.

1049 Vgl. *Sambuc*, Folgenerwägungen im Richterrecht, 1977; *Eidenmüller*, Effizienz als Rechtsprinzip, 3. Aufl. 2005, S. 397 ff.

1050 Vgl. *Podszun*, WRP 2009, 509, 517, der hierin eine *„Kapitulationserklärung vor den komplexen Gegebenheiten der Wirtschaft“* erkennen will.

1051 BT-Drucks. 11/7030, S. 37; BGHZ 114, 1, 2 = NJW 1991, 1686.

1052 OLG Düsseldorf NVwZ 2001, 594, 595.

1053 Vgl. BGH NJW 2000, 1343, 1344; *Wittschier*, in: Musielak/Voit, ZPO, 12. Aufl. 2015, § 17a GVG, Rn. 9.

1054 Der Rechtsgedanke des § 17 Abs. 2 S. 1 GVG wird i.Ü. herangezogen, um den Gerichtsstand der unerlaubten Handlung (§ 32 ZPO) auf die Prüfung auch

weise über einen öffentlich-rechtlichen Folgenbeseitigungsanspruch[1055] oder, unter dem Gesichtspunkt des enteignungsgleichen Eingriffs einen Anspruch aus Art. 36 Abs. 1 BayNatSchG.[1056]

2. Mangelnde Rechtssicherheit und Entscheidungskohärenz

Die Erweiterung der privatrechtlichen Durchsetzungsinstrumente des Kartellrechts verschärft ebenso wie die Berücksichtigung kartellrechtsähnlicher Wertungen in § 242 BGB die Rechtsunsicherheit auf Seiten der betroffenen Unternehmen bei der Einschätzung und Bewertung ihres eigenen Verhaltens. Im Gegenzug wird diese Entwicklung auch nicht durch einen Deregulierungsvorteil ausgeglichen, da die Befugnisse der Kartellbehörden im Anwendungsbereich der GWB-Vorschriften unangetastet bleiben. Eine Entlastung der Kartellbehörden, wie sie mit dem Systemwechsel zur Legalausnahme erreicht wurde, bleibt insofern aus, wenngleich aus Sicht der betroffenen Unternehmen ein verstärktes Maß an Rechtsunsicherheit zu befürchten steht.[1057] Das erhebliche Rechtssicherheitsinteresse der Unternehmen in kartellrechtlich relevanten Sachverhalten ergibt sich aus dem regelmäßig erheblichen Umfang ihrer Investitionen.

Dennoch können die Befürchtungen um eine ausufernde Rechtsunsicherheit in der privaten Kartellrechtsdurchsetzung als „*Sturm im Wasserglas*“ bezeichnet werden. Eine große Rechtsunsicherheit bei der Kartellrechtsanwendung ist insbesondere mit Blick auf den Systemwandel zur Legalausnahme nicht neu. Das Kartellrecht stellt vielmehr ein Musterbeispiel „*weicher Normen mit harten Folgen*“ dar, das „*früher wie heute für alle Beteiligten schwer anzuwenden*“ ist.[1058] Im Zuge des Systemwechsels im Kartellverfahrensrecht wurde gar verlautbart, der rechtspolitische Vorzug einer elasti-

---

nichtdeliktischer Anspruchsgrundlagen zu erstrecken; vgl. BGH NJW 2003, 828, 829; OLG Stuttgart NJOZ 2009, 2290, 2292; zustimmend *Kiethe*, NJW 2003, 1294 ff.; *Heinrich*, in: Musielak/Voit, ZPO, 12. Aufl. 2015, § 32, Rn. 10 f.

1055 OLG Düsseldorf NVwZ 2001, 594.

1056 BGH NJW 1995, 964, 965.

1057 Bereits vor dem Systemwechsel sprachen sich zahlreiche Stimmen dafür aus, die Effektivität der Kartellrechtsdurchsetzung in diesem Sinne über die Rechtssicherheit zu stellen; vgl. *Biedenkopf*, Vertragliche Wettbewerbsbeschränkung und Wirtschaftsverfassung, 1958, S. 217 ff.; *Mestmäcker*, AcP 168 (1968), 235, 242 ff.; *Emmerich*, Das Wirtschaftsrecht der öffentlichen Unternehmen, 1969, S. 337 f.; *Möschel*, NJW 1975, 753, 757.

1058 Vgl. zu einem Vortrag von *Karsten Schmidt* an der Universität Bonn am 13.02.2006 *Heukamp*, SchiedsVZ 2006, 94.

schen Direktanwendung des Kartellrechts wiege die Einbuße an Rechtssicherheit auf.[1059] Für den Untersuchungsgegenstand kommt hinzu, dass die Unbestimmtheit des § 242 BGB und seines weiten Anwendungsbereichs den Gerichten und den betroffenen Rechtssubjekten schon seit dem Inkrafttreten des BGB zugemutet wird.[1060] Im Übrigen ist auch die Befürchtung, ein Rückgriff auf § 242 BGB werde einer unkontrollierten wirtschaftspolitischen Rechtsprechung Tür und Tor öffnen,[1061] nicht ohne weiteres haltbar. Die funktionale Anwendung der unbestimmten Generalklausel ermöglichte die Ausbildung spezifischer Fallgruppen durch die Rechtsprechung, die zum einen mit dem § 242 BGB innewohnenden Auftrag zur richterlichen Rechtsfortbildung korrespondieren, zum anderen aber auch Anhaltspunkte für den Rechtsanwender zur Verfügung stellen sollen.[1062] Wenngleich der im Schrifttum erhobene Vorwurf, die Gerichte seien nicht immer zur hinreichenden Offenlegung ihrer Wertungen bereit,[1063] nicht ganz unbegründet ist, fällt den Gerichten bei der Konkretisierung der Generalklausel doch die Aufgabe zu, auch den nicht am konkreten Verfahren beteiligten Wettbewerbern klare Verhaltensleitlinien vorzugeben.

In diesem Zusammenhang ist auch die Rechtsverbindlichkeit zivilgerichtlicher Entscheidungen zu sehen. Während bestandskräftigem Verwaltungshandeln eine Wirkung *erga omnes* zukommt, wirken rechtskräftige Zivilurteile nur *inter partes*. Ihre Rechtsverbindlichkeit ist auf die am Rechtsstreit beteiligten Parteien beschränkt. Entfaltet darüber hinaus eine bestandskräftige Entscheidung der Kartellbehörde Bindungswirkung auch im Zivilverfahren mit Dritten, droht den beteiligten Parteien eine fortwährende Rechtsunsicherheit hinsichtlich weiterer, ggf. anderslautender zivilgerichtlicher Entscheidungen sowie mit Blick auf mögliche kartellbehördliche Entscheidungen, jedoch nur soweit deren Aufgabenbereich eröffnet ist.[1064] Deshalb verschärft die hier erörterte Rechtsanwendung das Problem

1059 Vgl. *Schmidt*, in: Immenga/Mestmäcker, EG-WettbR, Teil 2, 4. Aufl. 2007, VO 1/2003, Art. 1, Rn. 9 ff.

1060 Zur rechtshistorischen Bedeutung von Treu und Glauben oben Teil 2, A.II.

1061 Vgl. zur Frage der Einbeziehung wirtschaftspolitischer Belange in § 1 UWG *Kraft*, in: FS Bartholomeyczik, 1973, 223, 235; *Kroitzsch*, BB 1977, 220, 224.

1062 Vgl. zur mangelnden Kontrollierbarkeit funktionaler Rechtsanwendung aber *Baudenbacher*, GRUR 1981, 19, 28 f.

1063 Vgl. *Freitag*, Der Leistungswettbewerb als rechtliche Denkfigur, 1968, S. 21.

1064 Die Durchsetzung kartellrechtlicher Schadensersatzansprüche wird zudem regelmäßig erst im Anschluss an das verwaltungsbehördliche Verfahren möglich sein (§ 33b GWB).

mangelnder Entscheidungskohärenz gegenüber Verwaltungsentscheidungen nicht. Aber auch im Anwendungsbereich der einschlägigen GWB-Vorschriften kann der Befürchtung einer zunehmenden Rechtsunsicherheit bei Eingang kartellrechtsähnlicher Wertungen in § 242 BGB entgegengehalten werden, dass im Rahmen der dezentralisierten Betrachtung des Zivilrechts, insbesondere auch der bei § 242 BGB gebotenen umfassenden Interessenabwägung andere Gesichtspunkte Eingang in die rechtliche Bewertung finden als bei der Bewertung von Außenwirkungen wettbewerbsbeschränkender Verhaltensweisen. §§ 19 f. GWB sanktionieren den Missbrauch einer marktbeherrschenden Stellung. § 242 BGB ahndet die Unvereinbarkeit mit Treu und Glauben. Eine anderslautende zivilgerichtliche Entscheidung kann hierdurch im Einzelfall auch mit Blick auf die Einheit der Rechtsordnung gerechtfertigt sein.[1065]

3. Missbrauch der Zivilgerichtsbarkeit zu Wettbewerbszwecken

Hinsichtlich der Stärkung einer privaten Kartellrechtsdurchsetzung kann auch der mögliche Missbrauch zivilgerichtlicher Verfahren zur Durchsetzung marktstrukturrelevanter Unternehmensinteressen auf Bedenken stoßen. Zustimmung verdient dabei zunächst die Erkenntnis, dass der Wettbewerb selbst nach einer möglichst umfassenden Durchsetzung des Kartellrechts verlangt, eine wie auch immer geartete ungleichmäßige Durchsetzung das Kartellrecht selbst zum wettbewerbsverzerrenden Faktor werden ließe, da Wettbewerbschancen ungleich verteilt würden.[1066] Hingewiesen sei dabei auf die relativierenden und *„oft unterschätzten Vorzüge einer dem öffentlichen Interesse verpflichteten Behördentätigkeit“*.[1067] Soweit auch ein effektiver Individualschutz betroffener Marktteilnehmer mit Blick auf die Stärkung der Schlagkraft des Kartellrechts wünschenswert und unverzichtbar ist, so sehr ist zu berücksichtigen, dass ein privates Unternehmen *„nicht als public attorney“* agiert und letzlich (allein) seine eigenen Interessen verfolgt.[1068] Eine lange Verfahrensdauer und erhebliche Verfahrenskosten können wirtschaftsstarke Prozessparteien gegenüber ihren schwächeren

1065 Vgl. *Engisch*, Die Einheit der Rechtsordnung, 1935; *Paschke*, in: Schmidt, Die Einheit der Rechtsordnung, 1994, 147 ff.

1066 Vgl. *Glöckner*, WRP 2007, 490, 494.

1067 *Schmidt*, ZWeR 2010, 15, 32.

1068 Vgl. *Möschel*, WuW 2006, 115; *ders.*, WuW 2007, 483, 489, unter Hinweis auf eine in den USA erhobene Klage eines Mitbewerbers gegen einen mit attraktiven Preisen auf den Markt drängenden Neuzugang, der nach der vergleichs-

Kontrahenten bevorteilen. Soweit ein Marktteilnehmer und Anspruchsteller seinen vermeintlichen Anspruch nicht bereits von vornherein zu marktstrategischen Zwecken geltend macht, könnte er sein Klagerecht nur ausüben, um sich den Anspruch im Wege eines rechtsstreitbeendenden Vergleichs *„abkaufen"* zu lassen.[1069] Ungeachtet der mit Blick auf den kartellrechtlichen Institutionenschutz ebenfalls verfolgten Allgemeininteressen ist dieser Gedanken, der an rechtsmissbräuchliche Anfechtungs- und Nichtigkeitsklagen im Kapitalgesellschaftsrecht[1070] erinnert, nicht fernliegend. Ein privates Unternehmen folgt zuvorderst seinem eigenen Gewinnstreben.[1071] Die Befürchtung wird aber dadurch relativiert, dass die Verfolgungsbefugnisse der Kartellbehörden durch die thematisierte Einbringung kartellrechtsähnlicher Wertungen in § 242 BGB nicht beschränkt werden. Das Risiko eines Missbrauchs der Zivilgerichtsbarkeit zu Wettbewerbszwecken geht nicht über die systeminhärente Missbrauchsgefahr hinaus.

4. Friktion privater und behördlicher Kartellrechtsdurchsetzung

Die fortschreitende Stärkung privatrechtlicher Durchsetzungsinstrumente wird mit Blick auf ein möglichst wirksames Ineinandergreifen privater und behördlicher Kartellrechtsdurchsetzung problematisch gesehen.[1072] Ausgangspunkt der Überlegung ist die Erhebung sog. *follow-on*-Klagen, die einer behördlichen Aufdeckung von Kartellverstößen oftmals erst zeitlich

---

weisen Beilegung des Rechtsstreits seine Preise erhöhte.; *Schmidt*, ZWeR 2010, 15, 33.

1069 Kritisiert wird die *„Hochrüstung eines schadensersatzrechtlichen Kartelldeliktsarsenals um der Belebung des Prozessgeschehens willen"* mit der Befürchtung *„eine*[r] *Enttäuschung* [...] *in dem Sinne, dass* [...] *den Marktbeteiligten Erpresser auf den Hals geholt"* werden; vgl. *Schmidt*, ZWeR 2010, 15, 32.

1070 Weiterführend *Hüffer*, AktG, 9. Aufl. 2010, § 245, Rn. 22 ff.; *Servatius*, in: Spindler/Stilz, AktG, Bd. 2, 2. Aufl. 2010, § 184, Rn. 42 f.

1071 Vgl. *Möschel*, WuW 2007, 483, 489; *Westermann*, AcP 208 (2008), 141, 177 f.

1072 Vgl. *Zimmer/Höft*, ZGR 2009, 662, 715 f.; *Ritter*, WuW 2008, 762, 772 f., der die negativen Auswirkungen der Ökonomisierung des Kartellrechts auf zivilgerichtliche Klagen hervorhebt, die damit noch komplexer und kostenträchtiger würden. Das Verhalten der Kommission, Kartellgeschädigte zur Klageerhebung zu animieren, andererseits Kartellverfahren zunehmend mittels sog. *settlements* beizulegen, wodurch dem potentiellen Kartellkläger weniger Informationen zur Verfügung stünden als im Fall einer streitigen Kommissionsentscheidung, sei darüber hinaus widersprüchlich; vgl. *Soltész*, BB 2010, 2123 ff.; *Hirsbrunner*, EuZW 2011, 12 ff.

nachgelagert erfolgt. Bei Heranziehung der spezifisch kartellrechtlichen Rechtsgrundlage ist daher die Vermeidung einer gegenseitigen nachteiligen Beeinträchtigung der Durchsetzung kartellrechtlicher Schadensersatzansprüche und des behördlichen Bußgeldverfahrens zu berücksichtigen.[1073] Es besteht zudem die Möglichkeit, dass die zunehmende Aufdeckung wettbewerbsschädlicher Verhaltensweisen durch die Zivilgerichte Informationsdefizite der Kartellbehörden generieren. Andererseits könnte die Wirksamkeit spezifisch kartellrechtlicher Kronzeugenregelungen durch das Risiko zukünftiger *follow-on*-Klagen der Kartellgeschädigten unterlaufen werden.

a) Drohendes Leerlaufen kartellrechtlicher Kronzeugenregelungen

Im Mittelpunkt der Diskussion stehen die zu befürchtenden negativen Auswirkungen, die ein fortschreitendes *private enforcement* des Kartellrechts auf die Attraktivität bestehender Kronzeugenregelungen und letztlich die Effektivität des anschließenden Bußgeldverfahrens haben kann.[1074] Die umfassende Offenbarung des Kartellanten im Rahmen des sog. *leniency programs* wird umso weniger attraktiv, je leichter Kartellgeschädigte anschließend Schadensersatzklagen erheben können.[1075] Dies gilt insbesondere mit Blick auf § 33b GWB. Da dem Kronzeugen anders als den übrigen Kartellanten keine Möglichkeit offensteht, über die Einlegung eines Rechtmittels der Bindungswirkung des Bußgeldentscheides zu entgehen,[1076] würden die Geschädigten folglich zunächst den Kronzeugen in Anspruch

---

1073 Vgl. *Zimmer/Höft*, ZGR 2009, 662, 715.

1074 Vgl. *Ritter*, WuW 2008, 762, 772 f.; *Mäger/Zimmer/Milde*, WuW 2009, 885, 893 f.; *Bien*, EuZW 2011, 889.

1075 Die erhoffte Klarheit hat auch das Urteil des EuGH vom 14.06.2011 (C-360/09 = EuZW 2011, 598 m.Anm. Seitz – *Pfleiderer*) zunächst nicht gebracht. Zwar verbieten es hiernach die unionsrechtlichen Vorschriften, insbesondere die VO 1/2003, nicht, dass eine durch den Verstoß gegen Unionskartellrecht geschädigte Person im Rahmen einer Schadensersatzforderung Zugang zu den Dokumenten des Kornzeugenverfahrens erhalte. Es sei jedoch Sache des mitgliedstaatlichen Gerichts, anhand des jeweiligen nationalen Rechts und unter Abwägung der unionsrechtlich geschützten Interessen zu bestimmen, unter welchen konkreten Voraussetzungen diese Akteneinsicht zu gewähren oder zu verweigern sei; vgl. auch *Bischke/Brack*, NZG 2011, 779; *Gussone/Michalczyk*, EuZW 2011, 130, 133 f.

1076 Überlegungen, den Kronzeugen von der schadensersatzrechtlichen Verantwortung auszunehmen, erscheinen als Ausschluss einer Ersatzpflicht zulasten der

nehmen, der seinerseits auf den gesamtschuldnerischen Ausgleich im Innenverhältnis (§§ 840 Abs. 1, 426 Abs. 1 S. 1 BGB) verwiesen wäre. Entsprechend des Umfangs möglicher Haftungsansprüche droht die Attraktivität der Kronzeugenregelungen leerzulaufen. So stand es auch nach der *Pfleiderer*-Entscheidung des EuGH zu befürchten,[1077] die durch den unanfechtbaren Beschluss des AG Bonn vom 18. Januar 2012[1078] aber bereits relativiert wurde. Das Gericht entschied, dass die Ablehnung eines auf § 406e StPO gestützten Begehrs auf Akteneinsicht durch die Gefährdung der Aufdeckung und Verfolgung von Wettbewerbsverstößen gerechtfertigt sei, weil die Attraktivität der Kronzeugenregelung wesentlich unter der Offenlegung freiwillig übergebener Unterlagen durch den potentiellen Bonusantragsteller leiden würde. Der Untersuchungszweck sei gemäß § 406e Abs. 2 S. 2 StPO gefährdet. In dieselbe Richtung, also hin zu einer Stärkung der öffentlichen Kartellrechtsdurchsetzung zulasten des *private enforcement*, ging auch der Beschluss des OLG Düsseldorf vom 22. August 2012, Az. V-4 Kart 5 + 6/11 (OWi), sowie die „Donau Chemie"-Entscheidung des EuGH vom 27. Februar 2014, C-365/12 P. Das Interesse des Kartellanten an der Geheimhaltung seines Kronzeugenantrags und der mit dem Antrag übermittelten Beweise soll jenes überwiegen, das der Kartellgeschädigte an der Überprüfbarkeit etwaiger Schadensersatzansprüche gegen Kartellteilnehmer hat.

Für den Untersuchungsgegenstand wird die Problematik zudem in zweierlei Hinsicht entschärft. Zum einen befasst sich die Darstellung mit der Bedeutung des unter Berücksichtigung marktstruktureller Gesichtspunkte begründeten Rechtsmissbrauchseinwandes unterhalb kartellrechtlicher Aufgreifschwellen. Sie liegt damit ohnehin abseits der kartellbehördlichen Eingriffsbefugnisse. Eine Beeinträchtigung der Attraktivität von Kronzeugenregelungen kommt also gar nicht in Betracht. Darüber hinaus ergibt sich aus dem Wortlaut der Bonusregelung, dass diese nur auf Kartellierungstatbestände, nicht aber auch auf vertikale Wettbewerbsbeschränkun-

---

Geschädigten nicht zuletzt mit Blick auf Art. 14 Abs. 1 GG bedenklich; vgl. *Ritter*, WuW 2008, 762, 773; *Bien*, EuZW 2011, 889 ff.

1077 Nach *Seitz* befasste sich die Vorlageentscheidung mit dem „*Spannungsverhältnis zwischen dem private enforcement of competition law, also der insbesondere von der Kommission propagierten privaten Durchsetzung des Kartellrechts, einerseits und der Stärkung der nationalen und europäischen Kronzeugenprogrammen, also des public enforcements, andererseits*"; vgl. EuGH EuZW 2011, 598, 599 m.Anm. Seitz.

1078 AG Bonn NJW 2012, 947 – *Pfleiderer II*.

gen und einseitiges missbräuchliches Verhaltens nach §§ 19 f. GWB Anwendung findet.[1079]

b) Kein weitergehender Wertungswiderspruch

Im Anwendungsbereich der GWB-Vorschriften begründet die Stärkung privater Durchsetzungsinstrumente des Kartellrechts auch keine Gefahr, dass die Kartellbehörden wichtige Informationen zu wettbewerbsbeschränkenden Vorgängen auf den Märkten ggf. nicht mehr erhalten, da diese nun vermehrt vor den Zivilgerichten aufgedeckt würden. Eine solche Entwicklung würde an die US-amerikanische Praxis erinnern, wo die Kartellrechtsdurchsetzung weitgehend den Gerichten überlassen wird. Ein fortschreitender Bedeutungsverlust gerade des Bundeskartellamts wäre in dem Fall unverkennbar.[1080] Sind die kartellrechtlichen Aufgreifkriterien jedoch erfüllt, besteht, wie aufgezeigt, die Befugnis zur Einleitung eines behördlichen Bußgeldverwahrens fort. Daran ändert auch die Berücksichtigungsfähigkeit marktstruktureller Gesichtspunkte in der Anwendung von § 242 BGB nichts. Der Einwand unzulässiger Rechtsausübung tritt in dieser Funktion neben die kartellrechtlichen Durchsetzungsinstrumente. Soweit die den Unternehmen im Rahmen ihrer eigenverantwortlichen Selbsteinschätzung auferlegte Last als nicht hinnehmbar empfunden wird, ist dem entgegenzuhalten, dass § 242 BGB zur Korrektur einzelner Rechtsverhältnisse von vornherein als „Einfallstor" insbesondere grundrechtlicher Wertungen herangezogen wurde. Die zugunsten einer um die Erfassung jedes Einzelfalls bemühten abstrakten Gesetzesformulierung verbleibende Rechtsunsicherheit wurde in den gebotenen Grenzen stets bewusst in Kauf genommen.

Die wirksame kartellbehördliche Überwachung unternehmerischen Marktverhaltens wird auch angesichts der ergänzenden Wirkung zivilgerichtlicher Verfahren nicht beeinträchtigt. Ganz im Gegenteil. Soweit anzunehmen ist, dass wettbewerbswidriges Verhalten zunehmend im Wege der privaten Kartellrechtsdurchsetzung aufgedeckt wird, ist sogar eine Verdichtung der behördlichen Aufdeckungs- und Aufklärungstätigkeit wahr-

1079 *BKartA*, Bonusregelung, 2006, Tz. 1.

1080 Vgl. *Drexl*, in: Oberender, Internationale Wettbewerbspolitik, 2006, 41 ff.; *Podszun*, ZRP 2007, 269, 271, für den die Institutionalisierung einer unabhängigen Wettbewerbsbehörde *„an sich ein Wert"* ist, da es hierdurch einen zentralen Träger des Wettbewerbsgedankens in der Wettbewerbspolitik gebe.

scheinlich. Über Rechtsstreitigkeit, deren Entscheidung insbesondere ganz oder teilweise von der Anwendung des GWB abhängt, ist das Bundeskartellamt hierüber zu unterrichten (§ 90 Abs. 1 S. 1 GWB). Das Zivilgericht hat darüber hinaus dem Bundeskartellamt auf Verlangen Abschriften aller Schriftsätze, Protokolle, Verfügungen und Entscheidungen zu übersenden (§ 90 Abs. 1 S. 4 GWB). Soweit hingegen eine Rechtsstereitigkeit nicht von der Anwendung spezifischen Kartellrechts abhängt, kartellrechtsähnliche Wertungen aber Eingang in die allgemeinzivilrechtliche Generalklausel des § 242 BGB finden, gelten diese Erleichterungen der kartellbehördlichen Tätigkeit nicht. Dies ist auch nicht zu beanstanden, denn der Anwendungsbereich der einschlägigen GWB-Vorschriften ist unterhalb ihrer Aufgreifschwellen nicht eröffnet. Anders verhält es sich, soweit die Aufgreifkriterien erfüllt sind. Soll dem Regelungszweck von § 90 GWB, die Kartellbehörden in die Lage zu versetzen, das öffentliche Interesse am funktionsfähigen Wettbewerb auch in Kartellzivilprozessen wahrzunehmen und sich ggf. aktiv am Prozess zu beteiligen (§ 90 Abs. 2 GWB),[1081] auch dann Geltung verschafft werden, bedarf es einer gesetzgeberischen Erweiterung der Norm. Eine Zunahme zivilrechtlicher Streitigkeiten ohne wettbewerbsbehördliche Beteiligung wäre unter Berücksichtigung der institutionellen Schlagkraft des Bundeskartellamts abwegig.

1081 Vgl. *Dicks*, in: Loewenheim/Meessen/Riesenkampff, Kartellrecht, 2. Aufl. 2009, § 90, Rn. 1.

Teil 3: Zusammenfassung der Ergebnisse

1. Dem aufgezeigten Verständnis von Treu und Glauben als Instrument der Marktverhaltenskontrolle unterhalb kartellrechtlicher Aufgreifschwellen geht die Feststellung voraus, dass die Unvereinbarkeit einer rechtlich erheblichen Verhaltensweise mit dem Grundsatz von Treu und Glauben eine allen Rechten, Rechtslagen, Rechtsinstituten und Rechtsnormen immanente Inhaltsbegrenzung konstituiert. Ihre Begründung setzt eine umfassende Interessenabwägung voraus, in deren Rahmen subjektiven Elementen ebenso wie öffentlichen Interessen, einfachgesetzlichen und insbesondere grundrechtlichen Wertungen Geltung verschafft werden kann. Die Treu und Glauben inhärente Korrektur- und Rechtsfortbildungsfunktion ist als notwendiges Korrektiv einer um die Erfassung jedes Einzelfalls bemühten, abstrakten Gesetzesformulierung zu verstehen. Vor diesem Hintergrund ist einer exklusiven Zuweisung der Kontrolle privater (Rechts-) Macht an das Kartellrecht bereits dem Grunde nach entgegenzutreten.
   Im Rahmen der rechtsgeschäftlichen Inhaltskontrolle kommt der Kontrollmechanismus des § 242 BGB gerade dann zur Anwendung, wenn die betreffende Regelung nicht der vertypten Inhaltskontrolle der §§ 307 ff. BGB unterliegt. Dies betrifft insbesondere die rechtsgeschäftliche Inhaltskontrolle von Gesellschaftsverträgen (vgl. § 310 Abs. 4 BGB). Insoweit gilt die vor Kodifizierung des AGB-Rechts geltende Rechtsprechung zur Inhaltskontrolle von Gesellschaftsverträgen am Maßstab von § 242 BGB fort.
   Die Annahme, spezifisches Kartellrecht entfalte eine generelle Verdrängungswirkung gegenüber allgemeinzivilrechtlichen Generalklauseln wie § 242 BGB auch unterhalb der spezifisch kartellrechtlichen Aufgreifschwellen, hätte vor diesem Hintergrund eine nicht zu rechtfertigende Rechtsschutzlücke zur Folge.

2. Nichts anderes gilt mit Blick auf die anerkannten Grundsätze methodischer Rechtsabrgenzung. Hinsichtlich § 242 BGB ist in einem ersten Schritt festzuhalten, dass die allgemeine Vorschrift dann zurücktritt, wenn die in der konkreten Fallgestaltung zur anwendbare bereichsspezifische Regelung den Sachverhalt auch in Bezug auf seine Vereinbarkeit mit Treu und Glauben abschließend regelt. Dies ist bei den besonderen Regelungen der kartellrechtlichen Missbrauchsaufsicht nicht der

Fall. In einem zweiten Schritt dürfen dem Rückgriff auf Treu und Glauben zudem keine höherrangigen Normzwecke oder Rechtsprinzipien entgegenstehen, insbesondere nicht Gesichtspunkte der Rechtssicherheit. Eine Normzweckanalyse, die danach fragt, inwieweit die vermeintlich speziellere Norm eine Sperrwirkung gegenüber dem Grundsatz von Treu und Glauben entfaltet, einem Rekurs insbesondere auf dessen Rechtsfortbildungsfunktion folglich im Wege steht, kommt zu dem Ergebnis, dass in Ermangelung eines Unterlaufens besonderer Wertungsprärogativen des GWB-Gesetzgebers eine generelle Verdrängungswirkung gegenüber § 242 BGB nicht anzunehmen ist. Kartellrecht kann nur insoweit eine Sperrwirkung zugesprochen werden, als das Zurücktreten der Generalklausel nicht zulasten anderer spezifischer Vorstellungen des einfachen Gesetzgebers geht, insbesondere aber nicht den Wirkungskreis höherrangigen Rechts beschränkt. Dennoch darf der Rückgriff auf Treu und Glauben nicht den in den kartellrechtlichen Aufgreifkriterien verkörperten Wertungen des Gesetzgebers zuwiderlaufen. § 242 BGB darf kein systemfremdes Monopolisierungsverbot begründen. Soweit sich die Missbräuchlichkeit einer Rechtsausübung nicht allein aus dem Vorwurf der kartellrechtlichen Unzulänglichkeit ergibt, sondern sich auf eigenständige, nicht allein spezifisch kartellrechtliche Umstände stützen lässt, die typischerweise im Rahmen der gebotenen Interessenabwägung Berücksichtigung finden, ist ein Widerspruch zu den verlautbarten Wertungen des GWB-Gesetzgebers aber nicht anzunehmen, der Rückgriff auf § 242 BGB folglich nicht verwehrt.

3. Auch ein genereller Vorrang des Ordnungsprinzips Wettbewerb, der den Rückgriff auf § 242 BGB versperren könnte, besteht nicht. Eine so verstandene Exklusivität widerspräche der einfachgesetzlichen Ausgestaltung des GWB. Sie würde den kartellrechtlichen Vorschriften eine ähnliche Wirkung verschaffen, wie sie das Grundgesetz den Grundrechten und grundrechtsähnlichen Rechten verleiht. Wettbewerb als kartellrechtliches Schutzobjekt ist stattdessen als Ordnungsprinzip der Wirtschaftsverfassung zu erfassen, das sich in einem wertgebundenen Raum abspielt. Denn Wettbewerb ist ebenso wenig wie sein normativer Rahmen Selbstzweck. Das GWB ist Bestandteil der Rechtsordnung, ohne dass eine generelle Höherrangigkeit des Kartellrechts gegenüber anderen Rechtssätzen angenommen werden kann. Die Rechtsordnung gewährleistet nicht nur den Schutz des Wettbewerbs als Institution. Sie schützt auch andere Rechtseinrichtungen, die im Rahmen einer Wettbewerbswirtschaft ihren Eigenwert besitzen. Spezialgesetzliche Rege-

lungen können nicht ohne weiteres Rechtsinstitute mit allgemeinem Geltungsanspruch verdrängen. Eine starre Verabsolutierung des Wettbewerbsprinzips gegenüber anderweitig verlautbarten Einschätzungsprärogativen des Gesetzgebers ist auch insofern abzulehnen, als kein Wertunterschied zwischen den Gesetzgebern der einzelnen Gesetze besteht. Ungeachtet des zu bewertenden unternehmerischen Verhaltens ist ein genereller Vorrang kartellrechtlicher Regelungen vor allgemeinzivilrechtlichen Normen wie § 242 BGB abzulehnen. Ein solcher Ansatz würde dem Kartellrecht den Status eines abschließenden Sonderprivatrechts verleihen, der in der gesamten deutschen Rechtsordnung zwar nicht neuartig wäre, für das Kartellrecht aber zurecht nicht vertreten wird.

4. Das besondere Bedürfnis der Integration von dem Grunde nach typisch kartellrechtlichen Gesichtspunkten in das allgemeine Zivilrecht manifestiert sich in der Interdependenz von Kartellrecht und Privatrecht. Offen zu Tage tritt es im Bereich der rechtsgeschäftlichen Inhaltskontrolle am Treuwidrigkeitsmaßstab des § 242 BGB. Ein systemgerechtes Funktionieren der Vertragsfreiheit erfordert immer auch einen gewissen Ausgleich gegensätzlicher Interessen der Vertragsparteien im Sinne des dargestellten Maßes einer Vertragsgerechtigkeit. Diese setzt wiederum das Bestehen grundsätzlich gleicher Verhandlungschancen der Vertragsparteien voraus. Eine Gleichheit nach diesem Verständnis kann gleichermaßen auf ebenbürtiger intellektueller und wirtschaftlicher Stärke beruhen wie auf einem funktionierenden Wettbewerb, der dem Einzelnen Ausweichmöglichkeiten auf andere Vertragspartner gibt. Das Konsensprinzip vertragsrechtlicher Abschluss- und Gestaltungsfreiheit, das eine paritätsverbürgende Chancengleichheit schafft, droht bei wirtschaftlichem Ungleichgewicht der Vertragsparteien durchbrochen zu werden. Das an den Ordnungsprinzipien der Wettbewerbswirtschaft ausgerichtete Kartellrecht und das Privatrecht, das dem Maßstab individueller Vertragsgerechtigkeit unterliegt, bedingen einander. Eine ungestörte Vertragsparität ist als institutionelle Voraussetzung von Vertragsfreiheit anzuerkennen, zu deren Schutz der Gesetzgeber und auch das rechtsanwendende Gericht verfassungsrechtlich berufen sind. Der Zivilrichter hat zu verhindern, dass das Vertragsinstitut vom Mittel der beiderseitigen Selbstbestimmung zu einem solchen der Fremdbestimmung der schwächeren durch die stärkere Partei wird. Methodisch fußt dies auf einer fallgruppenorientierten, aber einzelfallbezogenen Rechtsfortbildung, gesetzestechnisch auf Heranziehung generalklauselartiger Auffangtatbestände. Denn wenn der Anwendungsbereich spezieller

Vorschriften nicht eröffnet ist, hält das Zivilrecht Möglichkeiten zur grundrechtskonformen rechtsgeschäftlichen Inhaltskontrolle und damit einhergehend zur Vermeidung gestörter Vertragsparitäten bereit – insbesondere in Gestalt von Generalklauseln wie § 242 BGB. Eine Nichtanwendbarkeit des Grundsatzes von Treu und Glauben auf marktstrukturrelevante Sachverhalte unterhalb kartellrechtlicher Aufgreifschwellen würde die privatrechtstypische Innenbetrachtung systemfremd zum Werkzeug des Wirtschaftsrechts machen. Die Berücksichtigungsfähigkeit von Wertungen, welche die gebotene Korrektur dieser privatrechtlichen Werterelativität herbeiführen können, ist eine Besonderheit des § 242 BGB.

5. Das Kartellrecht hat sich darüber hinaus widerspruchsfrei in die deutsche Rechtsordnung einzufügen. Auch die Divergenz der Anwendungsbereiche und Kontrollmaßstäbe von Kartellrecht einerseits und allgemeinem Zivilrecht andererseits spricht gegen einen genereln Vorrang des Kartellrechts. Die Regelungsbereiche überschneiden sich nur teilweise, was einer Verdrängungswirkung grundsätzlich entgegensteht. Das Kartellrecht regelt kein spezifisches Vertragsrecht, das den im Innenverhältnis relevanten Ordnungsprinzipien Geltung verschaffen, mithin einen generellen Vorrang seiner Rechtssätze vor den bestehenden allgemeinzivilrechtlichen Kontrollklauseln rechtfertigen könnte. Dies ist darauf zurückzuführen, dass kartellrechtliche Sanktionen eine wettbewerbsschädigende Verhaltensweise mit Blick auf ihre gesamtwirtschaftliche Richtigkeit, d.h. unabhängig von der Zuordnung zu einer vertypten Vertragsart bewerten.
Die verbleibenden Anwendungsbereiche der Billigkeitskontrolle einseitiger Leistungsbestimmung, der AGB-Inhaltskontrolle sowie der Sittenwidrigkeitskontrolle offenbaren eine bei Eröffnung des Anwendungsbereichs spezifischen Kartellrechts grundlegende Notwendigkeit, die auch für § 242 BGB besteht. Es wäre nicht nachvollziehbar, marktbeherrschende Unternehmen einer schwächeren rechtlichen Kontrolle auszusetzen als seine nicht marktbeherrschenden Wettbewerber. Dem jeweiligen Gesetzeswortlaut lässt sich eine solche Besserstellung marktbeherrschender Unternehmen ebenso wenig entnehmen wie der erkennbaren gesetzgeberischen Intention zur Stärkung der privatrechtlichen Kartellrechtsdurchsetzung. Nicht zuletzt bestätigt der Blick auf die verschieden verteilte Darlegungs- und Beweislast diese Feststellung. Bei Annahme einer Verdrängungswirkung der kartellrechtlichen Normen würde dem Betroffenen die Möglichkeit zur für ihn ggf. leichteren Darlegung der Unbilligkeit, Unwirksamkeit, Sitten- oder Treuwidrig-

keit genommen – ein Ergebnis, das mit den kartellrechtlichen Wertungen ebenso wenig vereinbar wäre wie mit den allgemeinen Prinzipien des Bürgerlichen Rechts. Bereits aus Gründen der Rechtssicherheit wäre nicht widerspruchsfrei nachvollziehbar, weshalb Rechte aus ein- und demselben Vertrag gegenüber einem marktbeherrschenden Unternehmen nur unter dem Nachweis einer missbräuchlichen Ausnutzung von Marktmacht durchsetzbar sein sollen, gegenüber einem nicht marktbeherrschenden Anbieter hingegen die schlüssige Behauptung insbesondere der Unbilligkeit einer einseitig bestimmten Leistung genügt. Die Eröffnung des Anwendungsbereichs spezifisch kartellrechtlicher Normen als solche würde den Schutz der direkten Marktgegenseite kausal absenken.

Derselbe Gedanke lässt sich an der kartellrechtlichen Überprüfung „sonstiger Geschäftsbedingungen" i.S.v. § 19 Abs. 2 Nr. 2 Alt. 2 GWB nachzeichnen. Das marktstarke Unternehmen könnte sich auf eine „*Gesamtbetrachtung des Leistungsbündels*" stützen, wobei eine Kompensation der ungünstigen Klausel durch einen günstigen sonstigen Vertragsteil möglich wäre. Bliebe der Rückgriff auf § 19 GWB versagt, wäre jede einzelne Klausel, die einer Inhalts- und Wirksamkeitskontrolle am Maßstab von Treu und Glauben dem Grunde nach offensteht, auch am Maßstab von § 242 BGB zu überprüfen. Die unterstellte Sperrwirkung der GWB-Tatbestände würde marktstarken Unternehmen einen weiteren vertragsrechtlichen Spielraum eröffnen, was wiederum keinem erkennbaren Zweck des Kartellrechts entspräche. Die GWB-Normen zielen nicht auf eine Liberalisierung des Vertragsrechts ab.

6. Der Entscheidung des GWB-Gesetzgebers für das Marktmachtkonzept folgt die Erkenntnis, den Missbrauch – wenngleich spezialgesetzlich nicht sanktioniert, gilt der Missbrauchsterminus auch ohne das Bestehen einer marktstarken Stellung – einer unter den Schwellen der Marktbeherrschung liegenden Marktstellung der kartellrechtlichen Missbrauchsaufsicht nicht zu unterwerfen, ihn kartellrechtlich mithin sanktionslos zu stellen. Sind die Aufgreifkriterien der Missbrauchsaufsicht nicht erfüllt, bleibt das Eingangstor zu den kartellrechtlichen Sanktionen verschlossen. Die spezifische *ratio legis* steht einem Rückgriff auf § 242 BGB insbesondere mit Blick auf die erfassten Wettbewerbsgefährdungstatbestände aber nicht entgegen. Denn das Gebot von Treu und Glauben kann in eigener Bewertung beiderlei wettbewerbsgefährdende Verhaltensweisen erfassen, also abstrakte Gefährdungshandlungen, die das Urteil der Rechtsmissbräuchlichkeit unabhängig von der konkreten Marktsituation zu treffen vermögen, aber

auch konkrete Gefährdungshandlungen, d.h. jenes unternehmerische Verhalten, das in Abhängigkeit der konkreten Marktsituation und Marktstellung des betroffenen Rechtssubjekts Wettbewerbsbeschränkungen herbeiführen kann. Erleichterungen dieser Prognoseentscheidung hinsichtlich des Gefährdungspotentials marktmächtiger Unternehmen werden dem Rechtsanwender in Form der Marktbeherrschungsvermutung des § 18 Abs. 4 GWB gereicht. § 242 BGB sieht Erleichterungen dieser Art nicht vor.

7. Die Marktmachtschranken der Missbrauchsaufsicht konstituieren spezifische Wertentscheidungen des GWB-Gesetzgebers, unterhalb derer auch insoweit kein Raum mehr für eine Interessenabwägung besteht, als Organe der Rechtsprechung diese Wertungsprärogative nicht durch eigene Wertung unterlaufen dürfen. Die bestehende gesetzliche Vorwertung entfaltet eine Sperrwirkung gegenüber der Anwendung wertungskonvergierender Vorschriften im Vorfeld der einschlägigen Marktbeherrschungsgrade. Die Begründung einer treuwidrigen, d.h. unzulässigen Rechtsausübung widerspräche dieser Erkenntnis, würde die zugrundeliegende Interessenabwägung zum Zwecke des Schutzes der Wettbewerbsfreiheit „funktionalisiert".
   Die Rechtsfolgenpluralität des Kartellrechts unterscheidet sich hingegen grundlegend von den für diese Untersuchung relevanten privatrechtlichen Folgerungen des § 242 BGB. Die spezifische Grundrechtsrelevanz der kartellrechtlichen Eingriffsverwaltung begründet die Notwendigkeit, ihre Aufgreifkriterien am Maßstab des geltenden Verfassungsrechts zu überprüfen. Dies hat insbesondere für den Grundsatz vom Gesetzesvorbehalt (Art. 20 Abs. 3 GG) zu gelten. Der gibt vor, in welchen Konstellationen die Verwaltung ihr Handeln auf eine parlamentsgesetzliche Grundlage stellen muss. Anders als im Rahmen der Berücksichtigung kartellrechtsähnlicher Wertungen in allgemeinzivilrechtlichen Generalklauseln zieht eine Zuwiderhandlung gegen spezifisches Kartellrecht nämlich nicht allein zivilrechtliche Folgen nach sich. Insbesondere kann sie (auch) einen Ordnungswidrigkeitstatbestand (§ 81 Abs. 2 Nr. 1 GWB) erfüllen, der die Grundlage für den Erlass einer kartellbehördlichen Bußgeldentscheidung bereitet und seinerseits strengen verfassungsrechtlichen Prinzipien unterliegt. Das Bedürfnis nach einer Vorhersehbarkeit der Verwirklichung straf- und ordnungswidrigkeitenrechtlicher Tatbestände beherrscht dabei die Bestimmtheitsanforderungen der Befugnisnorm (Art. 103 Abs. 2 GG). § 242 BGB wäre demgegenüber trotz seines allumfassenden Anwendungsbereichs in keiner Weise eine taugliche Rechtsgrundlage für belastende Maßnah-

men der Hoheitsträger. Die systembedingte Unbestimmtheit der Generalklausel, deren Handhabbarkeit zwangsweise einer judikativen Konkretisierung und Ausgestaltung bedarf, steht dem Eingang kartellrechtsähnlicher Wertungen im originären Anwendungsbereich der Norm aber nicht entgegen, da Gesetzesvorbehalt und Bestimmtheitsgrundsatz in diesem Zusammenhang keine Wirkung entfalten. Hier nehmen vielmehr die privatwirtschaftlichen Ordnungskräfte eine eigenständige Funktion neben den staatlichen Ordnungskräften wahr. Dabei schließen sich diese nicht aus, sondern ergänzen sich weitgehend und verwirklichen gleichermaßen die Ordnungsfunktion des Rechts.

8. Die Berücksichtigungsfähigkeit kartellrechtsähnlicher Wertungen in der Anwendung des § 242 BGB ist auch vor dem Hintergrund einer Intensivierung des *private enforcement* im deutschen und europäischen Kartellrecht zu befürworten. Eine unterstellte Verdrängungswirkung spezifischen Kartellrechts gegenüber auslegungsbedürftigen Normen des allgemeinen Zivilrechts wäre mit der erkennbaren Intention des Gesetzgebers zur Stärkung des privatrechtlichen Schutzes vor wettbewerbsschädigenden Verhaltensweisen, die sich sowohl im Bereich der offensiven als auch für die defensive private Kartellrechtsdurchsetzung nachzeichnen lässt, nicht vereinbar. Mit Blick auf §§ 33, 33a GWB zeigt sich zudem, dass kartellrechtliche Vorschriften auch insoweit keine absolute Verdrängungswirkung entfalten, als sie zwar spezifische Regelungen für einen abgrenzbaren Rechtsbereich enthalten, diese gegenüber der Regelungsdichte des allgemeinen Zivilrechts aber keinesfalls abschließend sind. Vor diesem Hintergrund und angesichts des allumfassenden Anwendungsbereich von Treu und Glauben wäre es systemfremd, die Berücksichtigungsfähigkeit kartellrechtsähnlicher Wertungen in § 242 BGB wegen der Existenz spezifisch kartellrechtlicher Regelungen, deren Anwendungsbereich nicht eröffnet ist und die zur Vereinbarkeit eines wettbewerbsrelevanten Verhaltens mit Treu und Glauben keine abschließende Sonderregelung bereithalten, abzulehnen. Eine Grenze besteht erst dort, wo spezifisches Kartellrecht umgangen wird.

9. Die vergleichende Betrachtung der lauterkeitsrechtlichen Sanktionsfähigkeit marktmachtbedingter Wettbewerbsstörungen steht einer Berücksichtigung kartellrechtsähnlicher Wertungen in § 242 BGB ebenfalls nicht entgegen. Insoweit ist auf den gesetzestechnischen und normhierarchischen Zweck der vermeintlich einschlägigen UWG-Norm einerseits und § 242 BGB andererseits hinzuweisen. Die dem

Grunde nach abschließende privatrechtliche Anspruchsberechtigung des GWB sowie die legislatorische Unterscheidung nach privatrechtlicher und verwaltungsbehördlicher Kartellrechtsdurchsetzung sprechen für die Berücksichtigungsfähigkeit der Wettbewerbsschädlichkeit eines unternehmerischen Verhaltens im Rahmen der Treuwidrigkeitskontrolle. Dies darf freilich nur gelten, soweit sich der Verstoß gegen Treu und Glauben nicht allein aus diesen kartellrechtsähnlichen Gesichtspunkten, sondern darüber hinausgehenden objektiven oder subjektiven Elementen ergibt. § 242 BGB darf nicht zur Missbrauchskontrolle unterhalb kartellrechtlicher Aufgreifschwellen instrumentalisiert werden.

10. In rechtspolitischer Hinsicht ist die fortschreitende Entbürokratisierung und Dezentralisierung des Kartellrechtsvollzugs hervorzuheben, dessen Schlagkraft durch die Berücksichtigung kartellrechtsähnlicher Wertungen in § 242 BGB zusätzlich gestärkt wird. Dem stehen andererseits rechtspolitische Nachteile entgegen, insbesondere die drohende Überforderung der Zivilgerichte. Im Zuge der Intensivierung des kartellrechtlichen *private enforcements* wachsen den Zivilgerichten vermehrt Aufgaben zu, die einst den Kartellbehörden oblagen. Auch mit Blick auf die Berücksichtigung kartellrechtsähnlicher Wertungen als solchen verbleibt es *de lege lata* bei der Anwendbarkeit der allgemeine Zuständigkeitsregel des § 1 ZPO i.V.m. §§ 23 ff. und 71 ff. GVG, soweit die Einwendung des Betroffenen ausschließlich auf § 242 BGB gestützt wird und der Betroffene keine konkreten Tatsachen zur Begründung der kartellgerichtlichen Zuständigkeit vorträgt. Eine entsprechende Anpassung der §§ 87 ff. GWB *de lege ferenda* wird angeregt.

Literatur- und Materialienverzeichnis

Literatur:

Ackermann, Thomas, Prävention als Paradigma: Zur Verteidigung eines effektiven kartellrechtlichen Sanktionssystems, ZWeR 2010, S. 329-352 (zit. *Ackermann*, ZWeR 2010, 329)

ders., Kartellgeldbußen als Instrument der Wirtschaftsaufsicht, ZWeR 2012, S. 3-19 (zit. *Ackermann*, ZWeR 2012, 3)

Ackermann, Thomas/*Franck*, Jens-Uwe, Anmerkung zu einer Entscheidung des BGH, Urteil vom 28.06.2011 (KZR 75/10; GRUR 2012, 291) – Zum kartelldeliktsrechtlichen Weiterwälzungsschaden der Zweitabnehmer, GRUR 2012, S. 298-300 (zit. BGH GRUR 2012, 291 – *ORWI*, m.Anm. *Ackermann/Franck*)

Adomeit, Klaus, Die gestörte Vertragsparität – ein Trugbild, NJW 1994, S. 2467-2469 (zit. *Adomeit*, NJW 1994, 2467)

Alexander, Christian, Die Sanktions- und Verfahrensvorschriften der Richtlinie 2005/29/EG über unlautere Geschäftspraktiken im Binnenmarkt – Umsetzungsbedarf in Deutschland?, GRUR Int. 2005, S. 809-815 (zit. *Alexander*, GRUR Int. 2005, 809)

Al-Shamari, Nadia, Die Verkehrssitte im § 242 BGB: Konzeption und Anwendung seit 1900, Tübingen 2006 (zit. *Al-Shamari*, Die Verkehrssitte in § 242 BGB, 2006)

Assmann, Heinz-Dieter/*Bruggemeier*, Gert/*Hart*, Dieter/*Joerges*, Christian, Wirtschaftsrecht als Kritik des Privatrechts, Beiträge zur Privat- und Wirtschaftsrechtstheorie, Königstein/Ts. 1980 (zit. *Assmann/Bruggemeier/Hart/Joerges*, Wirtschaftsrecht als Kritik des Privatrechts, 1980)

Ballerstedt, Kurt, Kartellverbot und Einzelvertrag, JZ 1956, S. 267-271 (zit. *Ballerstedt*, JZ 1956, 267)

Bamberger, Heinz Georg/*Roth*, Herbert (Hrsg.), Kommentar zum Bürgerlichen Gesetzbuch, 3. Auflage, München 2012 (zit. *Bearbeiter*, in: Bamberger/Roth, BGB, 3. Aufl. 2012)

dies., Beck'scher Online-Kommentar BGB, Edition 37, Stand: 2013/2015 (zit. *Bearbeiter*, in: BeckOK BGB, Ed. 37)

Barth, Christoph/*Budde*, Stefanie, Die Implementierung des SIEC-Tests im GWB und ihre Folgen für die nationale Fusionskontrolle – Teil I, BB 2011, S. 1859-1866 (zit. *Barth/Budde*, BB 2011, 1859)

dies., Die Implementierung des SIEC-Tests im GWB und ihre Folgen für die nationale Fusionskontrolle – Teil II, BB 2011, S. 1923-1930 (zit. *Barth/Budde*, BB 2011, 1923)

Basedow, Jürgen, Perspektiven des Kartelldeliktsrechts, ZWeR 2006, S. 294-305 (zit. *Basedow*, ZWeR 2006, 294) *ders.*, Konsumentenwohlfahrt und Effizienz – Neue Leitbilder der Wettbewerbspolitik?, WuW 2007, S. 712-715 (zit. *Basedow*, WuW 2007, 712)

Basedow, Jürgen/*Terhechte*, Jörg Philipp/*Tichy*, Lubos, Private Enforcement of Competition Law, Baden-Baden 2011 (zit. *Basedow/Terhechte/Tichy*, Private Enforcement of Competition Law, 2011)

Baudenbacher, Carl, Machtbedingte Wettbewerbsstörungen als Unlauterkeitstatbestände – Zugleich ein Beitrag zum Verhältnis von UWG und BGB, GRUR 1981, S. 19-29 (zit. *Baudenbacher*, GRUR 1981, 19)

Baumann, Wolfgang, Ökonomie und Recht – Ökonomische Effizienzjurisprudenz, RNotZ 2007, S. 297-308 (zit. *Baumann*, RNotZ 2007, 297)

Bechtold, Rainer, Grundlegende Umgestaltung des Kartellrechts: Zum Referentenentwurf der 7. GWB-Novelle, DB 2004, S. 235-241 (zit. *Bechtold*, DB 2004, 235)

ders., GWB, Kommentar, 6. Auflage, München 2010 (zit. *Bechtold*, GWB, 6. Aufl. 2010)

ders., Zum Referentenentwurf einer Entflechtungsregelung, BB 2010, S. 451-454 (zit. *Bechtold*, BB 2010, 451)

Bechtold, Rainer/*Bosch*, Wolfgang, GWB, Kommentar, 8. Auflage, München 2015 (zit. *Bechtold/Bosch*, GWB, 8. Aufl. 2015)

dies., Der Zweck heiligt nicht alle Mittel, ZWeR 2011, S. 160-169 (zit. *Bechtold/Bosch*, ZWeR 2011, 160)

Becker, Florian/*Kammin*, Julia, Die Durchsetzung von kartellrechtlichen Schadensersatzansprüchen: Rahmenbedingungen und Reformansätze, EuZW 2011, S. 503-509 (zit. *Becker/Kammin*, EuZW 2011, 503)

Becker, Hans-Jürgen, Das Rheinische Recht und seine Bedeutung für die Rechtsentwicklung in Deutschland im 19. Jahrhundert, JuS 1985, S. 338-345 (zit. *Becker*, JuS 1985, 338)

Behrens, Peter, Die ökonomischen Grundlagen des Rechts: politische Ökonomie als rationale Jurisprudenz, Tübingen 1986 (zit. *Behrens*, Die ökonomischen Grundlagen des Rechts, 1986)

Benisch, Werner, Kartellrecht und der Schutz der individuellen Freiheit, WuW 1961, S. 764-788 (zit. *Benisch*, WuW 1961, 764)

Berger, Christian, Anmerkung zu BGH, Urt. v. 26.02.2007: Sicherung von Ausschließlichkeitsbindungen durch Eigentumsschutz, LMK 2007, 222298 (zit. *Berger*, LMK 2007, 222298)

Bergmann, Helmut/*Fiedler*, Lilly, Anspruchsberechtigung indirekter Abnehmer und Passing-on defense: Private Kartellrechtsdurchsetzung in Deutschland, BB 2012, S. 206-210 (zit. *Bergmann/Fiedler*, BB 2012, 206)

Berner, Georg/*Köhler*, Michael/*Käß*, Robert, Polizeiaufgabengesetz, Handkommentar, 20. Auflage, Heidelberg/München/Landsberg/Berlin 2010 (zit. *Berner/Köhler/Käß*, PAG, 20. Aufl. 2010)

Bettermann, Karl August/*Nipperdey*, Hans Carl/*Scheuner*, Ulrich (Hrsg.), Die Grundrechte, Handbuch der Theorie und Praxis der Grundrechte, Band III, Teil 1: Die Wirtschafts- und Arbeitsverfassung, 2. Auflage, Berlin 1972 (zit. *Bearbeiter*, in: Bettermann/Nipperdey/Scheuner, Die Grundrechte III/1, 2. Aufl. 1972)

Betti, Emilio, Der Grundsatz von Treu und Glauben in rechtsgeschichtlicher und – vergleichender Betrachtung, in: Löhlein, Roland (Hrsg.), Studien zum kausalen Rechtsdenken: eine Festgabe zum 80. Geburtstag von Rudolf Müller-Erzbach, München 1954, S. 7-33 (zit. *Betti*, in: FG Müller-Erzbach, 1954, 7)

Biedenkopf, Kurt Hans, Freiheitliche Grundordnung durch Kartellverbot, in: Biedenkopf, Kurt Hans/Callmann, Rudolf/Deringer, Arved, Aktuelle Grundsatzfragen des Kartellrechts, Heidelberg 1957, S. 11-36 (zit. *Biedenkopf*, in: Aktuelle Grundsatzfragen des Kartellrechts, 1957, 11)

ders., Vertragliche Wettbewerbsbeschränkung und Wirtschaftsverfassung, Heidelberg 1958 (zit. *Biedenkopf*, Vertragliche Wettbewerbsbeschränkung und Wirtschaftsverfassung, 1958)

ders., Über das Verhältnis wirtschaftlicher Macht zum Privatrecht, in: Coing, Helmut/Kronstein, Heinrich/Mestmäcker, Ernst-Joachim (Hrsg.), Wirtschaftsordnung und Rechtsordnung, Festschrift zum 70. Geburtstag von Franz Böhm, Karlsruhe 1965, S. 113-135 (zit. *Biedenkopf*, in: FS Böhm, 1965, 113)

Bien, Florian, Überlegungen zu einer haftungsrechtlichen Privilegierung des Kartellkronzeugen, EuZW 2011, S. 889-890 (zit. *Bien*, EuZW 2011, 889)

Bischke, Alf-Henrik/*Brack*, Sebastian, Akteneinsicht letzter Akt? – EuGH beantwortet Vorlagefrage des AG Bonn, NZG 2011, S. 779 (zit. *Bischke/Brack*, NZG 2011, 779)

Böcker, Lina Barbara, Zwischen Gestaltungsrecht und Verbotsnorm – Zur Auslegung des § 6 EnWG 1998 als gesetzliches Leistungsbestimmungsrecht durch den BGH, Anmerkung zu BGH, Urt. v. 4.3.2008 – KZR 29/06, NJW 2008, 2175 – Stromnetznutzungsentgelt III, ZWeR 2009, S. 105-113 (zit. *Böcker*, ZWeR 2009, 105)

Bodewig, Theo/*Wandtke*, Artur, Die doppelte Lizenzgebühr als Berechnungsmethode im Lichte der Durchsetzungsrichtlinie, GRUR 2008, S. 220-229 (zit. *Bodewig/Wandtke*, GRUR 2008, 220)

Boemke, Burkhard, Kontenkündigung als Sittenverstoß, JuS 2001, S. 444-448 (zit. *Boemke*, JuS 2001, 444)

Böhm, Franz, Die Ordnung der Wirtschaft als geschichtliche Aufgabe und rechtsschöpferische Leistung, Stuttgart/Berlin 1937 (zit. *Böhm*, Die Ordnung der Wirtschaft als geschichtliche Aufgabe und rechtsschöpferische Leistung, 1937)

Börner, Bodo, Wirtschaftswissenschaftliche Begriffe im Gesetz gegen Wettbewerbsbeschränkungen?, in: Hartmann, Gunther (Hrsg.), Wettbewerbsordnung im Spannungsfeld von Wirtschafts- und Rechtswissenschaft, Festschrift für Gunther Hartmann zum 65. Geburtstag, Köln/Berlin/Bonn/München, 1976, S. 77-86 (zit. *Börner*, in: FS Hartmann, 1976, 77)

ders., Das System von Kartellrecht und Missbrauchsaufsicht – Abusus in omittendo consistere nequit, DB 1983, S. 923-930 (zit. *Börner*, DB 1983, 923)

Bornkamm, Joachim, Die Rolle des Zivilrichters bei der Durchsetzung des Kartellrechts nach der Verordnung Nr. 1/2003 und nach der 7. GWB-Novelle, Referat im Rahmen der Vortragsreihe „Rechtsfragen der europäischen Integration", Bonn, den 08.12.2003, Bonn 2003 (zit. *Bornkamm*, Die Rolle des Zivilrichters bei der Durchsetzung des Kartellrechts, 2003) *ders.*, Cui malo? Wem schaden Kartelle?, GRUR 2010, S. 501-506 (zit. *Bornkamm*, GRUR 2010, 501)

Bornkamm, Joachim/*Becker*, Mirko, Die privatrechtliche Durchsetzung des Kartellverbots nach der Modernisierung des EG-Kartellrechts, Einflussmöglichkeiten der Kommission, ZWeR 2005, S. 213-236 (zit. *Bornkamm/Becker*, ZWeR 2005, 213)

Brox, Hans/*Walker*, Wolf-Dietrich, Allgemeines Schuldrecht, 39. Auflage, München 2015 (zit. *Brox/Walker*, Allgemeines Schuldrecht, 39. Aufl. 2015)

Büdenbender, Ulrich, Die Bedeutung der Preismissbrauchskontrolle nach § 315 BGB in der Energiewirtschaft, NJW 2007, S. 2945-2951 (zit. *Büdenbender*, NJW 2007, 2945)

Bulst, Friedrich Wenzel, Internationale Zuständigkeit, anwendbares Recht und Schadensberechnung im Kartelldeliktsrecht, EWS 2004, S. 403-410 (zit. *Bulst*, EWS 2004, 403)

Busche, Jan, Privatautonomie und Kontrahierungszwang, Tübingen 1999 (zit. *Busche*, Privatautonomie und Kontrahierungszwang, 1999)

Bydlinski, Franz, Privatautonomie und objektive Grundlagen des verpflichtenden Rechtsgeschäfts, Wien 1967 (zit. *Bydlinski*, Privatautonomie und objektive Grundlagen des verpflichtenden Rechtsgeschäfts, 1967)

ders., Möglichkeiten und Grenzen der Präzisierung aktueller Generalklauseln, in: Behrends, Okko/Dreier, Ralf/Diesselhorst, Malte (Hrsg.), Rechtsdogmatik und praktische Vernunft, Symposium zum 80. Geburtstag von Franz Wieacker, Göttingen 1990, S. 189-230 (zit. *Bydlinski*, in: FS Wieacker, 1990, 189)

Calliess, Christian/*Ruffert*, Matthias (Hrsg.), EUV/AEUV Kommentar, 4. Auflage, München 2011 (zit. *Bearbeiter*, in: Calliess/Ruffert, EUV/AEUV, 4. Aufl. 2011)

Canaris, Claus-Wilhelm, Die Feststellung von Lücken im Gesetz, 2. Auflage, Berlin 1983 (zit. *Canaris*, Die Feststellung von Lücken im Gesetz, 2. Aufl. 1983)

ders., Schutzgesetze – Verkehrspflichten – Schutzpflichten, in: Canaris, Claus-Wilhelm/Diederichsen, Uwe (Hrsg.), Festschrift für Karl Larenz zum 80. Geburtstag am 23. April 1983, München 1983, S. 27-110 (zit. *Canaris*, in: FS Larenz, 1983, 27)

ders., Grundrechte und Privatrecht, AcP 184 (1984), S. 201-246 (zit. *Canaris*, AcP 184 (1984), 201)

ders., Verfassungs- und europarechtliche Aspekte der Vertragsfreiheit in der Privatrechtsgesellschaft, in: Badura, Peter/Scholz, Rupert (Hrsg.), Festschrift für Peter Lerche zum 65. Geburtstag, München 1993, S. 873-891 (*Canaris*, in: FS Lerche, 1993, 873)

ders., Grundrechte und Privatrecht, eine Zwischenbilanz; stark erweiterte Fassung des Vortrags gehalten vor der Juristischen Gesellschaft zu Berlin am 10. Juni 1998, Berlin 1999 (zit. *Canaris*, Grundrechte und Privatrecht, 1999) *ders.*, Gewinnabschöpfung bei Verletzung des allgemeinen Persönlichkeitsrechts, in: Ahrens, Hans-Jürgen/von Bar, Christian/Fischer, Gerfried/Spickhoff, Andreas/Taupitz, Jochen (Hrsg.), Festschrift für Erwin Deutsch zum 70. Geburtstag, Köln/Berlin/Bonn/München 1999, S. 85-109 (zit. *Canaris*, in: FS Deutsch, 1999, 85)

ders., Wandlungen des Schuldvertragsrechts – Tendenzen zu seiner „Materialisierung", AcP 200 (2000), S. 273-364 (zit. *Canaris*, AcP 200 (2000), 273)

Christiansen, Arndt, Die „Ökonomisierung der EU-Fusionskontrolle: Mehr Kosten als Nutzen?, WuW 2005, S. 285-293 (zit. *Christiansen*, WuW 2005, 285)

Coester-Waltjen, Dagmar, Die Inhaltskontrolle von Verträgen außerhalb des AGBG, AcP 190 (1990), S. 1-33 (zit. *Coester-Waltjen*, AcP 190 (1990), 1)

Damm, Reinhard, Kontrolle von Vertragsgerechtigkeit durch Rechtsfolgenbestimmung, JZ 1986, S. 913-926 (zit. *Damm*, JZ 1986, 913)

Dauner-Lieb, Barbara, Verbraucherschutz durch Ausbildung eines Sonderprivatrechts für Verbraucher, Berlin 1983 (zit. *Dauner-Lieb*, Verbraucherschutzrecht, 1983)

Dauses, Manfred A. (Hrsg.) Handbuch des EU-Wirtschaftsrechts, Loseblattsammlung, München (zit. *Bearbeiter*, in: Dauses, EU-Wirtschaftsrecht)

Deringer, Arved, Anmerkung zu BGH Urt. v. 4. 5. 1956 – Az: I ZR 194/54 und BGH Urt. v. 23. 9. 1955 – Az: 55 StR 110/55, NJW 1956, S. 1714 f. (zit. *Deringer*, NJW 1956, 1714)

Deutsch, Erwin, Allgemeines Haftungsrecht, 2. Auflage, Köln/Berlin/Bonn/München 1996 (zit. *Deutsch*, Allgemeines Haftungsrecht, 2. Aufl. 1996)

Deutsches Aktieninstitut, Stellungnahme gegenüber dem Bundesministerium der Justiz zur Konsultation der EU-Kommission über Instrumente der kollektiven Rechtsdurchsetzung vom 31. 3. 2011, NZG 2011, S. 497-499 (zit. *DAI*, NZG 2011, 497)

Di Fabio, Udo, Wettbewerbsprinzip und Verfassung – Der freie Wettbewerb und die Verantwortung des Staates, ZWeR 2007, S. 266-276 (zit. *Di Fabio*, ZWeR 2007, 266)

Diederichsen, Uwe, Das Bundesverfassungsgericht als oberste Zivilgericht – ein Lehrstück juristischer Methodenlehre, AcP 198 (1998), S. 171-260 (zit. *Diederichsen*, AcP 198 (1998), 171)

Dreher, Meinrad, Die europa-freundliche Anwendung des GWB – Zwang schadet!, WuW 2005, S. 251 (zit. *Dreher*, WuW 2005, 251)

ders., Die richterliche Billigkeitsprüfung gemäß § 315 BGB bei einseitigen Preiserhöhungen aufgrund von Preisanpassungsklauseln in der Energiewirtschaft, ZNER 2007, S. 103-114 (zit. *Dreher*, ZNER 2007, 103)

ders., Die Zukunft der Missbrauchsaufsicht in einem ökonomischen Kartellrecht, WuW 2008, S. 23-27 (zit. *Dreher*, WuW 2008, 23)

Dreier, Horst (Hrsg.), Grundgesetz, Band 1, 2. Auflage, Tübingen 2004 (zit. *Bearbeiter*, in: Dreier, GG, 2. Aufl. 2004)

ders., Grundgesetz, Band 3, 2. Auflage, Tübingen 2008 (zit. *Bearbeiter*, in: Dreier, GG, Bd. 3, 2. Aufl. 2008)

Dreier, Thomas, Ausgleich, Abschreckung und andere Rechtsfolgen von Urheberrechtsverletzungen – Erste Gedanken zur EU-Richtlinie über die Maßnahmen und Verfahren zum Schutz der Rechte an geistigem Eigentum, GRUR Int. 2004, S. 706-712 (zit. *Dreier*, GRUR Int. 2004, 706)

Drexl, Josef, Die wirtschaftliche Selbstbestimmung des Verbrauchers, eine Studie zum Privat- und Wirtschaftsrecht unter Berücksichtigung gemeinschaftsrechtlicher Bezüge, Tübingen 1998 (zit. *Drexl*, Die wirtschaftliche Selbstbestimmung des Verbrauchers, 1998)

ders., Verbraucherrecht – Allgemeines Privatrecht – Handelsrecht, in: Schlechtriem, Peter (Hrsg.), Wandlungen des Schuldrechts, Baden-Baden 2002, S. 97-151 (zit. *Drexl*, in: Schlechtriem, Wandlungen des Schuldrechts, 2002, 97)

ders., Der Anspruch der Werkschöpfer und der ausübenden Künstler auf angemessene Vergütung in der europäischen Wettbewerbsordnung, in: Ohly, Ansgar/Bodewig, Theo/Dreier, Thomas/Götting, Horst-Peter/Haedicke, Maximilian/Lehmann, Michael (Hrsg.), Perspektiven des Geistigen Eigentums und Wettbewerbsrechts, Festschrift für Gerhard Schricker zum 70. Geburtstag, München 2005, S. 651-670 (zit. *Drexl*, in: FS Schricker, 2005, 651)

ders., Gestaltungsansätze für eine internationale Wettbewerbspolitik – Handlungsanregungen für das weitere Vorgehen, in: Oberender, Peter (Hrsg.), Internationale Wettbewerbspolitik, Berlin 2006, S. 41-72 (zit. *Drexl*, in: Oberender, Internationale Wettbewerbspolitik, 2006, 41)

EAGCP, An Economic Approach to Article 82, CPI Volume 2, 2006, S. 111-154 (zit. *EAGCP*, CPI 2 (2006), 111)

Ebenroth, Carsten Thomas/*Boujong*, Karlheinz/*Joost*, Detlev (Begr.)/*Joost*, Detlev/*Strohn*, Lutz (Hrsg.), Handelsgesetzbuch, Bd. 1: §§ 1-342e, 3. Auflage, München 2014 (zit. *Bearbeiter*, in: Ebenroth/Boujong/Joost/Strohn, HGB, Bd. 1, 3. Aufl. 2014)

Ebert, Ina, Pönale Elemente im deutschen Privatrecht. Von der Renaissance der Privatstrafe im deutschen Recht, Tübingen 2004 (zit. *Ebert*, Pönale Elemente im deutschen Privatrecht, 2004)

Ehricke, Ulrich, Die Kontrolle von einseitigen Preisfestsetzungen in Gaslieferungsverträgen, JZ 2005, S. 599-609 (zit. *Ehricke*, JZ 2005, 599)

Eidenmüller, Horst, Effizienz als Rechtsprinzip, Möglichkeiten und Grenzen der ökonomischen Analyse des Rechts, 3. Auflage, Tübingen 2005 (zit. *Eidenmüller*, Effizienz als Rechtsprinzip, 3. Aufl. 2005)

Emmerich, Volker, Das Wirtschaftsrecht der öffentlichen Unternehmen, Bad Homburg/Berlin/Zürich 1969 (zit. *Emmerich*, Das Wirtschaftsrecht der öffentlichen Unternehmen, 1969)

ders., Die höchstrichterliche Rechtsprechung zum GWB, ZHR 139 (1975), S. 501-533 (zit. *Emmerich*, ZHR 139 (1975), 501)

ders., Kooperationen im Wettbewerbsrecht – Kritische Bemerkungen zum gegenwärtigen Stand der Kooperationsdiskussion, ZGR 1976, S. 167-187 (zit. *Emmerich*, ZGR 1976, 167) *ders.*, Unlauterer Wettbewerb, 9. Auflage, München 2012 (zit. *Emmerich*, Unlauterer Wettbewerb, 9. Aufl. 2012)

ders., Kartellrecht, 13. Auflage, München 2014 (zit. *Emmerich*, Kartellrecht, 13. Aufl. 2014)

Engisch, Karl, Die Einheit der Rechtsordnung, Heidelberg 1935 (zit. *Engisch*, Die Einheit der Rechtsordnung, 1935)

ders., Die Idee der Konkretisierung in Recht und Rechtswissenschaft, 2. Auflage, Heidelberg 1968 (zit. *Engisch*, Die Idee der Konkretisierung in Recht und Rechtswissenschaft, 2. Aufl. 1968)

Erman, Walter (Begr.)/*Westermann*, Harm Peter/*Grunewald*, Barbara/*Maier-Reimer*, Georg (Hrsg.), Bürgerliches Gesetzbuch, Handkommentar, 14. Auflage, Köln 2014 (zit. *Bearbeiter*, in: Erman, BGB, 14. Aufl. 2014)

Eschenbach, Jürgen/*Niebaum*, Frank, Von der mittelbaren Drittwirkung unmittelbar zur staatlichen Bevormundung, NVwZ 1994, S. 1079-1082 (zit. *Eschenbach/Niebaum*, NVwZ 1994, 1079)

Esser, Josef, § 138 BGB und die Bankenpraxis der Globalzession, ZHR 135 (1971), S. 320-339 (zit. *Esser*, ZHR 135 (1971), 320)

Esser, Josef/*Schmidt*, Eike, Schuldrecht Band I: Allgemeiner Teil, Teilband I, 7. Auflage, Heidelberg 1995 (zit. *Esser/Schmidt*, Schuldrecht AT, Teilbd. 1, 7. Aufl. 1995)

Eucken, Walter, Die Grundlagen der Nationalökonomie, 8. Auflage, Berlin/Göttingen/Heidelberg 1965 (zit. *Eucken*, Die Grundlagen der Nationalökonomie, 8. Aufl. 1965)

Faller, Hans Joachim, Das Analogieverbot i, Wirtschaftsstrafrecht, DB 1972, S. 1757-1760 (zit. *Faller*, DB 1972, 1757)

Fastrich, Lorenz, Richterliche Inhaltskontrolle im Privatrecht, München 1992 (zit. *Fastrich*, Richterliche Inhaltskontrolle im Privatrecht, 1992)

Fechner, Frank, Geistiges Eigentum und Verfassung, schöpferische Leistung unter dem Schutz des Grundgesetzes, Tübingen 1999 (zit. *Fechner*, Geistiges Eigentum und Verfassung, 1999)

Fikentscher, Wolfgang, Wettbewerb und gewerblicher Rechtsschutz. Die Stellung des Rechts der Wettbewerbsbeschränkungen in der Rechtsordnung, München 1958 (zit. *Fikentscher*, Wettbewerb und gewerblicher Rechtsschutz, 1958)

ders., Das Verhältnis von Kartellrecht und Recht des unlauteren Wettbewerbs im deutschen und europäischen Recht, in: von Caemmerer, Ernst/Schlochauer, Hans-Jürgen/Steindorff, Ernst (Hrsg.), Probleme des europäischen Rechts: Festschrift für Walter Hallstein zu seinem 65. Geburtstag, Frankfurt a.M. 1966, S. 127-161 (zit. *Fikentscher*, in: v. Caemmerer u.a., FS Hallstein, 1966, 127)

Fikentscher, Wolfgang/*Heinemann*, Andreas, Schuldrecht, 10. Auflage, Berlin 2006 (zit. *Fikentscher/Heinemann*, Schuldrecht, 10. Aufl. 2006)

Fischmann, Filipe, Die Pflicht zur Lizenzerteilung in Patent-Ambush-Fällen nach deutschem und europäischen Kartellrecht, GRUR Int. 2010, S. 185-195 (zit. *Fischmann*, GRUR Int. 2010, 185)

Fleischer, Holger, Behinderungsmissbrauch durch Produktinnovation, Baden-Baden 1997 (zit. *Fleischer*, Behinderungsmissbrauch durch Produktinnovation, 1997)

ders., Vertragsabschlussbezogene Informationspflichten im Gemeinschaftsprivatrecht, ZEuP 2000, S. 772-798 (zit. *Fleischer*, ZEuP 2000, 772)

ders., Der Rechtsmissbrauch zwischen Gemeineuropäischem Privatrecht und Gemeinschaftsprivatrecht, JZ 2003, S. 865-874 (zit. *Fleischer*, JZ 2003, 865)

Franck, Jens-Uwe, Verbot der Aufrechnung gegen Forderungen auf Kartellschadensersatz, BB 2009, S. 1935-1939 (zit. *Franck*, BB 2009, 1935)

Frank, Michael, Sittenwidrigkeit als Folge strukturell ungleicher Verhandlungsstärke, JuS 1996, S. 389-392 (zit. *Frank*, JuS 1996, 389)

Frankfurter Kommentar zum Kartellrecht, Jaeger, Wolfgang/Pohlmann, Petra/Rieger, Harald/Schroeder, Dirk (Hrsg.), Loseblattsammlung, Köln (zit. *Bearbeiter*, in: FKomm KartellR)

Freitag, Klaus Peter, Der Leistungswettbewerb als rechtliche Denkfigur, Göttingen 1968 (zit. *Freitag*, Der Leistungswettbewerb als rechtliche Denkfigur, 1968)

Friederiszick, Hans W., Marktabgrenzung und Marktmacht, in: Schwarze, Jürgen (Hrsg.), Recht und Ökonomie im Europäischen Wettbewerbsrecht, Baden-Baden 2006, S. 29-40 (zit. *Friederiszick*, in: Schwarze, Recht und Ökonomie im Europäischen Wettbewerbsrecht, 2006, 29)

Fritzsche, Alexander, Der Beseitigungsanspruch im Kartellrecht nach der 7. GWB-Novelle, WRP 2006, S. 42-54 (zit. *Fritzsche*, WRP 2006, 42)

Fuchs, Andreas, Ausschluss oder Zulassung des Einwandes der Schadensabwälzung? – Plädoyer für eine differenzierte Beurteilung der passing-on-defense bei Schadensersatzklagen wegen Kartellverstößen, ZWeR 2011, S. 192-217 (zit. *Fuchs*, ZWeR 2011, 192)

Gamerith, Helmut, Die Verwirkung im Urheberrecht, WRP 2004, S. 75-102 (zit. *Gamerith*, WRP 2004,75)

Gauß, Nicolas, Die Anwendung des kartellrechtlichen Missbrauchsverbots nach Art. 82 EG (Art. 102 AEUV) in innovativen Märkten, Baden-Baden 2010 (zit. *Gauß*, Die Anwendung des kartellrechtlichen Missbrauchsverbots in innovativen Märkten, 2010)

Georgiades, Apostolos, Die Anspruchskonkurrenz im Zivilrecht und Zivilprozessrecht, München 1968 (zitl. *Georgiades*, Die Anspruchskonkurrenz im Zivilrecht und Zivilprozessrecht, 1968)

Geppert, Martin/*Helmes*, Patrick, BGH: Neuerdings unzuständig für das Zivilrecht?, MMR 2007, S. 564-568 (zit. *Geppert/Helmes*, MMR 2007, 564)

Germelmann, Class-Hinrich, Grenzen der einvernehmlichen Beendigung von Arbeitsverhältnissen, NZA 1997, 236-245 (zit. *Germelmann*, NZA 1997, 236)

Gernhuber, Joachim, § 242 BGB: Funktion und Tatbestände, JuS 1983, S. 764-769 (zit. *Gernhuber*, JuS 1983, 764)

Geserich, Stephan, Auslegung und Rechtsfortbildung, DStR-Beih 2011, S. 59-66 (zit. *Geserich*, DStR-Beih 2011, 59)

Glöckner, Jochen, Europäisches Lauterkeitsrecht, München 2006, (zit. *Glöckner*, Europäisches Lauterkeitsrecht, 2006)

ders., Individualschutz und Funktionenschutz in der privaten Durchsetzung des Kartellrechts – Der Zweck heiligt die Mittel nicht – er bestimmt sie!, WRP 2007, S. 490-500 (zit. *Glöckner*, WRP 2007, 490)

Gloy, Wolfgang/*Loschelder*, Michael/*Erdmann*, Willi (Hrsg.), Handbuch des Wettbewerbsrechts, 4. Auflage, München 2010 (zit. *Bearbeiter*, in: Gloy/Loschelder/Erdmann, Handbuch des Wettbewerbsrechts, 4. Aufl. 2010)

Görner, André, Die Anspruchsberechtigung der Marktbeteiligten nach § 33 GWB, Köln/München 2007 (zit. *Görner*, Die Anspruchsberechtigung der Marktbeteiligten nach § 33 GWB, 2007)

Götting, Horst-Peter, Der Begriff des Geistigen Eigentums, GRUR 2006, S. 353-358 (zit. *Götting*, GRUR 2006, 353)

Grabitz, Eberhard (Begr.)/*Hilf*, Meinhard/*Nettesheim*, Martin (Hrsg.), Das Recht der Europäischen Union, Kommentar, München, Loseblattsammlung, München (zit. *Bearbeiter*, in: Grabitz/Hilf/Nettesheim, Das Recht der EU)

Graf von Westphalen, Friedrich, AGB-Recht im Jahr 2010, NJW 2011, S. 2098-2106 (zit. *Graf von Westphalen*, NJW 2011, 2098)

Gröner, Helmut/*Köhler*, Helmut, Verbraucherschutzrecht in der Marktwirtschaft, Tübingen 1987 (zit. *Gröner/Köhler*, Verbraucherschutzrecht in der Marktwirtschaft, 1987)

Grotheer, Marc, Der eigentumsrechtliche Unterlassungsanspruch nach § 1004 BGB als Schutz vor Konkurrenten – am Beispiel der Rechtsprechung zur Fremdbefüllung von Flüssiggastanks, GRUR 2006, S. 110-118 (zit. *Grotheer*, GRUR 2006, 110)

Grünberger, Michael, Bindungswirkung kartellbehördlicher Entscheidungen, in: Möschel, Wernhard/Bien, Florian (Hrsg.), Kartellrechtsdurchsetzung durch private Schadensersatzklagen?, Baden-Baden 2010, S. 135-224 (zit. *Grünberger*, in: Möschel/Bien, Kartellrechtsdurchsetzung durch private Schadensersatzklagen, 2010, 135)

Grunewald, Barbara, Vereinsordnungen, Praktische Bedeutung und Kontrolle, ZHR 152 (1988), S. 242-262 (zit. *Grunewald*, ZHR 152 (1988), 242)

Gsell, Beate/*Schellhase*, Hans Martin, Vollharmonisiertes Verbraucherkredit als Vorbild?, JZ 2009, S. 20-29 (zit. *Gsell/Schellhase*, JZ 2009, 20)

Gussone, Peter/*Michalczyk*, Roman, Der Austausch von Informationen im ECN – wer bekommt was wann zu sehen?, EuZW 2011, S. 130-134 (zit. *Gussone/Michalczyk*, EuZW 2011, 130)

Haferkamp, Hans-Peter, Die heutige Rechtsmissbrauchslehre: Ergebnis nationalsozialistischen Rechtsdenkens?, Berlin 1995 (zit. *Haferkamp*, Die heutige Rechtsmissbrauchslehre, 1995)

Hager, Johannes, Gesetzes- und sittenkonforme Auslegung und Aufrechterhaltung von Rechtsgeschäften, München 1983 (zit. *Hager*, Gesetzes- und sittenkonforme Auslegung und Aufrechterhaltung von Rechtsgeschäften, 1983)

ders., Grundrechte im Privatrecht, JZ 1994, S. 373-383 (zit. *Hager*, JZ 1994, 373)

Hailbronner, Kay, Hat der EuGH eine Normverwerfungskompetenz?, NZA 2006, S. 811-816 (zit. *Hailbronner*, NZA 2006, 811)

Hamm, Rainer, Kann der Verstoß gegen Treu und Glauben strafbar sein?, NJW 2005, S. 1993-1995 (zit. *Hamm*, NJW 2005, 1993)

Harte-Bavendamm, Henning/*Henning-Bodewig*, Frauke (Hrsg.), Gesetz gegen den unlauteren Wettbewerb, Kommentar, 3. Auflage, München 2013 (zit. *Bearbeiter*, in: Harte-Bavendamm/Henning-Bodewig, UWG, 3. Aufl. 2013)

Hartmann-Rüppel, Marco/*Engelhoven*, Peter Philipp, Kartellrecht und Eigentum – Die Soda-Club-II-Entscheidung des BGH, ZWeR 2008, S. 290-306 (zit. *Hartmann-Rüppel/Engelhoven*, ZWeR 2008, 290)

Hassemer, Winfried/*Dallmeyer*, Jens, Gesetzliche Orientierung am deutschen Recht der Kartellgeldbußen und das Grundgesetz, Baden-Baden 2010 (zit. *Hassemer/Dallmeyer*, Gesetzliche Orientierung am deutschen Recht der Kartellgeldbußen und das Grundgesetz, 2010)

Hedemann, Justus Wilhelm, Die Flucht in die Generalklauseln – Eine Gefahr für Recht und Staat, Tübingen 1933 (zit. *Hedemann*, Die Flucht in die Generalklauseln, 1933)

Hefermehl, Wolfgang, Unternehmenszusammenschlüsse in kartellrechtlicher Sicht – Teil II, GRUR 1966, S. 651-660 (zit. *Hefermehl*, GRUR 1966, 651)

ders., Grenzen des Lauterkeitsschutzes, GRUR Int. 1983, S. 507-513 (zit. *Hefermehl*, GRUR Int. 1983, 507)

Heinemann, Andreas, Kartellrechtliche Zwangslizenzen im Patentrecht, Die Spundfass-Entscheidung es BGH vom 13. Juli 2004, ZWeR 2005, S. 198-206 (zit. *Heinemann*, ZWeR 2005, 198)

Heinrich, Christian, Die Generalklausel des § 242 BGB, in: Kern, Bernd-Rüdiger/Wadle, Elmar/Schroeder, Klaus-Peter/Katzenmeier, Christian (Hrsg.), Humaniora: Medizin – Recht – Geschichte: Festschrift für Adolf Laufs zum 70. Geburtstag, Heidelberg 2005, S. 585-608 (zit. *Heinrich*, in: FS Laufs, 2005, 585)

Heinze, Meinhard, Zur Rechtsnatur wettbewerbsbeschränkender Verträge, in: Wannagat, Georg/Gitter, Wolfgang (Hrsg.), Festschrift für Erich Fechtner zum 70. Geburtstag, Tübingen 1973, S. 75-116 (zit. *Heinze*, in: FS Fechtner, 1973, 75)

Hellich, Peter, Die Missbrauchsaufsicht über marktbeherrschende Unternehmen und das Scheitern der klassischen Eingriffsverwaltung bei beurteilungskomplexem Tatbeständen, Frankfurt a.M./Berlin/Bern/Brüssel/New York/Oxford/Wien 2001 (zit. *Hellich*, Die Missbrauchsaufsicht über marktbeherrschende Unternehmen, 2001)

Hempel, Rolf, Privater Rechtsschutz im deutschen Kartellrecht nach der 7. GWB-Novelle, WuW 2004, S. 362-374 (zit. *Hempel*, WuW 2004, 362)

ders., Ende des Kollektiven Rechtsschutzes im deutschen Kartellrecht?, NJW 2015, S. 2077-2080 (zit. *Hempel*, NJW 2015, 2077)

Herdzina, Klaus, in: Andreae, Clemens-August (Hrsg.), Festschrift für Werner Benisch, Wettbewerb als Herausforderung und Chance, Köln/Berlin/Bonn/München 1989, S. 3-15 (zit. *Herdzina*, in: FS Benisch, 1989, 3) *ders.*, Wettbewerbspolitik, 5. Auflage, Stuttgart 1999 (zit. *Herdzina*, Wettbewerbspolitik, 5. Aufl. 1999)

Herresthal, Carsten, Ein europäisches Vertragsrecht als Optionales Instrument, EuZW 2011, S. 7-12 (zit. *Herresthal*, EuZW 2011, 7)

Hertwig, Stefan, Die Dienstleistungsfreiheit als Grenze staatlicher Monopole und Eigenleistungen, EuR 2011, S. 745-758 (zit. *Hertwig*, EuR 2011, 745)

Hesse, Konrad, Grundzüge des Verfassungsrechts der Bundesrepublik Deutschland, 20. Auflage, Heidelberg 1999 (zit. *Hesse*, Grundzüge des Verfassungsrechts der BRD, 20. Aufl. 1999)

Heukamp, Friso, Kartellrecht im Schiedsverfahren – Neuorientierung durch VO 1/2003 und 7. GWB-Novelle?, SchiedsVZ 2006, S. 94-95 (zit. *Heukamp*, SchiedsVZ 2006, 94)

Hillgruber, Christian, Der Schutz des Menschen vor sich selbst, München 1992 (zit. *Hillgruber*, Der Schutz des Menschen vor sich selbst, 1992)

ders., Abschied von der Privatautonomie?, ZRP 1995, S. 6-9 (zit. *Hillgruber*, ZRP 1995, 6)

ders., Richterliche Rechtsfortbildung als Verfassungsproblem, JZ 1996, S. 118-125 (zit. *Hillgruber*, JZ 1996, 118)

Hirsbrunner, Simon, Settlements in EU-Kartellverfahren – Kritische Anmerkungen nach den ersten Anwendungsfällen, EuZW 2011, S. 12-16 (zit. *Hirsbrunner*, EuZW 2011, 12)

Hirtz, Bernd, Die Relevanz der Marktmacht bei der Anwendung des UWG, GRUR 1980, S. 93-96 (zit. *Hirtz*, GRUR 1980, 93)

Historisch-kritischer Kommentar zum BGB, Schmoeckel, Mathias/Rückert, Joachim/ Zimmermann, Reinhard (Hrsg.), Band 2: Schuldrecht Allgemeiner Teil, 1. Teilband: §§ 241-304, Tübingen 2007 (zit. *Bearbeiter*, in: HKK, Bd. 2/1, 2007)

Hoffmann-Riem, Wolfgang/*Schmidt-Aßmann*, Eberhard/*Voßkuhle*, Andreas (Hrsg.), Grundlagen des Verwaltungsrechts, Band I, Methoden – Maßstäbe – Aufgaben – Organisation, München 2006 (zit. *Bearbeiter*, in: Hoffmann-Riem/Schmidt-Aßmann/Voßkuhle, Grundlagen des Verwaltungsrechts, Bd. 1, 2006)

Höft, Jan Christoph/*Esser*, Michael, Die einführung des SIEC-Tests durch die 8. GWB-Novelle – Folgen für die Praxis, NZKart 2013, S. 447-457 (zit. *Höft/Esser*, NZKart 2013, 447)

Holthausen, Dagmar, Theorie und Praxis einer allgemeinen Rechtsmissbrauchsschranke für Prozessparteien, Frankfurt a.M. 2005 (zit. *Holthausen*, Theorie und Praxis einer allgemeinen Rechtsmissbrauchsschranke für Prozessparteien, 2005)

Hommelhoff, Peter, Zivilrecht unter dem Einfluss europäischer Rechtsangleichung, AcP 192 (1992), S. 71-107 (zit. *Hommelhoff*, AcP 192 (1992), 71)

Honsell, Heinrich, Die zivilrechtliche Sanktion der Sittenwidrigkeit, JZ 1975, S. 439-441 (zit. *Honsell*, JZ 1975, 439) *ders.*, Teleologische Reduktion versus Rechtsmissbrauch, in: Beck-Mannagetta, Margarethe/Böhm, Helmut/Graf, Georg (Hrsg.), Der Gerechtigkeitsanspruch des Rechts – Festschrift für Theo Mayer-Maly zum 65. Geburtstag (Rechtsethik, Band 3), Wien, New York 1996, S. 369-387 (zit. *Honsell*, in: FS Mayer-Maly, 1996, 369)

Hoppmann, Erich, Zum Problem einer wirtschaftspolitisch praktikablen Definition des Wettbewerbs, in: Schneider, Hans Karl (Hrsg.), Grundlagen der Wettbewerbspolitik, Berlin 1968, S. 9-49 (zit. *Hoppmann*, in: Schneider, Grundlagen der Wettbewerbspolitik, 1968, 9)

ders., Zum Schutzobjekt des GWB. Die sogenannte volkswirtschaftlichen Erkenntnisse und ihre Bedeutung für die Schutzobjektdiskussion, in: Mestmäcker, Ernst-Joachim (Hrsg.), Wettbewerb als Aufgabe – Nach Zehn Jahren Gesetz gegen Wettbewerbsbeschränkungen, Bad Homburg v.d.H./Berlin/Zürich 1968, S. 61-104 (zit. *Hoppmann*, in: Mestmäcker, Wettbewerb als Aufgabe, 1968, 61)

Hoppmann, Erich/*Mestmäcker*, Ernst-Joachim, Normzwecke und Systemfunktionen im Recht der Wettbewerbsbeschränkungen, Tübingen 1974 (zit. *Hoppmann/ Mestmäcker*, Normzwecke und Systemfunktionen, 1974)

Hovenkamp, Herbert, Federal Antitrust Policy, The Law of Competition and its Practice, 4. Auflage, St. Paul 2011 (zit. *Hovenkamp*, Federal Antitrust Policy, 4. Aufl. 2011)

Huber, Karl, Über den Rechtsmissbrauch (Schweiz. ZGB Art. 2.), Bern 1910 (zit. *Huber*, Über den Rechtsmissbrauch, 1910)

Hüffer, Uwe, Aktiengesetz, 9. Auflage, München 2010 (zit. *Hüffer*, AktG, 9. Aufl. 2010)

Immenga, Ulrich, Politische Instrumentalisierung des Kartellrechts?, Tübingen 1976 (zit. *Immenga*, Politische Instrumentalisierung des Kartellrechts, 1976)

ders., Wettbewerbsrechtliche Grenzen von Standortvorteilen der öffentlichen Hand, NJW 1995, S. 1921-1927 (zit. *Immenga*, NJW 1995, 1921)

ders., Ökonomie und Recht in der europäischen Wettbewerbspolitik, ZWeR 2006, S. 346-365 (zit. *Immenga*, ZWeR 2006, 346)

Immenga, Ulrich/*Mestmäcker*, Ernst-Joachim (Hrsg.), Wettbewerbsrecht, Band 1: EG, Kommentar zum Europäischen Kartellrecht, Teil 1 und Teil 2, 4. Auflage, München 2007 (zit. *Bearbeiter*, in: Immenga/Mestmäcker, EG-WettbR, Teil 1/2, 4. Aufl. 2007)

dies. (Hrsg.), Wettbewerbsrecht, Band 1: EU, Kommentar zum Europäischen Kartellrecht, Teil 1 und Teil 2, 5. Auflage, München 2012 (zit. *Bearbeiter*, in: Immenga/Mestmäcker, EU-WettbR, Teil 1/2, 5. Aufl. 2012)

dies. (Hrsg.), Wettbewerbsrecht, Band 2: GWB, Kommentar zum Deutschen Kartellrecht, 2. Auflage, München 1992 (zit. *Bearbeiter*, in: Immenga/Mestmäcker, GWB, 2. Aufl. 1992)

dies. (Hrsg.), Wettbewerbsrecht, Band 2: GWB, Kommentar zum Deutschen Kartellrecht, Teil 1, 5. Auflage, München 2014 (zit. *Bearbeiter*, in: Immenga/Mestmäcker, GWB, Teil 1, 5. Aufl. 2014)

Ingerl, Reinhard/*Rohnke*, Christian, Markengesetz, Kommentar, 3. Auflage, München 2010 (*Ingerl/Rohnke*, MarkenG, 3. Aufl. 2010)

Ipsen, Hans Peter, Kartellrechtliche Preiskontrolle als Verfassungsfrage, Baden-Baden 1976 (*Ipsen*, Kartellrechtliche Preiskontrolle als Verfassungsfrage, 1976)

Isensee, Josef/*Kirchhof*, Ferdinand (Hrsg.), Handbuch des Staatsrechts der Bundesrepublik Deutschland, Band V: Rechtsquellen, Organisation, Finanzen, 3. Auflage, Heidelberg 2007 (zit. *Bearbeiter*, in: Handbuch des Staatsrechts V, 3. Aufl. 2007)

Ittner, Dirk, Die Vermutungen des GWB, Berlin 1998 (zit. *Ittner*, Die Vermutungen des GWB, 1998)

Jaecks, Jörg/*Dörmer*, Thomas, Der wettbewerbsrechtliche Anspruch auf Lizenzerteilung, die eigenmächtige Nutzung von Immaterialgüterrechten und die prozessualen Folgen, in: Boesche, Katharina Vera/Füller, Jens Thomas/Wolf, Maik (Hrsg.), Variationen im Recht – Beiträge zum Arbeits-, Immaterialgüter-, Infrastruktur-, Lauterkeits-, Unternehmens-, Wettbewerbs- und Zivilrecht – Festbeigabe für Franz Jürgen Säcker zum 65. Geburtstag, Berlin 2006, S. 97-115 (zit. *Jaecks/Dörmer*, in: FS Säcker, 2006, 97)

Jansen, Nils, Die Struktur des Haftungsrechts, Geschichte, Theorie und Dogmatik außervertraglicher Ansprüche auf Schadensersatz, Tübingen 2003 (zit. *Jansen*, Die Struktur des Haftungsrechts, 2003)

ders., Konturen eines europäischen Schadensrechts, JZ 2005, S. 260-273, (zit. *Jansen*, JZ 2005, 260)

Jauernig, Othmar (Hrsg.), Bürgerliches Gesetzbuch, 16. Auflage, München 2015 (zit. *Bearbeiter*, in: Jauernig, BGB, 16. Aufl. 2015)

Jestaedt, Dirk, Der Lizenzerteilungsanspruch nach der BGH-Entscheidung „Orange-Book-Standard", GRUR 2009, S. 801-805 (zit. *Jeststadt*, GRUR 2009, 801)

Jickeli, Joachim, Der langfristige Vertrag, Baden-Baden 1996 (zit. *Jickeli*, Der langfristige Vertrag, 1996)

Jungk, Rolf-Dieter, Die Ausübung wirtschaftlicher Macht als unlauterer Wettbewerb?, Berlin 1997 (*Jungk*, Die Ausübung wirtschaftlicher Macht als unlauterer Wettbewerb?, 1997)

Karlsruher Kommentar zum Gesetz über Ordnungswidrigkeiten, Senge, Lothar (Hrsg.), 3. Auflage, München 2005 (zit. *Bearbeiter*, in: KarlsrKomm OWiG, 3. Aufl. 2005)

Kartte, Wolfang, Ein neues Leitbild für die Wettbewerbspolitik, Köln/Berlin/Bonn/München 1969 (*Kartte*, Ein neues Leitbild für die Wettbewerbspolitik, 1969)

Kaser, Max/*Knütel*, Rolf, Römisches Privatrecht, 20. Auflage, München 2014 (zit. *Kaser/Knütel*, Römisches Privatrecht, 20. Aufl. 2014)

Kapp, Thomas/*Löwenkamp*, Kirsten, Rechtsmissbräuchliche Ausnutzung des Zivilrechts unter Verletzung des Kartellrechts?, WuW 2010, S. 887-889 (zit. *Kapp/Löwenkamp*, WuW 2010, 887)

Kelsen, Hans, Reine Rechtslehre, 2. Auflage, Wien 1960 (zit. *Kelsen*, Reine Rechtslehre, 2. Aufl. 1960)

Keßler, Jürgen, Private Enforcement – Zur deliktsrechtlichen Aktualisierung des deutschen und europäischen Kartellrechts im Lichte des Verbraucherschutzes, WRP 2006, S. 1061-1070 (zit. *Keßler*, WRP 2006, 1061)

Kießling, Erik, Neues zur Schadensabwälzung, GRUR 2009, S. 733-739 (zit. *Kießling*, GRUR 2009, 733)

Kiethe, Kurt, Umfassende Prüfungskompetenz der Gerichte im Gerichtsstand des § 32 ZPO, NJW 2003, S. 1294-1296 (zit. *Kiethe*, NJW 2003, 1294)

Kindhäuser, Urs/*Neumann*, Ulfried/*Paeffgen*, Hans-Ullrich (Hrsg.), Strafgesetzbuch, Band 1, §§ 1-145d, 4. Auflage, Baden-Baden 2013 (zit. *Bearbeiter*, in: Kindhäuser/Neumann/Paeffgen, StGB, Bd. 1, 4. Aufl. 2013)

Kirchhof, Paul, Richterliche Rechtsfindung, gebunden an „Gesetz und Recht", NJW 1986, S. 2275-2280 (zit. *Kirchhof*, NJW 1986, 2275)

Kittner, Michael, Die Rechtsprechung des BVerfG zur „Wiederherstellung gestörter Vertragsparität" im Lichte der ökonomischen Analyse des Rechts und von Deregulierungspostulaten, in: Hanau, Peter/Heither, Friedrich/Kühling, Jürgen (Hrsg.), Richterliches Arbeitsrecht, Festschrift für Thomas Dieterich zum 65. Geburtstag, München 1999, S. 279-296 (zit. *Kittner*, in: FS Dieterich, 1999, 279)

Kipp, Theodor, Über Doppelwirkungen im Recht, insbesondere über die Konkurrenz von Nichtigkeit und Anfechtbarkeit, in: Laband, Paul/Hamm, Rainer/Heinitz, Ernst (Hrsg.), Festschrift der Berliner Juristischen Fakultät für Ferdinand von Martitz zum fünfzigjährigen Doktorjubiläum, Berlin 1911, S. 211-233 (zit. *Kipp*, in: FS v. Martitz, 1911, 211)

Klaka, Rainer, Zur Verwirkung im Patentrecht, GRUR 1978, S. 70-73 (zit. *Klaka*, GRUR 1978, 70)

Knieper, Rolf, Interpretation, Analogie und Rechtsfortbildung: Delikate Abgrenzungen zwischen Judikative und Legislative, WiRO 2003, S. 65-69 (zit. *Knieper*, WiRO 2003, 65)

Knight, Frank H., Risk, Uncertainty and Profit, Boston 1921 (zit. *Knight*, Risk, Uncertainty and Profit, 1921)

Knöpfle, Robert, Die marktbezogene Unlauterkeit, Tübingen 1983 (zit. *Knöpfle*, Die marktbezogene Unlauterkeit, 1983)

Koch, Eckart, Schadensersatz bei unerlaubten wettbewerbsbeschränkenden Handlungen nach deutschem und europäischem Recht, Gehlen 1968 (zit. *Koch*, Schadensersatz bei unerlaubten wettbewerbsbeschränkenden Handlungen, 1968)

Koenigs, Folkmar, Das Gesetz gegen Wettbewerbsbeschränkungen und das Recht des unlauteren Wettbewerbs unter besonderer Berücksichtigung der Wettbewerbsregeln, GRUR 1958, S. 589-593 (zit. *Koenigs*, GRUR 1958, 589)

ders., Wechselwirkungen zwischen Gesetz gegen Wettbewerbsbeschränkungen und Recht des unlauteren Wettbewerbs, NJW 1961, S. 1041-1048 (zit. *Koenigs*, NJW 1961, 1041)

Köhler, Helmut, Kartellverbot und Schadensersatz, GRUR 2004, S. 99-103 (zit. *Köhler*, GRUR 2004, 99)

ders., Zur Konkurrenz lauterkeitsrechtlicher und kartellrechtlicher Normen, WRP 2005, S. 645-654 (zit. *Köhler*, WRP 2005, 645)

ders., Schutzlücken bei der Verbandsklagebefugnis im Kartell- und Wettbewerbsrecht – ein Aufgabe für den Gesetzgeber, WRP 2007, S. 602-604 (zit. *Köhler*, WRP 2007, 602)

Köhler, Helmut/*Bornkamm*, Joachim, Gesetz gegen den unlauteren Wettbewerb, 33. Auflage, München 2015 (*Köhler/Bornkamm*, UWG, 33. Aufl. 2015)

König, Hartmut, Der schuldrechtlich vorbehaltene Restbesitz – eine Erfindung der Rechtsprechung führt zur Marktsperre, NJW 2005, S. 191-194 (zit. *König*, NJW 2005, 191)

Konzen, Horst, Die AGB-Kontrolle im Arbeitsvertragsrecht, in: Häuser, Franz/Hammen, Horst/Hennrichs, Joachim/Steinbeck, Anja/Siebel, Ulf R./Welter, Reinhard (Hrsg.), Festschrift für Walther Hadding zum 70. Geburtstag am 8. Mai 2004, Berlin 2004, S. 145-166 (zit. *Konzen*, in: FS Hadding, 2004, 145)

Koppensteiner, Hans-Georg, Österreichisches und europäisches Wettbewerbsrecht, 3. Auflage, Wien 1997 (zit. *Koppensteiner*, Österreichisches und europäisches Wettbewerbsrecht, 3. Aufl. 1997)

ders., Marktbezogene Unlauterkeit und Missbrauch von Marktmacht, WRP 2007, S. 475-489 (zit. *Koppensteiner*, WRP 2007, 475)

Körber, Torsten, Kartellrechtlicher Zwangslizenzeinwand und standardessentielle Patente, NZKart 2013, S. 87-98 (zit. *Körber*, NZKart 2013, 87)

Kordel, Guido, Missbrauch einer marktbeherrschenden Stellung durch Verwendung zivilrechtswidriger AGB im Auftrag des Bundes, ZWeR 2005, S. 359-379 (zit. *Kordel*, ZWeR 2005, 359)

Körner, Marita, Zur Aufgabe des Haftungsrechts – Bedeutungsgewinn präventiver und punitiver Elemente, NJW 2000, S. 241-246 (zit. *Körner*, NKW 2000, 241)

Kötter, Matthias/*Nolte*, Jakob, Was bleibt von der „Polizeifestigkeit des Versammlungsrechts“?, DÖV 2009, S. 399-406 (zit. *Kötter/Nolte*, DÖV 2009, 399)

Kötz, Hein D., Ziele des Haftungsrechts, in: Baur, Jürgen F./Hopt, Klaus J./Mailänder, K. Peter (Hrsg.) i.V.m. Belke, Rolf O./Köhler, Helmut/Körner, Eberhard/Koppensteiner, Hans-Georg/Lichtenberg, Hagen/Roth, Wulf-Henning/Ullrich, Hanns, Festschrift für Ernst Steindorff zum 70. Geburtstag am 13. März 1990, Berlin/New York 1990, S. 643-666 (zit. *Kötz*, in: FS Steindorff, 1990, 643)

Kötz, Heinz D./*Wagner*, Gerhard, Deliktsrecht, 12. Auflage, München 2013 (zit. *Kötz/Wagner*, Deliktsrecht, 12. Aufl. 2013)

Kouker, Ludwig, Die Normadressaten des Diskriminierungsverbots (§ 26 Abs. 2 und 3 GWB), Berlin 1984 (zit. *Kouker*, Die Normadressaten des Diskriminierungsverbots, 1984)

Kraft, Alfons, Interessenabwägung und gute Sitten im Wettbewerbsrecht, München/Berlin 1963 (zit. *Kraft*, Interessenabwägung und gute Sitten im Wettbewerbsrecht, 1963)

ders., Die Berücksichtigung wirtschaftspolitischer und gesellschaftspolitischer Belange im Rahmen des § 1 UWG, in: Harms, Wolfgang/Heckelmann, Dieter/Knöpfke, Robert/Teichmann, Arndt (Hrsg.), Entwicklungstendenzen im Wirtschafts- und Unternehmensrecht, Festschrift für Horst Bartholomeyczik zum 70 Geburtstag, Berlin 1973, S. 223-240 (zit. *Kraft*, in: FS Bartholomeyczik, 1973, 223)

Kroitzsch, Hermann, Wirtschaftspolitische Entscheidungen durch Wettbewerbsregeln oder durch die UWG-Rechtsprechung?, BB 1977, S. 220-224 (zit. *Kroitzsch*, BB 1977, 220)

Kronke, Herbert, Zur Funktion und Dogmatik der Leistungsbestimmung nach § 315 BGB, AcP 183 (1983), S. 113-144 (zit. *Kronke*, AcP 183 (1983), 113)

Krüger, Carsten, Kartellregress – Der Gesamtschuldnerausgleich als Instrument der privaten Kartellrechtsdurchsetzung, 1. Auflage, Baden-Baden 2010 (zit. *Krüger*, Kartellregress, 2010)

Krüger, Herbert, Staatsverfassung und Wirtschaftsverfassung, DVBl. 1951, S. 361-368 (zit. *Krüger*, DVBl. 1951, 361)

Kübel, Constanze, Zwangslizenzen im Immaterialgüter- und Wettbewerbsrecht, eine Untersuchung zu Patenten und Urheberrechten bei technischen Normen, Köln 2006 (zit. *Kübel*, Zwangslizenzen im Immaterialgüter- und Wettbewerbsrecht, 2006)

Kühne, Gunther, Vom Privatrecht zum Wirtschaftsrecht – Die Verdrängung der Monopolpreisrechtsprechung zu § 315 BGB durch Kartellrecht, RdE 2005, S. 241-250 (zit. *Kühne*, RdE 2005, 241)

ders., Gerichtliche Entgeltkontrolle im Energierecht, NJW 2006, S. 654-657 (zit. *Kühne*, NJW 2006, 654)

ders., Billigkeitskontrolle und Verbotsgesetze, NJW 2006, S. 2520-2522 (zit. *Kühne*, NJW 2006, 2520)

Kühnen, Thomas, Die Ansprüche des Patentinhabers wegen Schutzrechtsverletzung nach Vergabe einer ausschließlichen Lizenz, in: Grosch, Marcus/Ullmann, Eike (Hrsg.), Gewerbliche Schutzrechte und ihre Durchsetzung, Festschrift für Tilman Schilling zum 70. Geburtstag am 29. Juli 2007, Köln/München 2007, S. 311-332 (zit. *Kühnen*, in: FS Schilling, 2007, 311)

Lange, Hermann/*Schiemann*, Gottfried, Handbuch des Schuldrechts, Band 1, Schadensersatz, 3. Auflage, Tübingen 2003 (zit. *Lange/Schiemann*, Handbuch des Schuldrechts, Bd. 1, 3. Aufl. 2003)

Lange, Knut Werner (Hrsg.), Handbuch zum deutschen und europäischen Kartellrecht, 2. Auflage, Frankfurt a.M. 2006 (zit. *Bearbeiter*, in: Lange, Handbuch Kartellrecht, 2. Aufl. 2006)

Langen, Eugen/*Bunte*, Hermann-Josef (Hrsg.), Kommentar zum deutschen und europäischen Kartellrecht, Band 1: Deutsches Kartellrecht, 12. Auflage, Köln 2014 (zit. *Bearbeiter*, in: Langen/Bunte, Deutsches Kartellrecht, 12. Aufl. 2014)

Lansnicker, Frank/*Schwirtzek*, Thomas, Rechtsverhinderung durch überlange Verfahrensdauer – Verletzung des Beschleunigungsgebots nach Art. 6 I 1 EMRK, NJW 2001, S. 1969-1974 (zit. *Lansnicker/Schwirtzek*, NJW 2001, 1969)

Larenz, Karl, Lehrbuch des Schuldrechts, Band I: Allgemeiner Teil, 12. Auflage, München 1979 (zit. *Larenz*, Schuldrecht I, 12. Aufl. 1979)

ders., Methodenlehre der Rechtswissenschaft, 6. Auflage, Berlin/Heidelberg/New York 1991 (zit. *Larenz*, Methodenlehre der Rechtswissenschaft, 6. Aufl. 1991)

Larenz, Karl/*Canaris*, Claus-Wilhelm, Lehrbuch des Schuldrechts, Band II/2: Besonderer Teil/ 2. Halbband, 13. Auflage, München 1994 (zit. *Larenz/Canaris*, Schuldrecht II/2: BT/2. Halbbd., 13. Aufl. 1994)

dies., Methodenlehre der Rechtswissenschaft, 3. Auflage, Berlin/Heidelberg/New York 1995 (zit. *Larenz/Canaris*, Methodenlehre der Rechtswissenschaft, 3. Aufl. 1995)

Larenz, Karl/*Wolf*, Manfred, Allgemeiner Teil des bürgerlichen Rechts, 9. Auflage, München 2004 (zit. *Larenz/Wolf*, BGB AT, 9. Aufl. 2004)

Lehmann, Michael, Wettbewerbsrecht, Strukturpolitik und Mittelstandsschutz, GRUR 1977, S. 580-588 (zit. *Lehmann*, GRUR 1977, 580)

ders., Zur kartell- und wettbewerbsrechtlichen Kontrolle der Nachfragemacht im Zusammenhang mit der Vergütung von Architekten- und Ingenieurleistungen, WRP 1984, S. 179-186 (zit. *Lehmann*, WRP 1984, 179)

ders., Wettbewerbs- und warenzeichenrechtliche Bemerkung zur Entscheidung des Bundesgerichtshofs vom 6. Oktober 1983 – Verkauf unter Einstandspreis II, GRUR 1984, S. 313-319 (zit. *Lehmann*, GRUR 1984, 313)

Leibholz, Gerhard/*Rinck*, Hans-Justus/*Hesselberger*, Dieter, Grundgesetz für die Bundesrepublik Deutschland, Kommentar an Hand der Rechtsprechung des Bundesverfassungsgerichts, Loseblattsammlung, Köln (zit. *Leibholz/Rinck/Hesselberger*, GG)

Leistner, Matthias, Richtiger Vertrag und lauterer Wettbewerb – eine grundlegende Studie unter besonderer Berücksichtigung der europäischen Perspektive, Tübingen 2007 (zit. *Leistner*, Richtiger Vertrag und lauterer Wettbewerb, 2007)

Lenckner, Theodor, Wertausfüllungsbedürftige Begriffe im Strafrecht und der Grundsatz „nullum crimen sine lege“, 2. Teil, JuS 1968, S. 304-310 (zit. *Lenckner*, JuS 1968, 304)

Lettl, Tobias, Kartell- und wettbewerbsrechtliche Schranken für Angebote unter Einstandspreis, JZ 2003, S. 662-670 (zit. *Lettl*, JZ 2003, 662)

Liebscher, Christoph/*Flohr*, Eckhard/*Petsche*, Alexander (Hrsg.), Handbuch der EU-Gruppenfreistellungsverordnungen, 2. Auflage, München 2012 (zit. *Bearbeiter*, in: Liebscher/Flohr/Petsche, Gruppenfreistellungsverordnungen, 2. Aufl. 2012)

Limbach, Jutta, Der verständige Rechtsgenosse, Berlin 1977 (zit. *Limbach*, Der verständige Rechtsgenosse, 1977)

dies., Das Rechtsverständnis in der Vertragslehre, JuS 1985, S. 9-15 (zit. *Limbach*, JuS 1985, 9)

Lindacher, Walter F., Grundsätzliches zu § 138 BGB, Zur Frage der Relevanz subjektiver Momente, AcP 173 (1973), S. 124-136 (zit. *Lindacher*, AcP 173 (1973), 124)

Linsmeier, Petra, Gesetzliches Leistungsbestimmungsrecht bei Netznutzungsentgelten, NJW 2008, S. 2162-2165 (zit. *Linsmeier*, NJW 2008, 2162)

Loewenheim, Ulrich, „Eintrittsgelder“ und Sittenwidrigkeit – Bemerkungen zum Urteil des OLG Frankfurt vom 6. Mai 1975, GRUR 1976, S. 224-229 (zit. *Loewenheim*, GRUR 1976, 224)

Loewenheim, Ulrich/*Meessen*, Karl M./*Riesenkampff*, Alexander (Hrsg.), Kartellrecht, Europäisches und Deutsches Recht, Kommentar, 2. Auflage, München 2009 (zit. *Bearbeiter*, in: Loewenheim/Meessen/Riesenkampff, Kartellrecht, 2. Aufl. 2009)

Looschelders, Dirk, Schuldrecht, Allgemeiner Teil, 13. Auflage, München 2015 (zit. *Looschelders*, Schuldrecht AT, 13. Aufl. 2015)

Löwe, Henning, Der Gedanke der Prävention im deutschen Schadensersatzrecht: Die Flucht in den Geldersatz immaterieller Schäden, Frankfurt a.M. 2000 (zit. *Löwe*, Der Gedanke der Prävention im deutschen Schadensersatzrecht, 2000)

Lukes, Rudolf, Der Kartellvertrag – Das Kartell als Vertrag mit Außenwirkungen, München/Berlin 1959 (zit. *Lukes*, Der Kartellvertrag, 1959)

ders., Zum Verständnis des Wettbewerbs und des Marktes in der Denkkategorie des Rechts, in: Coing, Helmut/Kronstein, Heinrich/Mestmäcker, Ernst-Joachim (Hrsg.), Wirtschaftsordnung und Rechtsordnung, Festschrift zum 70. Geburtstag von Franz Böhm, Karlsruhe 1965, S. 199-226 (zit. *Lukes*, in: FS Böhm, 1965, 199)

Lutz, Martin, Schwerpunkte der 7. GWB-Novelle, WuW 2005, S. 718-732 (zit. *Lutz*, WuW 2005, 718)

Maasch, Beate, Auslegung von Normen – ein spezielles Problem des Kartellrechts?, ZHR 150 (1986), S. 354-365 (zit. *Maasch*, ZHR 150 (1986), 354)

Maaßen, Stefan, Normung, Standardisierung und Immaterialgüterrechte, Berlin/Köln/München 2006 (zit. *Maaßen*, Normung, Standardisierung und Immaterialgüterrechte, 2006)

Mäger, Thorsten/*Zimmer*, Daniel J./*Milde*, Sarah, Konflikt zwischen öffentlicher und privater Kartellrechtsdurchsetzung, Zum Schutz der Vertraulichkeit von Kronzeugenanträgen an das Bundeskartellamt, WuW 2009, S. 885-899 (zit. *Mäger/Zimmer/Milde*, WuW 2009, 885)

Mailänder, Karl Peter, Privatrechtliche Folgen unerlaubter Kartellpraxis, Karlsruhe 1964 (zit. *Mailänder*, Privatrechtliche Folgen unerlaubter Kartellpraxis, 1964)

Mankowski, Peter, Beseitigungsrechte: Anfechtung, Widerruf und verwandte Institute, Tübingen 2003 (zit. *Mankowski*, Beseitigungsrechte, 2003)

Manssen, Gerrit, Privatrechtsgestaltung durch Hoheitsakt: verfassungsrechtliche und verwaltungsrechtliche Grundfragen, Tübingen 1994 (zit. *Manssen*, Privatrechtsgestaltung durch Hoheitsakt, 1994)

Markert, Kurt, Zur Billigkeitskontrolle des Entgelts nach dem Netznutzungsvertrag, RdE 2006, S. 84-88 (zit. *Markert*, RdE 2006, 84)

ders., Zur zivilrechtlichen Billigkeitskontrolle eines konkludent geschlossenen Gasversorgungsvertrags, RdE 2006, S. 137-139 (zit. *Markert*, RdE 2006, 137)

ders., Zur Frage der Bestimmung des Nutzungsentgelts nach billigem Ermessen, ZNER 2006, S. 138-140 (zit. *Markert*, ZNER 2006, 138)

ders., Zur Billigkeitsprüfung bei Gaspreiserhöhungen, RdE 2007, S. 263-267 (zit. *Markert*, RdE 2007, 263)

ders., Zur Kontrolle von Strom- und Gaspreiserhöhungen nach § 307 und § 315 BGB, ZNER 2008, S. 44-47 (zit. *Markert*, ZNER 2008, 44)

Martens, Klaus-Peter, Rechtsgeschäft und Drittinteressen, AcP 177 (1977), S. 113-188 (zit. *Martens*, AcP 177 (1977), 113)

Martinek, Michael/*Semler*, Franz-Jörg/*Habermeier*, Stefan/*Flohr*, Eckhard (Hrsg.), Handbuch des Vertriebsrechts, 3. Auflage, München 2010 (zit. *Bearbeiter*, in: Martinek/Semler/Habermeier/Flohr, Handbuch des Vertriebsrechts, 3. Aufl. 2010)

Martini, Mario, Zwischen Vertragsfreiheit und gesetzlicher Bindung – Entgeltkontrolle im Energiewirtschaftsrecht und die Suche nach dem pretium iustum im Recht, DVBl. 2008, S. 21-29 (zit. *Martini*, DVBl. 2008, 21)

Mäsch, Gerald, Private Ansprüche bei Verstößen gegen das europäische Kartellverbot – „Courage" und die Folgen, EuR 2003, S. 825-846 (zit. *Mäsch*, EuR 2003, 825)

Maume, Philipp, Der kartellrechtliche Zwangslizenzeinwand im Patentverletzungsverfahren, Köln 2010 (zit. *Maume*, der kartellrechtliche Zwangslizenzeinwand im Patentverletzungsverfahren, 2010)

Maunz, Theodor/*Dürig*, Günter (Begr.)/*Herzog*, Roman/*Scholz*, Rupert/*Herdegen*, Matthias/*Klein*, Hans H. (Hrsg.), Grundgesetz, Kommentar, Loseblattsammlung, 75. Lieferung, München 2015 (zit. *Bearbeiter*, in: Maunz/Dürig, GG)

Maunz, Theodor (Begr.)/*Schmidt-Bleibtreu*, Bruno/*Klein*, Franz/*Bethge*, Herbert (Hrsg.), Kommentar zum Bundesverfassungsgerichtsgesetz, Loseblattsammlung, München (zit. *Bearbeiter*, in: Maunz/Schmidt-Bleibtreu/Klein/Bethge, BVerfGG)

Medicus, Dieter, Abschied von der Privatautonomie im Schuldrecht? Erscheinungsformen, Gefahren, Abhilfen, Köln 1994 (zit. *Medicus*, Abschied von der Privatautonomie im Schuldrecht?, 1994)

ders., Allgemeiner Teil des BGB, 9. Auflage, Heidelberg 2006 (zit. *Medicus*, BGB AT, 9. Aufl. 2006)

Meinberg, Henrik, Zwangslizenzen im Patent- und Urheberrecht als Instrument der kartellrechtlichen Missbrauchsaufsicht im deutschen und europäischen Recht, Hamburg 2006 (zit. *Meinberg*, Zwangslizenzen im Patent- und Urheberrecht, 2006)

Merkl, Adolf Julius, Allgemeines Verwaltungsrecht, 1. Auflage, Wien 1927 (zit. *Merkl*, Allgemeines Verwaltungsrecht, 1. Aufl. 1927)

Mertens, Hans-Joachim, Deliktsrecht und Sonderprivatrecht, AcP 178 (1978), S. 227-262 (zit. *Mertens*, AcP 178 (1978), 227)

Merz, Andreas, Die Vorfeldthese – Die Anwendung von § 1 UWG im Vorfeldbereich der horizontalen Marktbehinderungstatbestände des GWB, Baden-Baden 1988 (zit. *Merz*, Die Vorfeldthese, 1988)

Merz, Hans, Kartellrecht – Instrument der Wirtschaftspolitik oder Schutz der persönlichen Freiheit?, in: Coing, Helmut/Kronstein, Heinrich/Mestmäcker, Ernst-Joachim (Hrsg.), Wirtschaftsordnung und Rechtsordnung, Festschrift zum 70. Geburtstag von Franz Böhm am 16. Februar 1965, Karlsruhe 1965, S. 227-259 (zit. *Merz*, in: FS Böhm, 1965, 227)

Mes, Peter, Patentgesetz Gebrauchsmustergesetz, Kommentar, 4. Auflage, München 2015 (zit. *Mes*, PatG GebrMG, 4. Aufl. 2015)

Mestmäcker, Ernst-Joachim, Das marktbeherrschende Unternehmen im Recht der Wettbewerbsbeschränkungen, Tübingen 1959 (zit. *Mestmäcker*, Das marktbeherrschende Unternehmen, 1959)

ders., Über die normative Kraft privatrechtlicher Verträge, JZ 1964, S. 441-446 (zit. *Mestmäcker*, JZ 1964, 441)

ders., Über das Verhältnis des Rechts der Wettbewerbsbeschränkungen zum Privatrecht, AcP 168 (1968), S. 235-262 (zit. *Mestmäcker*, AcP 168 (1968), 235)

ders., Der Markt zum Lehen, in: Sauermann, Heinz/Mestmäcker, Ernst-Joachim (Hrsg.), Wirtschaftsordnung und Staatsverfassung, Festschrift für Franz Böhm zum 80. Geburtstag, Tübingen 1975, S. 3-8 (zit. *Mestmäcker*, in: FS Böhm, 1975, 3)

ders., Medienkonzentration und Meinungsvielfalt, Baden-Baden 1978 (zit. *Mestmäcker*, Medienkonzentration und Meinungsvielfalt, 1978)

ders., Der verwaltete Wettbewerb, Eine vergleichende Untersuchung über der Schutz von Freiheit und Lauterkeit im Wettbewerbsrecht, Tübingen 1984 (zit. *Mestmäcker*, Der verwaltete Wettbewerb, 1984)

ders., Versuch einer kartellpolitischen Wende in der EU – Zum Weißbuch der Kommission über die Modernisierung des Vorschriften zur Anwendung der Art. 85 und 86 EGV a.F. (Art. 81 und 82 EGV n.F.), EuZW 1999, S. 523-529 (zit. *Mestmäcker*, EuZW 1999, 523)

Mestmäcker, Ernst-Joachim/*Schweitzer*, Heike, Europäisches Wettbewerbsrecht, 3. Auflage, München 2014 (zit. *Mestmäcker/Schweitzer*, Europäisches Wettbewerbsrecht, 3. Aufl. 2014)

Metzger, Axel, Energiepreise auf dem Prüfstand – Zur Entgeltkontrolle nach Energie-, Kartell- und Vertragsrecht, ZHR 172 (2008), S. 458-477 (zit. *Metzger*, ZHR 172 (2008), 458)

Micklitz, Hans-W., Die Verbrauchsgüterkauf-Richtlinie, EuZW 1999, S. 485-493 (zit. *Micklitz*, EuZW 1999, 485)

Möller, Christian, Die wirtschaftliche Betrachtungsweise im Privatrecht: dargestellt an den Kapitalaufbringungs- und –erhaltungsvorschriften im Recht der GmbH, Berlin 1997 (zit. *Möller*, Wirtschaftliche Betrachtungsweise im Privatrecht, 1997)

Möschel, Wernhard, Siebzig Jahre deutsche Kartellpolitik von RGZ 38, 155 „Sächsisches Holzstoffkartell" zu BGHZ 55, 104 „Teefarben", Tübingen 1972 (zit. *Möschel*, Siebzig Jahre deutsche Kartellpolitik, 1972)

ders., Der Oligopolmissbrauch im Recht der Wettbewerbsbeschränkungen, Eine vergleichende Untersuchung zum Recht der USA, Großbritanniens, der EWG und der Bundesrepublik Deutschland, Tübingen 1974 (zit. *Möschel*, Der Oligopolmissbrauch, 1974)

ders., Missbrauchsaufsicht über marktbeherrschende Unternehmen, Zum Gutachten der Monopolkommission, NJW 1975, S. 753-758 (zit. *Möschel*, NJW 1975, 753) *ders.*, Wettbewerb im Schnittfeld von Rechtswissenschaft und Nationalökonomie, in: Gernhuber, Joachim (Hrsg.), Tradition und Fortschritt im Recht, Festschrift zum 500-jährigen Bestehen der Tübinger Juristenfakultät, Tübingen 1977, S. 333-354 (zit. *Möschel*, in: FS Tübinger Juristenfakultät, 1977, 333)

ders., Monopolverband und Satzungskontrolle. Am Beispiel des Einlagensicherungsfonds des Bundesverbandes deutscher Banken e.V., Tübingen 1978 (zit. *Möschel*, Monopolverband und Satzungskontrolle, 1978)

ders., Pressekonzentration und Wettbewerbsgesetz, Tübingen 1978 (zit. *Möschel*, Pressekonzentration und Wettbewerbsgesetz, 1978)

ders., Recht der Wettbewerbsbeschränkungen, Köln 1983 (zit. *Möschel*, Recht der Wettbewerbsbeschränkungen, 1983)

ders., Wettbewerbspolitik aus ordoliberaler Sicht, in: v. Gamm, Otto Friedrich/ Raisch, Peter/Tiedemann, Klaus (Hrsg.), Festschrift für Gerd Pfeiffer zum Abschied aus dem Amt als Präsident des Bundesgerichtshofes, Köln/Berlin/Bonn/ München 1988, S. 707-720 (zit. *Möschel*, in: FS Pfeiffer, 1988, 707)

ders., Kommentar: Erweiterter Privatrechtsschutz im Kartellrecht?, WuW 2006, S. 115 (zit. *Möschel*, WuW 2006, 115)

ders., Behördliche oder privatrechtliche Durchsetzung des Kartellrechts?, WuW 2007, S. 483-492 (zit. *Möschel*, WuW 2007, 483)

Möschel, Wernhard/Bien, Florian, Kartellrechtsdurchsetzung durch private Schadensersatzklagen?, Baden-Baden 2010, (zit. *Möschel/Bien*, Kartellrechtsdurchsetzung durch private Schadensersatzklagen, 2010)

Müller, Heinz/*Giessler*, Peter/*Scholz*, Ulrich, Wirtschaftskommentar, Kommentar zum Gesetz gegen Wettbewerbsbeschränkungen, Kartellgesetz, Band 2: Erläuterungen zu den Paragr. 25 – 109, Frankfurt a.M. 1981 (zit. *Müller/Giessler/Scholz*, GWB, Bd. 2, 1981)

Münchener Kommentar zum Bürgerlichen Gesetzbuch, Säcker, Franz-Jürgen/Rixecker, Roland/Oetker, Hartmut/Limperg, Bettina (Hrsg.), Band 1: Allgemeiner Teil, §§ 1-240, ProstG, AGG, 7. Auflage, München 2015 (zit. *Bearbeiter*, in: MünchKomm BGB, Bd. 1, 7. Aufl. 2015)

Münchener Kommentar zum Bürgerlichen Gesetzbuch, Säcker, Franz-Jürgen/Rixecker, Roland (Hrsg.), Band 2: Schuldrecht, Allgemeiner Teil, §§ 241-432, 5. Auflage, München 2007 (zit. *Bearbeiter*, in: MünchKomm BGB, Bd. 2, 5. Aufl. 2007)

Münchener Kommentar zum Bürgerlichen Gesetzbuch, Säcker, Franz-Jürgen/Rixecker, Roland/Oetker, Hartmut/Limperg, Bettina (Hrsg.), Band 2: Schuldrecht, Allgemeiner Teil, §§ 241-432, 7. Auflage, München 2016 (zit. *Bearbeiter*, in: MünchKomm BGB, Bd. 2, 7. Aufl. 2016)

Münchener Kommentar zum Bürgerlichen Gesetzbuch, Säcker, Franz-Jürgen/Rixecker, Roland/Oetker, Hartmut (Hrsg.), Band 5: Schuldrecht, Besonderer Teil III, §§ 705-853, PartGG, ProdHaftG, 6. Auflage, München 2013 (zit. *Bearbeiter*, in: MünchKomm BGB, Bd. 5, 6. Aufl. 2013)

Münchener Kommentar zum Bürgerlichen Gesetzbuch, Säcker, Franz-Jürgen/Rixecker, Roland/Oetker, Hartmut (Hrsg.), Band 11: Internationales Privatrecht II, Internationales Wirtschaftsrecht, Einführungsgesetz zum Bürgerlichen Gesetzbuche (Art. 25-248), 6. Auflage, München 2015 (zit. *Bearbeiter*, in: MünchKomm BGB, Bd. 11, 6. Aufl. 2015)

Münchener Kommentar zum Europäischen und Deutschen Wettbewerbsrecht, Hirsch, Günter/Montag, Frank/Säcker, Franz Jürgen (Hrsg.), Band 1: Europäisches Wettbewerbsrecht, 2. Auflage, München 2007 (zit. *Bearbeiter*, in: MünchKomm EU-WettbR, 2007)

Münchener Kommentar zum Europäischen und Deutschen Wettbewerbsrecht, Bornkamm, Joachim/Montag, Frank/Säcker, Franz Jürgen (Hrsg.), Band 2: Gesetz gegen Wettbewerbsbeschränkungen (GWB), §§ 1-96, 130, 131, 2. Auflage, München 2015 (zit. *Bearbeiter*, in: MünchKomm GWB, 2. Aufl. 2015)

Münchener Kommentar zum Europäischen und Deutschen Wettbewerbsrecht, Hirsch, Günter/Montag, Frank/Säcker, Franz Jürgen (Hrsg.), Band 2: Gesetz gegen Wettbewerbsbeschränkungen (GWB), München 2008 (zit. *Bearbeiter*, in: MünchKomm GWB, 2008)

Münchener Kommentar zum Handelsgesetzbuch, Schmidt, Karsten (Hrsg.), Band 1: §§ 1-104a, 3. Auflage, München 2010 (zit. *Bearbeiter*, in: MünchKomm HGB, Bd. 1, 3. Aufl. 2010)

Münchener Kommentar zum Lauterkeitsrecht, Heermann, Peter W./Schlingloff, Jochen (Hrsg.), Band 1: §§ 1-4 UWG, 2. Auflage, München 2014 (zit. *Bearbeiter*, in: MünchKomm UWG, Bd. 1, 2. Aufl. 2014)

Münchener Kommentar zum Strafgesetzbuch, Joecks, Wolfgang/Miebach, Klaus (Hrsg.), Band 1: §§ 1-37 StGB, 2. Auflage, München 2011 (zit. *Bearbeiter*, in: MünchKomm StGB, Bd. 1, 2. Aufl. 2011)

Münchener Kommentar zur Zivilprozessordnung, Rauscher, Thomas/Krüger, Wolfgang (Hrsg.), Band 1: §§ 1-354, 4. Auflage, München 2013 (zit. *Bearbeiter*, in: MünchKomm ZPO, Bd. 1, 4. Aufl. 2013)

Musielak, Hans-Joachim/*Voit*, Wolfgang (Hrsg.), ZPO, Kommentar, 12. Auflage, München 2015 (zit. *Bearbeiter*, in: Musielak/Voit, ZPO, 12. Aufl. 2015)

Nägele, Thomas/*Jacobs*, Sven, Zwangslizenzen im Patentrecht – unter besonderer Berücksichtigung des kartellrechtlichen Zwangslizenzeinwands im Patentverletzungsprozess, WRP 2009, S. 1062-1075 (zit. *Nägele/Jacobs*, WRP 2009, 1062)

Niederleithinger, Ernst, Die vernachlässigte Einheit der Rechtsordnung im Wettbewerbsrecht, GRUR Int. 1996, S. 467-473 (zit. *Niederleithinger*, GRUR Int. 1996, 467)

Nordemann, Axel/*Nordemann*, Jan Bernd/*Nordemann-Schiffel*, Anke, Wettbewerbsrecht, Markenrecht, 11. Auflage, Baden-Baden 2012 (zit. *Nordemann*, Wettbewerbs- und Markenrecht, 11. Aufl. 2012)

Nordemann, Jan Bernd, Wettbewerbsverzerrung durch die öffentliche Hand – Die Entdeckung des Kartellrechts, WRP 1996, S. 383-385 (zit. *Nordemann*, WRP 1996, 383)

Nordemann, Wilhelm, Der verständige Durchschnittsgewerbetreibende, Zum Begriff der „guten Sitten" in § 1 UWG, GRUR 1975, S. 625-631 (zit. *Nordemann*, GRUR 1975, 625)

Nörr, Knut Wolfgang, Die Leiden des Privatrechts, Kartelle in Deutschland von der Holzstoffkartellentscheidung zum Gesetz gegen Wettbewerbsbeschränkungen, Tübingen 1994 (zit. *Nörr*, Die Leiden des Privatrechts, 1994)

Odersky, Walter, Rechtsgeschichte und Rechtsprechung, DNotZ 1991, S. 108-118 (zit. *Odersky*, DNotZ, 1991, 108)

Oetker, Hartmut, Handelsrecht, 5. Auflage, Berlin 2006 (zit. *Oetker*, Handelsrecht, 5. Aufl. 2006)

Ohly, Ansgar, „Patenttrolle" oder: Der patentrechtliche Unterlassungsanspruch unter Verhältnismäßigkeitsvorbehalt? – Aktuelle Entwicklungen im US-Patentrecht und ihre Bedeutung für das deutsche und europäische Patentsystem, GRUR Int. 2008, S. 787-798 (zit. *Ohly*, GRUR Int. 2008, 787)

ders., Bausteine eines europäischen Lauterkeitsrechts, Zugleich Besprechung von Jochen Glöckner, Europäisches Lauterkeitsrecht, WRP 2008, S. 177-185 (zit. *Ohly*, WRP 2008, 177)

Ohly, Ansgar/*Sosnitza*, Olaf (Hrsg.), Gesetz gegen den unlauteren Wettbewerb, Kommentar, 6. Auflage, München 2014 (zit. Bearbeiter, in: *Ohly/Sosnitza*, UWG, 6. Aufl. 2014)

Palandt, Otto (Begr.), Bürgerliches Gesetzbuch, Kurzkommentar, 74. Auflage, München 2015 (zit. *Bearbeiter*, in: Palandt, BGB, 74. Aufl. 2015)

Palzer, Christoph, Patentrechtsdurchsetzung als Machtmissbrauch - der Zwangslizenzeinwand aus unionsrechtlicher Sicht, EuZW 2015, S. 702-706 (zit. *Picht*, EuZW 2015, 702)

Paschke, Marian, Einheit der Wirtschaftsrechtsordnung, in: Schmidt, Karsten (Hrsg.), Vielfalt des Rechts – Einheit der Rechtordnung?: Hamburger Ringvorlesung, Berlin 1994, S. 147-164 (zit. *Paschke*, in: Schmidt, Einheit der Rechtsordnung, 1994, 147)

Paul, Kerstin, Gesetzesverstoß und Vertrag im Wettbewerbs- und Regulierungsrecht – Eine Untersuchung der Schutz- und Verbotsgesetz, Baden-Baden 2009 (zit. *Paul*, Gesetzesverstoß und Vertrag im Wettbewerbs- und Regulierungsrecht, 2009)

Paulus, Christoph G/*Zenker*, Wolfgang, Grenzen der Privatautonomie, JuS 2001, S. 1-9 (zit. *Paulus/Zenker*, JuS 2001, 1)

Pawlowski, Hans-Martin, Methodenlehre für Juristen, Theorie der Norm und des Gesetzes, 3. Auflage, Heidelberg 1999 (zit. *Pawlowski*, Methodenlehre für Juristen, 3. Aufl. 1999)

ders., Verfassungsrechtliche Vorgaben für die Auslegung des § 242 BGB?, JZ 2002, S. 627-633 (zit. *Pawlowski*, JZ 2002, 627) *ders.*, Zur Willkürlichkeit von Richtersprüchen – Anmerkungen zur Rechtsprechung des Bundesverfassungsgerichtes wegen „willkürlicher Begründungen" und wegen Verletzung von „Treu und Glauben", in: Berger, Klaus Peter/Borges, Georg/Herrmann, Harald/Schlüter, Andreas/Wackerbarth, Ulrich (Hrsg.), Zivil- und Wirtschaftsrecht im Europäischen und Globalen Kontext / Private and Commercial Law in a European and Global Context: Festschrift für Norbert Horn, Berlin 2006, S. 1227-1242 (zit. *Pawlowski*, in: FS Horn, 2006, 1227)

Pfaff, Dieter/*Osterrieth*, Christian (Hrsg.), Lizenzverträge, Formularkommentar, 3. Auflage, München 2010 (zit. *Bearbeiter*, in: Pfaff/Osterrieth, Lizenzverträge, 3. Aufl. 2010)

Pichler, Philipp Daniel, Das Verhältnis von Kartell- und Lauterkeitsrecht: Eine Standortbestimmung nach den Novellen von GWB und UWG, Baden-Baden 2009 (zit. *Pichler*, Das Verhältnis von Kartell- und Lauterkeitsrecht, 2009)

Picht, Peter, Standardsetzung und Patentmissbrauch – Schlagkraft und Entwicklungsbedarf des europäischen Kartellrechts, GRUR Int. 2014, S. 1-17 (zit. *Picht*, GRUR Int. 2014, 1)

Piepenbrock, Hermann-Josef/*Schuster*, Fabian, GWB und TKG – Gegeneinander, Nebeneinander oder Miteinander? Zum Verhältnis zwischen sektorspezifischem und allgemeinem Kartellrecht, CR 2002, S. 98-107 (zit. *Piepenbrock/Schuster*, CR 2002, 98)

Podszun, Rupprecht, 50 Jahre Bundeskartellamt: Welche Zukunft hat das Wettbewerbsprinzip?, ZRP 2007, S. 269-272 (zit. *Podszun*, ZRP 2007, 269)

ders., Der „more economic approach" im Lauterkeitsrecht, WRP 2009, S. 509-518 (zit. *Podszun*, WRP 2009, 509)

ders., 8. GWB-Novelle: Neuerungen im deutschen Kartellrecht, GWR 2013, S. 329-332 (zit. *Podszun*, GWR 2013, 329)

Polley, Romina/*Seeliger*, Daniela, Die neue Gruppenfreistellungsverordnung für Vertikalverträge Nr. 2790/1999 – Ihre praktische Anwendung, WRP 2000, S. 1203-1217 (zit. *Polley/Seeliger*, WRP 2000, 1203)

Posner, Richard A., Economic analysis of law, 7. Auflage, New York 2007 (zit. *Posner*, Economic Analysis of Law, 7. Aufl. 2007)

Preis, Ulrich, Der persönliche Anwendungsbereich der Sonderprivatrechte, ZHR 158 (1994), S. 567-613 (zit. *Preis*, ZHR 158 (1994), 567)

Pühs, Wolfgang, Der Vollzug von Gemeinschaftsrecht, Formen und Grenzen eines effektiven Gemeinschaftsrechtsvollzugs und Überlegungen zu seiner Effektuierung, Berlin 1996 (zit. *Pühs*, Der Vollzug von Gemeinschaftsrecht, 1996)

Püttner, Günter, Unterschiedlicher Rang der Gesetze?, DÖV 1970, S. 322-325 (zit. *Püttner*, DÖV 1970, 322)

Raiser, Ludwig, Vertragsfreiheit heute, JZ 1958, S. 1-8 (zit. *Raiser*, JZ 1958, 1)

ders., Vertragsfunktion und Vertragsfreiheit, in: v. Caemmerer, Ernst/Friesenhahn, Ernst/Lange, Richard (Hrsg.), Hundert Jahre Deutsches Rechtsleben. Festschrift zum hundertjährigen Bestehen des Deutschen Juristentages 1860 – 1960, Band 1, Karlsruhe 1960, S. 101- (zit. *Raiser*, in: FS 100 Jahre DJT, 1960, 101) *ders.*, Rechtsschutz und Institutionenschutz im Privatrecht, in: Tübinger Juristenfakultät (Hrsg.), Summum ius summa iniuria: Individualgerechtigkeit und der Schutz allgemeiner Werte im Rechtsleben. Ringvorlesung, gehalten von Mitglieder der Tübinger Juristenfakultät im Rahmen des Dies academicus, Wintersemester 1962/63, Tübingen 1963, S. 145-167 (zit. *Raiser*, in: Summum ius summa iniuria, 1963, 145)

ders., Die Zukunft des Privatrechts, Vortrag gehalten vor der Juristischen Gesellschaft am 21. April 1971, Berlin 1971 (zit. *Raiser*, Die Zukunft des Privatrechts, 1971)

Rebe, Bernd, Der Wandel des Missbrauchsbegriffs als Ausdruck eines veränderten Rechtsdenkens, JA 1977, S. 6-11 (zit. *Rebe*, JA 1977, 6)

ders., Privatrecht und Wirtschaftsordnung, Zur vertraglichen Relevanz der Ordnungsfunktion dezentraler Interessenkoordination in einer Wettbewerbswirtschaft, Bielefeld 1978 (zit. *Rebe*, Privatrecht und Wirtschaftsordnung, 1978)

Regelsberger, Ferdinand, Rezension zu Schneider, Treu und Glauben im Rechte der Schuldverhältnisse des Bürgerlichen Gesetzbuches, München 1902, KritV 44 (1903), S. 429-435 (zit. *Regelsberger*, KritV 44 (1903), 429)

Reich, Michael, Die Passing-On Defense im Spannungsfeld zwischen Weißbuch und kritischen Literaturstimmen, WuW 2008, S. 1046-1053 (zit. *Reich*, WuW 2008, 1046)

Reich, Norbert, Zivilrechtstheorie, Sozialwissenschaft und Verbraucherschutz, ZRP 1974, S. 187-194 (zit. *Reich*, ZRP 1974, 187)

Reinhart, Gert, Änderung privatrechtlicher Begriffe durch Einflüsse des Kartellrechts, GRUR 1976, S. 517-527 (*Reinhart*, GRUR 1976, 517)

Rennert, Klaus, Beihilferechtliche Konkurrentenklagen vor deutschen Verwaltungsgerichten, EuZW 2011, S. 576-583 (zit. *Rennert*, EuZW 2011, 576)

Rinck, Gerd/*Schwark*, Eberhard, Wirtschaftsrecht – Wirtschaftsverfassung, Kartellrecht, Wettbewerbsrecht, Wirtschaftsverwaltung, 6. Auflage, Köln/Berlin/Bonn/München, 1986 (zit. *Rinck/Schwark*, Wirtschaftsrecht, 6. Aufl. 1986)

Ritgen, Klaus, Vertragsparität und Vertragsfreiheit, JZ 2002, S. 114-121 (zit. *Ritgen*, JZ 2002, 114)

Ritter, Jan-Stephan, Private Durchsetzung des Kartellrechts – Vorschläge des Weißbuchs der Europäischen Kommission, WuW 2008, S. 762-774 (zit. *Ritter*, WuW 2008, 762)

Rittner, Fritz, Über das Verhältnis von Vertrag und Wettbewerb, AcP 188 (1988), S. 101-139 (zit. *Rittner*, AcP 188 (1988), 101)

Rittner, Fritz/*Dreher*, Meinrad, Europäisches und deutsches Wirtschaftsrecht, 3. Auflage, Heidelberg 2007 (zit. *Rittner/Dreher*, Europäisches und deutsches Wirtschaftsrecht, 3. Aufl. 2007)

Rittner, Fritz/*Dreher*, Meinrad/*Kulka*, Michael, Wettbewerbs- und Kartellrecht, 8. Auflage, Heidelberg 2014 (zit. *Rittner/Dreher/Kulka*, Wettbewerbs- und Kartellrecht, 8. Aufl. 2014)

Röhl, Klaus Friedrich, Allgemeine Rechtslehre, 3. Auflage, Köln 2008 (zit. *Röhl*, Allgemeine Rechtslehre, 3. Aufl. 2008)

Rohnke, Christian, Zur wettbewerbsrechtlichen Zulässigkeit des kostenlosen Abdrucks privater Kleinanzeigen in einer Fachzeitschrift, GRUR 1991, S. 767-768 (zit. *Rohnke*, GRUR 1991, 767)

Röpke, Wilhelm, Jenseits von Angebot und Nachfrage, Erlenbach-Zürich/Stuttgart 1958 (zit. *Röpke*, Jenseits von Angebot und Nachfrage, 1958)

Ross, Thomas W., Viewpoint: Canadian competition policy: progress and prospects, CJE 2004, S. 243-268 (zit. *Ross*, CJE 2004, 243)

Roth, Günter H., Recht, Politik, Ideologie in der Rechtsprechung, JuS 1975, S. 617-621 (zit. *Roth*, JuS 1975, 617)

ders., Das Problem der Rechtsprognose, in: Bosch, Friedrich Wilhelm/Habscheid, Walther J./Gaul, Hans Friedhelm/Mikat, Paul (Hrsg.), Festschrift für Friedrich Wilhelm Bosch zum 65. Geburtstag, Bielefeld 1976, S. 827-839 (zit. *Roth*, in: FS Bosch, 1976, 827)

Roth, Wulf-Henning, Das Kartelldeliktsrecht in der 7. GWB-Novelle, in: Baums, Theodor/Wertenbruch, Johannes/Lutter, Marcus/Karsten Schmidt (Hrsg.), Festschrift für Ulrich Huber zum siebzigsten Geburtstag, Tübingen 2006, S. 1134-1171 (zit. *Roth*, in: FS Huber, 2006, 1134)

Ruffner, Markus, Neue Wettbewerbstheorie und schweizerisches Kartellrecht. Möglichkeiten und Grenzen einer markt- und institutionentheoretischen Fundierung der Wettbewerbspolitik, Zürich 1990 (zit. *Ruffner*, Neue Wettbewerbstheorie und schweizerisches Kartellrecht, 1990)

Rupp, Hans Heinrich, Verfassungsrecht und Kartelle, in: Mestmäcker, Ernst-Joachim (Hrsg.), Wettbewerb als Aufgabe – Nach Zehn Jahren Gesetz gegen Wettbewerbsbeschränkungen, Bad Homburg v.d.H./Berlin/Zürich 1968, S. 187-208 (zit. *Rupp*, in: Mestmäcker, Wettbewerb als Aufgabe, 1968, 187)

Sack, Rolf, Die lückenfüllende Funktion der Sittenwidrigkeitsklauseln, WRP 1985, S. 1-15 (zit. *Sack*, WRP 1985, 1)

ders., Folgeverträge unlauteren Wettbewerbs, GRUR 2004, S. 625-635 (zit. *Sack*, GRUR 2004, 625)

Säcker, Franz Jürgen, Zielkonflikte und Koordinationsprobleme im deutschen und europäischen Kartellrecht, Kritische Anmerkungen zum Regierungsentwurf der Kartellgesetznovelle vom 28. Mai 1971 und zur EWG-Bagatellbekanntmachung vom 2. Juni 1970, Düsseldorf 1971 (zit. *Säcker*, Zielkonflikte und Koordinationsprobleme im deutschen und europäischen Kartellrecht, 1971)

ders., Das UWG zwischen den Mühlsteinen europäischer Harmonisierung und grundrechtsgebotener Liberalisierung, WRP 2004, S. 1199-1221 (zit. *Säcker*, WRP 2004, 1199)

ders., Der Referentenentwurf zum Energiewirtschaftsgesetz – ordnungspolitische und rechtsdogmatische Grundsatzbemerkungen, N&R 2004, S. 46-53 (zit. *Säcker*, N&R 2004, 46)

ders., Freiheit durch Wettbewerb. Wettbewerb durch Regulierung, Die Reform des deutschen Energierechts im Lichte der Erfahrungen des US-amerikanischen Energierechts, ZNER 2004, S. 98-113 (zit. *Säcker*, ZNER 2004, 98) *ders.*, Die Einordnung der Verbandsklage in das System des Privatrechts, München 2005 (zit. *Säcker*, Die Einordnung der Verbandsklage in das System des Privatrechts, 2005)

ders., Das Regulierungsrecht im Spannungsfeld von öffentlichem und privatem Recht, AöR 130 (2005), S. 180-224 (zit. *Säcker*, AöR 130 (2005), 180)

ders., Zum Verhältnis von § 315 BGB zu §§ 19 GWB, 29 RegE GWB – Konsequenzen aus den Entscheidungen des Achten Senats des Bundesgerichtshofes vom 28.3. und 13.6.2007, ZNER 2007, S. 114-116 (zit. *Säcker*, ZNER 2007, 114)

ders., Die privatrechtliche Dimension des Wettbewerbsrechts – Zur systematischen Harmonisierung von Vertrags- und Wettbewerbsrecht, ZWeR 2008, S. 348-363 (zit. *Säcker*, ZWeR 2008, 348)

ders., Anmerkung zu den Urteilen des BGH vom 4. März 2008 – Az. KZR 29/06 und vom 29. April 2008 – Az. KZR 2/07, N&R 2008, S. 134-137 (zit. *Säcker*, N&R 2008, 134)

Saenger, Ingo (Hrsg.), Zivilprozessordnung, FamFG, Europäisches Verfahrensrecht, Handkommentar, 6. Auflage, Baden-Baden 2015 (zit. *Bearbeiter*, in: Saenger, ZPO, 6. Aufl. 2015)

Salje, Peter, Die mittelständische Kooperation zwischen Wettbewerbspolitik und Kartellrecht, Theorie und Praxis des § 5b GWB, Tübingen 1981 (zit. *Salje*, Die mittelständische Kooperation zwischen Wettbewerbspolitik und Kartellrecht, 1981)

Sambuc, Thomas, Folgenerwägungen im Richterrecht, Die Berücksichtigung von Entscheidungsfolgen bei der Rechtsgewinnung, erörtert am Beispiel des § 1 UWG, Berlin 1977 (zit. *Sambuc*, Folgenerwägungen im Richterrecht, 1977)

ders., Monopolisierung als UWG-Tatbestand, GRUR 1981, S. 796-803 (zit. *Sambuc*, GRUR 1981, 796)

Schäfer, Carsten, Strafe und Prävention im Bürgerlichen Recht, AcP 202 (2002), S. 397-434 (zit. *Schäfer*, AcP 202 (2002), 397)

Schäfer, Hans-Bernd/*Ott*, Claus, Lehrbuch der ökonomischen Analyse des Zivilrechts, 5. Auflage, Berlin/Heidelberg 2012 (zit. *Schäfer/Ott*, Lehrbuch der ökonomischen Analyse des Zivilrechts, 5. Aufl. 2012)

Schaub, Renate, Schadensersatz und Gewinnabschöpfung im Lauterkeits- und Immaterialgüterrecht, GRUR 2005, S. 918-924 (zit. *Schaub*, GRUR 2005, 918)

Scherer, Inge, Wechselwirkungen zwischen Kartellrecht und UWG,WRP 1996, S. 174-181 (zit. *Scherer*, WRP 1996, 174)

Schilling, Thomas, Rang und Geltung von Normen in gestuften Rechtsordnungen, Berlin 1994 (zit. *Schilling*, Rang und Geltung von Normen, 1994)

Schlechtriem, Peter/*Schmidt-Kessel*, Martin, Schuldrecht Allgemeiner Teil, 6. Auflage, Tübingen 2005 (zit. *Schlechtriem/Schmidt-Kessel*, Schuldrecht AT, 6. Aufl. 2005)

Schliesky, Utz, Öffentliches Wettbewerbsrecht, verhaltensrechtliche Determinanten von wirtschaftsbezogenem Staatshandeln, Berlin 1997 (zit. *Schliesky*, Öffentliches Wettbewerbsrecht, 1997)

Schmidt, Helmut, Die Lehre von der Sittenwidrigkeit der Rechtsgeschäfte in historischer Sicht, Berlin 1973 (zit. *Schmidt*, Die Lehre von der Sittenwidrigkeit der Rechtsgeschäfte in historischer Sicht, 1973)

Schmidt, Jürgen, Präzisierung des § 242 BGB – eine Daueraufgabe?, in: Behrends, Otto (Hrsg.), Rechtsdogmatik und praktische Vernunft, Symposion zum 80. Geburtstag von Franz Wieacker, Göttingen 1990, S. 231-257 (zit. *Schmidt*, in: FS Wieacker, 1990, 231)

Schmidt, Karsten, Kartellverfahrensrecht – Kartellverwaltungsrecht – Bürgerliches Recht. Köln/Berlin/Bonn/München 1977 (zit. *Schmidt*, Kartellverfahrensrecht, 1977)

ders., Umdenken im Kartellverfahrensrecht! Gedanken zur Europäischen VO 1/2003, BB 2003, S. 1237-1245 (zit. *Schmidt*, BB 2003, 1237)

ders., „Privatisierung" des Europakartellrechts – Aufgaben, Verantwortung und Chancen der Privatrechtspraxis nach der VO 1/2003, ZEuP 2004, S. 881-886 (zit. *Schmidt*, ZEuP 2004, 881)

ders., Wirtschaftsrecht: Nagelprobe des Zivilrechts – Das Kartellrecht als Beispiel, AcP 206 (2006), S. 169-204 (zit. *Schmidt*, AcP 206 (2006), 169)

ders., Kartellprivatrecht – Zivilrechtswissenschaft und Kartellrechtswissenschaft: Herrin und Magd? Magd und Herrin?, ZWeR 2010, S. 15-34 (zit. *Schmidt*, ZWeR 2010, 15)

Schmidt, Marlene, Zur Annäherung von Lauterkeitsrecht und Verbraucherprivatrecht, JZ 2007, S. 78-84 (zit. *Schmidt*, JZ 2007, 78)

Schmidt, Thorsten Ingo, Grundlagen rechtswissenschaftlichen Arbeitens, JuS 2003, S. 649-654 (zit. *Schmidt*, JuS 2003, 649)

Schmidt-Bleibtreu, Bruno/*Klein*, Franz (Hrsg.), Kommentar zum Grundgesetz, 10. Auflage, München 2004 (zit. *Bearbeiter*, in: Schmidt-Bleibtreu/Klein, GG, 10. Aufl. 2004)

Schmidtchen, Dieter, Abschlussreferat: Die Neue Wettbewerbspolitik auf dem Prüfstand, in: Oberender, Peter (Hrsg.), Effizienz und Wettbewerb, Berlin 2005, S. 173-179 (zit. *Schmidtchen*, in: Oberender, Effizienz und Wettbewerb, 2005, 173)

Schmidt-Rimpler, Walter, Grundfragen der Erneuerung des Vertragsrechts, AcP 147 (1941), S. 130-197 (zit. *Schmidt-Rimpler*, AcP 147 (1941), 130)

ders., Zum Vertragsproblem, in: Baur, Fritz/Esser, Josef/Kübler, Friedrich/Steindorff, Ernst (Hrsg.), Festschrift für Ludwig Raiser zum 70. Geburtstag – Funktionswandel der Privatrechtsinstitutionen, Tübingen 1974, S. 3-26 (*Schmidt-Rimpler*, in: Baur u.a., FS Raiser, 1974, 3)

Schmidt-Syaßen, Inga, Zur Wechselwirkung von Wirtschaftsrecht und bürgerlichem Recht bei der Konkretisierung von freiheitsbeschränkenden Generalklauseln dargestellt an Hand der Entwicklung und Dogmatik des § 826 BGB und § 26 Abs. 2 GWB, Bonn 1973 (zit. *Schmidt-Syaßen*, Zur Wechselwirkung von Wirtschaftsrecht und bürgerlichem Recht, 1973)

Schoch, Friedrich/*Schmidt-Aßmann*, Eberhard/*Pietzner*, Rainer (Hrsg.), Verwaltungsgerichtsordnung, Kommentar, Loseblattsammlung, München (zit. *Bearbeiter*, in: Schoch/Schmidt-Aßmann/Pietzner, VwGO)

Schreiber, Kristina, Nach der „ORWI"-Entscheidung des BGH: Was müssen indirekte Abnehmer bei der Geltendmachung von Schadensersatz beachten?, GRUR-Prax 2012, S. 78-80 (zit. *Schreiber*, GRUR-Prax 2012, 78)

Schricker, Gerhard, Gesetzesverletzung und Sittenverstoß, Rechtsvergleichende Untersuchung zur wettbewerbsrechtlichen Haftung bei Verletzung außerwettbewerbsrechtlicher Normen, München 1970 (zit. *Schricker*, Gesetzesverletzung und Sittenverstoß, 1970)

ders., Die wettbewerbsrechtliche Beurteilung der Gratisverteilung von Fachzeitschriften, GRUR 1980, S. 194-203 (zit. *Schricker*, GRUR 1980, 194)

Schroeder, Klaus-Peter, „Hier ist eine baldige aber Radicale Kur nothwendig" – 200 Jahre Badisches Landrecht, NJW 2010, S. 731-734 (zit. *Schneider*, NJW 2010, 731)

Schulte-Nöltke, Hans, Arbeiten an einem europäischen Vertragsrecht – Fakten und populäre Irrtümer, NJW 2009, S. 2161-2167 (zit. *Schulte-Nöltke*, NJW 2009, 2161)

Schultze, Jörg Martin/*Pautke*, Stephanie/*Wagener*, Dominique, Vertikal-GVO Praxiskommentar, 3. Auflage, Frankfurt a.M. 2011 (zit. *Schultze/Pautke/Wagener*, Vertikal-GVO, 3. Aufl. 2011)

Schulze, Reiner (Hrsg.), Bürgerliches Gesetzbuch Handkommentar, 8. Auflage, Baden-Baden 2014 (zit. *Bearbeiter*, in: Schulze, BGB, 8. Aufl. 2014)

Schulze, Rainer/*Zuleeg*, Manfred/*Kadelbach*, Stefan (Hrsg.), Europarecht: Handbuch für die deutsche Rechtspraxis, 3. Auflage, Baden-Baden 2015 (zit. *Bearbeiter*, in: Schulze/Zuleeg/Kadelbach, Europarecht, 3. Aufl. 2015)

Schwalbe, Ulrich/*Zimmer*, Daniel, Kartellrecht und Ökonomie: Moderne ökonomische Ansätze in der europäischen und deutschen Zusammenschlusskontrolle, 2. Auflage, Frankfurt a.M. 2011 (zit. *Schwalbe/Zimmer*, Kartellrecht und Ökonomie, 2. Aufl. 2011)

Schwarze, Jürgen, Recht und Ökonomie im europäischen Wettbewerbsrecht, Baden-Baden 2006 (zit. *Schwarze*, Recht und Ökonomie im europäischen Wettbewerbsrecht, 2006)

ders., Rechtsstaatliche Defizite des europäischen Kartellbußgeldverfahrens, WuW 2009, S. 6-19 (zit. *Schwarze*, WuW 2009, 6)

ders., Europäische Kartellbußgelder im Lichte übergeordneter Vertrags- und Verfassungsgrundsätze, EuR 2009, S. 171-199 (zit. *Schwarze*, EuR 2009, 171)

Schwarze, Jürgen (Hrsg.)/*Becker*, Ulrich/*Hatje*, Armin/*Schoo*, Johann (Mithrsg.), EU-Kommentar, 2. Auflage, Baden-Baden 2009 (zit. *Bearbeiter*, in: Schwarze, EU-Kommentar, 2. Aufl. 2009)

Schwarze, Jürgen/*Bechtold*, Rainer/*Bosch*, Wolfgang, Rechtsstaatliche Defizite im Kartellrecht der Europäischen Gemeinschaft: eine kritische Analyse der derzeitigen Praxis und Reformvorschläge, Stuttgart 2008 (zit. *Schwarze/Bechtold/Bosch*, Rechtsstaatliche Defizite im Kartellrecht der Europäischen Gemeinschaft, 2008)

Seiler, Christian, Auslegung als Normkonkretisierung, Heidelberg 2000 (zit. *Seiler*, Auslegung als Normkonkretisierung, 2000)

Seitz, Claudia, BGH: Auch indirekte Abnehmer von Kartellteilnehmern können Schadensersatz geltend machen, wenn sie durch das Kartell einen Schaden erlitten haben – „ORWI", Anmerkung von Claudia Seitz, GRUR-Prax 2011, S. 543 (zit. Seitz, GRUR-Prax 2011, 543)

Siber, Heinrich, Grundriss des deutschen bürgerlichen Recht, Band 2: Schuldrecht, Leipzig 1931 (zit. *Siber*, Schuldrecht, 1931)

Siebert, Wolfgang, Verwirkung und Unzulässigkeit der Rechtsausübung – Ein rechtsvergleichender Beitrag zur Lehre von den Schranken der privaten Rechte und zur exceptio doli (§§ 226, 242 826 BGB), unter besonderer Berücksichtigung des gewerblichen Rechtsschutzes (§ 1 UWG), Frankfurt a.M. 1970 (Nachdruck der Ausgabe: Marburg 1934) (zit. *Siebert*, Verwirkung und Unzulässigkeit der Rechtsausübung, 1970)

Siems, Mathias M., Der Neoliberalismus als Modell für die Gesetzgebung?, ZRP 2002, S. 170-174 (zit. *Siems*, ZRP 2002, 170)

Simitis, Konstantin, Gute Sitten und ordre public, Ein kritischer Beitrag zur Anwendung des § 138 Abs. 1 BGB, Marburg 1960 (zit. *Simitis*, Gute Sitten und ordre public, 1960)

Sodan, Helge, Das Prinzip der Widerspruchsfreiheit der Rechtsordnung, JZ 1999, S. 864-873 (zit. *Sodan*, JZ 1999, 864)

Soergel, Hans Theodor (Begr.), Bürgerliches Gesetzbuch, Band 2: §§ 104-240 BGB, 13. Auflage, Stuttgart 1999 (zit. *Bearbeiter*, in: Soergel, BGB, Bd. 2, 13. Aufl. 1999)

Soltész, Ulrich, Belohnung für geständige Kartellsünder – Erste Settlements im Europäischen Kartellrecht, BB 2010, S. 2123-2127 (zit. *Soltész*, BB 2010, 2123)

Soltész, Ulrich/*Steinle*, Christian/*Bielesz*, Holger, Rekordgeldbußen versus Bestimmtheitsgebot – Die Kartellverordnung auf dem Prüfstein höherrangigen Gemeinschaftsrechts, EuZW 2003, S. 202-210 (zit. *Soltész/Steinle/Bielesz*, EuZW 2003, 202)

Spengler, Albrecht, Über die Tatbestandsmäßigkeit und Rechtswidrigkeit von Wettbewerbsbeschränkungen, WuW 1960, S. 23-46 (zit. *Spengler*, WuW 1960, 23)

Spindler, Gerald/*Stilz*, Eberhard (Hrsg.), Kommentar zum Aktiengesetz, Band 2: §§ 150-410, IntGesR SpruchG, SE-VO, 2. Auflage, München 2010 (zit. *Bearbeiter*, in: Spindler/Stilz, AktG, Bd. 2, 2. Aufl. 2010)

Stadler, Astrid, Wider die Mär von der europäischen class action, VuR 2011, S. 79-80 (zit. *Stadler*, VuR 2011, 79)

Steindorff, Ernst, Wirtschaftsordnung und –steuerung durch Privatrecht?, in: Baur, Fritz/Esser, Josef/Kübler, Friedrich/Steindorff, Ernst (Hrsg.), Festschrift für Ludwig Raiser zum 70. Geburtstag – Funktionswandel der Privatrechtsinstitutionen, Tübingen 1974, S. 621-643 (zit. *Steindorff*, in: FS Raiser, 1974, 621)

ders., Europäisches Kartellrecht und Staatenpraxis, ZHR 142 (1978), S. 525-556 (zit. *Steindorff*, ZHR 142 (1978), 525)

Stelkens, Paul/*Bonk*, Heinz Joachim/*Sachs*, Michael (Hrsg.), Verwaltungsverfahrensgesetz Kommentar, 8. Auflage, München 2014 (zit. *Bearbeiter*, in: Stelkens/Bonk/Sachs, VwVfG, 8. Aufl. 2014)

Stern, Klaus, Das Staatsrecht der BRD, Band III/1: Allgemeine Lehren der Grundrechte, München 1988 (zit. *Stern*, Staatsrecht III/1, 1988)

ders., Das Staatsrecht der BRD, Band I: Grundbegriffe und Grundlagen des Staatsrechts. Strukturprinzipien der Verfassung, 2. Auflage, München 1984 (zit. *Stern*, Staatsrecht I, 2. Aufl. 2004)

Stoll, Michael T., Drittmarktbehinderungen im deutschen und europäischen Kartellrecht, eine Betrachtung insbesondere der §§ 19, 20 GWB und der Art. 82, 86 EG unter dem Apsekt der Drittmarktproblematik, Köln 2002 (zit. *Stoll*, Drittmarktbehinderungen, 2002)

Strätz, Hans-Wolfgang, Treu und Glauben: Beiträge und Materialien zur Entwicklung von „Treu und Glauben" in deutschen Privatrechtsquellen vom 13. bis zur Mitte des 17. Jahrhunderts, Paderborn 1974 (zit. *Strätz*, Treu und Glauben, 1974)

Streinz, Rudolf, Europarecht, 9. Auflage, Heidelberg 2012 (zit. *Streinz*, Europarecht, 9. Aufl. 2012)

Strohm, Andreas, „Effizienzgesichtspunkte" und Europäische Wettbewerbspolitik, in: Oberender, Peter (Hrsg.), Effizienz und Wettbewerb, Berlin 2005, S. 113-129 (zit. *Strohm*, in: Oberender, Wettbewerb und Effizienz, 2005, 113)

Stürner, Rolf, Prozesszweck und Verfassung, in: Prütting, Hans (Hrsg.), Festschrift für Gottfried Baumgärtel zum 70. Geburtstag, Köln/Berlin/Bonn/München 1990, S. 545-552 (zit. *Stürner*, in: FS Baumgärtel, 1990, 545)

Tapia, Claudia/*Maume*, Philipp, Der Zwangslizenzeinwand ein Jahr nach Orange Book Standard – mehr Fragen als Antworten, GRUR Int. 2010, S. 923-930 (zit. *Tapia/Maume*, GRUR Int. 2010, 923)

Tettinger, Peter J., Verfassungsrecht und Wirtschaftsordnung – Gedanken zur Freiheitsentfaltung am Wirtschaftsstandort Deutschland, DVBl. 1999, S. 679-687 (zit. *Tettinger*, DVBl. 1999, 679)

Teubner, Günther, Standards und Direktiven in Generalklauseln, Frankfurt a.M. 1971 (zit. *Teubner*, Standards und Direktiven in Generalklauseln, 1971)

Thomas, Stefan, Die verfahrensrechtliche Bedeutung der Marktbeherrschungsvermutungen des § 19 III GWB, WuW 2002, S. 470-481 (zit. *Thomas*, WuW 2002, 470)

Tiedemann, Klaus, Tatbestandsfunktion im Nebenstrafrecht – Untersuchungen zu einem rechtsstaatlichen Tatbestandsbegriff, entwickelt am Problem des Wirtschaftsstrafrechts, Tübingen 1969 (zit. *Tiedemann*, Tatbestandsfunktion im Nebenstrafrecht, 1969)

ders., Strafbare Erschleichung von Investitionszulagen durch Aufhebung und Neuabschluss von Lieferverträgen?, NJW 1980, S. 1557-1560 (zit. *Tiedemann*, NJW 1980, 1557) *ders.*, Wirtschaftsstrafrecht: Einführung und Allgemeiner Teil mit wichtigen Rechtstexten, 3. Auflage, Köln 2010 (zit. *Tiedemann*, Wirtschaftsstrafrecht AT, 3. Aufl. 2010)

Tilmann, Winfried, Über das Verhältnis von GWB und UWG, GRUR 1979, S. 825-834 (zit. *Tilmann*, GRUR 1979, 825)

Tonner, Klaus, Verbrauchgüterkauf-Richtlinie und Europäisierung des Zivilrechts, BB 1999, S. 1769-1774 (zit. *Tonner*, BB 1999, 1769)

Ullrich, Hanns, Patente und technische Normen: Konflikt und Komplementarität in patent- und wettbewerbsrechtlicher Sicht, in: Leistner, Matthias (Hrsg.), Europäische Perspektiven des geistigen Eigentums, Tübingen 2010, S. 14-95 (zit. *Ullrich*, in: Leistner, Europäische Perspektiven des geistigen Eigentums, 2010, 14)

Ulmer, Peter, Wettbewerbs- und kartellrechtliche Grenzen der Preisunterbietung im Pressewesen, AfP 1975, S. 870-886 (zit. *Ulmer*, AfP 1975, 870)

ders., Der Begriff „Leistungswettbewerb" und seine Bedeutung für die Anwendung von GWB- und UWG-Tatbeständen, GRUR 1977, S. 565-580 (zit. *Ulmer*, GRUR 1977, 565)

ders., Wettbewerbsverbote in Unternehmensveräußerungsverträgen, Kritische Anmerkungen zu BGH, NJW 1979, 1605, NJW 1979, S. 1585-1587 (zit. *Ulmer*, NJW 1979, 1585)

ders., Kartellrechtswidrige Konkurrentenbehinderung durch leistungsfremdes Verhalten marktbeherrschender Unternehmen, in: *Merz*, Hans/*Schluep*, Walter R. (Hrsg.), Recht und Wirtschaft heute, Festgabe zum 65. Geburtstag von Max Kummer, Bern 1980, S. 565-598 (zit. *Ulmer*, in: FG Kummer, 1980, 565)

ders., Kartellrechtliche Schranken der Preisunterbietung in § 26 Abs. 4 GWB – Zum Verhältnis des kartellrechtlichen Verbots unbilliger Behinderung zur Generalklausel des § 1 UWG, in: Erdmann, Willi/Mees, Hans-Kurt/Piper, Henning/Teplitzky, Otto/Hefermehl, Wolfgang/Ulmer, Peter, Festschrift für Otto-Friedrich Frhr. v. Gamm, Köln/Berlin/Bonn/München 1990, S. 677-697 (zit. *Ulmer*, in: FS v. Gamm, 1990, 677)

Ulmer, Peter/*Brandner*, Hans E./*Hensen*, Horst-Diether (Hrsg.), AGB-Recht, Kommentar, 11. Auflage, Köln 2011 (zit. *Bearbeiter*, in: Ulmer/Brandner/Hensen, AGB-Recht, 11. Aufl. 2011)

van de Sande, Carsten, Die Unternehmensgruppe im Banken- und Versicherungsaufsichtsrecht, Baden-Baden 2003 (zit. *van de Sande*, Die Unternehmensgruppe im Banken und Versicherungsaufsichtsrecht, 2003)

Vieweg, Klaus, Zur Inhaltskontrolle von Verbandsnormen, in: Leßmann, Herbert/Großfeld, Bernhard/Vollmer, Lothar (Hrsg.), Festschrift für Rudolf Lukes zum 65. Geburtstag, Köln/Berlin/Bonn/München 1989, S. 811-826 (zit. *Vieweg*, in: FS Lukes, 1989, 811)

Vogt, Alfons, Bedeutungsgehalt und Funktionen der guten Sitten im Wettbewerbsrecht, NJW 1976, S. 729-736 (zit. *Vogt*, NJW 1976, 729)

von Gamm, Otto-Friedrich, Gesetz gegen den unlauteren Wettbewerb, 1. Auflage, Köln/Berlin/Bonn/München 1975 (zit. *v. Gamm*, UWG, 1. Aufl. 1975) *ders.*, Das Verbot einer unbilligen Behinderung und einer sachlich nicht gerechtfertigten Diskriminierung – ein Beitrag zum Spannungsverhältnis von GWB und UWG, NJW 1980, 2489-2496, (zit. *v. Gamm*, NJW 1980, 2489)

ders., Kartellrecht, Kommentar zum Gesetz gegen Wettbewerbsbeschränkungen und zu Art. 85, 86 EWGV, 2. Auflage, 1990 (zit. *v. Gamm*, Kartellrecht, 2. Aufl. 1990)

von Götz, Florian, 50 Jahre GWB – Die Geburt des GWB und der amerikanische Einfluss auf das Entstehen einer neuen Wettbewerbsordnung in der Bundesrepublik, WRP 2007, S. 741-762 (zit. *v. Götz*, WRP 2007, 741)

von Jhering, Rudolf, Der Zweck im Recht, Band 1, Leipzig 1877 (zit. *v. Jhering*, Der Zweck im Recht, Bd. 1, 1877)

von Köhler, Karl-Heinz, Wie weit gilt im Wettbewerbsrecht der Grundsatz der Einheit der Rechtsordnung?, NJW 1971, S. 118-121 (zit. *v. Köhler*, NJW 1971, 118)

von Mangoldt, Hermann/*Klein*, Friedrich/*Starck*, Christian (Hrsg.), Kommentar zum Grundgesetz, Band 1: Art. 1-19 bzw. Band 3: Art. 83-146, 5. Auflage, München 2005 (zit. *Bearbeiter*, in: v. Mangoldt/Klein/Starck, GG, Bd. 1 bzw. Bd. 3, 5. Aufl. 2005)

von Merfeldt, Moritz, Der Ausschluss kartellrechtlicher Einwendungen im Patentverletzungsverfahren, WuW 2004, S. 19-25 (zit. *v. Merfeldt*, WuW 2004, 19)

von Münch, Ingo/*Kunig*, Philip (Begr.), Grundgesetz, Kommentar, Band 1: Präambel, Art. 1 bis Art. 69 bzw. Band 2: Art. 70 bis Art. 146, 6. Auflage, München 2012 (zit.: *Bearbeiter*: in: v. Münch/Kunig, GG, Bd. 1 bzw. Bd. 2, 6. Aufl. 2012)

von Staudinger, Julius (Begr.), J. von Staudingers Kommentar zum Bürgerlichen Gesetzbuch – Eckpfeiler des Zivilrechts, Neubearbeitung, Berlin 2011 (zit. *Bearbeiter*, in: Staudinger, BGB, Eckpfeiler des Zivilrechts, Neubearb. 2011)

von Staudinger, Julius (Begr.), J. von Staudingers Kommentar zum Bürgerlichen Gesetzbuch, Erstes Buch: Allgemeiner Teil 2. §§ 21-79, Neubearbeitung, Berlin 2005 (zit. *Bearbeiter*, in: Staudinger, BGB, AT 2 (§§ 21-79), Neubearb. 2005)

von Staudinger, Julius (Begr.), J. von Staudingers Kommentar zum Bürgerlichen Gesetzbuch, Erstes Buch: Allgemeiner Teil 4a. §§ 134-138; Anh. zu § 138: ProstG, Neubearbeitung, Berlin 2011 (zit. *Bearbeiter*, in: Staudinger, BGB, AT 4a (§§ 134-138), Neubearb. 2011)

von Staudinger, Julius (Begr.), J. von Staudingers Kommentar zum Bürgerlichen Gesetzbuch, Erstes Buch: Allgemeiner Teil 5. §§ 164-240, Neubearbeitung, Berlin 2014 (zit. *Bearbeiter*, in: Staudinger, BGB, AT 5 (§§ 164-240), Neubearb. 2014)

von Staudinger, Julius (Begr.), J. von Staudingers Kommentar zum Bürgerlichen Gesetzbuch, Zweites Buch: Recht der Schuldverhältnisse. §§ 241-243 (Treu und Glauben), Neubearbeitung, Berlin 2015 (zit. *Bearbeiter*, in: Staudinger, BGB (§§ 241-243), Neubearb. 2015)

von Staudinger, Julius (Begr.), J. von Staudingers Kommentar zum Bürgerlichen Gesetzbuch, Zweites Buch: Recht der Schuldverhältnisse. §§ 315-326, Neubearbeitung, Berlin 2009 (zit. *Bearbeiter*, in: Staudinger, BGB, Leistungsstörungsrecht 2, Neubearb. 2009) *von Staudinger*, Julius (Begr.), J. von Staudingers Kommentar zum Bürgerlichen Gesetzbuch, Zweites Buch: Recht der Schuldverhältnisse. §§ 488-490; 607-609, Neubearbeitung, Berlin 2015 (zit. *Bearbeiter*, in: Staudinger, BGB, Darlehensrecht, Neubearb. 2015)

von Staudinger, Julius (Begr.), J. von Staudingers Kommentar zum Bürgerlichen Gesetzbuch, Zweites Buch: Recht der Schuldverhältnisse. §§ 823-825 BGB, Berlin 2009 (zit. *Bearbeiter*, in: Staudinger, BGB, Recht der Schuldverhältnisse (§§ 823-825 BGB), 2009)

von Weizsäcker, Carl Christian, Konsumentenwohlfahrt und Wettbewerbsfreiheit – Über den tieferen Sinn des „Economic Approach", WuW 2007, S. 1078-1084 (zit. *v. Weizsäcker*, WuW 2007, 1078)

Vranes, Erich, Lex Superior, Lex Specialis, Lex Posterior – Zur Rechtsnatur der „Konfliktlösungsregeln", ZaöRV 2005, S. 391-405 (zit. *Vranes*, ZaöRV 2005, 391)

Wagner, Gerhard, Haftung und Versicherung als Instrumente der Techniksteuerung, VersR 1999, S. 1441-1453 (zit. *Wagner*, VersR 1999, 1441)

ders., Schadensersatz – Zwecke, Inhalte, Grenzen, in: Lorenz, Egon (Hrsg.), Karlsruher Forum 2006: Schadensersatz – Zwecke, Inhalte, Grenzen: Mit Vortrag von Gerhard Wagner und Dokumentation der Diskussion, Karlsruhe 2006, S. 5-138 (zit. *Wagner*, in: Lorenz, Karlsruher Forum 2006, 5)

ders., Neue Perspektiven im Schadensersatzrecht: Kommerzialisierung, Strafschadensersatz, Kollektivschaden, Gutachten für den 66. Deutschen Juristentag, München 2006 (zit. *Wagner*, Neue Perspektiven im Schadensersatzrecht, 2006)

Weber, Ralph, Entwicklung und Ausdehnung des § 242 BGB zum königlichen Paragraphen, JuS 1992, S. 631-636 (zit. *Weber*, JuS 1992, 631)

ders., Einige Gedanken zur Konkretisierung von Generalklauseln durch Fallgruppen, AcP 192 (1992), S. 516-567 (zit. *Weber*, AcP 192 (1992), 516)

Weck, Thomas, Schutzrechte und Standards aus Sicht des Kartellrechts, NJOZ 2009, S. 1177-1188 (zit. *Weck*, NJOZ 2009, 1177)

Weiß, Wolfgang, Grundrechtsschutz im EG-Kartellrecht nach der Verfahrensnovelle, EuZW 2006, S. 263-268 (zit. *Weiß*, EuZW 2006, 263)

Westermann, Harm Peter, Drittinteressen und öffentliches Wohl als Elemente der Bewertung privater Rechtsverhältnisse, AcP 208 (2008), S. 141-181 (zit. *Westermann*, AcP 208 (2008), 141)

Westermann, Harm Peter/*Bydlinski*, Peter/*Weber*, Ralph, BGB – Schuldrecht Allgemeiner Teil, 8. Auflage, Heidelberg 2014 (zit. *Westermann/Bydlinski/Weber*, Schuldrecht AT, 8. Aufl. 2014)

Whish, Richard/*Bailey*, David, Competition Law, 7. Auflage, Oxford 2012 (zit. *Whish/Bailey*, Competition Law, 7. Aufl. 2012)

Wieacker, Franz, Zur rechtshistorischen Präzisierung des § 242 BGB, Tübingen 1956 (zit. *Wieacker*, Zur rechtshistorischen Präzisierung des § 242 BGB, 1956)

ders., Privatrechtsgeschichte der Neuzeit unter besonderer Berücksichtigung der deutschen Entwicklung, 2. Auflage, Göttingen 1967 (zit. *Wieacker*, Privatrechtsgeschichte der Neuzeit, 2. Aufl. 1967)

Wiedemann, Gerhard (Hrsg.), Handbuch des Kartellrechts, 2. Auflage, München 2008 (zit. *Bearbeiter*, in: Wiedemann, Kartellrecht, 2. Aufl. 2008)

Wielsch, Dan, Die Kontrolle von Energiepreisen zwischen BGB und GWB, JZ 2008, S. 68-73 (zit. *Wielsch*, JZ 2008, 68)

Wilhelmi, Rüdiger, Lizenzverweigerung als Missbrauch einer marktbeherrschenden Stellung in der Gemeinschaftsrechtsprechung, Von Volvo über Magill zu IMS Health – und Microsoft?, WRP 2009, S. 1431-1445 (zit. *Wilhelmi*, WRP 2009, 1431)

Wirtz, Markus M., Der kartellrechtliche Zwangslizenzeinwand nach der Orange-Book-Standard-Entscheidung des BGH, Versuch einer dogmatischen Einordnung, WRP 2011, S. 1392-1405 (zit. *Wirtz*, WRP 2011, 1392)

Wirtz, Markus M./*Holzhäuser*, Michael, Der kartellrechtliche Zwangslizenzeinwand, WRP 2004, S. 683-694 (zit. *Wirtz/Holzhäuser*, WRP 2004, 683)

Wohlmann, Herbert, Zur funktionalen Auslegung im Kartellrecht, in: Forstmoser, Peter/Schluep, Walter R. (Hrsg.), Freiheit und Verantwortung im Recht, Festschrift zum 60. Geburtstag von Prof. Dr. Arthur Meier-Hayoz, Bern 1982, S. 461-474 (zit. *Wohlmann*, in: FS Meier-Hayoz, 1982, 461)

Wolf, Manfred, Rechtsgeschäftliche Entscheidungsfreiheit und vertraglicher Interessenausgleich, Tübingen 1970 (zit. *Wolf*, Rechtsgeschäftliche Entscheidungsfreiheit und vertraglicher Interessenausgleich, 1970)

ders., Das Recht gegen Wettbewerbsbeschränkungen (GWB) und das Recht gegen unlauteren Wettbewerb (UWG) – Ein Vergleich, WRP 1995, S. 543-546 (zit. *Wolf*, WRP 1995, 543)

ders., Anmerkung zu BGH, Urt. v. 15.09.2003: Das Verhältnis von Eigentumsrecht und Wettbewerbsfreiheit – Ausschließlichkeitsbindung in Flüssiggasliefervertrag, LMK 2003, S. 232-234 (zit. *Wolf*, LMK 2003, 232)

Wolf, Manfred/*Lindacher*, Walter F./*Pfeiffer*, Thomas (Hrsg.), AGB-Recht, Kommentar, 6. Auflage, München 2013 (zit. *Bearbeiter*, in: Wolf/Lindacher/Pfeiffer, AGB-Recht, 6. Aufl. 2013)

Wolff, Christian, Zwangslizenzen im Immaterialgüterrecht, Göttingen 2005 (zit. *Wolff*, Zwangslizenzen im Immaterialgüterrecht, 2005)

Woll, Udo, Die Konvergenz der Kartellgesetze in Europa, Parallelen der Entwicklung der nationalen Wettbewerbsrechte im 20. Jahrhundert, Baden-Baden 2002 (zit. *Woll*, Die Konvergenz der Kartellgesetze in Europa, 2002)

Wrage, Heidi, UWG-Sanktionen bei GWB-Verstößen?, Heidelberg 1984 (zit. *Wrage*, UWG-Sanktionen bei GWB-Verstößen, 1984)

Würdinger, Hans, Freiheit der persönlichen Entfaltung: Kartell- und Wettbewerbsrecht, WuW 1953, S. 721-734 (zit. *Würdinger*, WuW 1953, 721)

Würdinger, Markus, Doppelwirkungen im Zivilrecht – Eine 100-jährige juristische Entdeckung, JuS 2011, S. 769-774 (zit. *Würdinger*, JuS 2011, 769)

Wurmnest, Wolfgang, Marktmacht und Verdrängungsmissbrauch, Eine rechtsvergleichende Neubestimmung des Verhältnisses von Recht und Ökonomie in der Missbrauchsaufsicht über marktbeherrschende Unternehmen, Tübingen 2010 (zit. *Wurmnest*, Marktmacht und Verdrängungsmissbrauch, 2010)

Zabel, Lorenz, Die Anforderungen an Preisanpassungsklauseln in Gas- und Fernwärmelieferverträgen, KommJur 2011, S. 289-295 (zit. *Zabel*, KommJur 2011, 289)

Zäch, Roger, Freedom to Compete and the More Economic Approach – Limits Imposed by Law, IIC 2009, S. 623-626 (zit. *Zäch*, IIC 2009, 623)

Zimmer, Daniel, Der rechtliche Rahmen für die Implementierung moderner ökonomischer Ansätze, WuW 2007, S. 1198-1209 (zit. *Zimmer*, WuW 2007, 1198)

Zimmer, Daniel/*Höft*, Jan, „Private Enforcement" im öffentlichen Interesse?, ZGR 2009, S. 662-720 (zit. *Zimmer/Höft*, ZGR 2009, 662)

Zimmermann, Reinhard, The Law of Obligations: Roman Foundations of the Civilian Tradition, Kapstadt 1990 (zit. *Zimmermann*, The Law of Obligations, 1990)

Zöllner, Wolfgang, Regelungsspielräume im Schuldvertragsrecht, Bemerkungen zur Grundrechtsanwendung im Privatrecht und zu den sogenannten Ungleichgewichtslagen, AcP 196 (1996), S. 1-36 (zit. *Zöllner*, AcP 196 (1996), 1)

Zöpel, Christoph, Ökonomie und Recht – Ein wissenschaftshistorischer und wissenschaftstheoretischer Beitrag zum Verhältnis von Wirtschafts- und Rechtswissenschaften, Stuttgart/Berlin/Köln/Mainz 1974 (zit. *Zöpel*, Ökonomie und Recht, 1974)

Zweigert, Konrad, „Rechtsgeschäft" und „Vertrag" heute, in: von Caemmerer, Ernst/Mentschikoff, Soia/Zweigert, Konrad (Hrsg.), Ius Privatum Gentium, Festschrift für Max Rheinstein zum 70. Geburtstag am 5. Juli 1969, Band 2: Nationales und vergleichendes Privatrecht, Tübingen 1969, S. 493-504 (zit. *Zweigert*, in: FS Rheinstein, 1969, 493)

Materialien:

Europäische Union *(jeweils chronologisch)*

Europäische Kommission, Bekanntmachung über die Zusammenarbeit zwischen der Kommission und den mitgliedstaatlichen Gerichten bei Anwendung der Art. 85 und 86 E(W)GV, ABl.EG Nr. C 39/6 v. 13.02.1993, S. 6 ff. (zit. *EU-Kommission*, Bekanntmachung über die Zusammenarbeit mit den nationalen Gerichten, 1993)

Europäische Kommission, Leitlinien über den Begriff der Beeinträchtigung des zwischenstaatlichen Handels in den Art. 81 und 82 EG-Vertrag, ABl.EU Nr. C 101 v. 27.04.2004, S. 82 ff. (zit. Leitlinien über den Begriff der Beeinträchtigung des zwischenstaatlichen Handels in den Art. 81 und 82 EG-Vertrag)

Europäische Kommission, Leitlinien zur Anwendung von Art. 81 Abs. 3 EG-Vertrag, ABl.EU Nr. C 101 v. 27.04.2004, S. 97 ff. (zit. *EU-Kommission*, Leitlinien zur Anwendung von Art. 81 Abs. 3 EG-Vertrag, 2004)

Europäische Kommission, Leitlinien zur Bewertung horizontaler Zusammenschlüsse gemäß der Ratsverordnung über die Kontrolle von Unternehmenszusammenschlüssen, ABl.EU 2004, Nr. C 31/5 v. 05.02.2004 (zit. *EU-Kommission*, Leitlinien zur Bewertung horizontaler Zusammenschlüsse, 2004)

Europäische Kommission, Discussion paper on the application of Article 82 of the Treaty to exclusionary abuses, 2005, abrufbar unter: http://ec.europa.eu/internal_market/copyright/docs/databases/etd2001b53001e72_en.pdf (zit. *EU-Kommission*, Diskussionspapier zur Anwendung des Art. 82 EG, 2005)

Europäische Kommission, Grünbuch „Schadensersatzklagen wegen Verletzung des EU-Wettbewerbsrechts", KOM (2005) 672, nicht im Amtsblatt veröffentlicht (zit. *EU-Kommission*, Grünbuch, 2005)

Europäische Kommission, Weißbuch „Schadensersatzklagen wegen Verletzung des EU-Wettbewerbsrechts", KOM (2008) 165, nicht im Amtsblatt veröffentlicht (zit. *EU-Kommission*, Weißbuch, 2008)

Europäische Kommission, Verordnung (EU) Nr. 330/2010 der Kommission vom 20.04.2010 über die Anwendung von Artikel 101 Absatz 3 des Vertrags über die Arbeitsweise der Europäischen Union auf Gruppen von vertikalen Vereinbarungen und abgestimmten Verhaltensweisen (Vertikal-GVO), ABl.EU Nr. L 102/1, v. 23.04.2010 (zit. Vertikal-GVO)

Europäische Kommission, Leitlinien zur Anwendbarkeit von Artikel 101 des Vertrags über die Arbeitsweise der Europäischen Union auf Vereinbarungen über horizontale Zusammenarbeit, ABl.EU Nr. C 11/1 v. 14.01.2011 (zit. *EU-Kommission*, Horizontalleitlinien, 2011)

Rat, Richtlinie 93/13/EWG des Rates vom 5. April 1993 über mißbräuchliche Klauseln in Verbraucherverträgen, ABl.EG Nr. L 95 v. 21.04.1993, S. 29 ff. (zit. RiL 93/13/EWG)

Rat, Verordnung (EG) Nr. 40/94 des Rates vom 20. Dezember 1993 über die Gemeinschaftsmarke (Gemeinschaftsmarkenverordnung), ABl.EG Nr. L 011 v. 14.01.1994 (zit. GMV)

Rat, Richtlinie 1999/44/EG des Europäischen Parlaments und des Rates vom 25. Mai 1999 zu bestimmten Aspekten des Verbrauchsgüterkaufs und der Garantien für Verbrauchsgüter (Verbrauchsgüterkauf-Richtlinie), ABl.EG Nr. L 171 v. 07.07.1999, S. 12 ff. (zit. Verbrauchsgüterkauf-RL)

Rat, Verordnung (EG) Nr. 1/2003 des Rates zur Durchführung der in den Artikeln 81 und 82 des Vertrages niedergelegten Wettbewerbsregeln, ABl.EG Nr. L 1 v. 04.01.2003, S. 1 ff. (zit. VO 1/2003)

Rat, Verordnung (EG) Nr. 139/2004 des Rates über die Kontrolle von Unternehmenszusammenschlüssen (EG-Fusionskontrollverordnung), ABl.EG Nr. L 24 v. 29.01.2004, S. 1 ff. (zit. FKVO)

Deutschland *(jeweils chronologisch)*

Bericht des BT-Ausschusses für Wirtschaftspolitik über den Entwurf eines Gesetzes gegen Wettbewerbsbeschränkungen, BT-Drucks. 2/3644 (zit. BT-Drucks. 2/3644)

Bericht der Reichstags-Kommission über den Entwurf eines Bürgerlichen Gesetzbuches und Einführungsgesetzes, Berlin 1896 (zit. Bericht der Reichstags-Kommission, 1896)

Bundeskartellamt, Tätigkeitsbericht 1974, BT-Drucks. 7/3791 (zit. *BKartA*, Tätigkeitsbericht 1974)

Bundeskartellamt, Wettbewerbsschutz und Verbraucherinteresse im Lichte neuer ökonomischer Methoden, Diskussionspapier für die Sitzung des Arbeitskreises Kartellrecht am 27. September 2004, abrufbar unter: www.Bundeskartellamt.de/wDeutsch/download/pdf/Diskussionsbeitraege/05_Proftag.pdf (zit. *BKartA*, Diskussionspapier AK Kartellrecht, 2004)

Bundeskartellamt, Private Kartellrechtsdurchsetzung – Stand, Probleme, Perspektiven, Diskussionspapier des Arbeitskreises Kartellrecht am 26. September 2005, abrufbar unter: www.Bundeskartellamt.de/wDeutsch/download/pdf/Diskussionsbeitraege/04_AKK.pdf (zit. *BKartA*, Diskussionspapier Private Kartellrechtsdurchsetzung, 2005)

Bundeskartellamt, Fallbericht: OWiG-Verfahren Flüssiggas, Az.: B11-20/05, abrufbar unter: www.Bundeskartellamt.de/wDeutsch/download/pdf/Kartell/Kartell09/Fallberichte/B11-20-05-Fallbeschreibung.pdf?navid=57 (zit. *BKartA*, Fallbericht: OWiG-Verfahren Flüssiggas)

Bundeskartellamt, Tätigkeitsbericht 2013/2014, BT-Drucks. 17/6640 (zit. *BKartA*, Tätigkeitsbericht 2009/2010)

Bundeskartellamt, Bekanntmachung Nr. 9/2006 über den Erlass und die Reduktion von Geldbußen in Kartellsachen – Bonusregelung – vom 7. März 2006, abrufbar unter: www.Bundeskartellamt.de/wDeutsch/download/pdf/Merkblaetter/Merkblaetter_deutsch/06_Bonusregelung.pdf (zit. *BKartA*, Bonusregelung, 2006)

Bundesministerium für Wirtschaft und Technologie, Gesetzentwurf der Bundesregierung, Achtes Gesetz zur Änderung des Gesetzes gegen Wettbewerbsbeschränkungen, 2012,

Entwurf eines Gesetzes gegen Wettbewerbsbeschränkungen mit Begründung, BT-Drucks. 1/1158 (zit. BT-Drucks. 1/1158)

Entwurf eines Gesetzes zur Neuregelung des verwaltungsgerichtlichen Verfahrens (Viertes Gesetz zur Änderung der Verwaltungsgerichtsordnung – 4. VwGOÄndG –), BT-Drucks. 11/7030 (zit. BT-Drucks. 11/7030)

FOCUS, Markwort, Helmut (Hrsg.), Ausgabe 38/2003, abrufbar unter: http://www.focus.de/finanzen/news/energie-explosive-entscheidung_aid_195354.html (zit. FOCUS, Ausgabe 38/2003)

Monopolkommission, XVI. Hauptgutachten (2004/2005) „Mehr Wettbewerb auch im Dienstleistungssektor!“, Baden-Baden 2006 (zit. *Monopolkommission*, XVI. Hauptgutachten, 2006)

Monopolkommission, Sondergutachten der Monopolkommission 41/42 gemäß § 44 Abs. 1 Satz 4 GWB, Das allgemeine Wettbewerbsrecht in der Siebten GWB-Novelle, Die Pressefusionskontrolle in der Siebten GWB-Novelle, Baden-Baden 2004 (zit. *Monopolkommission*, Sondergutachten 41/42, 2004)

Motive zu dem Entwurfe eines Bürgerlichen Gesetzbuches für das Deutsche Reich. Amtliche Ausgabe, Band 2: Recht der Schuldverhältnisse, Berlin/Leipzig 1888 (zit. Motive, Bd. 2, 1888)

Regierungsentwurf des Gesetzes zur Regelung des Rechts der Allgemeinen Geschäftsbedingungen mit Begründung, BT-Drucks 7/3919 (zit. BT-Drucks. 7/3919)

Regierungsentwurf zur 6. GWB-Novelle, BT-Drucks. 13/9720 (zit. BT-Drucks. 13/9720)

Regierungsentwurf zur 7. GWB-Novelle, BT-Drucks. 15/3640 (zit. BT-Drucks. 15/3640)

Regierungsentwurf zur 8. GWB-Novelle, abrufbar unter: http://www.bmwi.de/BMWi/Redak-tion/PDF/G/gwb-8-aenderung-referentenentwurf,property=pdf,bereich=bmwi,sprache=de,rw-b=true.pdf (zit. RegE 8. GWB-Novelle, 2011)

Regierungsentwurf zur UWG-Reform 2004 mit Begründung, BT-Drucks. 15/1487 (zit. BegrRegE UWG 2004)